es 1982

edition suhrkamp

Neue Folge Band 982

Kurt Eisner (1867-1919), der im November 1918 in einer revolutionären Aktion die bayerische Monarchie stürzte und Ministerpräsident des von ihm begründeten Freistaates Bayern wurde, ist hier neu zu entdecken. Der vorliegende Band versammelt neben Analysen der politischen und sozialen Verhältnisse im Kaiserreich bislang unbeachtete Leitartikel des sozialdemokratischen Redakteurs Kurt Eisner, in denen er sich kritisch-konstruktiv und zukunftsorientiert mit der Politik seiner Partei auseinandersetzt. Eisner vertrat einen ethisch begründeten Sozialismus, der in der politischen Theorie des Neukantianismus wurzelt. Er war entschlossen, einer gesellschaftlichen Alternative zur verbürgerlichten Sozialdemokratie und zum Kommunismus den Weg zu bereiten.

Der Band wird eingeleitet von einer Studie zu Leben und Werk Kurt Eisners und schließt mit einer Darstellung des Eisner-Bildes in Literatur und Publizistik.

Freya Eisner, die Herausgeberin dieses Buches, promovierte mit einer Arbeit über Kurt Eisner. Sie ist Publizistin, Rundfunkautorin und Rezensentin politischer Bücher in der *Süddeutschen Zeitung*. In der edition suhrkamp erschienen ihre Bände *Kurt Eisner: Die Politik des libertären Sozialismus* (es 422) und *Kurt Eisner. Sozialismus als Aktion* (es 773).

Kurt Eisner
Zwischen Kapitalismus und Kommunismus

Herausgegeben und mit einer biographischen Einführung versehen von Freya Eisner

Suhrkamp

edition suhrkamp 1982
Neue Folge Band 982
Erste Auflage 1996

Erstausgabe

Satz: Hümmer, Waldbüttelbrunn
Druck: Nomos-Verlagsgesellschaft, Baden-Baden
Umschlagentwurf: Willy Fleckhaus
Printed in Germany

1 2 3 4 5 6 – 01 00 99 98 97 96

Inhalt

Fundgruben ewiger Unwahrheiten

Anhang

Einleitung

In einer Parabel aus dem Jahr 1898 bezeichnet sich Kurt Eisner als »der Dritte«. Seine Systemkritik und Zukunftsperspektiven, die er in einem fiktiven Gespräch mit einem »rückwärtsgewandten Träumer« und Gegner der Moderne einerseits und einem Verneiner der Veränderbarkeit des Bestehenden andererseits selbstironisch, doch um so enragierter vortrug, nannte er *Die Meinungen des Dritten*.[1] Damit lieferte er gleichsam einen Schlüssel zum Verständnis seines publizistischen und politischen Wirkens, das von einem nonkonformistischen, zwischen herrschenden Anschauungsweisen ansetzenden Denken gekennzeichnet ist. Diese Ambiguität, die seine mittlere Position, seinen dritten Weg, kontinuierlich reflektiert, scheint aber auch einer der Gründe für die eklatante Fehldeutung seiner Person zu sein.

Als er nach seiner Berufung in die Redaktion des sozialdemokratischen Zentralorgans *Vorwärts* Ende 1898 mit 31 Jahren in die Partei eintrat, bezog er folgerichtig Stellung zwischen den sich einander erbittert befehdenden Richtungen, den Radikalen und den Revisionisten, wie die Kontrahenten gemeinhin, so auch von Kurt Eisner, bezeichnet wurden. Er charakterisierte seine mittlere Position als »ein ganz einheitlich gedachtes System der Aktion (...), das keiner Gegenwartsarbeit aus dem Weg geht, das aber auch kein Mittel verschmäht, weder den Kompromiß noch die Revolution«.[2] Die Sozialdemokratie sollte sich also sowohl als konstruktive Oppositionspartei wie auch als aktive Systemveränderungspartei verstehen und, im notwendigen Protest gegen die bestehenden Verhältnisse, den Gestaltungswillen einer zukünftigen Ordnung zur Geltung bringen. Er suchte der Klassenpartei den Weg zur Volkspartei zu weisen, die dem sozialistischen Umwandlungsziel verpflichtet blieb. So verwarf er die von ihm so genannte »Politik des demonstrativen Nichtstuns«[3], die in Erwar-

1 Kurt Eisner, *Die Meinungen des Dritten*, in: ders., *Taggeist. Culturglossen*, Berlin 1901, S. 316-337.

2 Kurt Eisner an Joseph Bloch, 2. 9. 1907; Bundesarchiv Koblenz, SM (= *Sozialistische Monatshefte*) Korrespondenz R 117, Bl. 231-235. Es heißt in diesem Brief, wie damals üblich, »das« Kompromiß.

3 Kurt Eisner, *Preußische Erinnerungen*, in: *Fränkische Tagespost*, 27. 6. 1908.

tung der Revolution geübte politische Enthaltsamkeit, und verlangte ein »tägliches tatkräftiges Eingreifen in die Politik«.[4] Das von produktiver Arbeit entbindende Verharren in der Negation und die Beschränkung auf agitatorische Verdammung des kapitalistischen Klassenstaats entsprachen ebensowenig seinem Politikverständnis wie die bloße »positive Arbeit« als Selbstzweck. Seine Anregungen wurden jedoch als »utopistisch« und »schwärmerisch« abgewiesen.

Eisner stand in der Sozialdemokratischen Partei im Ruf eines »Phantasten« und eines »Feuilletonisten«, der von Politik nichts verstehe, denn er schrieb neben politischen Artikeln auch Feuilletons, zudem in irritierender Fülle. In einem seiner Feuilletons gab er seinen Parteifreunden indes zu verstehen, daß sie ihm »diese Eigenschaft« nur deshalb »höhnisch zum Vorwurf« machten, weil ihnen gegen seine politischen Intentionen »kein gescheites Argument« einfalle.[5] Eigenen Aussagen zufolge wunderte er sich nicht, daß er sich mit seinen Forderungen einer zielgerichteten Gegenwartsarbeit »in beiden Lagern (...) recht häufig unbeliebt« machte, daß Rechte wie Linke in der Partei sich über ihn »ärgern« und »nichts mit ihm anzufangen wissen«.[6] Andererseits war wohl auch er nicht von reibungsloser Umgänglichkeit. Mit seinen Ansprüchen an die Partei überforderte er die Funktionäre. Er täuschte sich in seiner Annahme, er könne in geduldiger, zäher Arbeit seine »bestbegründete Überzeugung (...) gegen die herrschende starke Strömung« in der Partei durchsetzen.[7] Doch beleuchtet es den Geist der Partei, in der der Grundsatz *tertium non datur* galt, daß seine Appelle zur Einigkeit und Vereinheitlichung der Divergenzen auf der Basis einer »Verschmelzung von prinzipieller und praktischer Politik«[8] als »Vertuschung und Verkleisterung der Gegensätze« gereizt mißbilligt wurden.[9]

Daß man sich in der Partei über ihn ärgerte und mit ihm nichts

4 Siehe S. 214.

5 Joc. (= Kurt Eisner), *Sonntagsplauderei*, in: *Vorwärts*, 22. 9. 1901.

6 Kurt Eisner an Joseph Bloch, 2. 9. 1907, a. a. O.

7 Kurt Eisner, *Preußische Erinnerungen*, a. a. O.

8 Siehe S. 168 ff.

9 August Bebel, *Ein Nachwort zur Vizepräsidentenfrage und Verwandtem*, in: *Die Neue Zeit* 21,2 (1902/03), S. 708-729. Siehe hierzu: Freya Eisner, *Kurt Eisners Ort in der sozialistischen Bewegung*, in: *Vierteljahreshefte für Zeitgeschichte* 3/1995, S. 426; sowie dies., *Kurt Eisner: Die Politik des libertären Sozialismus*, Frankfurt/M. 1979, S. 18 f.

nieder. Da Wolfgang Heine, der die Kandidatur übernahm, das Mandat 1912 für die Sozialdemokratische Partei gewann, darf vermutet werden, daß auch Kurt Eisner in den Reichstag gelangt wäre.[19]

Als leitender Redakteur des *Vorwärts* (bis 1905) und als Chefredakteur des Nürnberger Parteiblatts *Fränkische Tagespost* (1907 bis Anfang 1910) bezog Eisner in Leitartikeln Stellung sowohl zu innen- und außenpolitischen Fragen als auch zum Richtungsstreit in der Partei. Sie erschienen in der Regel zwar ungezeichnet, doch konnte ich anhand sprachanalytischer Vergleiche mit namentlich gezeichneten Veröffentlichungen, mit Resolutionen und Redebeiträgen Eisners auf Parteitagen und Versammlungen sowie durch Rückschlüsse im Kontext der innerparteilichen Auseinandersetzungen eine große Anzahl identifizieren. Eine Reihe dieser Leitartikel versammelt der vorliegende Band. Es sind Berichte über die Parteitage in den Jahren 1899 und 1909, als der Streit um die »Taktik der Partei« eskalierte, und über die Internationalen Sozialisten-Kongresse von 1904 und 1907. Eisners Herz hing an diesen Zusammenkünften der Sozialdemokraten, und so vermitteln seine Schilderungen der Tagungen einen lebhaften Eindruck von den »leidenschaftlichen Szenen«, die sich dort abspielten und »die der trockene Verhandlungsbericht« – das jeweilige Parteitagsprotokoll – »in Stimmung und Wirkung nicht wiederzugeben vermag«.[20] Pries er zunächst begeistert die nach seiner Überzeugung gesellschaftsverändernde Kraft der Sozialdemokratie, so nahm sein Unmut über die maßlose Streitsucht der Funktionäre und die beharrliche Vernachlässigung aktueller Probleme sowie die Vergeblichkeit seiner Vorschläge zum politischen Vorgehen von Parteitag zu Parteitag zu. Es begann sich hier abzuzeichnen, daß die Revisionisten das sozialistische Umgestaltungsziel opportunistisch preisgeben und die Radikalen es in ideologisch verblendeter Intransigenz verfehlen würden.

Diese kritischen Insiderberichte, die zudem die Bemühungen ihres Verfassers um einen praktikablen Ausgleich zwischen dem theoretischen Anspruch der Partei und den tagespolitischen Erfordernissen dokumentieren, werden, obwohl sie als relevantes Anschauungsmaterial für den Revisionismusstreit und damit für die

19 *Fränkische Tagespost*, 15. 2. 1909, 8. 8. 1910; vgl. auch *Prot. SPD* 1909, Präsenzliste, S. 520.
20 Siehe S. 146.

Parteigeschichte dienen können, von der Forschung nicht als Stellungnahmen des Zentralorgans herangezogen. Auch Eisners in diesem Band enthaltenes Plädoyer für eine »Radikalisierung der parlamentarischen Arbeit«, das er 1909 auf dem Leipziger Parteitag hielt[21], findet keine Erwähnung. Ebenso unbeachtet bleiben namentlich gezeichnete, seinen politischen Kurs zwischen dem in der Partei geltenden Entweder-Oder-Standpunkt belegende Artikel, wie zum Beispiel seine parteihistorisch belangvollen Erörterungen zu dem heftig umstrittenen Verhalten der sozialdemokratischen Landtagsfraktionen bei der Abstimmung über das Budget.[22] Sein Aufsatz *Parlamentarismus und Ministerialismus*, der die in diesem Band getroffene Auswahl einleitet[23], wird ebenfalls ignoriert, obschon er in *Die neue Zeit* erschien, dem theoretischen Organ der Partei, das in anderen Fällen gern als Quelle ausgewertet wird. Eisners Flugschriften, wie etwa der unter dem Titel *Zur politischen Situation* abgedruckte Beitrag[24], wurden offensichtlich schon damals nicht zur Kenntnis genommen.

Bevor Eisner leitender politischer Redakteur des *Vorwärts* wurde, arbeitete er vier Jahre lang bei der *Hessischen Landeszeitung* in Marburg, schrieb dort auch zahlreiche Leitartikel[25] und daneben für die Berliner Wochenschrift *Die Kritik* regelmäßig als *Provinzialbriefe* deklarierte *Glossierende Betrachtungen über die politischen Geschehnisse der Zeit*. Hier suchte er gezielt, Einfluß auf die öffentliche Meinung zu nehmen. Besonders in den *Provinzialbriefen* verhehlte er nicht seine sozialistische Gesinnung, während er sich in der *Hessischen Landeszeitung*, obwohl sie mit der Sozialdemokratie sympathisierte, merklich zurückhielt. Den Beruf des Publizisten verstand er als Schule für den Politiker. Eisner nahm schon damals die dem Wirtschaftsliberalismus immanenten Zerstörungspotentiale wahr und rückte sie beredt ins Licht. Die Menschen sollten »Hand anlegen, um der Verwüstung des Lebens durch die Gesellschaft Einhalt zu gebieten«.[26] Doch prangerte er die inhumanen kapitalistischen Verhältnisse unter dem

21 Siehe S. 225.
22 *Vier Fragen*, in: Kurt Eisner, *Sozialismus als Aktion. Ausgewählte Aufsätze und Reden*, hg. von Freya Eisner, Frankfurt/M. 1975, S. 26-39.
23 Siehe S. 124.
24 Siehe S. 174.
25 Weit über hundert Artikel sind mit seinem Kürzel »-ur-« und seinem Pseudonym »Tat-Twam« versehen.
26 *Schöne Leichen, Provinzialbrief XVII*, in: *Die Kritik* 110, 7. 11. 1896.

Aspekt eines vernunftgemäß und sittlich möglichen Wandels zu einer humanen Gesellschaft, eines nach der politische Theorie des Neukantianismus »Gesollten«, an und eröffnete so eine problemlösende Perspektive im Sinne des Ethischen Sozialismus.

Eisner sah im Kapitalismus einen Irrweg, wollte aber auch nicht auf die vom Marxismus angenommene ökonomische Gesetzmäßigkeit vertrauen. In Übereinstimmung mit anderen neukantianischen Sozialisten meinte er, daß die materialistische Geschichtsauffassung durch die Kantische Ethik ergänzt werden müsse.[27] Dabei negierte er allerdings die Unvereinbarkeit der beiden Denksysteme in den praktischen Handlungsanweisungen. So ist zu verstehen, daß er von den Marxisten in der Sozialdemokratischen Partei konstruktives Tun erwartete. Seine *Provinzialbriefe*, zum Teil auch seine Artikel in der *Hessischen Landeszeitung*, weisen ihn als historisch verläßlichen, von heutiger Geschichtswissenschaft im wesentlichen bestätigten Interpreten ereignis- und sozialgeschichtlicher Abläufe im Kaiserreich aus.

Seine politischen Feuilletons, deren einige in diesem Band ebenfalls vorgestellt werden[28], dienten nicht nur der Wissens- und Bildungsvermittlung und sollten nicht nur den sittlichen und kulturellen Niedergang im Zeichen der ungezügelten Profitmaximierung veranschaulichen. Sie illustrieren vielmehr seine nicht im Rahmen der Parteiideologie liegenden Auffassungen über die gesellschaftliche Wirklichkeit und die mögliche Gestaltung der Zukunft. Häufig kleidet er dabei seine Systemkritik in das Gewand der Satire. Da er sie im Unterschied zu den Leitartikeln im *Vorwärts* und in der *Fränkischen Tagespost* gewöhnlich unter seinem bekannten Kürzel oder Pseudonym veröffentlichte, sorgte er gleichsam selbst für seine Verweisung in den schöngeistigen Bereich. Hinzu kommt, daß er offensichtlich weder Neigung noch Eignung besaß, seine in verschiedenen Zeitungen erschienenen Artikel und Aufsätze gesondert nach ihrer politischen Bedeutsamkeit herauszugeben. Überdies gab er in seinen Editionen den – nicht einmal aussagekräftigsten – Feuilletons zu breiten Raum.

So wird er in der Geschichtsschreibung auch zumeist als »Literat« eingeführt. Sein hohes politisches Amt ist damit von vornherein, gestützt auf die sozialdemokratischen Überlieferungen,

27 Siehe Freya Eisner, *Kurt Eisners Ort*, a. a. O., S. 416-426; sowie dies., *Kurt Eisner. Der Publizist*, a. a. O., S. 75-82; dies., *Eisners dritter Weg*, a. a. O., S. 100.

28 Siehe S. 182ff.

in der Nähe des Kuriosen angesiedelt. Auffällig ist, daß offenbar parteiunabhängige Autoren der Arbeiterbewegung, die Eisners politisches Wirken zunächst sachlich gewürdigt hatten, in späteren, von parteinahen Stiftungen oder Verlagen veröffentlichten Arbeiten die sozialdemokratischen Einschätzungen übernahmen.[29]

Allerdings trat Kurt Eisner auch 1917 zur Unabhängigen Sozialdemokratischen Partei Deutschland (USPD) über, der nahezu alle bedeutenden Sozialdemokraten angehörten. In der alten, der Mehrheitssozialdemokratischen Partei (MSPD) blieben lediglich farblose Funktionäre wie Friedrich Ebert und Philipp Scheidemann. Sie unterstützten die von der USPD initiierte Revolution vom 9. November 1918 nicht. Kurt Eisner, der in München bereits am 7. November in einer revolutionären Aktion die Monarchie gestürzt, den Freistaat Bayern proklamiert und in einer Koalitionsregierung mit den Mehrheitssozialdemokraten das Amt des Ministerpräsidenten übernommen hatte, wurde von der mehrheitssozialdemokratischen Presse, namentlich vom *Vorwärts*, heftig attackiert. Der vom Chefredakteur des Zentralorgans, Friedrich Stampfer, betriebene Rufmord ermunterte die bürgerliche Presse, die sich zunächst noch zurückgehalten hatte, zu einer beispiellosen Verleumdungskampagne, die zur Ermordung Kurt Eisners durch Anton Graf von Arco auf Valley am 21. Februar 1919 führte.[30] Auch bei den Nachrufen im *Vorwärts* handelt es sich um Verunglimpfungen Eisners und um eine groteske Abwertung seiner

29 Siehe Detlef Lehnert, *Sozialdemokratie und Novemberrevolution. Die Neuordnungsdebatte 1918/19 in der politischen Publizistik von SPD und USPD*, Frankfurt/M./New York 1983, S. 127f.; dagegen ders. in: *Lexikon des Sozialismus*, hg. von Thomas Meyer/Karl-Heinz Klär/Susanne Miller u.a., Köln 1986, S. 447f.; vgl. hierzu auch meine Rezension in: *Süddeutsche Zeitung*, 4. 11. 1986; siehe auch Karl Heinrich Pohl, *Bausteine für die Unterrichtspraxis. Die Rede Kurt Eisners auf der 1. Sitzung des Münchner Arbeiterrats am 5. 12. 1918*, in: *Geschichte in Wissenschaft und Unterricht* 42 (1991), S. 290-302; ders., *Kurt Eisner und die Räterepublik in München*, in: *Was ist Gesellschaftsgeschichte? Positionen, Themen, Analysen*, hg. von Manfred Hettling u.a., München 1991, S. 225-236; dagegen ders., *Die Münchner Arbeiterbewegung. Sozialdemokratische Partei, Freie Gewerkschaften, Staat und Gesellschaft in München 1890-1914*, München 1992, insbesondere S. 152.

30 Siehe Freya Eisner, *Kurt Eisner: Die Politik des libertären Sozialismus*, a.a.O., S. 205; dies., *Kurt Eisner. Der Publizist*, a.a.O., S. 122; siehe hierzu auch Paul Hoser, *Die politischen, wirtschaftlichen und sozialen Hintergründe der Münchner Tagespresse zwischen 1914 und 1934. Methoden der Pressebeeinflussung.* Teil I, Frankfurt/M. 1990, S. 389-399.

Tätigkeit als seinerzeit leitender Redakteur des Zentralorgans und der *Fränkischen Tagespost*.[31]

Vergeblich mahnte 1928 ein Mitstreiter Kurt Eisners, daß man endlich aufhören müsse, ihn »als bloßen Feuilletonisten und brillanten Schriftsteller abzutun«. So ist denn auch die damalige Feststellung dieses Kritikers gültig geblieben, es werde »in sozialistischen Kreisen heute noch das politische Urteil über Eisner« gefällt, indem sowohl von Sozialdemokraten wie von Kommunisten behauptet würde, er sei »bestenfalls nur als pazifistischer Phantast und Literat« zu betrachten. Eisner sei jedoch »der einzige Sozialist in der deutschen Revolution« gewesen, »der auf der Basis der gegebenen Verhältnise eine rationelle, wohlüberlegte sozialistische Politik durchzusetzen versucht hat«, und er könne der Partei »nicht nur für die Gegenwart, sondern auch für die Zukunft Lehrer sein«.[32]

Als bayerischer Ministerpräsident wollte Eisner »die Zeit ausnutzen«, um seine »alten Ideen und Ideale, soweit es möglich, in kurzer Zeit zu fördern«.[33] Er glaubte, daß der »homo noumenon«, der Mensch des Geistes, als politisch Handelnder den Fortschritt der Kultur bewirken könne. Seinen Idealismus leitete indes der Realitätssinn, den er, unabhängig von seiner Verkennung der marxistischen Orthodoxie, mit seinen Anregungen und Vorschlägen in der Partei bewiesen hatte.

Seine Idee einer durchgreifenden Demokratisierung in Staat und Gesellschaft konkretisierte sich in seinem Modell einer Synthese von Räten und Parlament. In diesem Konzept sollten die Räte als multifunktionelle, sozusagen basisdemokratische Komponente zur herkömmlichen, ihre Verselbständigung implizierende Volksvertretung fungieren und eine Verknüpfung außerparlamentarischer und innerparlamentarischer Aktivitäten ermöglichen.[34] Dabei hoffte er auf eine allmähliche Wandlung der Sozialstruktur in den Parlamenten und auf die Beständigkeit des politischen Engagements der Bevölkerung, in der zu jener Zeit, unmittelbar nach dem Ende des Krieges, eine veränderungswillige Aufbruch-

31 *Vorwärts*, 21. 2. 1919, Abendausgabe; *Vorwärts*, 24. 2. 1919.

32 Albert Sommer (= Albert Winter), *Die Novemberrevolution in Bayern. Kurt Eisners Revolutionspolitik*, in: *Jungsozialistische Blätter* 11 (1928), S. 328, 331.

33 *Provisorischer Nationalrat, 4. Sitzung vom 17. 12. 1918*, S. 63, in: *Verhandlungen des provisorischen Nationalrates des Volksstaates Bayern im Jahre 1918/1919, Stenographische Berichte 1 bis 10* und Beilagenband.

34 Siehe S. 272 ff.

stimmung herrschte und Bürger aus allen Schichten Eisner schätzten, ja sogar verehrten. Die Kooperation rätedemokratischer und parlamentarisch-demokratischer Organisationsformen hätte sich in der Praxis allerdings erst entwickeln und bewähren müssen. Da die führenden Mehrheitssozialdemokraten den Räten nur bis zur Einberufung des Landtags und der Nationalversammlung Existenzberechtigung zubilligten und, auf der anderen Seite, die radikalen Linken mit der unrealistischen Parole »Alle Macht den Räten« die Öffentlichkeit beunruhigten, konnte Eisners hier wiederum als mittlere Position zu bezeichnende Räte-Parlament-Kombination nicht wirksam werden.[35]

Die »Vollendung des demokratischen Gedankens« sah er in der Volksabstimmung, deren Verankerung in der Verfassung er anstrebte.[36] Diesem ausgeprägten Demokratieverständnis entsprechend setzte er sich auch für den föderalistischen Aufbau der Republik ein, während die Mehrheitssozialdemokraten einen zentralistischen Staat wünschten und die Kommunisten eine deutsche Sowjetrepublik propagierten.

Eisners Wirtschaftsprogramm sah eine in sich differenzierte »Verstaatlichung unter demokratischer Kontrolle« der hierfür »reifen« Betriebe, wie Bergwerke und Schwerindustrie, sowie Formen gemischtwirtschaftlicher und gemeinwirtschaftlicher Unternehmen vor. Doch sollte kein staatsbürokratischer Kapitalismus geschaffen, vielmehr die Privatinitiative des einzelnen »psychisch sozial in den Dienst der Gesamtheit gestellt werden«.[37] Schon 1917 hatte er vorausgesehen, daß die Mehrheitssozialdemokraten im Zuge ihrer Verbürgerlichung das sozialistische Umgestaltungsziel nicht mehr verfolgen würden, auch wenn sie sich programmatisch und verbal noch dazu bekannten.[38] Sie widersetzten sich nach der Revolution selbst den naheliegenden und unschwer durchzuführenden Sozialisierungsmaßnahmen. Eine sofortige umfassende Sozialisierung, wie die Kommunisten sie forderten, hielt Eisner angesichts der katastrophalen Versorgungslage der Bevölkerung und der durch den Krieg zerrütteten Wirtschaft für nicht durch-

35 Siehe Freya Eisner, *Kurt Eisner: Die Politik des libertären Sozialismus*, a. a. O., S. 104 f.; dies., *Kurt Eisners Ort*, a. a. O., S. 433; dies., *Eisners dritter Weg*, a. a. O., S. 107.

36 Siehe S. 270.

37 Siehe S. 264.

38 Kurt Eisner, *Marx-Feier*, in: ders., *Gesammelte Schriften*, Berlin 1919, 1. Bd., S. 229, 238.

führbar. Er sprach sich für »jene Neuordnung der Gesellschaft« aus, »die das kapitalistische System ausschaltet, jenen Versuch, die Produktion zu ordnen ohne Dazwischenkunft der Kapitalisten«, doch könne man, so erklärte er, »mit Gewalt keine Produktion aufbauen«.[39] Diese Äußerung richtete sich gegen die Bolschewiki. Nach Eisners Überzeugung hatte man »in Rußland den Sozialismus nicht begriffen«. Er verneinte, daß »auf russischem Wege«, also gewaltsam, »die Demokratie und die sozialistische Gesellschaft« geschaffen werden könnten. Zugleich aber versicherte er, und hier manifestiert sich schlüssig seine mittlere Position, daß eine »Regierung Noske (...) ebenso gefährlich« sei »wie eine Bolschewiki-Regierung«. Er forderte eine Abgrenzung sowohl nach rechts, von den »Gewaltmitteln der Militärs« der Berliner Mehrheitssozialdemokraten, als auch eine »scharfe Scheidung von den Methoden der Bolschewiki und ihres deutschen Nachtrabs«[40], den Kommunisten, die, gemeinsam mit den Anarchisten, insbesondere die Arbeitslosen gegen seine Regierung aufwiegelten und mit ihrer aufrührerischen Agitation den Rechtsradikalen Zulauf verschafften.[41] Die eskalierende Wechselwirkung zwischen den Umtrieben der extremen Linken einerseits und der Obstruktionspolitik der Mehrheitssozialdemokraten sowie den konterrevolutionären Komplotten andererseits, zusammen mit der schon erwähnten Pressehetze, muß als Hauptcharakteristikum der Revolution und als wesentlicher Grund für ihre Unergiebigkeit angesehen werden.

Eisners politische Konzeption bot eine Alternative sowohl zum Vorgehen der dem kapitalistischen System sich anpassenden Mehrheitssozialdemokraten um Friedrich Ebert als auch zur kommunistischen Funktionärsdiktatur, wie Lenin sie praktizierte. Zu untermauern suchte er sie auf der Reichskonferenz der Landesregierungen im November 1918 in Berlin, wo seine entsprechenden Anträge und Begründungen sowie seine Stellungnahmen zur politischen Lage von den Vertretern der USPD unterstützt, jedoch bei den Mehrheitssozialdemokraten kein Gehör fanden.[42] Zuvor hatte

39 Kurt Eisner, *Der Sozialismus und die Jugend. Vortrag, gehalten zu Basel auf Einladung der Basler Studentenschaft am 10. 2. 1919*, Basel 1919, S. 14f.

40 *Neue Zeitung*, 15. 1. 1919.

41 Siehe Freya Eisner, *Kurt Eisner: Die Politik des libertären Sozialismus*, a.a.O., S. 133f., 142f., 159f.

42 Ebenda, S. 106, 114-117 und die in den Anmerkungen aufgeführten Quellen. Siehe auch *Reichskonferenz vom 25. 11. 1918 in Berlin*, in: *Die Regierung der*

Eisner den Kommunistenführer Karl Liebknecht beschworen, jede umstürzlerische Propaganda zu unterlassen und beim Aufbau eines demokratisch-sozialistischen Staatswesens mitzuhelfen. Nach Liebknechts Absage konstatierte Eisner: »Die Revolution scheitert. Ohne L[iebknecht] wäre nie alles gescheitert.«[43] Eisner hatte erkannt, daß die Kräfte der Bewegung in der Geschichte nicht nur von den Kräften der Beharrung zum Scheitern gebracht werden können, sondern mehr noch von jenen der Destruktion.

Doch überschätzte er das Vermögen und die Bereitschaft seiner Zeitgenossen, seiner mittleren Position zu folgen. Verurteilte er zum Beispiel auf Versammlungen das Treiben der Kommunisten, dann rief einer ihrer Sympathisanten: »Der ganze Scheidemann!«[44] Griff er die Politik der MSPD an, so hieß es, er neige den Kommunisten zu. Die Behauptung, er sei Bolschewist, gehört zu den »ewigen Unwahrheiten« in älteren einschlägigen Geschichtsdarstellungen.[45]

Kurt Eisner hatte, was in der Historiographie nicht genügend berücksichtigt wurde, lediglich 105 Tage Zeit, um als bayerischer Ministerpräsident, zudem in der fatalen Nachkriegssituation, die Regierungsgeschäfte zu führen. Seine Erwartung, es werde ihm als integrem Gegner der kaiserlichen Kriegspolitik gelingen, die Siegermächte zu einer Milderung der harten Waffenstillstandsbedingungen zu bewegen, erfüllte sich nicht. Er täuschte sich auch über den Einfluß der sozialistischen Parteien des Auslands auf ihre Regierungen. Doch wußten auch seine politischen Gegner nicht, obwohl er sie dringend darum bat, auf welche Weise ein Entgegenkommen der Entente zu erreichen sei.

Seine Politik zielte offenkundig auf die Beschreitung eines dritten Weges zwischen Kapitalismus und Kommunismus. Im Zusammenwirken psychologischer und ökonomischer Faktoren sollte auf dem Boden der Demokratie die wirtschaftliche und gesellschaftliche Umgestaltung konsequent ins Werk gesetzt werden.

Die im vorliegenden Band versammelten Texte Kurt Eisners, in die die vorangestellte Biographie einführt, sind in chronologisch-

Volksbeauftragten 1918/19, bearb. von Susanne Miller und Heinrich Potthoff, 2 Bde., Düsseldorf 1969, 1. Bd., S. 154, 155, 161, 164f., 178ff., 200.

43 Ebenda, S. 109, 112.

44 *Bayerische Staatszeitung*, 15. 1. 1919.

45 Siehe Freya Eisner, *Kurt Eisner: Die Politik des libertären Sozialismus*, a.a.O., S. 205f.

Wie in dem nach Eisners Feststellung betitelten Schlußkapitel *Fundgruben ewiger Unwahrheiten* aufgezeigt, erfolgt diese Verzeichnung aus ideologischer Voreingenommenheit, zum Teil wider besseres Wissen und teilweise in denunziatorischer Absicht. Eisner selbst nannte die Verunglimpfungen seiner Person in der Sozialdemokratischen Partei »Mißverständnisse«, die »leichtfertiger und auch bösartiger Natur« seien.[14]

Die Nichtachtung Kurt Eisners in »beiden Lagern« und die Perpetuierung der vernichtenden Epitheta erklärt sich aus der Tatsache, daß er, aus der Marburger Schule des Neukantianismus kommend, den Sozialismus weniger materialistisch als vielmehr ethisch begründete. Der in der politisch-sozialen Theorie des Neukantianismus wurzelnde Ethische Sozialismus, damals wie heute verpönt, als Revisionismus mißdeutet, gar als bürgerliche Ideologie diffamiert[15], wurde und wird gleichgesetzt mit Gefühlssozialismus und weltfremdem Idealismus, mit abwertenden Zuordnungen also, die für Eisner ebenfalls gebräuchlich waren.[16]

Gleichwohl gab es in der Sozialdemokratischen Partei »eine Minderheit«[17], die Eisners Bestrebungen vor allem in Resolutionen an Parteitage unterstützte.[18] So wurde er, was in der Parteigeschichte bezeichnenderweise übergangen wird, zur Reichstagswahl 1912 nominiert, legte die Kandidatur allerdings »wegen Veränderung seiner beruflichen und persönlichen Verhältnisse«

Eisners erschien, auf dem Titelblatt mit den Worten ankündigte: *Ehrenrettung für Kurt Eisner*, bestätigt die Beständigkeit der Verfälschungen.

14 *Die Nürnberger Parteigenossen über den Nürnberger Parteitag*, in: *Fränkische Tagespost*, 8. 10. 1908.

15 Hans Jörg Sandkühler, *Kant, neukantianischer Sozialismus, Revisionismus. Zur Entstehung der Ideologie des Demokratischen Sozialismus*, in: *Marxismus und Ethik. Texte zum neukantianischen Sozialismus.* Hg. von Rafael de la Vega und Hans Jörg Sandkühler, Frankfurt/M., 1970, S. 7-43; Shen Qiang, *Die neukantianische Bewegung im Sozialismus. Eine Studie zu neukantianischen Quellen des Demokratischen Sozialismus*, Diss. phil. Bremen 1992; siehe hierzu auch: Norbert Jegelka, *Paul Natorp. Philosophie. Pädagogik. Politik.* Würzburg 1992, S. 10f.

16 Siehe S. 277ff.

17 *Generalversammlung des Sozialdemokratischen Vereins Nürnberg*, in: *Fränkische Tagespost*, 10. 8. 1907.

18 *Protokoll über die Verhandlungen des Parteitages der Sozialdemokratischen Partei Deutschlands in Dresden 1903*, S. 127f. (künftig abgekürzt: *Prot. SPD*); *Prot. SPD 1909*, S. 221; siehe auch Kurt Eisner, *Der Fall Molkenbuhr*, in: *Die Neue Gesellschaft* 21 (1907); *Kurt Eisner auf der Generalversammlung des Sozialdemokratischen Vereins Nürnberg*, in: *Fränkische Tagespost*, 10. 8. 1907.

anzufangen wußte, geht auch aus den Briefen und Memoiren bekannter Sozialdemokraten hervor.[10] Hier finden sich fast ausnahmslos abfällige Bemerkungen über Kurt Eisner, die ihn als exzentrische Randfigur der Parteigeschichte erscheinen lassen. Als solche wird er gemeinhin sowohl von der »rechten« Sozialdemokratie und ihrer Historiographie beurteilt als auch vom »Lager« der »Linken«, von kommunistisch orientierten Autoren. Diesbezüglich trifft in der Tat eine Äußerung Kurt Eisners über die Gepflogenheiten der Geschichtsschreibung zu: nämlich daß »gewisse Vorstellungen, Gliederungen, Wertungen (...) von Buch zu Buch« übergingen und die »Kompendien« so zu »Fundgruben ewiger – Unwahrheiten« würden.[11] Denn trotz mehrerer objektiver Beurteilungen seines politischen Wirkens in der neueren Forschung[12] gehen mehr als ein Dutzend stereotyper »Vorstellungen, Gliederungen, Wertungen« auch noch im neunten Jahrzehnt seiner Ermordung »von Buch zu Buch« über, und es wird, ungeachtet aller Berichtigungen, sein Persönlichkeitsbild verzeichnet.[13]

10 Siehe S. 277ff.

11 Kurt Eisner, *Das Ende des Reichs. Deutschland und Preußen im Zeitalter der großen Revolution*, Berlin 1907, VIII. Siehe S. 277ff. Siehe auch Freya Eisner, *Kurt Eisner: Die Politik des libertären Sozialismus*, a.a.O., S. 205-213; sowie dies., *Kurt Eisner. Der Publizist und Politiker. Seine Einschätzung durch Zeitgenossen und in jüngerer Literatur*, Diss. phil. Bremen 1991, S. 118-141.

12 Franz Schade, *Kurt Eisner und die bayerische Sozialdemokratie*, Hannover 1961; Carl Amery/Karl-Ludwig Ay, *Appelle einer Revolution. Dokumente aus Bayern zum Jahr 1918/1919*, München 1968; Falk Wiesemann, *Kurt Eisner. Studie zu seiner politischen Biographie*, in: Karl Bosl (Hg.), *Bayern im Umbruch. Die Revolution von 1918, ihre Voraussetzungen, ihr Verlauf und ihre Folgen*, München 1969, S. 387-426; Horst Dähn, *Rätedemokratische Modelle. Studien zur Rätediskussion in Deutschland 1918-1919*, Meisenheim 1975, S. 137-148. Martin Müller-Aenis, *Sozialdemokratie und Rätebewegung in der Provinz Schwaben und Mittelfranken in der bayerischen Revolution 1918-1919*, München 1986; Ingrid Gilcher-Holtey, *Das Mandat des Intellektuellen. Karl Kautsky und die Sozialdemokratie*, Berlin 1986, S. 198-219; vgl. hierzu meine Rezension in: *Süddeutsche Zeitung*, 5. 5. 1987; Waltraud Berle, *Heinrich Mann und die Weimarer Republik. Zur Entwicklung eines politischen Schriftstellers in Deutschland*, Bonn 1983, passim; vgl. hierzu meine Rezension in: *Die Neue Gesellschaft* 30 (1983), S. 583ff.; Markus Bauer, *Passage Marburg. Ausschnitte aus 24 Lebenswegen*, Marburg 1994, darin: *Redakteur zwischen Kant und Sozialismus*, S. 140-151.

13 Siehe Freya Eisner, *Zwischen Kapitalismus und Kommunismus.* Eisners dritter Weg, in: *Die Zeit*, 18. 2. 1994, und in: Friedrich Weckerlein (Hg.), *Freistaat! Die Anfänge des demokratischen Bayern 1918/19*, München 1994, S. 99-108. Daß die Redaktion der *Zeit* meinen Aufsatz, der zum 75. Jahrestag der Ermordung Kurt

Kurt Eisner 1918

thematischer Verknüpfung angeordnet und reflektieren bislang unbeachtet gebliebene Parteigeschichte im Kontext der politischen Verhältnisse im Kaiserreich. Der letzte Teil enthält Reden und Niederschriften Eisners während der Revolutionszeit. Die Orthographie wurde der heutigen Schreibweise behutsam angepaßt.

Kurt Eisners Lebensweg

1. Im Elternhaus

Kurt Eisners Vorfahren väterlicherseits stammen aus Böhmen. Sein Großvater, Hermann Eisner, Branntweinhauspächter und Handelsmann wurde 1790 in Studnitz geboren. Mit seiner Frau Theresia, geborene Gans, einer Kaufmannstochter, hatte er zwei Söhne: Ignaz, geboren am 7. Mai 1824, und Emanuel, geboren am 18. September 1827. Die jüdische Familie lebte in Husinecz, wo Hermann Eisner nach 1840 starb. Die beiden noch jungen Söhne fanden Aufnahme bei Verwandten in Berlin und absolvierten dort eine Kaufmannslehre. Anfang der 1860er Jahre eröffneten sie ein Geschäft für »Militäreffekten«, also Zubehör für Uniformen, und wurden bald Hoflieferanten. Wenige Jahre später trennten sich ihre beruflichen Wege, und Emanuel Eisner führte das Unternehmen allein weiter. Seine erste Frau, die 1830 geborene Berliner Färbereibesitzerstochter Cäcilie Sternberg, die ihm zwei Söhne (1858 und 1860) zur Welt gebracht hatte, starb 1861. Zwei Jahre später heiratete er Hedwig Levenstein, die im ostpreußischen Rastenburg am 15. September 1839 geborene Tochter des Kaufmanns Levin Levenstein und dessen Frau Henriette, geborene Moses. Am 14. Mai 1867 wurde in Berlin Kurt Eisner geboren. Der am 25. Juni 1864 geborene Sohn Paul starb am 15. Februar 1869. Jenny-Paula, die am 8. April 1870 geboren wurde, starb um 1874. Eine zweite Tochter, Martha, die am 11. Februar 1872 zur Welt kam, starb am 22. März 1907. Mit ihr zusammen wuchs Kurt Eisner auf. Martha arbeitete als Telegraphengehilfin. Eisners Vater starb am 10. November 1899, seine Mutter am 21. November 1918.[1]

Emanuel Eisners Bruder Ignaz war mit einer Arzttochter verheiratet und hatte zwei Kinder in Kurt Eisners Alter: Ernst, 1865 geboren, und Margarethe, die 1866 zur Welt kam. Ihrer Ehe mit dem Berliner Chemiker Michael Chain entstammte der am 19. Juni 1906 geborene und am 12. August 1979 gestorbene Biochemiker Ernst Boris Chain, der nach Hitlers Machtergreifung nach England emigriert war und 1945 zusammen mit Alexander Fleming

1 Institut für personengeschichtliche Forschung, Bensheim. Zu Martha Eisner: Beisetzungskartei Nr. 31513, Stiftung »Neue Synagoge Berlin-Centrum Judaicum«, Berlin.

und Howard Walter Florey den Nobelpreis für die Entdeckung des Penicillins erhalten hat. Margarethe Chain wurde im Konzentrationslager Theresienstadt ermordet. In Berlin wohnten noch weitere Verwandte der Familie Eisner; die meisten übten den Kaufmannsberuf aus und lebten in gesicherten bürgerlichen Verhältnissen, worüber Kurt Eisner sich gelegentlich mokierte.[2]

Kurt Eisner, dessen Sozialisation zur Zeit des hektischen wirtschaftlichen und nationalen Aufschwungs nach der Reichsgründung erfolgte, empfand schon früh jene romantische Todessehnsucht, von der sensible Jünglinge damals nicht selten ergriffen wurden. Bereits als Kind fügte er dem Schluß seines Abendgebetes: »Laß mich alle Morgen wieder / Fröhlich und Dir dankbar sein«, oft die Bemerkung hinzu, daß es ihm freilich lieber wäre, wenn er überhaupt nicht mehr aufzuwachen brauchte, »sondern still des Nachts verschiede«. Als er älter wurde, ging er nach dem Hersagen des »Reimversleins« in einer »Prosaunterhaltung mit dem lieben Gott« »den ganzen Tag durch« und überlegte, was er hätte tun sollen und was nicht: »Und ich flehte zum lieben Herrgott, er möge mir die Kraft verleihen, daß ich so handeln könnte, wie ich es für recht und brav hielte.« Bald aber mochte er nicht mehr an Gott glauben und stellte die Gebete ein. Er legte sich auch »nicht mehr Rechenschaft ab über den verlebten Tag«. Doch wollte er diese Gewohnheit seiner Kinderjahre als 19jähriger wieder aufnehmen, indem er ein Tagebuch zu führen begann[3], dessen Eintragungen er allerdings, von wenigen Ausnahmen abgesehen, nicht datierte. Noch etliche Male überließ er sich darin den früheren Gedanken an den Tod, sprach von »Lethe und Thanatos«, von Einsamkeit und betrogener Hoffnung. Gleichsam als Erklärung für seine düsteren Stimmungen bekannte er:

»Das Leben, das ich liebe, boshaft hat
Es oft genagt, mir Gift gespritzt ins Herz.«

Doch hatte er keineswegs eine freudlose Kindheit. Eine Begebenheit, die sich zutrug, als er ungefähr neun Jahre alt war, läßt Rückschlüsse zu auf das Familienleben und die Zuwendung, die der Junge erfuhr. Er selbst erzählte sie fast drei Jahrzehnte später als »Geschichtliches aus [seinem] Dasein (...) um so lieber«, als er

2 Kurt Eisner, *Das Stehaufmännchen. Eine Erscheinung aus der Studentenzeit*, in: *Sozialistische Monatshefte* (1901), 2. Bd., S. 519-524.

3 Im Besitz der Verfasserin.

damit seinem Biographen einmal »willkommenes Material« zu liefern meinte[4]: Nachdem sein Vater ihn zum erstenmal in ein Theater mitgenommen hatte, verfaßte er ein »Drama«, in dem er »als rechter Bourgeois-Bube die Dienstmädchenfrage behandelt(e)«. Als bald darauf im Familienkreis über die Gestaltung einer Geburtstagsfeier beratschlagt wurde, schlug der neunjährige Junge die Aufführung seines »Dramas« vor. Die »Anregung wurde mit ungeahnter Begeisterung aufgenommen. Die Rollen wurden sofort unter die Verwandtschaft geteilt«, und die »Dichtung« wurde im Berliner Zimmer der elterlichen Wohnung in Szene gesetzt. Kurt Eisner spielte selbst mit. Der Erfolg war »ungeheuerlich«. Die »entzückte Zuhörerschaft (...) lachte Tränen und klatschte unsinnig« Beifall. Auch die materiellen Verhältnisse in seinem Elternhaus schienen zu jener Zeit befriedigend gewesen zu sein. Zu Weihnachten lagen »stets unter dem gewaltigen strahlenden Baume reichliche Gaben«.[5]

Eisner besuchte das Askanische Gymnasium, an dem er, nachdem er die Prima wiederholt hatte, im März 1886 das Abitur ablegte. In fast allen Fächern seines Reifezeugnisses erhielt er die Note »Genügend«, in Geschichte und Geographie »Nicht genügend«, in Deutsch, Fleiß und Gesang dagegen »Gut«. Seine Lehrer sahen in ihm einen »nachdenkenden und urteilsfähigen Schüler«. Für »nicht sehr entwickelt« hielten sie seine »Fähigkeit, mathematische Aufgaben zu lösen«. Die Prüfungskommission, die seinen Entschluß, Philosophie zu studieren, in das Zeugnis eintrug, entließ ihn »mit den besten Wünschen für seine Zukunft und mit der wohlgemeinten Warnung vor Überschätzung seiner Kräfte«.[6]

Einen Monat nach Beendigung der Schule, im April 1886, immatrikulierte er sich an der Friedrich-Wilhelm-Universität in Berlin (die erst nach 1945 in Humboldt-Universität umbenannt wurde). Das Fach Philosophie schloß zu jener Zeit noch andere Geisteswissenschaften ein, wie zum Beispiel Psychologie, Geschichte, Altertumskunde, Sprach- und Literaturwissenschaft, Kunst- und Kulturgeschichte, die Geschichte der politischen Theorie.[7] Seine bekanntesten Lehrer waren der Psychologe und

4 Joc., *Sonntagsplauderei*, in: *Vorwärts*, 22. 2. 1903.

5 *Das Fest der Bazare, Provinzialbrief XXIV*, in: *Die Kritik* 117, 26. 12. 1896.

6 Zeugnis der Reife vom 13. 3. 1886. Stiftung Archiv der Parteien und Massenorganisationen der DDR im Bundesarchiv, Berlin, NL 60/1.

7 Die Angabe, Kurt Eisner habe Philosophie *und* Germanistik studiert, ist daher nicht ganz korrekt.

Kurt Eisner mit seiner Schwester Martha um 1874

Philosoph Hermann Ebbinghaus, der Philosoph und Völkerpsychologe Moritz Lazarus, der Philosoph und Soziologe Georg Simmel, der Historiker Heinrich von Treitschke und der Physiologe Emil Du Bois-Reymond, bei dem er neuere Ergebnisse der Naturforschung hörte. Ein Semester lang widmete er sich Adam Smith, dem Gründervater des ökonomischen Liberalismus.[8] Da das väterliche Geschäft in Schwierigkeiten geriet und schließlich aufgegeben werden mußte, verließ Kurt Eisner die Universität nach acht Semestern im Juni 1890 ohne Abschluß. Die begonnene Doktorarbeit über Achim von Arnim blieb unvollendet, die akademische Laufbahn, für die er sich berufen fühlte, verschlossen.

Seine ungünstige pekuniäre Situation schien ihn zuweilen stark deprimiert zu haben. Unter dem Titel *Scham der Armut* wirft er in seinem Tagebuch die Frage auf, ob die Armut vielleicht wirklich ein Laster sei und die Natur in die Menschen die Scham der Armut gepflanzt habe, »damit sie das Laster der Armut auszurotten suchen und nach Besitz streben«. Anlaß zu dieser Überlegung scheint eine Einladung gewesen zu sein, der zu folgen ihm angemessene Kleidung offenbar fehlte; denn er klagte, daß auch der ideellste und innerlichste Mensch in Verzweiflung gerate, »wenn er mit zerrissenen Stiefeln in eine Gesellschaft gehen soll«. Dennoch besuchte er gelegentlich Gesellschaften und Bälle. Dabei sah er in den Diamanten, in welchen der Reichtum erstrahlte, »die Tränen des Elends leuchten«; der »Glanz« galt ihm als »Schuldner der Not«, der jedoch »feist und fett« werde, »während der Gläubiger verhungert«. »Wann wird der Richter kommen«, fragt er in seinem Tagebuch, »der dem Geprellten zu seinem Recht verhilft«. Kritik an sozialen Ungerechtigkeiten übten, zumal seit der Aktualität der »sozialen Frage«, zu jener Zeit auch wohlsituierte junge Leute aus Eisners Freundeskreis, die sich nicht als »Geprellte« zu empfinden brauchten. Doch er reflektierte die Problematik bereits sichtlich präziser. *Beweisheuchelei* überschrieb er in seinem Tagebuch einen Kommentar zu dem aus der Antike stammenden Wahlspruch des preußischen Schwarz-Adler-Ordens »suum cuique«:

»›Jedem das Seine‹ sagen die Antisozialisten. Wozu heucheln? Was geht die Leute die Erfüllung dieser Losung an, welche die Maske ist für den Angstruf: Niemandem das Meine!«

8 Vgl. Franz Schade, *Kurt Eisner und die bayerische Sozialdemokratie*, a.a.O., S. 177f.

Hier findet sich die erste unmittelbare Andeutung einer Sympathie für die Sozialisten, deren Partei zu dieser Zeit noch dem Versammlungs-, Organisations- und Publikationsverbot ausgesetzt war. Später erinnerte sich Eisner an die Hoffnung, die er und seine Freunde nach dem Außerkrafttreten dieses sogenannten »Sozialistengesetzes« hegten:

»Wir jungen Leute damals hatten das Gefühl, in der deutschen Sozialdemokratie ruhe die Kraft, die in kurzer Zeit, in Jahrzehnten längstens, eine neue Welt uns gestalten werde.«[9]

Schon in einem seiner Schulaufsätze hatte Eisner die Beobachtung niedergeschrieben, daß die Lehre von der Nächstenliebe zwar ihren erhabenen Ausdruck im Christentum gefunden habe, aber kaum jemand nach dieser Lehre handle.[10] Jedoch glaubte er, daß dieses gesellschaftliche Defizit durch humanitären Fortschritt zu überwinden sei. Benachteiligungen, so Eisner, seien den Menschen nicht vom Schicksal auferlegt. In diesem Sinn schrieb er in sein Tagebuch:

»*Ziel der Menschheit.*
Aufgabe der Kultur ist, den Zufall durch das Gesetz auszurotten. Das Wort ›Glück‹ muß aus dem Lexikon des menschlichen Denkens gestrichen und ›Verdienst‹ an die Stelle gesetzt werden.«

Er meinte das Glück sozialer Privilegiertheit und verlangte, daß alle Menschen die Möglichkeit erhalten, sich ihren Fähigkeiten entsprechend Verdienste zu erwerben. Seine Lebensauffassung charakterisierte er in seinem Tagebuch als »Pessi-Optimismus«. Er vertraute darauf, daß sich aus der Erkenntnis des Schlechten die Hoffnung des Guten erhebe. Daß er diese »Hoffnung des Guten« anthropozentrisch begründete, ergibt sich aus einem Vierzeiler, den er zu jener Zeit verfaßte:

»Ich lieb im Menschen, was er morgen ist,
Drum geb ich heut ihm all die Rechte,
daß er sein Morgen sich erfechte,
Und bilde, was in ihm verborgen ist.«[11]

9 Kurt Eisner, *Weltliteratur der Gegenwart. Vortragszyklus 1916*; Manuskript im Staatsarchiv München, LG München I Nr. 1790. Auszug daraus in: Kurt Eisner, *Wachsen und Werden*, Leipzig 1926, S. 55 f.

10 *Wie denkt und handelt ein edler Mann? (nach Sophokles Aias)*, Schulaufsatz vom 20. 2. 1884. Stiftung Archiv der Parteien, a. a. O., NL 60/1, Bl. 39-42.

11 Kurt Eisner, *Wachsen und Werden*, a. a. O., S. 3; siehe hierzu Freya Eisner, *Kurt Eisner: Die Politik des libertären Sozialismus*, a. a. O., S. 9 f.

Es zeigt sich schon in diesen frühen biographischen Zeugnissen, daß Kurt Eisner auf die Vorbestimmtheit des Menschen zu emanzipatorischer Persönlichkeitsentfaltung und Soziabilität vertraute, die sich mittels eigener Anstrengung der Individuen unter freiheitlicher Selbstbestimmung erfüllen würde. Unter dem Einfluß der damaligen Fortschritte in Mathematik und Astronomie, die auch für das menschliche Handeln Gesetzmäßigkeiten anzunehmen erlaubten, bemerkte er einen beginnenden Wandel »auch in der menschlich-sozialen Anschauung« und konstruierte einen tieferen Zusammenhang zwischen den Modifikationen der makrokosmischen und mikrokosmischen Ansichten:

»Die soziale Astrologie, welche das Volk, die Masse unter die Tyrannei einzelner Menschensterne beugt, beginnt zu weichen vor einer sozialen Astronomie, einer demokratischen Atomistik: Jedes Wesen ein Atom, das Einfluß übt und duldet, Herrscher und Diener zugleich und ohne Unterschied des sozialen Wertes.«

Fast wörtlich übernahm er diesen, sein späteres Gesellschaftsmodell schon konturierenden Gedankengang aus dem Tagebuch in sein Erstlingswerk *Psychopathia spiritualis*[12] – seine Auseinandersetzung mit Friedrich Nietzsches Werk *Zarathustra*. Das Eisners Demokratieverständnis kennzeichnende Postulat der sozialen Gleichwertigkeit aller Gesellschaftsmitglieder bedeutete nicht geistige Nivellierung, nicht gesellschaftliche Uniformität, sondern bildete die Voraussetzung für die volle Entfaltung der Individualität des Menschen innerhalb der Gemeinschaft.

Seine philosophischen Studien konzentrierten sich zu jener Zeit vor allem auf Kant, aber auch auf David Hume. Die von Hume entdeckte Dichotomie zwischen Sein und Sollen in Verbindung mit Kants Forderung, daß das Sollen zum Wollen des Könnens werden müsse, scheint ihn schon als Student bewegt zu haben. Über das »Verhältnis des Wollens zum Können« ist er am 13. August 1889 in einem Brief an Doris Hendrich, die Schwester seiner späteren Frau Lisbeth, ins »Dozieren geraten«:

»Der Jammer des Lebens liegt in den Klüften, welche zwischen den drei Hilfsverben: Wollen, Sollen, Können liegen. Wollen und Sollen! Himmelweit getrennte Gebiete, die ganze Menschheit liegt zwischen ihnen. Wäre ich allein auf der Welt, wäre mein Wollen nur an das Können gebunden. So aber bin ich gefesselt durch Tausende von Pflichten, die mir das Verhältnis zu

12 Kurt Eisner, *Psychopathia spiritualis. Friedrich Nietzsche und die Apostel der Zukunft*, Leipzig 1892, S. 80.

meinen Mitmenschen auferlegt. Und diese Pflichten laufen nicht alle in eine Richtung, sie kämpfen mit erbitterter Feindschaft gegeneinander. Aufgabe des Menschen ist, sich durch die kämpfenden Parteien hindurchzuringen, bald nach links, bald nach rechts schauend.«[13]

Angelegentlich differenziert er in diesem Brief zwischen »idealen und realen Pflichten« und rügt die Vernachlässigung der »realen«. Kurt Eisner beabsichtigte, sich mit Lisbeth Hendrich zu verloben; auf diese Weise wollte er offenbar zum Ausdruck bringen, daß er die »reale Pflicht«, für eine Familie zu sorgen, trotz seiner Hingabe an »ideale Pflichten«, erfüllen werde.

2. Beginn des beruflichen Werdegangs

Nach dem Abbruch seines Studiums am Ende des Wintersemesters 1889/90 nahm Kurt Eisner bereits im Juli 1890 eine Tätigkeit beim Berliner Depeschenbüro Herold auf. Mit seinen Kollegen stand er in gutem Einvernehmen und freute sich »über die Liebe«, die sie ihm entgegenbrachten. Auch die »Heroldboten« schätzten ihn und übermittelten ihm schriftlich »die herzlichsten Glückwünsche« zur Verlobung[14], die er am 10. November 1890 mit Lisbeth Hendrich feierte. Beide waren 23 Jahre alt.

Die am 8. November 1867 als älteste Tochter des Kunstmalers August Hendrich in Bad Freienwalde geborene Lisbeth Hendrich zählte sich zu den »sogen. höheren Töchter(n), die aber doch damals schon so vernünftig waren, gleich nach der Schule« – dem Lyzeum – »einen Beruf zu ergreifen«. Im Atelier ihres Vaters, der mit der Familie in der nahegelegenen Kreisstadt Eberswalde wohnte, machte sie ihre ersten Malstudien und betätigte sich »mit Ernst und großer Schaffensfreude jahrelang auf diesem Gebiet«.[15] Später begann sie auch zu schreiben und gilt heute als eine der frühen sozialistischen Schriftstellerinnen.[16]

13 Im Familienbesitz.

14 Schreiben vom 10. 11. 1890; im Familienbesitz.

15 *Stimmen der Freiheit. Blütenlese der besten Schöpfungen unserer Arbeiter- und Volksdichter*, hg. von Konrad Beißwanger, Nürnberg, ^{4}1914, S. 187.

16 *Deutsche Dichterinnen vom 16. Jahrhundert bis zur Gegenwart. Gedichte und Lebensläufe*, hg. und eingeleitet von Gisela Brinker-Gabler, Frankfurt/M. 1978, S. 271 f. Die Herausgeberin schreibt, es sei über »Lisbeth Eisner nur bekannt, was sie selbst in autobiographischen Angaben zu ihren Gedichten (...) mitteilt. (...) Ihre Gedichte erschienen in der Arbeiterpresse und in sozialistischen Zeitschriften.« Der naheliegende Gedanke, daß es sich um die Frau Kurt Eisners handeln könnte, kam der Herausgeberin nicht.

Im Frühjahr 1891 berichtete Kurt Eisner der Verlobten, er habe wegen der Behandlung eines Kollegen »seitens des Aufsichtsrates« dem Herrn »Dr. H. dermaßen die Wahrheit gesagt«, daß dieser »sich aus seinem eigenen Büro herausgeworfen betrachtete«. Er stehe »jetzt auf dem Sprung, den Herold zu verlassen«, schrieb er und fügte hinzu, daß »ein großer Teil der Redaktion« mit ihm »von dannen ziehen« werde. Um seine Zukunft sei ihm nicht bange, versicherte er, und um den »Herold« weine er keine Träne. Allerdings mußte er seiner Verlobten gestehen, daß ein Kollege ihm Geld geborgt habe.[17]

Daß ihn dennoch Zukunftsängste plagten, ergibt sich aus einer Erzählung mit unverkennbar autobiographischen Zügen, die er zehn Jahre später unter dem Titel *Das Stehaufmännchen. Eine Erscheinung aus der Studentenzeit*[18] veröffentlichte. Die Sorge, ob er seine Familie werde ernähren können, brachte ihn gelegentlich um den Schlaf. In poetischer Verknüpfung einer möglicherweise wirklichen Begebenheit mit einem spukhaften Wachtraum wirft er sich vor, ein fremdes Schicksal an das seine zu ketten, und läßt einen Nachtmahr auftreten, der über ihn ein hartes Urteil fällt. Es ist eine bemerkenswerte Selbstcharakterisierung:

> »Sie sind ein Stimmungsmensch, von zarter Gesundheit und zarten Nerven. Dazu haben Sie leider Gottes sogenannte Prinzipien, so ein merkwürdiges Gemisch von Menschenhaß und Menschheitsliebe, und ihre unpraktischen Ideale lassen Sie sich nicht abhandeln. Sie haben also z. B. eben aus idealen Rücksichten und moralischen Skrupeln eine hübsche, behagliche und nahrhafte Stellung aufgegeben und versuchen es als braver Tagelöhner des Geistes.«

Trotz dieser Selbstkritik scheint Eisner die Richtigkeit seines Entschlusses nicht bezweifelt zu haben. Dessen Notwendigkeit infolge seiner Prinzipien, also wohl auch seiner sozialistischen Gesinnung, stellte sich ihm vielmehr als Fatalität dar. Denn er legte der Spukgestalt in den Mund: »Sie haben kein Glück, und weil Sie kein Glück haben, geht auch Ihre Arbeitsstimmung zum Teufel.« Mit dieser resignativen Feststellung gibt Eisner gleichsam eine aus konkreter Erfahrung resultierende Erklärung für die irreale Forderung in seinem Tagebuch, daß das Wort »Glück« aus dem Lexikon des Denkens gestrichen und durch »Verdienst« ersetzt werden müsse. Plausibilität erhält sie indes durch seine Klage:

17 Brief vom Frühjahr 1891; im Familienbesitz.
18 A. a. O.

»Nichts dörrt so gründlich das Mark des Lebens wie der unablässig zehrende und zerrende Kampf um kleinen schnöden Erwerb, der von unberechenbaren, unbeherrschbaren Verhältnissen abhängt.«[19]

Denn aus ihr spricht das Unbehagen über die besondere Angewiesenheit der »Tagelöhner des Geistes« auf Zufälligkeiten und Glück, zumal da dieser »zehrende und zerrende Kampf« um Verbreitung ideeller Hervorbringungen des Geistes geführt werden muß.

Auffällig ist, daß der Nachtmahr Eisner mit »Sie« anredet, Eisner also eine Distanz zwischen sich und seiner ihn aburteilenden inneren Stimme hergestellt hat. Als das erzählende Ich sich auf das Gespenst stürzen will, um es niederzuringen, entpuppt es sich als Stehaufmännchen, das »mit der unverändert leisen Höflichkeit« zu ihm sagt:

»Sie wundern sich, wo die Kraft meiner Standhaftigkeit sitzen mag? Die Kugel, die mich hält, ist größer, viel, viel größer, als Sie denken. Sie sind ja so ein Menschheitserretter, vielleicht versuchen Sie es einmal, die Wurzeln meiner Macht auszureißen. (...) Nur Mut! Am Ende gelingt es Ihnen doch: Zertrümmern Sie die – – – Erde.«

Wenn er sich auch der Vergeblichkeit seines Menschheitserrettertums bewußt war, wollte er doch versuchen, die selbst gestellte Aufgabe, deren Ernsthaftigkeit er schamhaft ironisierte, zu erfüllen.

So »nahrhaft« scheint seine Stellung beim Depeschenbüro Herold in Wirklichkeit nicht gewesen zu sein. Obwohl er in seiner Freizeit Übersetzungen ins Französische erledigte, benötigte er finanzielle Hilfe, die ihm sein Vater nicht gewähren konnte. Bei seiner »fein gekleideten, bequem wohnenden und geistig wie körperlich gut genährten Verwandtschaft« stand er, wie er in seiner Erzählung erwähnte und die Familiengeschichte mehr oder minder bestätigt, »in dem Rufe plebejischer Absonderlichkeit«. Die Eltern seines Freundes Richard Baerwald hatten ihm »in äußerst liebenswürdiger Weise versprochen«, ihn »nicht im Stich zu lassen«. »Natürlich wird es mein Bestreben sein«, schrieb er im September 1890 an Lisbeth Hendrich, »mich möglichst bald selbständig zu unterhalten«. Doch mußte er zugleich einräumen: »Mit meinen literarischen Arbeiten wird es wohl nicht viel werden.«[20]

19 *Taggeist*, a. a. O., S. 88.
20 Im Familienbesitz.

Seine Abhängigkeit von fremden Menschen machte ihn außerordentlich verletzlich. Als er einmal bei den Eltern seines Freundes zu ungelegener Zeit erschien und von der Hausangestellten in ungeschickter Form abgewiesen wurde, fühlte er sich gedemütigt und von der Familie Baerwald verstoßen. Zutiefst gekränkt zog er sich zurück. Dieses Vorkommnis belegt, daß Kurt Eisner sich bereits in jungen Jahren mit Menschen anfreundete, die für seine Wesensart wenig Verständnis aufbrachten. Die Äußerungen solcher Freunde über ihn füllen denn auch die »Fundgruben ewiger Unwahrheiten«.[21] Richard Baerwald erhielt später eine Dozentur für Psychologie an der Humboldt-Hochschule in Berlin. 1921 veröffentlichte er zwei Bücher: *Der Mensch ist größer als das Schicksal. Betrachtungen über die Methode des sieghaften und frohgemuten Lebens* sowie *Arbeitsfreude und andere Beiträge zur psychologischen Lebenskunst.* Er pries Nietzsches Begriff des »amor fati«, der Liebe zum Schicksal, »wie es uns nun einmal gegeben ist«, und propagierte eine »positive Vorstellungsökonomie« in der »Hinlenkung zu frohen Eindrücken und Gedanken«. Der Mensch sollte in seiner Schicht bleiben und nicht nach Höherem streben.

Seinen Grundsatz, es komme darauf an, »das Wehgefühl durch frohe Gemütsbewegung wett zu machen«, mag der Sohn wohlsituierter Eltern schon in seiner Jugend vertreten haben, als er seinem unter existentieller Unsicherheit leidenden Freund Kurt Eisner höhnisch vorwarf, sich »in weltschmerzlichen Betrachtungen über die Schlechtigkeit und konventionelle Kälte der Menschen zu ergehen«, und dessen Einwand, man müsse doch wohl seinem Freund seine Stimmungen mitteilen dürfen, nicht gelten ließ.[22]

Im Herbst 1891 fand Eisner zwar Arbeit bei der *Frankfurter Zeitung*, doch sie deprimierte ihn sehr. »Ich bin nämlich«, schrieb er an die in Eberswalde zurückgebliebene Lisbeth Hendrich, »Hilfskorrektor und habe nicht nur Leitartikel, Feuilletons u. dergl. druckfertig zu machen, sondern auch Inserate, Bankprospekte, Lotterielisten auf ihre absolute Fehlerlosigkeit zu prüfen.« Er wollte mit Leopold Sonnemann, dem Begründer der *Frankfurter Zeitung*, reden, um einen seinen »Kräften und Neigungen angemessenen Posten« zu erhalten, was aber offenbar ohne Erfolg

21 Siehe dieses Kapitel, S. 277ff.
22 Richard Baerwald an Kurt Eisner, 5. 1. 1891; im Familienbesitz.

blieb. Zunächst hatte er gehofft, durch Versammlungsberichte, Buchbesprechungen und Feuilletons »noch beträchtliches nebenbei verdienen« zu können. Einen Leitartikel unterzubringen, sei allerdings, wie er Lisbeth Hendrich mitteilte, unmöglich, »denn die politischen Herren lassen keinen aufkommen; es sind überhaupt gräßliche Kerls«.[23]

An namentlich gezeichneten Veröffentlichungen findet sich jedoch lediglich, neben einer ausführlichen Besprechung des *Zarathustra*[24], eine kritische Übersicht über *Neue deutsche Belletristik*.[25] Im Kontext seiner Beschäftigung mit Theodor Fontanes Roman *Unwiederbringlich* konstatierte er, »daß der richtige Liberale (...) den Dingen ihren unabänderlichen Lauf läßt, bebenden Herzens und wehmütig spottenden Mundes«. Er setzte hier bereits zur Kritik der Liberalen an, die er später in seinen *Provinzialbriefen* und, sarkastisch zugespitzt, in einigen Feuilletons intensivierte.

Das sommerliche Frankfurt empfand er als »überhelle Stadt«, die in »ihrer strahlenden Lichtweiße (...) stark« auf ihn wirkte.[26] Nachdem er eine geräumige Wohnung gemietet hatte, heiratete er im Juli 1892 Lisbeth Hendrich. Da er bei der *Frankfurter Zeitung* doch nicht »beträchtliches nebenbei« verdiente, lieferte er auch anderen Blättern Beiträge, was nicht unentdeckt blieb. Anfang Oktober 1892 teilte ihm die »Administration der Frankfurter Zeitung« mit, daß er »solche Arbeiten künftig zu unterlassen« habe, da er dadurch seine Korrekturarbeit vernachlässige. Eisner bestritt entschieden, seine von der *Frankfurter Zeitung* »bezahlte Pflicht« verletzt zu haben, und entgegnete, daß er »dieses Verbot als eine persönliche Beleidigung und als Freiheitsberaubung« auffasse. Überzeugt, daß die Administration einem »schwindelhaften Gewährsmann in die Hände gefallen« war, legte er einen detaillierten Tätigkeitsbericht vor und beschwerte sich, daß man gleichermaßen sein »Pflicht- wie Wahrheitsgefühl verdächtigt«. Zuvor hatte er allerdings, und damit verband er die ihm erteilte Rüge, »im Interesse des Geschäfts auf einen Mißstand hingewiesen«, dies aber am nächsten Tag, dem 19. Oktober 1892, bedauert:

23 Kurt Eisner an Lisbeth Hendrich, 24. 10. 1891; im Familienbesitz.
24 Kurt Eisner, *Aus dem Nachlaß eines Lebenden*, in: *Frankfurter Zeitung*, 17., 18. 5. 1892; enthalten in: *Taggeist*, a.a.O., S. 259-279.
25 Ebenda, 30. 9., 1. 10. 1892.
26 Kurt Eisner an Lisbeth Hendrich, 2. 7. 1892; im Familienbesitz.

»Ich hätte ja aus meinen bisherigen Erfahrungen in diesem Hause wissen müssen, daß nichts so wenig geglaubt wird wie gewissenhafte Pflichterfüllung und daß mit Vorliebe die von jedem Eingeweihten gekannten Mißstände da gesucht werden, wo sie nicht sind. Es ist dies die eigentümliche Usance, die jeden, der auf sich hält, ein längeres Verbleiben unmöglich macht.«

Bereits am 3. Oktober 1892 hatte er mitgeteilt, daß er, indem er »von der zwischen uns vereinbarten Kündigungsfrist Gebrauch« mache, »zum 1. April auf weitere Tätigkeit in Ihrem Dienste« verzichte.[27]

Diese Briefe belegen erneut, wie stark sein Selbstwertgefühl unter seiner materiellen Misere, aber auch unter dem seinen »Kräften und Neigungen« nicht »angemessenen Posten« litt, zumal da er zu jener Zeit schon seine Nietzsche-Schrift[28] veröffentlicht hatte. Zwar ist seinem Kündigungsschreiben zu entnehmen, daß man ihm »die verantwortliche Zeichnung für die Zeitung« übertragen und eine »Gehaltsaufbesserung von acht Mark« gewährt hatte, aber in den Kreis der »politischen Herren« wurde er nicht aufgenommen.

Am 2. November 1892 schrieb er seiner Mutter, daß es jetzt sein Bemühen sei, zu Ostern nach Berlin zurückzukehren, auch wenn er sich »sehr, sehr schwer von Frankfurt« und seinem »erlesenen Freundeskreis« trennen werde. Metaphorisch drückte er in diesem Brief sein Verhältnis zu seinen Eltern aus: »Ich bin wie mit geistigen Telegraphendrähten mit Euch verbunden und höre gleichsam alles, was Ihr sagt und denkt.« Auch mit seiner Schwester Martha stand er in gutem Kontakt. Seine Frau Lisbeth wurde ihm, wie er seiner Mutter anvertraute, »jeden Tag lieber (...) Sie ist mir eine treue, mutige und verständnisvolle Kameradin«. Er schloß seinen Brief mit dem Bekenntnis: »Ich bin zufriedener, als ich es je gewesen«[29] – obwohl er noch keine feste Anstellung in Aussicht hatte.

27 Im Familienbesitz.
28 Siehe das nächste Kapitel.
29 Im Familienbesitz.

3. ›Psychopathia spiritualis. Friedrich Nietzsche und die Apostel der Zukunft‹

Nachdem Kurt Eisner aus dem Depeschenbüro Herold ausgeschieden war, begann er mit der Niederschrift seines Erstlingswerks, einer Auseinandersetzung mit Friedrich Nietzsche, dessen Werke in dem durch den Materialismus der Industriegesellschaft verunsicherten Bildungsbürgertum überaus starken Anklang fanden. Er veröffentlichte die Arbeit 1891 im November- und Dezemberheft der Monatsschrift *Die Gesellschaft*, deren Verleger 1892 auch die Buchausgabe besorgte.[30]

Der Titel, der sich als Abwandlung des Titels *Psychopathia sexualis* versteht, den Richard von Krafft-Ebing seinem 1886 erschienenen Buch über sexuelle Perversionen gegeben hatte, gibt bereits zu erkennen, daß Eisner das wichtigste Erklärungsmoment für Nietzsches Immoralismus und seiner Verkündung einer arischen Herrenmoral in der Krankheit des Philosophen erblickte. Nietzsches literarische Lebensäußerungen erschienen ihm als »ein eigenartiges Gemisch von Selbstenthüllung und Selbstüberwindung«:

»Selbstenthüllung dünkt mich jene mitleidlose Härte und Kälte, jene Verachtung des Niedrigen, Massenhaften, Verkrüppelten: was er in sich fühlte, wenn er durch die Hülle der konventionell anerzogenen Anschauung durchblickte, erhob er zum Lehrsatz; so verwarf er die allgemeine Mitleidsmoral als widernatürliche Torheit, wenn nicht als feige Heuchelei. Auf der anderen Seite steht das Ideal der Lebensfreude, der Kultus der starken Leiber und der heiteren Geister. Hier feierte er, was er in sich schmerzvoll vermißte.«[31]

Im weitgespannten Rahmen eines systemkritischen Aufwurfs der geistigen Strömungen und sozialen Probleme unter der Herrschaft des Wirtschaftsliberalismus bemühte sich Eisner, »Nietzsches Poetenträume und Traumgedanken in dem klaren, nüchternen Tageslicht des Lebens zu sehen«.[32] Er setzte Nietzsches »Religion der mitleidlosen Härte«, der Verneinung des Gedankens von sozialer Gerechtigkeit und den Phantasien vom Übermenschen seine eigenen Einsichten in die Menschennatur und seine eigenen An-

30 *Die Gesellschaft* (1891), S. 1505-1664. Hier lautet der Titel: *Friedrich Nietzsche und die Apostel der Zukunft. Beiträge zur modernen Psychopathia spiritualis.*
31 Kurt Eisner, *Psychopathia spiritualis*, a.a.O., S. 34 Anmerkung.
32 Ebenda, S. 82.

sichten über die gesellschaftlichen Mißstände und deren Ursachen entgegen. Im Gegensatz zu der Prämisse der Liberalen, daß der Mensch nicht sozial kooperativ veranlagt sei, zweifelte Eisner nicht an der sozialen Kooperationsfähigkeit der Menschen. Er meinte, daß es ihnen gegeben sei, »durch Zusammenschließen aller für alle einen Kampfplatz zu schaffen, auf dem nur die Kraft das Entscheidende ist, nicht der ›Zufall‹«, und daß es »noch genug zu ringen« gebe, »auch wenn die grimmen Magenfühlungsfehden nicht mehr vonnöten sind«.[33]

Einen »grauenhaften Zufall« sah er in der »wirtschaftlichen Verkettung der Menschen« hausen; »seine Diener« seien »Ausbeutung und Betrug und seine Kinder Armut und Siechtum«. Mit Bestimmtheit erklärte er, gegen diesen grauenhaften Zufall kämpfe der Sozialismus. Als »zweckmäßigste Regelung von Produktion und Konsumtion« erschien ihm der »Verstaatlichungs-Gedanke«. Denn das kapitalistische System, in dem nach seiner Beobachtung »alle auf gut Glück nach Herzenslust gaunern und mogeln und im Trüben fischen«, schwanke ewig »zwischen Gründungstaumel und Krach, zwischen prassender Fülle und hungerndem Elend«. Eisner legte hier bereits das definitive Bekenntnis ab, daß er im Sozialismus »ein klares, erreichbares Ziel« sehe. Nietzsche bezichtigte er, »aus Menschenhaß Antisozialist« zu sein.[34]

Da Eisner »aus der von Nietzsche ausgehenden Geschichte der Neuromantik« einige Striche zeichnen wollte, ging er auch auf den Schriftsteller Julius Langbehn ein, jenen »Rembrandtdeutschen«, dessen Wunschbild einer Wiedergeburt des deutschen Lebens im Sinn Rembrandts bei den vom Kulturpessimismus befallenen Bildungsbürgern auf ungeheure Resonanz stieß. Der Erfolg des Buches *Rembrandt als Erzieher*, resümierte Eisner,

> »ist eine der trübseligsten Zeiterscheinungen. Welch furchtbare Wirrköpfigkeit muß unter den Gebildeten der Nation herrschen, daß man an diesem Werk selbst bis zur Überwindung der den Deutschen eigenen Bücherkaufscheu Gefallen finden konnte!«[35]

Eisner hielt die pessimistischen Stimmungen seiner Zeit für eine partielle Modeerscheinung, die in der gläubigen Gefolgschaft Friedrich Nietzsches ausgebrochen sei.

33 Ebenda, S. 70, 73.
34 Ebenda, S. 83, 84, 86.
35 Ebenda, S. 20.

Nietzsches Kritik an den »bestehenden Zuständen« pflichtete Eisner zwar bei, wandte jedoch ein, »daß nicht jene Décadence-Moral die Schuld« trage, wie Nietzsche annehme, sondern umgekehrt »der Mangel dieser Moral, der Egoismus, nicht der Altruismus«.[36] Dieser Widerlegungsversuch gab Eisner Gelegenheit, zum Egoismusproblem Stellung zu nehmen. Nach seiner Überzeugung stellt die Antithese von Egoismus und Altruismus einander abstrahierte Maximalwerte gegenüber, »die für eine unendliche Summe von fließenden Werten sprachsymbolisch stehen«. In einer Analyse der beiden Begriffe weist er eine korrelative Wirksamkeit zwischen Egoismus und Altruismus nach: Er ist überzeugt, daß der Egoismus vom Sozialtrieb des Menschen, der allmählich aus dem »Herdentrieb« erwache, aufgefangen und damit in solidarisches Handeln eingebracht werden könnte. Er scheint sich zu jener Zeit schon mit der Egoismustheorie David Humes befaßt zu haben, denn indem er sich seiner Erkenntnis »auf empirischem Wege« zu nähern verspricht, stützt er seine Egoismus-Altruismus-Synthese auf altruistische Verhaltensweisen im Sozialverband der Familie.[37]

Entsprechend seiner Annahme, daß eine Vereinheitlichung von Egoismus und Altruismus in der »praktischen Ethik« gegeben sei, meinte er »mühelos zeigen« zu können, daß auch »die Weltanschauungen des Individualismus und Sozialismus« keine Gegensätze seien, sondern »umgekehrt sich gegenseitig bedingende und ermöglichende Ergänzungen«.[38] Er befand sich hier auf einer Linie mit Paul Natorp, einem Neukantianer der Marburger Schule, bei dem sich diese Ansicht in seinem 1899 erschienenen Werk *Sozialpädagogie* findet.[39]

Nietzsches Kritik der christlichen Mitleidsmoral, die Eisner in *Psychopathia spiritualis* leidenschaftlich zu entkräften suchte mit der Forderung, man solle das Mitleid, die »Arme-Leut-Tugend (...) entbehrlich, überflüssig« machen, revidierte er 17 Jahre später unter einem sozial-psychologisch relevanten Aspekt: Er begreift das Geständnis Nietzsche-Zarathustras: »Denn daß ich den Leidenden leiden sah, dessen schämte ich mich um seiner Scham

36 Ebenda, S. 61.
37 Ebenda, S. 62, 63.
38 Ebenda, S. 62, 45.
39 Paul Natorp, *Sozialpädagogik. Theorie der Willenserziehung auf der Grundlage der Gemeinschaft*, Stuttgart 1899.

willen; und als ich ihm half, da verging ich mich hart an seinem Stolze«, offensichtlich als die Erfahrung, daß Mitleid und Mildtätigkeit an dem Selbstwertgefühl des Bedürftigen nagen. Was Nietzsche in diesem Sinne gegen das Christentum sage, schreibt Eisner 1908, sei »nicht tiefer und wahrer als das *eine* Wort Kants, als er die Barmherzigkeit eine Beleidigung für die Würde des Menschen nannte.«[40]

Als »gefährlichstes Kampfmittel« verwarf Eisner den »Rassenfanatismus« Nietzsches und seiner Anhänger:

»Der ganze Rassenunsinn verlohnte nicht der Widerlegung, wenn er sich nicht in die Handlungen der Menschen eingefressen hätte. Der begriffliche Unfug wird eine frevelhafte Fahrlässigkeit und strafwürdige Gewissenlosigkeit, wenn man auf dieses mystische Ungefähr und Nichtweither praktische Folgerungen baut: Antisemitismus.«[41]

Er bestritt die Wissenschaftlichkeit der Rassentheorie und nannte ein schlimmes Verbrechen »die niederträchtige Anwendung angeblich wissenschaftlicher Lehrsätze auf praktisches Handeln, wenn die Anwendung Millionen von Menschen den moralischen oder materiellen Tod bringt.«[42] Zwar leugnete er nicht die »Existenz einer Judenfrage«, doch als »Rassenfrage« war sie für ihn »indiskutabel«.[43]

Unbefangen nannte Eisner »Nietzsches Freifleischlehre« den »Grundstein seiner Herrenmoral«.[44] Er widersprach dessen These, daß die christliche Askese als Symptom der Décadence betrachtet werden könne, denn die Askese sei in der modernen Welt »in ihr Gegenteil umgeschlagen«, und es bestehe eine »krankhafte Vergeschlechtlichung«, eine »wachsende Syphilisation der Gesellschaft«. Doch redete er nicht der Askese das Wort, sondern sah es im Gegenteil als »ernsten Faktor der sozialen Frauenfrage« an, daß »eine Minorität des weiblichen Geschlechts« – er meinte wohl die Ledigen – zu ihr verpflichtet sei. Es handle sich nicht »um die Ausbreitung der Askese«, aber auch nicht »um die Emanzipation des Fleisches«, betonte er, »sondern um die Vernichtung jener frivolen Fäulnis«. Nietzsches »Weiberhaß«, seine »witzelnden

40 Kurt Eisner, *Ecce homo I, II, III*, in: *Fränkische Tagespost*, 10., 12., 13. 10. 1908. Hier: III 13. 10. 1908.

41 Kurt Eisner, *Psychopathia spiritualis*, a. a. O., S. 41.

42 Ebenda.

43 Ebenda, S. 42 Anmerkung.

44 Ebenda, S. 47.

Sprüche über die Weiber« seien »im Grunde vielleicht nur – medizinisch zu erklären«.[45]

Nicht unbescheiden nannte er seine kritischen Erörterungen über Nietzsches Philosophie »aphoristisch schweifende Betrachtungen«, mit denen er »vielleicht hier und da eine Anregung gegeben« habe zur »Lösung und Klärung« der einschlägigen Probleme.[46]

In der Tat dienten ihm bei seinen Beobachtungen und Erkenntnissen Vernunft als Kriterium und Psychologie als analytisches Instrument. Er war sich bewußt, daß er Mitteilenswertes zu sagen hatte. Sein Bekenntnis am Schluß des Buches, »eine Szene [...] aus dem Schauspiel« seiner »geistigen Selbstbefreiung und Selbstwerdung« niedergeschrieben zu haben, und die Hinzufügung: »Weg und Ziel alles individualistischen Menschenseins«[47], deuten auf seine Überzeugung hin, daß die Möglichkeit zu solcher Selbstbefreiung und Selbstwerdung allen Individuen gegeben ist.

Der jungenhaft vehemente Stil seiner Erstlingsschrift unterscheidet sich merklich von der disziplinierten Diktion, in der er den 1891 erschienenen letzten Teil des Werkes *Also sprach Zarathustra* in der *Frankfurter Zeitung* rezensierte. Hier stellt er fest, daß Nietzsche »ein überaus genialer Diagnostiker, aber ein einseitiger Ätiologe und ein phantastischer Heilarzt« sei, der mit unheimlichem Scharfblick überall die Schwächen, die kranken Stellen erkenne, aber sich in der Aufdeckung der Ursachen irre und sich »bei seinen Heilversuchen« in »magische Zauberdoktorei« verliere. Auch fand er hier eine Erklärung für die »Blendkraft« der Gedanken Nietzsches:

»Wenn es überhaupt möglich gewesen ist, daß diese Traumbilder für erreichbare Wirklichkeiten gehalten wurden und noch gehalten werden, so liegt das daran, daß jene poetischen Visionen einem tiefen Gemütsbedürfnis unserer Zeit entsprechen. (...) In solchen wirren Zeiten erstehen Erscheinungen wie die Nietzsches.«

Eisner dachte an die Entleerung des Gemüts durch die Technik, durch die »hypertrophische Entwicklung« in »Politik, Handel und Industrie«.

Nach dem Erscheinen von *Psychopathia spiritualis* als Buch brachte *Die Gesellschaft* im Mai 1892 eine Besprechung, deren

45 Ebenda, S. 49-56.
46 Ebenda, S. IV.
47 Ebenda, S. 99.

Verfasser, C. Vedente, das Werk wegen der »Fülle der vorzüglichsten und immer treffenden Bemerkungen zur heutigen Gesellschaftspsychologie« zu »einem Lieblingsbuch« für sich erkor. Allerdings erhob er den Vorwurf, Eisner habe Nietzsches Inkommensurabilität nicht erkannt, und widersprach auch Eisners »Darstellung von Egoismus und Altruismus«. Denn er selbst verstand *Zarathustra*, wie auch andere Anhänger des Philosophen, als ein »unerreichbares Lehrbuch des Altruismus: Liebet das kommende Geschlecht, opfert euch auf für die Entwicklung der Menschheit, geht freudig zu Grunde für ›die Fernsten‹ ohne jeden Lohn für euch!«[48]

Eisner antwortete dem Rezensenten in einer polemischen Gegenkritik, die er demonstrativ *Ein Scheidewort* überschrieb. Darin deklarierte er seine Nietzsche-Kritik selbstbewußt als »Streit- und Leitschrift« und gab zu, daß er seine Leser »zu verführen« strebe, »um sie den Krallen des größten aller Verführer zu entlocken«. Seine mokante Entgegnung auf seines Kritikers Belehrung, daß Nietzsche nicht das Mitleid, sondern dessen Heuchelei bekämpft habe, ist erwähnenswert, weil er hier sein späteres Pseudonym einflocht:

Nietzsche »riß den Menschen die Larve vom Antlitz und donnerte sie – geläufig wie uns nun einmal Sanskrit ist! – an: Tat twam asi – das *bist* du – und er fügte (in der Übersetzung vermutlich) hinzu: Das *sollst* du auch sein«.[49]

Es scheint ihm hier schon der Gedanke gekommen zu sein, systemkritische Artikel mit »Tat-Twam« zu unterzeichnen, um die Menschen und die von ihnen geschaffenen Verhältnisse so darstellen zu können, wie sie sich seiner Beobachtung darboten, wie sie jedoch, seiner optimistischen Anthropologie entsprechend, nicht sein sollten. So konnte er die inhumane Gegenwart mit dem Ausblick auf eine humane Zukunft kritisch beleuchten – ein Verfahren, das ein Merkmal des neukantianischen Ethischen Sozialismus ist und das Eisners publizistisches Schaffen kennzeichnet: Die von ihm aufgezeigten Möglichkeiten der Wandlung entsprechen dem neukantianisch Gesollten.

Während dem Kritiker Vedente nicht verborgen geblieben war, daß Kurt Eisner »von seinem sozialistischen Standpunkt« aus über

48 C. Vedente, *Psychopathia spiritualis*, in: *Die Gesellschaft* (1892), S. 629-633.

49 Kurt Eisner, *Nochmals: Psychopathia spiritualis. Ein Scheidewort*, in: *Die Gesellschaft* (1892), S. 1053-1059.

Nietzsche urteilte, sah der sozialdemokratische Parteihistoriker Franz Mehring, der *Psychopathia spiritualis* in der marxistischen Wochenschrift *Die Neue Zeit* besprach[50], Eisner erst auf »dem halben Wege« zum Sozialismus. Denn Eisner hatte in seiner Nietzsche-Schrift Mehrings Meinung, Nietzsche sei der »Philosoph des Kapitalismus«, in Frage gestellt und in diesem Zusammenhang en passant, doch belangvoll für sein Sozialismusverständnis, die »geschichtsmaterialistische Auffassung« als »(übrigens nur halbe) Wahrheit« bezeichnet.[51] Im wesentlichen jedoch stimmte Franz Mehring Eisners Kritik des Nietzscheanismus zu und empfahl das Buch den Lesern der *Neuen Zeit* »dringend« zur Lektüre. Kurt Eisner war also den Intellektuellen der Sozialdemokratischen Partei bereits 1892 bekannt.

Über ein entscheidendes Erlebnis, das wohl aus der Zeit vor der Niederschrift seines Erstlings datiert, berichtet Kurt Eisner am Schluß des Buches: Vermutlich um die Heimat seiner Vorfahren väterlicherseits kennenzulernen, war er in eine böhmische Kleinstadt gereist, deren Namen er nicht nennt. In das Gastzimmer des ersten Hotels am Orte, in dem Eisner anscheinend logierte, »trat ein müdgehetzter Hausierer mit wulstigen Lippen, krummer dikker Nase, hohlem, schmutzig-farblosem Gesicht, demütig gebückten Leibes«, der in schwerer Tragbahre seine unverkauften Waren trug und in der Hand »ein Prachtstück von Koffer« hielt. Kurt Eisner schildert bewegt, wie die »satten Spießbürger« mit »breitmäuliger Behaglichkeit und tobendem Gelächter« den Juden verhöhnten und ihm schließlich den Koffer, für den er zwölf Gulden verlangt hatte, für ein Drittel des Preises abhandelten:

»Der Satte hat den Koffer und bietet leutselig dem Hausierer ein Glas Bier. Der aber weist die Gabe ab, nimmt die 4 Gulden und eilt hinaus wie ein Verbrecher.«[52]

Diese Szene, schreibt Eisner, falle ihm immer ein, wenn er das Elend sehe. Der Hausierer verkörperte in seinen Augen zweifellos den »Geprellten«. Doch »noch ein anderes«, so bekennt er, erhalte in ihm jenes Erlebnis stets frisch:

»Manchmal träumt es mir, es wird aus jenem Volke, aus welchem dem Elend einst ein Tröster ward, dereinst auch erstehen ein Richter und Befreier.«

50 *Die Neue Zeit* 10,2 (1891-92), S. 667-669.
51 Kurt Eisner, *Psychopathia spiritualis*, a. a. O., S. 88-94.
52 Ebenda, S. 97 f.

Friedrich Nietzsche sah er offenbar nicht als diesen »Messias der Tat«. Hier offenbart sich jedoch die messianische Idee mit ihrer Hoffnung auf weltbürgerliche Humanität, die Auffassung eines sozialistischen Kerns der biblischen prophetischen Lehre. Überdies manifestiert sich Kurt Eisners jüdische Herkunft. Sein Judentum scheint für ihn selbst kein Problem gewesen zu sein. In seinem Tagebuch findet sich keinerlei Hinweis auf mögliche Diskriminierungen in der Schule oder an der Universität. In seiner Biographie läßt sich kein Minoritäts- oder Ausgeschlossenheitsbewußtsein feststellen.

4. »Tat-Twam« in Marburg

4.1. Kritik des Liberalismus

Im Herbst 1893 wurde Kurt Eisner politischer Redakteur des *General-Anzeigers für Marburg und Oberhessen*, der sich vom Juni 1894 an *Hessische Landeszeitung* nannte. Er übersiedelte mit seiner Frau nach Marburg in die Haspelstraße. Zwischen November 1893 und Mai 1897 kamen dort ein Sohn und zwei Töchter zur Welt. In Marburg hat sich Kurt Eisner außerordentlich wohl gefühlt. Mit Frau und Kindern »am Flusse gelagert«, schaute er gern »dem abendlichen Wolkenspiel« zu.[53] Obwohl er neben seiner redaktionellen Tätigkeit Beiträge für verschiedene Zeitschriften verfaßte, scheinen seine Einkünfte wiederum recht spärlich gewesen zu sein. »Seltsam, wie ein paar hundert Mark, die fehlen, einen sonst leidlich vernünftigen Menschen um alle Ruhe bringen können«, schrieb er am 31. Dezember 1894 seiner Frau, die mit dem Sohn nach Berlin gefahren war.[54] Seine Situation besserte sich, als ihn 1896 der Herausgeber der Berliner Wochenschrift *Die Kritik*, Richard Wrede, bat, regelmäßig »glossierende Betrachtungen über die politischen Geschehnisse der Zeit« zu schreiben. Weil Eisner sie in Marburg zu Papier brachte, nannte er sie *Provinzialbriefe*. Numeriert mit römischen Ziffern und unterzeichnet mit »Tattwam«, erschienen von Juli 1896 bis September 1897 insgesamt 49 Artikel. Er behandelte Fragen des politischen, gesellschaftlichen, wirtschaftlichen und kulturellen Lebens. Teils weit ausholend, teils

53 *Die Kritik* 92, 4. 7. 1896.
54 Im Familienbesitz.

assoziativ-sprunghaft stellte er in bilderreicher Sprache den moralisch-kulturellen Verfall in der Epoche des ökonomischen Liberalismus dar.

Schon im ersten *Provinzialbrief* identifizierte er einen wegen rechtswidriger Aneignung fremden Geldes angeklagten, doch freigesprochenen Rechtsanwalt, zwielichtigen Spekulanten und stadtbekannten Berliner Lebemann, als die »Symbolfigur jener machtvoll herrschenden Kulturrichtung (...), welche die gleißend irisierende Fäulnis der bourgeoisen Dekadenz darstellt«, als die »im Komischen« gelungene Verkörperung des Geistes der »Real- und Erfolgspolitik, deren tragischer Vertreter Bismarck« sei, und als »Typus jener frivolen, feigen und streberischen Unwahrhaftigkeit«, die das ganze politisch-gesellschaftliche Leben vergifte.[55]

Er glossierte die Geschehnisse unter dem Doppelaspekt einer Liberalismus- und Konservativismus-Kritik. Im Vergleich zu seiner Diagnose des preußisch-junkerlichen Konservativismus erwies sich seine Kritik am Liberalismus als ergiebiger, denn dessen größere politische und historische Signifikanz ließ den Betrachter auch vielfältigere, der Glossierung sich darbietende Anstößigkeiten aufspüren. Eisner warf den Liberalen vor, die »erhabene Entdeckung [ihrer] großen Geister«, »die Humanitätsidee«, nicht zum Sieg geführt zu haben[56], sondern stets alle liberalen Ideale preiszugeben, sobald es das Geschäft erfordere. Die Bloßstellung des ökonomischen Liberalismus, der, über den politischen triumphierend, eine ungenierte Interessenpolitik der Herrschenden ermöglichte, erscheint in den *Provinzialbriefen* als konstitutives Element seiner Systemkritik.

Die Zeit des »industriellen Laissez-faire« stellt er als eine Welt dar, »wo man Leben tausendfältig vergiftet«. Er spricht vom »Giftmord verwüstender Arbeit«[57] und konstatiert die Tödlichkeit des Wettbewerbsprinzips.[58] Unverkennbar ist das Leitmotiv seiner Kritik, die im Gefolge des Wirtschaftsliberalismus in allen Daseinsbereichen entstandenen und zu gewärtigenden Verheerungen

55 Kurt Eisner, *Advokatenpolitik, Provinzialbrief I*, in: *Die Kritik* 92, 4. 7. 1896.

56 Kurt Eisner, *Der Atheistenklub, Provinzialbrief III*, in: *Die Kritik* 94, 18. 7. 1896.

57 Kurt Eisner, *Schöne Leichen*, a.a.O.; ders., *Das gefällige Gespenst, Provinzialbrief IV*, in: *Die Kritik* 95, 25. 7. 1896.

58 Kurt Eisner, *Im Bann des Schreiens, Provinzialbrief V*, in: *Die Kritik* 96, 1. 8. 1896. Vgl. auch Freya Eisner: *Kurt Eisner: Die Politik des libertären Sozialismus*, a.a.O., S. 13.

den Menschen bewußt zu machen und sie zur Besinnung zu bringen. Als Beobachter des öffentlichen Lebens müsse man, schreibt er im *Provinzialbrief* vom 7. November 1896

»zu der Überzeugung gelangen, als ob nur noch Verwesendes oder Verwestes unsere Nerven zu erregen vermag«; »wir (...) schwelgen widerlich in den Reizen des Verbrechens, wir verfolgen mit blutiger Gier die Hetzjagd auf den flüchtigen Verbrecher, als wär's ein spannendes Wettrennen«.

Wirkungsbedacht benutzt er bei der Beschreibung der gesellschaftlichen Verrohungsphänomene den Plural, oder er beruft sich auf die »wenigen treuen Anhänger der idealen Überlieferungen der klassischen Bürgerzeit«, die die »erschreckende(n) Kulturrückschläge« und die Beobachtung ängstigten, daß

»wir uns doch immer rascher jenem pathologischen Zustand tiefinnerlicher Unwahrhaftigkeit [nähern], der allen sittlich festen Menschen unerträgliche Qualen bereitet«.[59]

Unumwunden stellt er fest, daß

»das Bürgertum«, das im »Namen der Humanität, der Gedankenfreiheit, der universalen Menschenbrüderschaft« angetreten sei, »müde, skeptisch, brutal, nur noch vertrauend auf materielle Gewalt, das grobe gemeine Interesse zum Gott erhebend, ohne Ideale, Weltanschauung, ja ohne klar zusammenhängende Ideen (...) ziellos taumelnd dem drohenden Verhängnis zu entrinnen« suche.[60]

In scheinbarer Beiläufigkeit, in der er gelegentlich seine Mahnungen anbrachte, appellierte er an die »sittlich festen Menschen«, »Hand an[zu]legen, um der Verwüstung des Lebens durch die Gesellschaft Einhalt zu gebieten«.[61]

Sein Befremden, daß sozial denkende Gebildete, daß selbst bekannte Sozialreformer glaubten, die von ihnen ständig beklagten Mißstände ließen sich ohne strukturelle Änderung der Wirtschaftsform beheben, tritt namentlich auch in seiner wiederholten Erwähnung der Nationalökonomen der ethisch-historischen Richtung, der »Kathedersozialisten«, zutage. Er nahm sie in Schutz gegenüber Angriffen der Regierenden, verwies darauf, daß »niemand heftiger gegen die Kathedersozialisten gehetzt« habe »als der Liberalismus«, doch befand er, daß sie »durchweg Kompromißler« seien, »die jeder systematischen Gedankenbildung scheu aus

59 Kurt Eisner, *Morituri, Provinzialbrief IX*, in: *Die Kritik* 100, 29. 8. 1896.
60 Kurt Eisner, *Atavismen, Provinzialbrief XXX*, in: *Die Kritik* 126, 27. 2. 1897.
61 Kurt Eisner, *Schöne Leichen*, a.a.O.

Kurt Eisner mit seiner Frau Lisbeth

dem Wege« gingen.[62] Damit wollte er zum Ausdruck bringen, daß diese erklärten Gegner des Manchestertums, die so eindringlich vor den demoralisierenden Auswirkungen des freien Spiels der egoistischen Kräfte warnten, die Unvereinbarkeit von wirtschaftsliberalen Prinzipien und ethischen Grundsätzen erkennen müßten.

Die Stringenz seiner Reduzierung des Liberalismus aller Richtungen auf den ökonomischen – er unterschied lediglich zwischen »gemäßigtem und radikalem Liberalismus«[63] – manifestiert sich sowohl in seiner Reklamation des liberalen Humanitätsgedankens als auch in seinen politikgeschichtlichen Erörterungen der von ökonomischen Interessen diktierten Versäumnisse des Liberalismus in den Bereichen der Innen- und Außenpolitik, der Kultur und der Bildung.[64] Eisner hatte – neukantianisch – gehofft, daß der Liberalismus »die Vernunfterkenntnis transzendental« verwirklichen werde.[65] Doch der »ethische Idealismus, der nur lehrte, daß in jedem Menschen die Menschheit zu achten sei und daß mithin niemand als bloßes Mittel, sondern stets als Zweck an sich zu gelten habe«, zitierte er Kant, werde »kaum noch verstanden«.[66]

Den Widersinn eines sozialen Liberalismus deckte er in der Programmatik der Nationalsozialen auf. Seine zunächst wohlwollend kritische Einstellung zu Friedrich Naumann, dem Gründer des Nationalsozialen Vereins, schlug allmählich in Ungehaltenheit um. Er warf die Frage auf, ob man es bei diesem »allerchristliche(n) Naumann«, dessen Anschauungen sich in Wahrheit in nichts unterschieden von den »liberalmanchesterlichen kapitalistischen Marktmeinungen«, nicht mit einem »zwecksicheren Taktiker zu tun« habe; denn »ein so gescheiter Kopf wie Naumann« müßte wissen, daß industrielles Laissez-faire sowie das Eintreten für eine

62 Kurt Eisner, *Der tolle Junker, Provinzialbrief XLVII*, in: *Die Kritik* 151, 21. 8. 1897; enthalten in: ders., *Taggeist*, a.a.O., S. 159; ders., *Männer der Praxis, Provinzialbrief XXXIX*, in: *Die Kritik* 137, 15. 5. 1897; vgl. ders., *Beelzebub der Große, Provinzialbrief XXXII*, in: *Die Kritik* 128, 13. 3. 1897; ders., *Programm-Musik, Provinzialbrief XLVI*, in: *Die Kritik* 147, 24. 7. 1897; ders., *Unpolitische Politik, Provinzialbrief XLIII*, in: *Die Kritik* 143, 26. 6. 1897.

63 Kurt Eisner, *Konflikt! Provinzialbrief XL*, in: *Die Kritik* 138, 22. 5. 1897.

64 Vgl. z.B. Kurt Eisner, *Der Atheistenklub*, a.a.O.; ders., *Morituri*, a.a.O., ders., *Fürsten-Visiten, Provinzialbrief X*, in: *Die Kritik* 101, 5. 9. 1896; ders., *Rhetorische Anfragen, Provinzialbrief XIX*, in: *Die Kritik* 112, 21. 11. 1896; ders., *Nestorenjammer, Provinzialbrief XXXV*, in: *Die Kritik* 132, 10. 4. 1897; ders., *Kulturkartell, Provinzialbrief XLI*, in: *Die Kritik* 139, 29. 5. 1897.

65 Kurt Eisner, *Fürsten-Visiten*, a.a.O.

66 Kurt Eisner, *Atavismen*, a.a.O.

mit »Heer und Flotte geschützte Kolonial- und Exportpolitik« sich »überhaupt nicht mit der bescheidensten sozialen Reformtätigkeit« vertrage. Eisner nannte Naumann und dessen Anhänger »Talarsozialisten«, die von einer »idealen Bewegungsfreiheit und dem perpetuum mobile der Produktion« träumten.[67] Dem »Freiburger Professor Max Weber« warf er vor, auf dem Erfurter Vereinstag der Nationalsozialen »ganz munter das Evangelium eines radikalen Individualismus gepredigt« zu haben.[68]

Eisners Erbitterung über das Versagen des Liberalismus stand in unmittelbarem Verhältnis zu der Schärfe, in der er über Bismarck urteilte; denn für das in seinen Augen verhängnisvolle Wirken dieses Politikers machte er die Adaptionspolitik der Liberalen mitverantwortlich. So habe der Liberalismus »am blindesten der Bismarck-Legende« gefrönt und

»das abscheuliche Märchen gläubig nachgebetet (...), daß Deutschland nur durch Blut und Eisen hat einig werden können, während überhaupt nur ein größeres Preußen aus dem Blutmeer entstanden ist, nachdem deutsche Fürstenverblendung damals den einigenden Federstrich verhindert hatte, als nach den Freiheitskriegen der rechte Augenblick zu organischer nationaler Einigung sich darbot«.[69]

Er klagte Bismarck an:

»Indem er die deutsche nationale Frage zur Hälfte löste, machte er Europa zum Schauplatz eines endlosen nationalen Haders.«[70]

In Eisners Urteil vereinigte Bismarck in sich Kapitalismus und Feudalismus. Unter der von äußerlichen Erfolgen gekennzeichneten singulären Entwicklung, der Entfernung der deutschen Kultur von westlichen Traditionen, hat Deutschland, nach Eisners Feststellung, schwer gelitten und »beinahe aufgehört, ein Kulturvolk zu sein«.[71] Der sittliche und geistige Verfall des Bürgertums habe unter Bismarck »die furchtbare Beschleunigung erfahren«.[72] Mit seiner Veranschaulichung der vom ökonomischen Liberalismus

67 Kurt Eisner, *Nationalsoziale Grundirrtümer I-V*, in: *Hessische Landeszeitung*, 17. 1.-12. 2. 1897, s.a.: ders., *Taggeist*, a.a.O., S. 194-210; Kurt Eisner, *Tragifarcen, Provinzialbrief XIV*, in: *Die Kritik* 107, 17. 10. 1896.

68 Kurt Eisner, *Almela, Provinzialbrief XXI*, in: *Die Kritik* 144, 5. 12. 1896; enthalten in: ders., *Taggeist*, a.a.O., S. 184.

69 Kurt Eisner, *Der Atheistenklub*, a.a.O.

70 Kurt Eisner, *Die heilige Güter-Alliance, Provinzialbrief XI*, in: *Die Kritik* 103, 19. 9. 1896.

71 Kurt Eisner, *Nestorenjammer*, a.a.O.

72 Kurt Eisner, *Schöne Leichen*, a.a.O.

und dem »radikalen Individualismus« verursachten sittlichen und geistigen Verfallserscheinungen entlud Eisner nicht nur seinen Unmut über die saturierte Abgestumpftheit der Bourgeoisie und über den »Verrat an dem Jugendideal und der Jugendschöpfung des Humanitätsprinzips«[73]; denn die Losung »Brüderlichkeit« beinhaltete für ihn die sozialistische Idee. Auch hier war es sein Bemühen, in seiner Kritik die Notwendigkeit und die Möglichkeit einer politischen und sozialen Umgestaltung zu vermitteln und zu begründen. Im sozialen Freiheitskampf sah er die »Fundamentalaufgabe« seiner Zeit.[74]

Den »Federdienst« zu leisten, hieß für ihn, ein »Arzt des öffentlichen Geistes« zu sein, die »Sanierung des öffentlichen Geistes« als »Gewissenspflicht ehrlicher Publizisten« zu betreiben.[75] Die Öffentlichkeit stellte aus seiner Sicht »in ihrem idealen Begriff und ihrer idealen Wirkung die Vernunft und Sittlichkeit einer höheren Entwicklungsstufe« dar, auch wenn sie in ihrer »Augenblickserscheinung« diesem Bild noch nicht entspreche.[76] Hier äußert sich einmal mehr seine Überzeugung, daß die Menschen »zur Erkenntnis ihres Menschentums reifen« würden.[77]

Aufschlußreich ist in diesem Zusammenhang, was er in einer Polemik gegen seinen Kollegen Maximilian Harden ausführte, dessen Bismarck-Verehrung ihn verdroß. Nachdem Eisner als »Mindestleistungen«, die von einem Publizisten zu fordern seien und die er bei Harden vermißte, ein »bißchen Wissen, Fleiß, logisches Vermögen, Klarheit, kritische Orientierungsgabe, Ehrlichkeit und Gewissenhaftigkeit« aufgezählt hatte, »die sich in einer vielleicht engen, aber doch einheitlichen und durchsichtigen Weltanschauung« bewährten, erklärte er:

»Witz, Ideen, Eigenart, Leidenschaft, Selbstentäußerung erheben die seltenen Sonntagskinder der Begabung über das Niveau des Alltäglich-Fruchtbaren und bilden in höchster Steigerung die geistigen Welteneroberer und Weltenschöpfer.«

73 Kurt Eisner, *Der Atheistenklub*, a. a. O.

74 Ebenda.

75 Kurt Eisner, *Der Fall Harden, Provinzialbrief XXVI*, in: *Die Kritik* 119, 9. 1. 1897.

76 Kurt Eisner, *Politische Auslese, Provinzialbrief XXIII*, in: *Die Kritik* 116, 19. 12. 1896.

77 Kurt Eisner, *Beelzebub der Große*, a. a. O.; vgl. auch ders., *Weltpolitik, Provinzialbrief XXXIV*, in: *Die Kritik* 131, 3. 4. 1897; enthalten in: ders., *Taggeist*, a. a. O., S. 149.

Selbstbewußt befand er:

»Wer kein Genie ist, das eine neue Gedankenwelt erzeugt, muß in der, die da ist, bescheidentlich zu wirken suchen.«[78]

Lisbeth Eisner überlieferte, ihr Mann sei »so ein gestrenger Kritiker« gewesen, »daß er nach jeder Richtung nur die ersten Geister gelten ließ«.[79]

Im Vergleich zu den *Provinzialbriefen*, die sich an ein progressives, gebildetes Lesepublikum richteten, sind Eisners Leitartikel in der *Hessischen Landeszeitung* thematisch konzentrierter und in ihrer Gedankenfolge geradliniger, gleichwohl substantiell ebenfalls anspruchsvoll. In ihnen tritt auch der Einfluß Kants stärker zutage sowie die Vorwegnahme modernen Demokratieverständnisses und Völkerrechts, aber auch sein Glaube an die Friedfertigkeit der Völker. Wiederum vereinigen sich Diagnose und Prognose. So konstatierte er am 13. März 1896, es setze sich

»mit wachsender Kraft (...) in den Völkern die Überzeugung durch, daß nicht die brutale Macht und der gemeine Erfolg die Nationen leitet und bindet, sondern daß die sittliche Gemeinschaft humaner Kultur, die Gleichheit der politisch-ethischen Überzeugungen die Staaten in natürlicher Freundschaft ordnet und gesellt«.

In diesem Sinn forderte er am 16. Februar 1896 die Einrichtung eines internationalen Parlaments, das aus »Delegierten der nationalen Volksvertretungen« bestehen sollte und die Aufgabe hätte, »die schwebenden internationalen Fragen zu Anträgen zu formulieren, die hierauf in den Einzelparlamenten zur Beratung, Beschlußfassung und verfassungsmäßigen Verweisung an die Regierungen gebracht werden«. Die Realität seiner Zeit bedenkend, fügte er jedoch hinzu, daß man »diese Betrachtungen mit überlegenem Lächeln als Träumereien und Hirngespinste abweisen« werde. Er prophezeite, daß einst der Tag kommen werde,

»da ein internationales Verfassungsleben zu den selbstverständlichen und unverlierbaren Kulturinstitutionen gehört, wie wir ja heute schon beim Post- und Eisenbahnwesen diesen Gedanken einer wahrhaften Weltpolitik in einer Teilerscheinung ziemlich vollkommen realisiert haben«.

Daß er diesem Artikel den Titel *Wohin* gab und einflocht, es nütze uns nichts, zu erfahren, »*wo* wir sind, wenn wir nicht wissen, *wohin* der Weg führt«, deutet auf seine Intention hin, politisches

78 Kurt Eisner, *Der Fall Harden*, a. a. O.
79 Kurt Eisner, *Stimmen der Freiheit*, a. a. O., S. 188.

Handeln von philosophischen Erkenntnissen leiten zu lassen. Er kritisierte hier die internationale Politik, in der »Programmlosigkeit als einziges Programm« herrschte, und erhob den Vorwurf:

»Statt durch Ideen die Tatsachen zu lenken, sind wir stets gewärtig, von den brutalen Tatsachen aus dem Hinterhalt überrascht und zermalmt zu werden.«

Bei seiner kritischen Beschreibung der Gegenwartsverhältnisse bediente er sich, um seiner positiven Entgegensetzung Dringlichkeit zu verleihen, gern des Vokabulars der Apokalypse. Mehr noch als in den *Provinzialbriefen* prägt seine Leitartikel in der *Hessischen Landeszeitung* jene für sein Denken charakteristische Ambiguität von realistischer Gegenwartsschau und idealistischer Zukunftszuversicht, die sich im Wechsel von nüchternen Befunden zur Politik und Gesellschaft und begeisterten Verheißungen künftiger humaner Lebensverhältnisse artikuliert. Doch sein neukantianisch begründeter Glaube an die fortschreitende Humanisierung der menschlichen Gesellschaft hatte zur Bedingung, daß die Menschen lernen müßten, vernunftgemäß global zusammenzuwirken, um die ideale gesellschaftliche Verfassung zu schaffen. Es findet sich hier also schon im Kern die Prophetie, die er als bayerischer Ministerpräsident im Dezember 1918 und im Februar 1919 aussprach:

»Wir gehen entweder zu Grunde, oder wir gewöhnen uns an den Gedanken einer neuen Weltordnung.« – »In keinem Lande ist es möglich, in der bisherigen Weise fortzuwirtschaften.«[80]

So versicherte er in seinem, zugleich von aufklärerischem Vernunftoptimismus getragenen Leitartikel vom 31. Dezember 1893:

»Nach neuen Formen, neuen Gedanken, neuen Systemen sehnt sich die Welt. Tief und tiefer wurzelt in der Menschheit der Glaube, daß wir an einem Punkt der Entwicklung angelangt sind, an dem wir Halt machen müssen, um neue Bahnen zu eröffnen. Das ›Fortwursteln‹, das man mit einem Fremdwort ›Regieren‹ nennt, findet eine immer größere Zahl einsichtiger Kritiker. (...) Das Volk (...) lernt erkennen, es lernt sehen, es lernt handeln. Die ›Masse‹ wird zu einer tätigen Gemeinschaft selbstbewußter Persönlichkeiten (...).«

Offensichtlich zweifelte er nicht am Willen und an der Befähigung

80 Kurt Eisner, *Der Sozialismus und die Jugend*, a. a. O., S. 11; ders., *Wahlrede »Vor den Unabhängigen«*, in: *Die neue Zeit*, 1. und 2. Folge, München 1919, 2. Folge, S. 45.

der Menschen, ideenreich an der Gestaltung der öffentlichen Angelegenheiten mitzuwirken.

Seine Kritik an den Regierenden ist in der *Hessischen Landeszeitung* zwar weniger pointiert als in den *Provinzialbriefen*, doch trug sie ihm gelegentlich Geldstrafen ein »wegen Beleidigung durch die Presse«. So schrieb er zum Beispiel am 1. Januar 1896:

»Für den aufgeklärten, unterrichteten, den denkenden und empfindenden Menschen ist das ganze heutige Regierungssystem – schon rein als geistiges Beobachtungsobjekt – unerträglich.«

Die Verantwortlichen nannte er »juristische Verwaltungsbeamte, nicht selten von mäßiger Bildung und kaum noch mittelmäßiger Intelligenz«. Er verhehlte auch nicht seine Gegnerschaft gegen die »Kaste« jener Konservativen, die den »Großindustrialismus und das Großgrundbesitzertum (...) trotz einzelner Differenzen« in sich zusammenfasse. Denn diese Konservativen widerstrebten der Entwicklung der Menschheit, die »sichtlich zu dem Ziele drängt, immer weiteren Kreisen des Volkes politische Rechte und wirtschaftliche Macht zu gewähren«.[81] Politische Rechte, so verrät sich hier bereits, schlossen nach Eisners Demokratiebegriff wirtschaftliche Mitbestimmung ein.

4.2. Sympathie für die Sozialdemokratie

Die *Hessische Landeszeitung* war zwar ein der Sozialdemokratie wohlgesinntes Blatt[82], doch wie sehr Eisner mit dieser Partei sympathisierte, durfte er wohl nur in seinen *Provinzialbriefen* zum Ausdruck bringen. Indem er sich selbst zu den von ihm zitierten »sittlich festen Menschen« zählte, konnte er auf die Verdienste der Sozialdemokratie hinweisen und sich für ihre, von jenen ideell gesinnten Bürgerlichen in konventioneller Voreingenommenheit angezweifelten Seriosität verbürgen. Zuversichtlich, daß

»all die abstoßenden Untergangserscheinungen (...) alle intellektuell und sittlich unversehrten Elemente gewaltsam in das feindliche Lager treiben, selbst wenn sie mit ihren Überzeugungen noch jenseits stehen«,

81 Kurt Eisner, *Kurhessens Ende*, in: *Hessische Landeszeitung*, 25. 11. 1894.

82 Vgl. Markus Bauer, *Im Fieberklima des Kaiserreichs: 3 Zeitungen spiegelten die Zerrissenheit. »Marburg-Bilder, Zeugnisse aus 5 Jahrhunderten«: Kurt Eisners Wechsel von der Hauptstadt in die Provinz*, in: *Oberhessische Presse*, 16. 12. 1993.

beschwor er sie im gemeinschaftlichen Bewußtsein der »intellektuell und sittlich unversehrten Elemente«:

»Wir müssen uns zur Sozialdemokratie flüchten, selbst, wenn wir ihre wirtschaftlichen und taktischen Grundanschauungen nicht teilten. Sie ist die einzige Zuflucht aller Idealisten, um sie kreisen die Sympathien der Gesund-Gebliebenen.«[83]

Daß Eisner die wirtschaftlichen Grundanschauungen der Sozialdemokratischen Partei teilte – und zwar im Sinn des Erfurter Programms von 1891, das sich die Verwandlung des kapitalistischen Privateigentums an Produktionsmitteln in gesellschaftliches Eigentum und die Umwandlung der Warenproduktion in sozialistische, für und durch die Gesellschaft betriebene Produktion zum Ziel setzte –, ist aufgrund seiner Äußerungen und Bekenntnisse nicht zu bezweifeln. Dagegen lassen seine Stellungnahmen zu den taktischen Anschauungen der Partei Zwiespältigkeit erkennen. Es irritierte ihn das Dogma vom Klassenkampf; nicht nur, weil es eine geistig-sittliche Emanzipation der Besitzlosen und den hieraus erwachsenden Impetus zur Änderung der materiellen Gesellschaftsgrundlagen negierte[84], sondern weil er, da ihm der Untergang der dekadenten Klassenherrschaft ohnehin besiegelt zu sein schien, von der Partei der aufsteigenden Klasse ein vernunftgemäß überzeugendes intentionales Eingreifen in die Politik verlangte. Deshalb legte er den in Erwartung der Revolution politische Abstinenz übenden Sozialdemokraten nahe, sich nicht nur an den Wahlen zum Reichstag, sondern auch – was sie zu jener Zeit strikt ablehnten – an den Landtagswahlen, zumal den preußischen, zu beteiligen. Denn »alles Bei-Seite-Stehen«, so erklärte er, »ist politisch unklug«.[85]

Bedenkenswert ist seine Stellungnahme zu dem großen Streik der Hamburger Hafenarbeiter im Winter 1896/97, der elf Wochen dauerte und mit einer Niederlage der Arbeiter endete. Eisner nannte das Mißlingen des Arbeitskampfes eine »Kompromittierung des Kapitalismus«, denn es werde der Beweis geliefert, »daß

83 Kurt Eisner, *Der Einbund, Provinzialbrief VI*, in: *Die Kritik* 97, 8. 8. 1896; enthalten in: ders., *Taggeist*, a. a. O., S. 106. In den *Provinzialbriefen* finden sich zahlreiche Druckfehler, die Eisner häufig in der jeweils nächsten Nummer berichtigte. So steht in der *Kritik* 97 das Verb »teilen« fälschlich im Indikativ, in *Taggeist* dagegen hat Eisner es richtig in den Konjunktiv Imperfekt gesetzt.

84 Vgl. Freya Eisner, *Kurt Eisner: Die Politik des libertären Sozialismus*, a. a. O., S. 11.

85 Kurt Eisner, *Kulturkartell*, a. a. O.

unter dem kapitalistischen Zwang keine Besserung der sozialen Lage der Massen möglich« sei, während siegreiche Streiks die wertvollsten Argumente für die kapitalistische Wirtschaftsordnung lieferten.[86] Die in diesem Gedankengang enthaltene Voraussicht, daß sich durch künftige Zugeständnisse des Unternehmertums die soziale Lage der Arbeiter tatsächlich verbessern werde, schließ seine Annahme ein, daß realiter »das freie Spiel der Kräfte den Kapitalismus stets gewinnen« lasse und die Besitzlosen betrüge. Mit der Folgerung, »daß gegen den Kapitalismus der wirtschaftliche Kampf ohnmächtig« sei, suchte er sodann »alle ideellen Gegner und materiellen Sklaven des Kapitalismus« zu der Einsicht zu bewegen, »daß die einzige Aufgabe in der Eroberung der politischen Macht« durch die Sozialdemokratie bestehe.[87] Über die Art und Weise der Machteroberung äußerte er sich indes nicht; doch läßt seine scharfe Systemkritik vermuten, daß er nicht mit der Möglichkeit eines legalen Weges rechnete.

Seiner Ansicht nach erfolgt die Entwurzelung der kapitalistischen Herrschaft aus den immanenten Daseinsgesetzen des Kapitalismus. Dagegen betrachtete er »die gleichzeitige geistig-sittliche Verderbnis« als ein schlimmes Problem für sich, bei dessen Lösung man den Einfluß von Persönlichkeiten nicht außer acht lassen dürfe.[88] Hier dachte er wohl an die Personen des öffentlichen Lebens, an Politiker zumal, die durch Integrität Vertrauenswürdigkeit und Vorbildhaltung erlangen und das »Reinigungswerk« in Angriff nehmen sollten.[89] Daß er diese Persönlichkeiten bei der Sozialdemokratie zu finden wünschte, liegt nahe.

Eisner konnte in seinen *Provinzialbriefen* jedoch nicht verhehlen, daß in der sozialdemokratischen Partei »viel innerlicher Zwist und Streit« herrschte, daß »Intrigen sich spinnen und Ränke geschmiedet werden«. Doch bagatellisierte er die Dispute als »Familienstreitigkeiten«[90], womit er allerdings auch kundtat, daß es sich für ihn hierbei um das Gezänk rivalisierender Personen handelte. In seinem Eifer, die Partei gegen bürgerliche Anwürfe zu verteidigen, behauptete er gar, es liege ein »großartiges Kraftgefühl« und

86 Kurt Eisner, *Das Fest der Bazare*, a. a. O.; *Schneeverwehungen, Provinzialbrief XXIX*, in: *Die Kritik* 123, 6. 2. 1897.
87 Kurt Eisner, *Schneeverwehungen*, a. a. O.
88 Kurt Eisner, *Atavismen*, a. a. O.
89 Kurt Eisner, *Morituri*, a. a. O.
90 Kurt Eisner, *Allerlei Kulturkämpfer, Provinzialbrief XVI*, in: *Die Kritik* 109, 31. 10. 1896; enthalten in: ders., *Taggeist*, a. a. O., S. 115.

eine »Verachtung der Gegner« darin, »daß man vor aller Welt die internen Zwistigkeiten austrägt, auf die Gefahr hin, als roh, gemein und innerlich zermorscht zu erscheinen«.[91]

Aus einer Kritik an Clara Zetkin, die auf dem Internationalen Frauenkongreß im September 1896 in Berlin die bürgerlichen Frauenrechtlerinnen brüskiert hatte, geht hervor, daß Eisner im Auftreten der dogmatischen Marxisten, in ihrer Intransigenz gegenüber Andersdenkenden, das Haupthindernis sah für die Gewinnung von Nichtproletariern, die aufgrund ihrer Lebensumstände eine die Veränderung der Gesellschaft anstrebende Partei unterstützen müßten. Er stellte Clara Zetkin seinen Lesern als glänzend beredte und äußerst temperamentvolle Vertreterin der sozialistischen Orthodoxie und fanatische Anhängerin des Klassenkampfes vor, die sich, da sie jede Reformpolitik ablehne, auf dem Breslauer Parteitag 1895 am heftigsten gegen ein taktisches Agrarprogramm ausgesprochen habe und weder an Bauern noch an bürgerliche Frauen als Parteigenossen interessiert sei. Er gab ihr zu bedenken, daß sie für die Sozialdemokratie erfolgreiche Propaganda hätte treiben können, wenn sie liebenswürdiger gewesen wäre. Er entwarf einen Redetext für sie, in dem er die Rechtlosigkeit und Benachteiligung der Frauen in Bildung, Beruf und Politik darlegte und den bürgerlichen Frauen klarmachte, daß ihre speziellen Desiderien nur von der Sozialdemokratie vertreten würden.[92]

Daß die »Frauenfrage« neben dem »Erbrecht« die »wichtigsten Kulturfragen der Zeit« seien, die die »hochsommerliche Schnellfabrikation des bürgerlichen Gesetzbuchs« in den »jammervoll-lustigen Verhandlungen des Reichstags« im Juli 1896 »durch rasche Beschlüsse erdrosselt« habe, hatte er bereits in seinem ersten, *Advokatenpolitik* betitelten *Provinzialbrief* festgestellt.

Im Zusammenhang mit seiner Beobachtung, daß in der Sozialdemokratie »viel innerlicher Zwist und Streit« herrschte, und seiner Hinzufügung, daß die »Feineren und Verletzlicheren« durch »ungerechte Anklagen« niedergedrückt würden, ist seine, gleichsam sein eigenes Schicksal vorwegnehmende Bemerkung von Belang, daß in der Sozialdemokratie viel inneres Märtyrertum herrsche –

»ein Märtyrertum, das stets getragen werden muß, wo eine große Sache mit der kleinen Menschlichkeit der Person zusammenstößt«.[93]

91 Kurt Eisner, *Zwei Welten, Provinzialbrief XV*, in: *Die Kritik* 108, 24. 10. 1896.
92 Kurt Eisner, *Morgenstern, Provinzialbrief XIII*, in: *Die Kritik* 105, 3. 10. 1896.
93 Kurt Eisner, *Allerlei Kulturkämpfer*, a. a. O.

Aus dieser Erkenntnis, die ihm, auch nach seinem Eintritt in die Partei erlaubte, den fortdauernden Zwistigkeiten zunächst mit Nachsicht zu begegnen, scheint er die Zuversicht gewonnen zu haben, daß die »kleine Menschlichkeit« im Bewußtsein der großen Sache über sich hinauswachsen werde, vermutlich aber auch die Ahnung, daß die »große Sache« an der »kleinen Menschlichkeit« scheitern könne. Dennoch sah er in der Sozialdemokratie eine geschichtsmächtige, geschichtsverändernde Kraft. Noch bevor er selbst der Partei angehörte, verlangte er von vernünftigen andersdenkenden Mitgliedern, nicht grollend auszutreten, sondern zu versuchen, »ihre bessere Überzeugung in langsamer zäher Arbeit der Partei beizubringen«.[94] Was dieser Aufforderung Gewicht gibt, ist die nicht zu bestreitende Tatsache, daß er selbst sich trotz aller Widrigkeiten und Anfeindungen dieser Aufgabe unterzog. Jedoch stellt sich schon bei der Lektüre seiner *Provinzialbriefe* die Frage, ob er ernsthaft glaubte, dieser Partei, deren Zustand bereits vor Beginn des eigentlichen Revisionismusstreits unversöhnliche Konfrontation kennzeichnete, »bessere«, also seine eigenen, von der Notwendigkeit des einheitlichen Vorgehens bestimmten Überzeugungen nahebringen zu können. Positive Erwähnungen der Sozialdemokratie finden sich in nahezu jedem dritten *Provinzialbrief*, und es bestätigt sich, was Eisner als bayerischer Ministerpräsident einmal sagte: daß er, bevor er »in der Partei an leitender Stelle tätig war, (...) zehn Jahre zuvor schon in der Stille für die Sozialdemokratie gewirkt« habe.[95] Hoffnungen auf eine »Kulturpartei«, die mit den »politischen auch die sozialen Forderungen« durchsetzte, und Berufungen auf die »Menschheitsidee der vernunftvollen Gerechtigkeit«[96], wie er sie in den *Provinzialbriefen* immer wieder äußerte, bezogen sich ganz selbstverständlich auf die Sozialdemokratie.

4.3. Kritik des Anarchismus

Hatte Kurt Eisner schon in *Psychopathia spiritualis* jene »radikalen Naturen, die stets auf dem äußersten Flügel stehen wollen« als »Schauspieler ihres Ichs« durchschaut, den Anarchismus als Gegenteil des Sozialismus gedeutet und die »eigenartige Gruppe der

94 Ebenda.
95 Kurt Eisner, *Wahlrede »Vor den Unabhängigen«*, a.a.O., S. 22.
96 Kurt Eisner, *Kulturkartell*, a.a.O.; *Das Fest der Bazare*, a.a.O.

›Jungen‹« in der Partei einer durchaus differenzierten Betrachtung unterzogen[97], so verschärfte er seine Kritik des Anarchismus im Rahmen seines publizistischen Engagements für die Sozialdemokratie. Er riet der Partei, eine »reinliche Scheidung« vorzunehmen »von den anarchistischen Schwadroneuren«, den »anarchistischen Wirrköpfe(n)«, die »getreu dem Prinzip der Herrschaftslosigkeit ihre Individualität ausleben« wollten; sie seien nur »psychologisch, aber nicht logisch zu begreifen« und stellten »Manchester-Karikaturen« dar. Diese bündige, gleichwohl durch Erfahrungen bestätigte Charakterisierung schrieb er nach den »anarchistischen Lärmszenen« auf dem Internationalen Sozialisten-Kongreß im Sommer 1896 in London nieder, aus denen die bürgerlichen Gegner der Sozialdemokratie »Rückgangs-Trost zu saugen« versuchten, also auf einen Ansehensverlust des Sozialismus hofften. Daß die Anarchisten

»sich zufällig an dasselbe Publikum wenden und auch ein Verdammungsurteil über die bestehenden Zustände fällen, das der sozialistischen Kritik ähnlich ist, darf schwerlich als ein zureichender Grund zu gemeinschaftlicher Aktion angesehen werden«[98],

machte er geltend.

Im *Provinzialbrief* vom 28. August 1897, den er allerdings schon 1894 anläßlich einer Serie anarchistischer Attentate in Frankreich zu Papier gebracht hatte, nannte er den Anarchismus ein Zerrbild des individualistischen Liberalismus; dem »liberalen Freiheitswahn« entstehe im Anarchismus eine Parodie:

»Während der Anarchismus als Gesellschaftsordnung eine unvollziehbare Wahnvorstellung ist, ist die anarchistische Weltstimmung, wie gesagt, die verzerrte Spiegelung der realen Zustände. (...) Das kranke Hirn putzt das Reale fanatisch auf und hält es dann für eine neue Wirklichkeit, welche die alte überwunden habe.«

Eisner sucht hier den depravierenden ökonomischen Liberalismus in Beziehung zu setzen zum terroristischen Anarchismus. Die Absurdität anarchistischer Vorstellungen eines Gemeinschaftslebens auf der Basis schrankenloser Freiheit aller einzelnen erscheint ihm als Reflex in der vorgegebenen Ordnung des ökonomischen Individualismus mit seiner uneingeschränkten Bereicherungsfreiheit. Er deutet den Anarchismus, ohne zwischen den verschiede-

97 Kurt Eisner, *Psychopathia spiritualis*, a. a. O., S. 86f.
98 Kurt Eisner, *Der Einbund*, a. a. O.

nen Strömungen zu unterscheiden, als Gewächs des extremen Individualismus, in dem auch der Liberalismus wurzle, und zugleich als paranoide Reaktion auf dessen Mächtigkeit. Seine psychologische Erklärung des gewalttätigen Anarchismus konkretisierte er im *Provinzialbrief* vom 25. Juli 1896 unter dem Gesichtspunkt der Ungeschütztheit des einzelnen vor wirtschaftlichen Katastrophen und des Zwangs zu krankmachender Arbeit. Er konzedierte, daß »anarchistische Stimmungen in dunklen Augenblicken der Verzweiflung selbst den Ruhigsten und Nüchternsten« ergreifen könnten, »wenn er die brutale Unvernunft triumphieren und das Recht als tödliches Werkzeug des Unrechts kraft der Willkür des Stärkeren ausgeliefert« sehe.

Daß Attentate den Machthabern willkommenen Anlaß für politische Unterdrückungsmaßnahmen böten, »daß sie die Untat im doppelten Sinn des zweideutigen Wortes zum Hebel ihrer Absichten machen«, thematisierte er im Zusammenhang mit der »Polizeigeschäftigkeit (...) gelegentlich der Europafahrt des Zaren« in einem *Die Philosophie der Untat* betitelten *Provinzialbrief* vom 26. September 1896:

»Seit dem wundertätigen Dolchstich des Studiosus Sand lechzen die heiligen Güterschützer nach illegitimen Untaten der Unterdrückten, welche die geängstigten Philisterseelen zu jeder legitimen Untat der Unterdrücker gefügig machen. Und kommen sie nicht von selbst, so macht man sie.«

In diesem *Provinzialbrief* findet sich, wieder beiläufig angemerkt, eine wesentliche Bekundung seines Selbstverständnisses: Er tilgte das Verneinungspräfix und sprach von der »Philosophie der Tat, welche die zum Höheren Fortschreitenden, die Realisierungsarbeiter der Idee, leitet«. Es ist unschwer zu erkennen, daß er sich mit den Realisierungsarbeitern der Idee identifizierte.

Ihr besonderes Gewicht erhält seine Kritik des Anarchismus durch die Tatsache, daß es in erster Linie die Anarchisten, respektive Anarcho-Kommunisten waren, die nach der Revolution 1918 Eisners demokratisch-sozialistische Politik konterkarierten und mit ihren »Lärmszenen« auf Straßen und Versammlungen, ihren Übergriffen und Ausschreitungen den Gegnern der Revolution, zumal auch der sozialdemokratischen Rechten, Handhaben zur militanten Vereitlung grundlegender politischer Veränderungen lieferten.

4.4. Vision und Antizipation

Eisners Marburger Zeit endete mit seiner Verurteilung zu neun Monaten Haft wegen Majestätsbeleidigung. Das Landgericht I zu Berlin unterstellte ihm, in seinem Leitartikel in der *Kritik* vom 2. Januar 1897, betitelt *Ein undiplomatischer Neujahrsempfang*, »den Kaiser in der öffentlichen Meinung« herabgesetzt zu haben. In Wirklichkeit handelte es sich bei diesem *Provinzialbrief* um eine phantasievoll aufklärerische Kritik des Absolutismus in der Gegenüberstellung einer als Idealkonstruktion erscheinenden, von Eisner wohl als erreichbar angesehenen Regierungsform im Gewand einer Mythologisierung des mit seiner Systemkritik verknüpften Aufweises möglicher Veränderung. Er stellt einen »höchsten Repräsentanten« dar, der in einer Neujahrsansprache hart mit sich selbst ins Gericht geht und die – authentischen – Ereignisse des abgelaufenen Jahres unbeschönigt, sozusagen von oppositioneller Position aus, rekonstruiert und gelobt, künftig im Sinne der Humanität seine Pflicht zu tun. Er wollte »einmal eine gedrängte Jahresrevue geben, und dann in scharfem Kontrast das Ideal mit der Wirklichkeit zusammenprallen lassen«. Trotz einiger verräterischer Anspielungen dachte er bei seiner Niederschrift ganz offensichtlich weder an den deutschen Kaiser noch überhaupt an einen lebenden Monarchen. Vielmehr schwebte seiner »von den Silvestergeistern entfesselten Phantasie« ein Regierender vor, »der die größte staatsrechtliche, historisch überkommene Machtvollkommenheit mit der gewaltigsten Genialität des Geistes und der Tat vereint«.[99] Diese Idealfigur hatte er schon ein Jahr zuvor, am 1. Januar 1896, in der *Hessischen Landeszeitung* modelliert. Ohne Zweifel legte er diesem erdachten Herrscher in den Mund, was er selbst zu sagen wünschte. So äußert sich hier sein Glaube an die Erziehbarkeit des Menschen zu politischer Mündigkeit in der Zuversicht jenes »höchsten Repräsentanten«: »Mit einem Volk von freien, strengen und anspruchsvollen Richtern werden wir vielleicht selbst Könige werden.« Unverkennbar signalisiert er seine eigenen Perspektiven mit der von dem idealen Staatsmann gestellten Frage:

99 Kurt Eisner, *Ein undiplomatischer Neujahrsempfang, Provinzialbrief XXV*, in: *Die Kritik* 118, 2. 1. 1897; ders., *Kriminelle Majestätsverherrlichung, Provinzialbrief XXVIII*, in: *Die Kritik* 122, 30. 1. 1897, enthalten in: ders., *Taggeist*, a. a. O., S. 212.

»Haben wir etwas getan, um menschliche Vernunft, Sittlichkeit und Schönheit im Völkerleben zum Ausdruck zu bringen? Haben wir überhaupt einen sinnvollen, festen Plan, um einen Ausweg aus den trüben Wirrnissen zu bahnen, wäre es selbst nur ein Notausgang? Wo ist der Gedanke, der uns allmächtig beherrscht? Ich finde ihn nirgends. (...) Wahrlich, ich bin des Treibens müde, mich drängt es zur Arbeit. Sie aber, meine edlen und weisen Herren, sind berufen, den Arbeitsplan zu entwerfen. Vermögen Sie es nicht (...), so werde ich mir andere Räte suchen. Da draußen gibt es genug der fähigen Köpfe und ernstwilligen Herzen.«

Dieses Phantasiestück mutet in der Tat wie eine Vision seiner späteren Ministerpräsidentschaft an, deren hundert Tage er nutzte, um den von ihm an den »höchsten Repräsentanten« gestellten Ansprüchen nachzukommen. Ernsthaft erklärte er nach seiner Regierungsübernahme, es würde ihn »das Experiment locken, die Arbeit zu leisten mit Leuten von der Straße«; er meine »fähige Köpfe, die bisher nicht ans Licht gekommen« seien und mit denen er »vielleicht fruchtbarere Arbeit [würde] leisten können als mit denen, die auf dem üblichen Weg in ihre Ämter« gelangten.[100]

Eisners *Provinzialbriefe* enthalten zum Teil »Ideen und Ideale«, die er während seiner Regierungszeit nach seinen eigenen Worten »soweit es möglich, in kurzer Zeit zu fördern« suchte.[101] Seine Forderung im *Provinzialbrief* vom 15. Mai 1897 an die »Männer der Praxis« nach einer »vollständige(n) Beherrschung des gesamten Tatsachenmaterials« stellte er als Ministerpräsident schließlich auch an die Mitglieder des Sozialisierungsausschusses am 22. Januar 1922, wie der in diesem Band aufgenommene Vortrag belegt.[102] Er bezog sich hier auf den »wissenschaftliche(n) Satz des größten Denkers der Welt« – er meinte Kant –, daß Denken ohne Erfahrung leer, Erfahrung ohne Denken blind sei, den er mit seiner Forderung auf die Politik angewandt wissen wollte.

Daß er die als »Kunst« verstandene Antizipation künftiger Lebensverhältnisse bei einem Politiker voraussetzte, hatte er, bezeichnenderweise parenthetisch, in eine Bemerkung über den liberalen Parteiführer Eugen Richter eingeflochten:

»Eugen Richter, der immer noch begabteste und charakterstärkste bürgerliche Parlamentarier, den nur seine sterile Phantasielosigkeit hindert, ein

100 Kurt Eisner, *Wahlrede »Vor den Unabhängigen«*, a.a.O., S. 28.
101 *Verhandlungen des provisorischen Nationalrates*, a.a.O., S. 63.
102 Siehe S. 261.

schöpferischer Politiker zu sein – er ist unvermögend, Zukünftiges sich vorzustellen, und haßt deshalb alle Zukunftsgedanken (...).«[103]

Diesen Anspruch an den Politiker präzisierte er 20 Jahre später, als er in seiner Funktion als bayerischer Ministerpräsident äußerte, es sei Aufgabe des wirklich schaffenden Politikers, »im voraus in seinem Gehirn realisiert zu sehen, was morgen oder übermorgen sein wird«, und es komme darauf an, welche Phantasie man habe, »Dinge, die noch nicht verwirklicht sind, verwirklicht zu schauen und darnach Politik zu treiben«.[104] Das »Zukünftige«, das in Eisners Vorstellung Gestalt annahm, war wiederum das »Gesollte«, das es zu verwirklichen galt: eine demokratisch geordnete, von Vernunft geleitete, solidarisch fundierte Gesellschaftsform, eine nach heutigem Verständnis »konkrete Utopie« im Sinn einer grundsätzlich realisierbaren, durch energische Anstrengungen der vorhandenen Wirklichkeit abzuringende neue Ordnung. Diesen Bedeutungsgehalt scheint Eisner dem allgemeinen Utopie-Begriff bereits gegeben zu haben, denn er schloß eine seiner Kritiken des Manchesterliberalismus mit dem Diktum:

»Der einzige Ausweg aus dem Labyrinth von Manchester führt nach – Utopien.«[105]

Dennoch hat ihn wohl der Utopie-Vorwurf, der auch damals schon als Abwehrinstrument gegen gesellschaftsverändernde Vorstellungen benutzt wurde, irritiert. Denn zuweilen pflegte er seine Ideale in selbstironischem Unernst, wie schon in jenem spukhaften Wachtraum während seiner Studentenzeit, zu bagatellisieren, um sie der Abwertung als Utopie zu entziehen. Deshalb flüchtete er sich wohl auch ins Feuilleton. Den Utopie-Vorwurf kehrte er gelegentlich um und denunzierte die kapitalistisch Herrschenden als »Utopisten der Reaktion«.[106]

Die für seinen Stil charakteristische Verwobenheit von kritischer Wirklichkeitsschau und ideeller Perspektive, die neukantianisch orientiert ist, birgt eine Fülle scheinbar spontaner Einfälle und schlagfertiger Abschweifungen, so daß sich der jeweils eigentliche Gedankengang nicht immer leicht verfolgen läßt. In der Ironisierung ist die tiefere Bedeutung mitunter nicht sogleich zu erkennen.

103 Kurt Eisner, *Kulturkartell*, a. a. O.

104 Siehe S. 260.

105 Kurt Eisner, *Um Manchester, Provinzialbrief VII*, in: *Die Kritik* 98, 15. 8. 1896; teilweise enthalten in: ders., *Sozialismus als Aktion*, a. a. O., S. 9.

106 Kurt Eisner, *Unpolitische Politik*, a. a. O.

In der umfangreichen publizistischen Produktion Kurt Eisners zeichnen sich diese 49 *Provinzialbriefe* durch sprachliche Originalität und pointierte Formulierungen aus. Er fand oft beschauliche, zum Teil urwüchsige Sinnbilder. So attestierte er zum Beispiel der Menschheit eine »paranoia militaris bellicosa«, in der sie mit ihrer »Zerstörungstechnik eine [so] wunderbare Vervollkommnung erreicht« habe, daß »ihre Mittel ausreichten, um zehn Menschheiten vom Erdboden zu vertilgen«.[107] Ähnlich äußerte er sich über die Kriegstechnik schon in *Psychopathia spiritualis*:

»Die Menschen sind fast nur noch Versuchsobjekte für technische Erfindungen. Man könnte ebensogut die Völker auf die Schienen strecken und Eisenbahnzüge über sie hinwegfahren lassen.«[108]

Kurt Eisner erlangte bald den Ruf, bester Journalist und Stilist Deutschlands zu sein.

4.5. In Plötzensee

Nachdem das Reichsgericht in Leipzig die Revision gegen das Urteil des Berliner Landgerichts verworfen hatte, begab sich Kurt Eisner am 1. November 1897 in das Gefängnis Plötzensee. Er durfte nur einmal im Monat Besuch empfangen, oder aber einen Brief schreiben. Da ihn im Dezember seine Schwester Martha besucht hatte, konnte er seiner Frau Lisbeth keinen Weihnachtsgruß senden. Sie hatte ihm eine Kiste geschickt, die ihm nicht ausgehändigt wurde. Der Gefängniswärter, den »eine weihnachtliche Regung« beschlich, »lüftete den bereits geöffneten Deckel«, und Eisner »erblickte in der Hülle ein zierlich gewachsenes Zwergbäumlein, das mit den Wurzeln ausgegraben war und in Erde steckte«, geschmückt mit kleinen Kerzen und Süßigkeiten. Man erlaubte ihm nicht, es in seiner Zelle aufzustellen; es wurde »konfisziert«.[109]

In einer Reflexion über den Strafvollzug vertrat Eisner die Ansicht, daß der Ordnungs- und Arbeitszwang »nicht ungeeignet« sei, bei kriminellen Häftlingen »Besserung zu erzielen«, zumal da die materiellen Bedingungen – die für ihn selbst eine »große Verschlimmerung der Lebenshaltung« bedeuteten – sich für einen großen Teil dieser Gefangenen wohl günstiger gestalteten als in

107 Kurt Eisner, *Fernwertungen, Provinzialbrief XX*, in: *Die Kritik* 113, 28. 11. 1896.

108 Kurt Eisner, *Psychopathia spiritualis*, a. a. O., S. 15.

109 Kurt Eisner, *Der konfiszierte Weihnachtsbaum*, in: *Die Furche* 62 (1908).

Freiheit. Dennoch dachte er über die »Wirksamkeit der Strafe sehr skeptisch«; denn die Strafe könne keine Resozialisierung der Inhaftierten leisten, weil der »kausale Zwang der pathologischen Desorganisation der Gesellschaft so stark« sei, »daß die erzieherische Kausalität der Strafe sich nicht durchzusetzen« vermöge; außerdem stärke die Inhaftierung »in verhängnisvoller Weise die Solidarität der Ausgestoßenen«.[110] Seine Mithäftlinge – Diebe, Messerstecher, Zuhälter: »sämtliche Paragraphen des Strafgesetzbuchs« – bedeuteten ihm bald einen »sehr willkommenen und menschlich wertvollen Verkehr«. Er nannte sie seine Kollegen, und auf der täglichen Spazierstunde im Gefängnishof kam es zu angeregten Gesprächen. Seine Berichte hierüber klingen glaubwürdig.[111] Untergebracht war er in einer Einzelzelle. In dieser »Zeit tiefster Einsamkeit«, schrieb er in einem Brief, sei er mit sich selbst »ins Klare gekommen«, »das skeptische ›Ich kann auch anders‹«, habe sich »in das sichere, bewußte, unbeugsame ›Ich kann nicht anders‹« umwandelt.[112]

Das »Tagwerk« begann um 6 Uhr morgens und betrug »mit kleinen Pausen 12 Stunden«. Jeder Häftling mußte »bei schwerer Strafe sein hochbemessenes Pensum vollenden«. Als »Arbeitsbelohnung« wurden Kurt Eisner wöchentlich 1,20 Mark gutgeschrieben. Doch fand er Zeit, tausend Seiten über *Anorganische Chemie* sorgfältig zu studieren und nachzuholen, was er im Gymnasium wegen einer Lehrplanänderung versäumt hatte. Außerdem widmete er sich, wie er in einem Brief mitteilte, den »Vorbereitungen zu einem wissenschaftlichen, systematischen Lebenswerk«, das er indes, wie er hinzufügte, »vermutlich in diesem Leben nicht mehr vollenden werde«. Jedoch hoffte er Hermann Cohen, dem Begründer der Marburger Schule des Neukantianismus, »demnächst ein in sich abgeschlossenes Kapitel« seiner Arbeit übersenden zu können. Hermann Cohen hatte, was zu jener Zeit wohl Mut bewies, an

110 Kurt Eisner an Hermann Cohen Anfang 1898, Internationales Institut für Sozialgeschichte (IISG) Amsterdam, Kleine Korrespondenz, Abschrift, Original im Marx-Engels-Institut Moskau. Die zweite Frau Kurt Eisners, Else Belli, hat weite Teile der Korrespondenz Kurt Eisners an verschiedene Institute und Archive verkauft.

111 Kurt Eisner, *Wie ich in Plötzensee verdurstete ... Erinnerungen aus meiner Strafvollzugszeit*, in: *Die Neue Gesellschaft* 27 (1905); *Der Zuhälter*, in: *Gesammelte Schriften*, a.a.O., 2. Bd., S. 110-115.

112 *Briefe aus Plötzensee von Kurt Eisner*, in: *Die Weltbühne* 7 (1925), S. 233-235.

Kurt Eisner ins Gefängnis geschrieben und in dessen »Klause etwas wie Renaissancestimmung« gebracht.[113]

In einem langen Brief, gerichtet höchstwahrscheinlich an Richard Wrede, den wegen des inkriminierten Neujahrsartikels ebenfalls inhaftierten Herausgeber der *Kritik*, unterbreitete Eisner Vorschläge »für ein Journal großen Stils«, zu dem die *Kritik* umgestaltet werden sollte. »Ich könnte in dieser Hinsicht ein reichliches Programm Ihnen vorlegen«, heißt es in Eisners Brief. Richard Wrede hatte aber infolge seiner Inhaftierung den *Kritik*-Verlag liquidieren müssen. Eisner, von diesem Umstand nun offenbar in Kenntnis gesetzt, klagte, daß seine aufrichtige, freudige, eifrige und nicht erfolglose Arbeit in den Wind geweht sei:

»Ich komme aus dem Gefängnis, ohne zu wissen, wohin ich den Fuß setzen soll; denn in diesen neun Monaten konnte ich natürlich nichts für meine Interessen tun.«[114]

Zur *Hessischen Landeszeitung*, wo sich die redaktionellen Verhältnisse geändert hatten, konnte er wohl nicht zurückkehren. Merkwürdigerweise hatte die *Hessische Landeszeitung* am 29. 4. 1897, als sie Eisners Verurteilung zu neun Monaten Gefängnis mitteilte, den Anschein erweckt, als sei er nur ein freier Mitarbeiter gewesen, von dem das Blatt »manchen Beitrag« gebracht habe und der »gern und willig (...) oft eingesprungen« sei, »wenn unsere eigenen gerichtlichen Verfolgungen und die uns bescherten heißen Tageskämpfe unsere Tätigkeit gelähmt oder absorbiert hatten«. Kollegiale Unterstützung scheint Eisner auch nicht erfahren zu haben, wie einem Brief zu entnehmen ist, in dem er sich als Einzelgänger darstellt:

»Ich habe anläßlich meines Mißgeschicks empfindlich gemerkt, daß, wenn man darauf eingeschworen ist, außerhalb der Welt zu leben, man sich auch nicht wundern darf, daß man bei solchen Unfällen ziemlich isoliert dasteht. Was sonst erfreulich und behaglich ist, wird in einem derartigen Ausnahmezustand drückend und ängstigend. Der große literarische Familienanschluß, an sich ein Übel wie aller Anhang, verhindert doch das Gefühl persönlicher Verlassenheit.«[115]

Er ging »mit dem Plan um, demnächst, wenn nicht nach Berlin, so doch wenigstens in einen nahen Vorort zu übersiedeln«, bedürfe dazu aber »irgendeiner festen Verbindung in Berlin als sichere Grundlage« seiner Existenz; denn er gehöre, gestand er, »zu den

113 Ebenda. Kurt Eisner an Hermann Cohen, a. a. O.
114 Kurt Eisner, *Briefe aus Plötzensee*, a. a. O.
115 Ebenda.

traurigen Naturen (...), deren Schaffenskraft durch äußerliche Unsicherheit völlig gelähmt« werde. »Wissen Sie dergleichen?« fragte er den nicht genannten Adressaten seines Schreibens und fügte hinzu:

»Es müßte allerdings etwas sein, wo man nicht nur meine etwaigen Fähigkeiten, sondern auch meine Gesinnungen in den Kauf nimmt, ohne sie zu kaufen.«[116]

Am 1. August 1898 wurde er aus dem Gefängnis entlassen und kehrte nach Marburg zurück. Den Plan, eine Anstellung in Berlin anzunehmen, hatte er »nach langen Unterhandlungen« aufgegeben, denn er hätte sich »neben gesteigerter redaktioneller Arbeit noch die ganze geschäftliche Sache aufgehalst«, wie er seinen Eltern am 27. November 1898 schrieb. Im nächsten Absatz teilte er mit, er habe

»gänzlich unerwartet und ohne daß ich einen Finger darum gerührt hätte, einen höchst ehrenvollen Ruf nach Berlin [erhalten], den ich sofort angenommen habe – namentlich deswegen, weil ich in meiner bekannten Abscheulichkeit das Bedürfnis fühle, in Eurer Nähe zu sein (...). Ihr werdet wahrscheinlich die Sache zuerst durch die Berliner Zeitungen erfahren.«[117]

Es war seine Berufung an den *Vorwärts*, das Zentralorgan der Sozialdemokratischen Partei Deutschlands. Die Neuigkeit hatte er auch schon seinen Professoren an der Marburger Universität berichtet, denn Paul Natorp, zweites Haupt der Marburger Schule des Neukantianismus, schrieb, ebenfalls am 27. November 1898, an seinen Schüler Albert Görland:

»Auch hat jetzt der *Vorwärts* an Stelle des ausgewiesenen A. Braun unsern K. Eisner, der in – Plötzensee gründlich Cohen u. Stammler studiert hat, einen geschultesten Kantianer – zum l. polit. Redacteur berufen! Es scheint, daß heutzutage die Philosophen zwar nicht Könige werden, aber doch etwas, was unter heutigen Verhältnissen ein fernes Analogon dazu bildet.«[118]

Ein Brief Kurt Eisners an seine Frau Lisbeth vom 1. Dezember 1898, in dem er seine Ankunft in Berlin meldete, schließt mit den Worten:

116 Ebenda.

117 Im Familienbesitz.

118 *Hermann Cohen (1842-1918).* Eine Ausstellung in der Universitätsbibliothek Marburg vom 1. 7.-14. 8. 1992. Schriftenreihe der Universitätsbibliothek Marburg 63. Ausstellung und Katalog: Franz Orlik. Mit einer Einführung von Reinhard Brandt, Marburg 1992, S. 127f.

»Ich bin auf dem Sprung zum *Vorwärts*. (...) Gruß an alle Marburger, die sich nach mir sehnen.«

5. Kant und Marx

Kurt Eisner hatte neben seiner redaktionellen und publizistischen Tätigkeit in Marburg die Vorlesungen Hermann Cohens besucht, den er fast täglich »in seinem Hörsaal wie auf (...) gemeinsamem Heimweg« traf. Jahre später legte er das »persönliche Bekenntnis« ab, daß ihm zuvor niemand begegnet sei, der über ihn »auf die Dauer Gewalt gewonnen hatte«; zwar habe er wohl manchen Menschen gefunden, dem er sich in Ehrfurcht verbunden fühlte, Männer wie Ignaz Auer, Victor Adler, Jean Jaurès:

»Aber geistigen Einfluß auf das Innerste meines Wesens hat doch nur einer jemals gewonnen: Hermann Cohen, der Menschenbildner. Und in allen Wirren und Stürmen meines Daseins blieb die sehnsüchtige Erinnerung an die Marburger Zeit unversehrt...«[119]

Der Neukantianismus, nach dem Versanden des Hegelianismus die führende philosophische Richtung in Deutschland mit Ausstrahlungen nach Österreich und Frankreich[120], entwickelte in der Marburger Schule eine Theorie zur Umgestaltung der gesellschaftlichen Verhältnisse, die gekennzeichnet waren von der »sozialen Frage«, der sich vertiefenden Kluft zwischen Armen und Reichen. Mittels der erkenntniskritischen Methode Kants suchten die Marburger Neukantianer, ein kleiner Kreis von Gelehrten, die sich auch Neukritizisten nannten, ein jenseits der empirischen Realität angenommenes, vom Sollen der Ethik und der Vernunft bestimmtes Ideales als sittlich Mögliches festzustellen. Diesen Maßstab legten sie ihrer Kritik der Gegenwart zugrunde. Das sittlich Mögliche als Inhalt ethischen Denkens in das allgemeine Bewußtsein zu bringen, erschien ihnen als Weg zu einer neuen Wirklichkeit. Ihre Sozialphilosophie verstand sich als Verbindung von Kantianismus

119 Kurt Eisner, *Hermann Cohen. Zum 70. Geburtstag des Philosophen* I und II, in: *Münchener Post* 5. und 6. 7. 1912.

120 Vgl. Hans-Ludwig Ollig, *Neukantianismus. Texte der Marburger und der Südwestdeutschen Schule, ihrer Vorläufer und Kritiker*, Stuttgart 1982; Hermann Lübbe, *Die politische Theorie des Neukantianismus und der Marxismus*, Archiv für Rechts- und Sozialphilosophie XLIV (1958), S. 333-350; ders., *Politische Philosophie in Deutschland. Studien zu ihrer Geschichte*, Basel/Stuttgart 1963, S. 85-125.

und Sozialismus, dem Hermann Cohen mit folgender These eine ethische Begründung gab: »Der Sozialismus ist im Recht, sofern er im Idealismus der Ethik gegründet ist. Und der Idealismus der Ethik hat ihn begründet.«[121] Die ethische Begründung des Sozialismus ergab sich für den Kreis um Hermann Cohen zwingend aus der Forderung des Kantischen Sittengesetzes:

»Handle so, daß du die Menschheit, sowohl in deiner Person, als in der Person eines jeden andern, jederzeit zugleich als Zweck, niemals bloß als Mittel brauchest.«[122]

Für Cohen war Kant sogar der »wahre und wirkliche Urheber des deutschen Sozialismus«.[123] Seine Kollegen und auch Kurt Eisner teilten diese Meinung allerdings nicht.

Daß die Zwecksetzung der Erfahrung bedurfte und es darum ging, Sein und Sollen zu vereinheitlichen, das Erkannte in das Gesollte zu übertragen und es zu verwirklichen, war Kurt Eisner schon vor seiner Begegnung mit Hermann Cohen evident. Es entsprach seinem Sozialismusverständnis.

Mit Ausnahme Hermann Cohens vertraten die Marburger Neukantianer die Ansicht, daß der Marxismus durch Kants Ethik ergänzt werden müsse. Sie anerkannten, daß ökonomische und politische Voraussetzungen die Realisierung des sozialistischen Ideals bestimmten, doch konnte ihrer Meinung nach in der Verfolgung des kausalen Werdens, in der der Marxismus leistungsfähig sei, der Maßstab für bewußte und planmäßige Umgestaltung nicht entdeckt werden.[124] Zwar erlaubte der Zwiespalt zwischen ökonomischem Determinismus und politischem Aktionismus in der marxistischen Theorie deren unterschiedliche Interpretation, und die Marxisten besaßen in der Tat wenig konkrete Vorstellungen über den Hergang der gesellschaftlichen Umgestaltung; doch der Versuch, den Marxismus mit der Ethik Kants zu verbinden, verkannte offensichtlich, daß sich die beiden Denkrichtungen in ihrer praktischen Befolgung unvereinbar gegenüberstanden: Bedeutete das vom Marxismus angenommene prädestinierte Walten des ökonomischen Bewegungsgesetzes, daß der Sozialismus kommen

121 Vgl. Hans-Ludwig Ollig, a.a.O., S. 89.

122 Immanuel Kant, *Kritik der praktischen Vernunft. Grundlegung zur Metaphysik der Sitten*, Frankfurt/M. 1974, S. 61.

123 Vgl. Hans-Ludwig Ollig, a.a.O., S. 90.

124 Vgl. Franz Staudinger, *Ethik und Politik*, Berlin 1899, S. 159.

müsse, so lag in seiner ethischen Begründung beschlossen, daß er kommen *solle*.

Demgemäß postulierte der Ethische Sozialismus die politisch bewußte Tat, während der Marxismus in demonstrativer Verneinung des Klassenstaats politische Enthaltsamkeit gebot. Eisner verurteilte denn auch nach seinem Eintritt in die Partei die Verweigerungshaltung der marxistischen Funktionäre als »Politik des demonstrativen Nichtstuns« und plädierte für einen »Sozialismus der Aktion«, realisiert durch ein von ihm vor allem in seinen Leitartikeln präzisiertes »tägliches tatkräftiges Eingreifen in die Politik«.[125]

Schon in einem seiner *Provinzialbriefe* versprach er sich vom Zusammenwirken der ökonomischen Theorie Karl Marx' und der Ethik Kants die Herausbildung eines revolutionär denkenden und unterrichteten, an wissenschaftlichem Denken gereiften Volkes, das, weil es die Widersprüche der modernen Kultur nicht mehr ertragen könnte, das morsche Europa zertrümmern und die Welt nach seinem Ideenbild neu schaffen werde.[126] Von diesem Standort aus mußte er negieren, daß die gesellschaftliche Umwälzung nach Marx nicht aufgrund der Einsicht der Vernunftwidrigkeit des kapitalistischen Systems, nicht durch eine geistig-sittliche Emanzipation und hieraus erwachsender Impulse zur Änderung der materiellen Gesellschaftsgrundlagen erfolgt, der Umsturz also nicht notwendige Folge eines durch intellektuelle Erkenntnis zustande gekommenen Korrektur des vom gesellschaftlichen Sein bestimmten Bewußtseins ist.

Ein Jahrzehnt später indes rührte er, allerdings etwas verklausuliert, an das Grundproblem der marxistischen Revolutionslehre und suchte es mit ethisch-sozialistischen Postulaten zu lösen: Weil die Arbeiterklasse, die in seinen Augen nicht »als eine einheitliche, gleichmäßige Masse anzusehen« sei, durch die im kapitalistischen Staat erreichten Verbesserungen ihrer materiellen Lebensbedingungen vom »Stachel des Leidens«, vom »Brennen der Empörung« befreit werde, ein »Sichgenügenlassen« aber ihr »Verderben« wäre und nicht das ihr geziemende »Kampfideal«, müsse die Unzufriedenheit organisiert, »der dumpfe Groll (...) durch Erkenntnis

125 *Fränkische Tagespost*, 23. 8. 1907, 14. 9. 1907; siehe S. 214.
126 Kurt Eisner, *Die lautere Wissenschaft, Provinzialbrief XXVII*, in: *Die Kritik* 121, 23. 1. 1897; vgl. auch Freya Eisner, *Kurt Eisner: Die Politik des libertären Sozialismus*, a. a. O., S. 10.

zum Willen werden, der blinde Haß (...) vergeistigt werden«. Er forderte einen »schöpferischen Menschen, der mit klarer Einsicht und zähem Willen eine neue Welt aufbaut«.[127]

Damit widersprach er einmal mehr dem marxistischen Glaubenssatz, wonach die sich im Schoß des an seinen Widersprüchen untergehenden Kapitalismus entwickelten Produktivkräfte die derzeitigen Produktionsverhältnisse sprengten und die durch Ausbeutung und Leidensdruck revolutionierte, im kapitalistischen Produktionsprozeß geschulte, vereinte und organisierte Arbeiterklasse den Umsturz aller bisherigen Gesellschaftsordnung vollbringen werde. Vermutlich bezweifelte Eisner die objektive Erkennbarkeit eines solchen Kulminationspunktes und damit die Möglichkeit zielgerichteten revolutionären Vorgehens auf dieser Basis. In diesem Sinn meldete er denn auch Bedenken gegen die »ökonomische Gesetzlichkeit«, die »geschichtsökonomische Betrachtung« an und hielt den Theoretikern der »geschichtsökonomischen Dialektik« vor, daß jedes Gesetz, das man der Betrachtung geschichtlicher Entwicklung zugrunde lege, sich in seiner Anwendung zu bewähren habe:

»In der Anwendung liegt der einzige Beweis für seine Richtigkeit. Würde sich ergeben, daß die Folgerungen, die man aus dem Gesetz zieht, unvereinbar mit den Tatsachen der Wirklichkeit sind, so ergibt sich mit Notwendigkeit der Schluß, daß entweder die wissenschaftliche Methode selbst falsch ist oder daß sie von der einzelnen Persönlichkeit falsch gehandhabt wird.«[128]

Der Zuspitzungstheorie, nach der sich die gesellschaftlichen Antagonismen mit dem Fortschreiten der Verelendung der Arbeiterklasse kontinuierlich zuspitzten und zur gewaltsamen Austragung führten, setzte er, da die Verelendung durch den gewerkschaftlichen Kampf verhindert werden könne, eine von ihm so genannte »Spannungstheorie« entgegen, die sich in zwei Erscheinungen zeige:

»Einmal wächst der Reichtum der Wenigen in viel rascherem und viel gewaltigerem Maße als die kümmerlichen Verbesserungen in der Lebenslage der Masse. Sodann aber vermehrt sich mit jedem Tage die sinnlose Spannung zwischen den technischen Möglichkeiten und den technischen Wirklichkeiten, zwischen dem, was an natürlichen und geistigen Schätzen für die Gesellschaft geleistet werden könnte und was wirklich geleistet wird.«[129]

127 Kurt Eisner, *Die Stillen im Lande*, in: *Fränkische Tagespost*, 16. 8. 1909. Der Artikel ist ungezeichnet, doch ohne Zweifel von Kurt Eisner verfaßt.

128 Kurt Eisner, *Sozialismus als Aktion*, a.a.O., S. 40-57.

129 Ebenda, S. 44.

Diese Spannung, die selbst nach Entschärfung gesellschaftlicher Konfliktpotentiale durch sozialstaatliche Institutionalisierung bestehen bleibt, als »sinnlos« zu begreifen, erforderte wiederum eine intellektuelle Erkenntnis. Sie motivierte nach Eisners Auffassung zur Beseitigung der »Sinnlosigkeit« und vermittelte den »moralischen Mut« zur Tat in jenem »revolutionäre(n) Idealismus«, den Eisner als »die in den Willen, in die Entschlußkraft aufgenommene Summe aller ökonomisch-historischen Bedingungen« definierte.[130] Diese ethisch-sozialistische Beweisführung erläuterte er im Rahmen einer Interpretation des Sozialismusverständnisses seines Lehrers Hermann Cohen:

»Cohen verkennt natürlich keineswegs (...) den zwingenden wirtschaftlichen Mechanismus, in dem sich das gesellschaftliche Dasein vollzieht. Aber indem die Menschheit durch den Klassenzwang der wirtschaftlichen Machtverhältnisse getrieben wird, entsteht zugleich die sittliche Freiheit der Auflehnung, die nach ihrem Bild die Welt schöpferisch umgestalten will. Wenn wir wissen, daß wir das Opfer der wirtschaftlichen und technischen, in den sozialen Klassenscheidungen sich gesetzmäßig auswirkenden Kräfte sind, so bliebe diese Erkenntnis leer, sinnlos, gleichgültig, sofern wir nicht zugleich die vernünftige Einsicht besäßen, zu welchem Ziele wir gelangen wollen.«[131]

So gesehen mußte weniger der von den Marxisten verfochtene Leidensdruck als vielmehr die Erkenntnis, »Opfer« zu sein, das heißt, »bloß als Mittel« und nicht »zugleich als Zweck« betrachtet und behandelt zu werden, zur Auflehnung führen. Argumentiert Eisner hier ganz im Sinn der neukantianischen Übertragung des Erkannten in das Gesollte, das verwirklicht werden mußte, so verrät seine Konklusion:

»So wird die soziale Gebundenheit sittliche Freiheit und der verrufene Materialismus in Wahrheit tätiger Idealismus«,

wieder die Überzeugung der Marburger Neukantianer, daß die materialistische Geschichtsauffassung »durch Hinzufügung des Zweckgedankens [der Idee]« zu ergänzen sei.[132] Schlüssig neukantianisch formulierte Kurt Eisner sein Politikverständnis, indem er erklärte,

130 Kurt Eisner, *Debatten über Wenn und Aber*, I-VII, in: *Vorwärts*, 2.-13. 9. 1905; hier V.

131 Kurt Eisner, *Hermann Cohen. Zum 70. Geburtstag des Philosophen*, a. a. O.

132 Vgl. Karl Vorländer, *Kant und Marx. Ein Beitrag zur Philosophie des Sozialismus*, Tübingen 1911, S. 182; vgl. hierzu auch Hans-Josef Steinberg, *Sozialismus und deutsche Sozialdemokratie*, Hannover 1979, S. 100f.

»Politik in ihrem höchsten Begriff« sei »Arbeit an der menschlichen Gesellschaft unter Voraussetzung all ihrer geschichtlich gewordenen Bedingungen, eine alle Gebiete des staatlichen Daseins umfassende Arbeit, die zugleich den Dingen sich anpaßt und sie beeinflußt, unter dem richtungsbestimmenden Erkennen und Wollen eines höchsten Endziels gesellschaftlicher Verfassung, Arbeit, die jedes taugliche Mittel nutzt.«

Das »höchste Endziel« begriff er als das vernünftig und sittlich Mögliche, das verwirklichte Gesollte. Einleitend hatte er eingeräumt, daß Marx die geschichtliche Entwicklung der menschlichen Gesellschaft »der Bewegung der Dinge« zuweise und »nicht der Einzelanstrengung der Personen«, jedoch, sozusagen als Brückenschlag, dagegengehalten, daß die Bewegung der Dinge von der »Universalität der Personen« vollzogen werde.[133]

Er selbst maß der »Einzelanstrengung der Personen« ausschlaggebende Bedeutung bei. Die Anstrengung als solche erweist sich als sein Handlungsprinzip, das er ebenso unbeirrbar wie unermüdlich befolgte. Diese Anstrengung im Sinn intentionaler, also transformativer »positiver Arbeit« verlangte er – wovon die hier veröffentlichten Leitartikel zeugen – auch von den sozialdemokratischen Funktionsträgern. Teils wollte er wohl nicht wahrhaben, daß die marxistische Lehre, die zu jener Zeit in der Partei dominierte, das heißt die Rezeption der revolutionären Umschlagsperspektive, ihre Anhänger von konstruktiver politischer Arbeit entbindet in der Annahme, sie verzögere, systemstabilisierend, den prognostizierten Umsturz. Zum anderen glaubte er, es würden die einflußreichen Marxisten schließlich die Verfehltheit ihrer »Politik des demonstrativen Nichtstuns« einsehen. Eisner meinte es zweifellos ernst, als er bekannte:

»Wer selbst im Kampf steht und jahrelang seine bestgegründete Überzeugung nicht gegen die herrschende starke Strömung durchzusetzen vermag, dem scheint es bisweilen, als ob seine Mühe vergeblich und als ob die träge schleichende Zeit endlos sei, die dazu gehöre, um neue Anregungen zum Verständnis zu bringen und bessere Einsichten zu verbreiten.«[134]

Kurt Eisner verteidigte den Ethischen Sozialismus auf der einen Seite gegenüber dem Theoretiker des Revisionismus, Eduard Bernstein, den die Marburger Neukantianer nicht zu den Ihren zählten – Ethischer Sozialismus und Revisionismus sind nicht

133 Kurt Eisner, *Marx und Bakunin*, in: *Münchener Post*, 24., 26. 8. 1913.
134 Kurt Eisner, *Preußische Erinnerungen*, a. a. O.

identisch –, und auf der anderen gegenüber dem zu jener Zeit orthodoxen Marxisten Karl Kautsky.[135] Daß der Rückgriff auf Kants erkenntniskritischen Ansatz mit seinen ethischen Konsequenzen, das heißt der ethischen Begründung des Sozialismus, auf eine geschlossene Abwehrfront der Marxisten stieß[136], war verständlich. Denn da nach marxistischer Auffassung Ethik und Moral Epiphänomene der ökonomischen Bewegungsgesetze des Kapitalismus darstellen, auf dessen Untergang naturgemäß die sozialistische Gesellschaftsformation folgen werde, galt den Orthodoxen die ethische Theorie mit ihrem Postulat des sittlichen Handelns, ebenso wie »positive Arbeit« im kapitalistischen Staat, als Behinderung der von ihnen erwarteten Zuspitzung und gewaltsamen Austragung der Klassenantagonismen. Sie fühlten sich aber wohl auch durch Eisners unentwegten Forderungen nach praktischer zielgerichteter Arbeit verunsichert, denn er enthüllte damit die Ineffizienz ihrer Verweigerungshaltung in der politischen Realität, in der sich keine revolutionären Gärungen abzeichneten.

Andererseits gewann Eisner auch die Revisionisten in der Partei nicht für sein ethisch fundiertes »einheitlich gedachtes System der Aktion«[137], das in der Verrichtung der Gegenwartsarbeit die revolutionäre Umwälzung intendierte. Einige ihrer Wortführer beriefen sich gelegentlich auf die soziale Ethik Kants[138], andere sahen Übereinstimmungen zwischen Kants Geschichtsphilosophie und Marx' materialistischer Geschichtsauffassung, wollten jedoch deren Verknüpfung mit Kants Moralphilosophie nicht vornehmen. Zudem hatte die Etikettierung Kurt Eisners als »Ethiker« auch in ihren Reihen einen pejorativen Klang. Außerdem mochten sie ihm verübeln, daß er als ihr Gegner auftrat.

Seine Leitartikel vermitteln keine von marxistischem Theoriewissen geprägten Bewertungen tagespolitischer und historischer Ereignisse; es findet sich darin kaum ein Marx- oder Engelszitat, so

135 Kurt Eisner, *Debatten über Wenn und Aber*, a. a. O.

136 Vgl. Hans-Josef Steinberg, a. a. O., S. 103.

137 Kurt Eisner an Joseph Bloch, 2. 9. 1907.

138 Vgl. Karl Vorländer, *Kant und Marx*, a. a. O., S. 156-189; ders.; *Von Machiavelli bis Lenin. Neuzeitliche Staats- und Gesellschaftstheorien*, Leipzig 1926, S. 255 f.; Conrad Schmidt, *Über die geschichtsphilosophischen Ansichten Kants*, in: *Sozialistische Monatshefte* (1903), 2. Bd., S. 683-692; Hans-Josef Steinberg, a. a. O., S. 90 f. Siehe auch Freya Eisner, *Kurt Eisners Ort*, a. a. O., S. 422.

daß die Beanstandungen der Radikalen, Eisner lasse die prinzipielle Ausrichtung vermissen, nicht ungerechtfertigt waren.

Wie wenig er sich marxistisch orientierte, ist auch manchen seiner Feuilletons zu entnehmen. Daß er sie mit »Joc« (= Jocosus) unterzeichnete, erlaubte ihm, sich gemäß seiner Definition des Satirikers als »Spaßmacher im Prophetenmantel« mit »schöpferischen Gedanken und klaren Zielen« auszugeben und als »Schelm« zu fungieren, dessen »natürlicher Beruf« es sei, »herrschende Gewalten zu zertrümmern«.[139] Wie eingangs schon erwähnt, bediente er sich des Feuilletons, um seine der Parteiideologie fernstehenden Analysen der gesellschaftlichen Wirklichkeit und Gedanken über die mögliche Gestaltung der Zukunft in satirischer Form zur Geltung zu bringen. Denn seine Sittenbilder des Kapitalismus erregten im politischen Teil des Zentralorgans vermutlich Anstoß, weil er die Mißstände nicht nach dem monokausalen Erklärungsmuster aufzeigte, das ihre umstandslose Beseitigung durch den Sturz der Klassenherrschaft versprach. Vielmehr zeichnete er die systemimmanenten Verderbnisse als zwar ökonomisch bedingte, doch sozialpsychologisch zu betrachtende Phänomene und ließ die Komplexität der gesellschaftlichen Strukturen aufscheinen, deren Veränderung er auf dem Weg reformpädagogischer Aufklärung vorbereiten zu können glaubte.

Ins Licht rückte er die Skandalträchtigkeit des Wirtschaftsliberalismus und ökonomischen Individualismus auch am Beispiel der seinerzeit üblichen betrügerischen Transaktionen und Bilanzverschleierungen bekannter Bankiers, die vor Gericht gestellt wurden, wo sie, wie Eisner ironisch bemerkte, »mit dem Staatsanwalt diskutier(t)en«, sich also nicht als Angeklagte fühlten. Da sich in diesen Bankprozessen, aus Eisners Sicht, die »Gründerära des neuen Kurses (...) zur Schau« stellte und dabei offenbar wurde, daß im Kapitalismus »allein der erfolglose Schwindel als Schwindel« justitiabel erscheine, »während man den erfolgreichen Schwindel (...) als genialen Unternehmermut« buche, glaubte er, sie auch in einigen Leitartikeln thematisieren zu können. Denn er erblickte die Signatur dieser Epoche des kapitalistischen Aufschwungs in »Politischen Bilanzverschleierungen«. Was bei den Gerichtsverhandlungen zutage trat, nannte er eine »satirische Illustration zu der von darwinistelnden Selektionstheoretikern be-

139 Kurt Eisner, *Der Fall Harden*, a. a. O.

Kurt Eisner

haupteten Auslese der Besten in der heutigen Gesellschaft«, die »Krone des modernen kapitalistischen Ausleseprozesses«. Die Machinationen des »Bankklüngels« übertrug er auf die von ihm spöttisch apostrophierte »Realpolitik« und prophezeite:

»Es liegt im Wesen dieses ganzen innerlich überwundenen, unmöglichen Systems, daß es über seine Fäulnis durch ausschweifenden Optimismus sich und andere belügt. (...) Man lebt lärmend in den Tag hinein, wähnend, das Gericht sei noch fern, das diese Politik der Bilanzverschleierung entlarvt und ahndet.«[140]

Aus diesem Menetekel geht hervor, weshalb Eisner für seine Kassandrarufe das Feuilleton wählen mußte. Hier konnte er, wie schon in seinen *Provinzialbriefen*, jedoch auf größere Breitenwirksamkeit angelegt und auf weniger hoher Vermittlungsebene, den Lesern zum Bewußtsein bringen, daß der Wirtschaftsliberalismus als sanktionierte Verfolgung des Eigennutzes die Entartung des konstitutiven Konkurrenzprinzips zur Korruption sowie die Verwüstung des menschlichen Lebens in sich trage und deshalb beseitigt werden müsse.

Die Aktualität der Kapitalismuskritik Kurt Eisners ist offenkundig. So könnten die in diesem Band abgedruckten einschlägigen Passagen durchaus von einem heutigen Warner geschrieben worden sein.

Wesentliche Aufschlüsse über sein Denken, mehr noch über sein gewiß introspektiv gewonnenes Menschenbild, finden sich, wie schon in den *Provinzialbriefen*, in assoziativen Wendungen und Einschüben. So erklärt er, daß man an »Lichttagen des Naturerwachens« schärfer als sonst »all das Wahnsinnige« empfinde, »das sich die Menschen selbst in das Dasein geschleppt haben (...), statt gemeinsam in Freudigkeit zu schaffen«. Und während man, fuhr er fort, »zum ersten Mal die Amsel singen« höre, gedenke man »schaudernd der menschlichen Raubtiere, die auf Mord ausgehen, der Völker, die einander verwüsten, und der Professoren, die uns die Notwendigkeit von alledem beweisen«.[141] Seine Vorhaltung an die Menschen, sich »all das Wahnsinnige (...) selbst in das Dasein geschleppt (zu) haben«, statt gemeinsam zu schaffen, stand nicht im Einklang mit der marxistischen Formationstheorie als Erklärungsprinzip der gesellschaftlichen Entwicklung und der Auffassung von der historischen Notwendigkeit des Kapitalismus. Denn

140 *Vorwärts*, 22. 7. 1902.
141 Joc., *Sonntagsplaudereien*, in: *Vorwärts*, 25. 2. 1900.

im stellvertretenden Umstand »(...) statt gemeinsam in Freudigkeit zu schaffen«, deutet sich Eisners Vermutung an, daß auch mit kooperativem Einsatz der in den Individuen seiner Meinung nach angelegten sozialen Kräfte die zivilisatorische Höherentwicklung der Menschheit hätte vollbracht werden können. Er war demnach der nicht opportunen Ansicht, daß mit der Theorie, der Mensch werde nur vom Eigeninteresse geleitet, daß namentlich mit der Instrumentalisierung nicht-sozialer Eigenschaften zur Durchsetzung des ökonomischen Liberalismus, sich die Menschheit auf einen Irrweg begeben habe.

6. Zwischen Groß-Lichterfelde und der *Vorwärts*-Redaktion

In den Feuilletons, die in der Sonntagsbeilage des *Vorwärts* erschienen und die Eisner *Sonntagsplaudereien* nannte – vom April 1904 an gab er ihnen Titel –, erzählte er des öfteren aus seinem Familienleben und berichtete über seine inzwischen fünf Kinder. Daß er ein verständnisvoller Vater war, bekundete er mit der humorigen Drohung, er werde die Stadtkinder, »diese Unterdrücktesten der Unterdrückten, organisieren, sie zum Kampf gegen ihre Feinde« – die Hausbesitzer, die an kinderreichen Familien »nicht einmal um Wucherzinsen« vermieteten – »führen und ihnen das heilige Menschenrecht der Ungezogenheit erstreiten«.[142]

Er und seine Familie bewohnten ein Haus mit Garten im südlich von Berlin gelegenen Vorort Groß-Lichterfelde. Es kamen häufig Gäste, die Kinder luden ihre Freunde ein, und Kurt Eisner beteiligte sich gern an ihren Spielen. Er praktizierte eine nichtautoritäre Erziehung, die damals auch in sozialdemokratischen Kreisen keineswegs üblich war, und bewies, daß er »das heilige Menschenrecht der Ungezogenheit« auch seinen eigenen Kindern einräumte: Als er einmal »ausnahmsweise (...) schlecht gelaunt« und »ziemlich gedankenlos« bei Tisch in seiner Suppe löffelte und sein kleiner Sohn ihn in der Art strenger Erwachsener tadelte – »Mäkle nicht, bitte. Wenn's dir nicht paßt, verschwinde! Oder willst du jetzt vielleicht vernünftig essen?« –, unterließ er es, den Jungen zurechtzuweisen; statt dessen »verwandelte er sein väter-

142 Ebenda, 14. 10. 1900.

lich-grimmiges in ein liebes nettes Jungengesicht und löffelte artig seine Suppe aus«. Seine Frau Lisbeth meinte, er habe das einzig richtige getan.[143]

Mit Hermann Cohen blieb Eisner in Verbindung. Zum 60. Geburtstag Cohens, am 4. Juli 1902, hatte Lisbeth Eisner mit »Künstlerhand«, wie Cohen in seinem Dankesbrief schrieb, ein Geschenk geschaffen, vermutlich ein Gemälde, das die Vaterstadt Cohens, das Anhaltische Coswig, »von der schönen Elbe aus« zeigte. Eisner und seine Frau waren wohl eigens zu diesem Zweck in die Heimat Cohens gereist, die der Gelehrte, wie Eisner wußte, sehr liebte. Cohen gab seiner Freude Ausdruck mit den Worten:

»(...) haben Sie doch die Liebe zu meiner deutschen Heimat, zu meiner kleinen Vaterstadt als eine lebendige Wurzel meines Wesens erkannt, u(nd) so hat (...) Ihr Geschenk für mich die symbolische Bedeutung Ihrer sympathischen Anerkennung meines jüdisch-deutschen Menschheitsgefühls«.[144]

Wie gut Hermann Cohen Eisner kannte, geht aus dem Beginn dieses Satzes hervor: »Obwohl ich Ihnen vielmehr vom Judentum vorgeschwärmt habe, als Ihnen lieb war (...)«, denn darin wird Eisners religiöser Indifferentismus – er bezeichnete sich selbst als freireligiös – bestätigt. Cohens Brief ist ferner zu entnehmen, daß Eisner ihm mitgeteilt hatte, »über die Logik schreiben [zu] wollen«, worüber Cohen sich sehr freute. Doch dieses Vorhaben hat Eisner offensichtlich ebensowenig ausgeführt wie die im Gefängnis Plötzensee vorbereitete wissenschaftliche Arbeit. Allerdings nahm ihn nicht nur seine Tätigkeit beim *Vorwärts* in Anspruch, er verfaßte außerdem auch längere politische Abhandlungen.

1899 veröffentlichte er seine Schrift *Eine Junkerrevolte. Drei Wochen preußischer Politik.* In ihr beschrieb er die Ohnmacht der Kaiserlichen Regierung, die den Bau eines Verbindungskanals zwischen Rhein und Elbe wünschte, gegenüber dem mächtigen Junkertum und schilderte vor dem Hintergrund der Entwicklung Preußens vom Agrarland zum Industriestaat und ihren innen- und

143 Lisbeth Eisner, *Hamélebuku und Allerhand. Ein lustiges Büchlein vom Kinderland*, Nürnberg o.J., S. 22.

144 Hermann Cohen an Kurt Eisner, 14. 8. 1902, in: Michael Zank, *Reconciling Judaism and »Cultural Consciousness«: The Idea of Versöhnung in Hermann Cohen's Philosophy of Religion*, Diss. Waltham, MA, Brandeis University 1994, S. 281 ff.

außenpolitischen Folgen die Auswirkungen des Interessenkonflikts zwischen Landwirtschaft und Industrie. Dazu begab er sich, als, nach seinen eigenen Worten, »wohl der erste sozialdemokratische Redakteur« auf die »Journalisten-Tribüne des Dreiklassenparlaments«, um die Junker arbeiten zu sehen; seine Schrift sei denn »auch die erste Partei-Broschüre« gewesen, »die sich mit einer aktuellen parlamentarischen Angelegenheit Preußens beschäftigte«.[145] Wohl wissend, daß er den Unwillen der führenden Parteifunktionäre hervorrief, die eine Beteiligung an den preußischen Landtagswahlen ablehnten, erklärte er, wie in ähnlicher Form schon in einem seiner *Provinzialbriefe*, daß der »politische Boykott (...) die stumpfste aller Waffen« sei und man Institutionen nicht aushungern könne:

»›Von selbst‹ stirbt auch die siechste Staatseinrichtung nicht, und es gibt eine konservierende Fäulnis, die, ohne Einwirkung von außen, in alle Ewigkeit dauert.«[146]

Eisners Schrift, von der er selbst meinte, er habe nie eine bessere geschrieben, wollte man in der Partei »nicht einmal geschenkt« lesen. Dagegen »wurde in Tausenden von Exemplaren in Berlin eine Gegenschrift« Wilhelm Liebknechts verbreitet, »der sich nicht nur gegen die Wahlbeteiligung im allgemeinen, sondern sich im besonderen« gegen Eisners »Anschauungen leidenschaftlich wandte«.

Als Wilhelm Liebknecht am 7. August 1900 starb und Kurt Eisner zum leitenden Redakteur avancierte, wurde er zunächst aufgefordert, eine Biographie des Arbeiterführers zu verfassen. Er benutzte dazu seinen Jahresurlaub, den er stets im August nahm, auf Sylt verbrachte und diesmal etwas verlängerte, weil er das »Werkchen«, an dem er »mit aller erdenklichen Beschleunigung« arbeitete, nicht »aus dem Handgelenk zu schreiben« vermochte, wie er dem Leiter der Parteibuchhandlung »Vorwärts«, dem Reichstagsabgeordneten Richard Fischer, mitteilte.[147]

Wenig später brachte er den im vorliegenden Band an erster Stelle abgedruckten Aufsatz *Parlamentarismus und Ministerialis-*

145 Kurt Eisner, *Preußische Erinnerungen*, a.a.O.

146 Kurt Eisner, *Eine Junkerrevolte*, Berlin 1899, S. 31. Siehe auch Freya Eisner, *Kurt Eisner: Die Politik des libertären Sozialismus*, a.a.O., S. 42.

147 Kurt Eisner an Richard Fischer, 23., 29., 30. 8., 2. 9. 1900, IISG, Kleine Korrespondenz. Vgl. auch Kurt Eisner, *Liebknechts Erbe*, in: *Sozialistische Monatshefte* (1900), S. 519-521.

mus zu Papier, mit dem er in die Diskussion über den 1899 erfolgten Eintritt des französischen Sozialisten Etienne Alexandre Millerand in das bürgerliche Kabinett Waldeck-Rousseau eingriff. In einer Replik spielte daraufhin der österreichische Sozialist Victor Adler auf Eisners Rezeption des Neukantianismus an. Er polemisierte gegen die »Logik des Kritizismus«, die dem Leser in Eisners »ebenso glänzendem wie (...) grundfalschem Artikel« in »ihrer bisher geistreichsten Form« entgegentrete, die sich aber, nehme man ihr »diese bestechende Hülle, (...) auf das nicht neue Axiom: Wer A sagt, muß B sagen«, reduziere.[148]

Bald verhöhnte ihn auch Rosa Luxemburg, die einen Brief an ihn, in dem sie sich über eine von ihm vorgenommene Korrektur eines Artikel von ihr beschwerte, mit den Worten schloß: »Bleiben Sie bei Sankt Immanuel und nähren Sie sich redlich!«[149]

Weil Eisner »für die wichtigste Frage der Zukunft des Sozialismus die Bildung einer starken und einheitlichen französischen Sozialdemokratie« hielt, begann er eine Diskussion mit Karl Kautsky im Rahmen einer Auseinandersetzung über das Thema *Sozialdemokratie und Staatsform*«, das im Zusammenhang mit der Frage des sozialistischen Ministerialismus, der in Deutschland indes gar nicht zur Debatte stand, erörtert wurde. Der Parteiführer August Bebel hatte auf dem Amsterdamer Sozialisten-Kongreß 1904 erklärt, auch eine Republik sei ein Klassenstaat, der vor der Monarchie nur voraus habe, daß sich in ihm die Klassenkämpfe weit unverhüllter abspielten.[150] Kurt Eisner suchte diese Auffassung zu widerlegen. Obwohl er nicht unsachlich diskutierte, befand Karl Kautsky, daß aus Eisners Einwände »große Entrüstung« spreche, mehr noch, daß Eisner »sich vor Entrüstung nicht fassen« könne und er von ihm belehrt worden sei, daß eine »sittliche Pflicht (...) ihn dazu gedrängt habe, in die französische Einigungsaktion einzugreifen« – eine Behauptung, für die sich in Eisners Beitrag kein Beleg findet.[151] Kautskys Vorwürfe, die auf

148 Viktor (Victor) Adler, *Unmaßgebliche Betrachtungen*, in: *Die Neue Zeit* 19,2 (1900-1901), S. 775-780.

149 Rosa Luxemburg an Kurt Eisner, 27. 4. 1904, in: Rosa Luxemburg, *Gesammelte Briefe*, Bd. 2, hg. vom Institut für Marxismus-Leninismus beim ZK der SED, Berlin 1982, S. 56f.

150 *Internationaler Sozialisten-Kongreß zu Amsterdam 1904*, S. 67f. Siehe S. 192.

151 *Vorwärts*, 30., 31. 8., 2., 7. 9. 1904; enthalten in: Kurt Eisner, *Gesammelte Schriften*, 1. Bd., a. a. O., S. 285-325.

von ihm fälschlich zitierte Äußerungen Eisners basieren, wonach das sittliche Pflichtgefühl der Beweggrund sozialistischen Engagements sei, zielten ebenfalls auf Eisners ethisch begründetes Sozialismusverständnis ab. Man ordnete ihn dem in der Partei verpönten »Gefühlssozialismus« zu, der im Gegensatz stand zum »wissenschaftlichen Sozialismus«. So galt Eisner nicht nur als »Feuilletonist«, sondern auch in mokanter Pejoration als »Ethiker«. Kautsky erhob schließlich den Vorwurf, in der *Vorwärts*-Redaktion dominiere »ethisch-ästhetisches Denken«.[152]

Im zehnköpfigen Redaktionskollektiv, das Eisner als Primus inter pares leitete, befanden sich vier Vertreter der radikalen Richtung, während fünf Redakteure, darunter der Reichstagsabgeordnete Georg Gradnauer, auf Eisners Seite standen. Ebenso wie er bekannten sie sich nicht zum Revisionismus. Eisner betrachtete es als »vornehmsten Grundsatz« seiner Redaktionsführung, »um der Einheit der Partei willen alle namhaften Parteischriftsteller, ohne Unterschied der Richtung und Färbung, im Zentralorgan mitarbeiten zu lassen«. So kam auch Eduard Bernstein, mit dem Eisner sich »oft gerauft« hatte, zu Wort.[153] Desgleichen hatten Eisner und Gradnauer den als unnachsichtigen Apologeten marxistischer Prinzipien bekannten Parteihistoriker Franz Mehring – nach dessen Meinung der *Vorwärts* »ein Kampfblatt, ja sozusagen *das* Kampfblatt der Kampfpartei« sein sollte[154] – zur Mitarbeit eingeladen. Ihren Aufzeichnungen zufolge wurden die kollegialen und freundschaftlichen Beziehungen zwischen ihnen und Mehring nur gelegentlich aus geringfügigen Anlässen, »wie das bei der schwierigen Natur Mehrings unausbleiblich« sei, durch »kleine Zwistigkeiten« gestört. Nachdem es jedoch 1902 auf einer Generalversammlung des »Vereins Arbeiterpresse« zu einem Zusammenstoß zwischen Mehring und Eisner gekommen war, begann Mehring neben Kautsky durch fortgesetzte Angriffe systematisch Eisners Stellung zu untergraben mit dem Ziel seiner Entfernung aus der Redaktion und deren Besetzung ausschließlich mit Vertretern der radikalen Richtung. Wie Eisner und Gradnauer in einer ausführ-

152 Vgl. Freya Eisner, *Kurt Eisner: Die Politik des libertären Sozialismus*, a.a.O., S. 31ff.; auch Ingrid Gilcher-Holtey, a.a.O., S. 198-213.

153 *Fränkische Tagespost*, 26.8.1909; Kurt Eisner, *Preußische Erinnerungen*, a.a.O.

154 Franz Mehring, *Politische Publizistik 1905-1918*, in: ders., *Gesammelte Schriften*, Bd. 15, Berlin-Ost 1977, S. 94; vgl. auch Freya Eisner, *Kurt Eisner: Die Politik des libertären Sozialismus*, a.a.O., S. 29f., 34, 37, 39.

lichen, durchaus glaubwürdigen und höchst aufschlußreichen Dokumentation darlegten, hat Mehring Eisners Äußerungen auf jener Generalversammlung in der von ihm redigierten *Leipziger Volkszeitung* »tendenziös entstellt der Öffentlichkeit« preisgegeben und Eisner sich vergeblich um eine Richtigstellung bemüht.[155] Mehring hatte im »Verein Arbeiterpresse« ein abwesendes Mitglied angegriffen, das von Eisner daraufhin in Schutz genommen worden war, und zwar, wie er später einräumte, »zu Unrecht«.[156] Bei der Rekonstruktion der Kontroversen im »Verein Arbeiterpresse« bekannte Eisner selbstkritisch, es treibe ihn »ein, gewiß unvorteilhaftes, Naturell, gerade für das Unpopuläre«, sofern er es für richtig halte, seine Kraft einzusetzen.[157]

Im Streit lag Eisner nicht nur mit Kautsky, Mehring und Rosa Luxemburg, auch zwischen August Bebel und ihm kam es über die ständige Kritik des Parteivorsitzenden an der unparteilichen Haltung des Zentralorgans hinaus zu Spannungen.[158] Es mißfiel Bebel, daß Eisner zur Rechtfertigung seiner Kritik an der politischen Abstinenz der Partei frühere Beschlüsse, etwa zur Wahlenthaltung, in Erinnerung brachte, die unter dem Zwang der politischen Verhältnisse revidiert werden mußten.[159] Schon bald nach Eisners Eintritt in den *Vorwärts* hatte Bebel an Victor Adler geschrieben, daß das »geistige Haupt der Redaktion, Eisner«, nicht einmal die nötigen parteihistorischen und theoretischen Kenntnisse besitze, »sonst wäre er ein Nr. 1 Mann«.[160] Im September 1903 griff er in der *Neuen Zeit* die *Vorwärts*-Redaktion wegen Eisners mit parteigeschichtlichen Rückblicken versehenen und im Richtungsstreit vermittelnden Artikel scharf an und beschuldigte Eisner »gedichtet« zu haben.[161] Eisner schrieb ihm in dieser »neuesten Affaire« drei Briefe, von denen er allerdings keine Abschriften anfertigte. Ein vierter, vom 8. September datierter Brief gibt Einblick in die

155 *Franz Mehring und der Vorwärts*, in: *Vorwärts*, 25., 28., 30. 10. 1903, S. 119.

156 Kurt Eisner an Karl Kautsky, 13. 8. 1918, IISG, K.DX 171.

157 Kurt Eisner, *Zur Literaten-Psychologie*, in: *Die Neue Gesellschaft* 34 (1905), S. 406.

158 Siehe Freya Eisner, *Kurt Eisner: Die Politik des libertären Sozialismus*, a. a. O., S. 18f., S. 36-40; dies., *Kurt Eisners Ort*, a. a. O., S. 426f.

159 *Vorwärts*, 30. 8. 1903.

160 August Bebel an Victor Adler, 23. 10. 1899, in: Victor Adler, *Briefwechsel mit August Bebel und Karl Kautsky*, gesammelt und erläutert von Friedrich Adler, Wien 1954, S. 329.

161 August Bebel, *Ein Nachwort zur Vizepräsidentenfrage*, a. a. O., S. 708-729.

psychische Verfassung, in der er sich bereits vor dem Dresdner Parteitag befand. In seinen Leitartikeln ist hiervon jedoch nichts zu spüren. Unter Hinweis auf urkundliches Material, das er in seiner Liebknecht-Biographie verwendet hatte, konterte er zunächst, wenig respektvoll gegenüber dem Parteivorsitzenden: »*Sie* befinden sich eben im Irrtum und werfen uns ›dichten‹ vor.« Dann gestand er, daß er »gestern deprimiert gewesen« sei, »heute aber (...) die Krisis überwunden« habe:

»Ich werde kämpfen, denn ich verdiente nicht, Sozialdemokrat zu sein, wenn ich das nicht täte, gleichgültig, wie der Kampf ausgehen mag.«

In ironisch provokativem Ton brachte er mehrere »Affairen« zur Sprache und verriet schließlich seine Verletztheit, indem er ostentativ darauf verwies, daß er »nunmehr seit 15 Jahren im publizistischen Kampf« stehe – »15 Jahre unaufhörlicher, harter und ernster Arbeit« – und »seit dem ersten Beginn, seit der ersten Zeile (...) für die Sozialdemokratie gewirkt« habe, so gut er konnte. Er bekannte Bebel, daß er lange gezögert habe, »zur Sozialdemokratie formell überzugehen«, denn es schien ihm »reiner und befriedigender, nur *für* die Sozialdemokratie zu leben und nicht auch *von* ihr«. Als er dann aber ersucht worden sei, »hinüberzukommen«, habe er keinen Augenblick gezögert – eine Angabe, deren Wahrheitsgehalt durch den Brief an seine Eltern vom 27. November 1898 bestätigt wird.[162] Sein Schreiben an Bebel schloß er mit der resignativen Offenbarung:

»Will man mich nicht mehr – ich kann's nicht ändern, obwohl mein Lebensinhalt in dem Kampf für unsere Sache besteht. Aber, das fühle ich, niedrigen Verdächtigungen und eklen Intrigen ist meine Nervenkraft auf die Dauer nicht gewachsen.«

Auf Franz Mehring anspielend, der, bevor er zur Sozialdemokratie kam, die Partei bekämpft hatte[163], fügte er noch hinzu, es scheine, daß man sich erst für das Sozialistengesetz begeistern und um den alten Wilhelm Tränen vergossen haben müsse, »um in der Partei so allgemeines Vertrauen zu genießen, daß man sogar eine Schrekkensherrschaft ausüben kann«.[164]

Unmittelbar danach verfaßte er eine nahezu zwei Zeitungsseiten

162 Kurt Eisner an August Bebel, 8. 9. 1903, IISG Bebel 81/2-4. Original im Marx-Engels-Institut Moskau.

163 Vgl. Freya Eisner, *Kurt Eisner: Die Politik des libertären Sozialismus*, a.a.O., S. 20ff.

164 Kurt Eisner an August Bebel, 8. 9. 1903, a.a.O.

füllende Stellungnahme, in der er unter ausführlicher Zitierung der einschlägigen parteigeschichtlichen Dokumente wiederholte, daß der Parteivorsitzende irre und das Zentralorgan nicht gedichtet habe. Er machte geltend, daß die geschichtlichen Erinnerungen nicht unnütz seien:

»Sie sollten zeigen, wie *wirkliche* taktische Meinungsverschiedenheiten geartet sind, über die Aussprache, Klärung und Entscheidung eine Lebensnotwendigkeit der Partei ist«,

deren Geschichte reich sei an »zwecklosen Episoden«.[165] August Bebel beharrte trotzdem auf seiner Meinung, die er apodiktisch auf dem Dresdner Parteitag vortrug, daß Eisner die Geschichte der Partei nicht kenne. Der bayerische Sozialdemokrat Georg von Vollmar, einer der »Alten« in der Partei, bestätigte hingegen die Richtigkeit der historischen Darlegungen Kurt Eisners.[166]

Der Dresdner Parteitag, auf dem zweieinhalb Tage lang über die Frage gestritten wurde, ob es Sozialdemokraten erlaubt sei, in der bürgerlichen Presse Artikel zu veröffentlichen, bedeutete für Eisner den »Zusammensturz einer politischen und menschlichen Illusion«. Damit bezog er sich auch auf die Taktik-Debatte, die auf diesem Parteitag stattfand.[167] Er sei seitdem überzeugt, schrieb er an Bebel, »daß die deutsche Sozialdemokratie keinen politisch fähigen Führer hat«. An »dieser Wendung« trug er »so schwer«, daß er, weil ihm »der Ekel bis zum Halse schwoll«, entschlossen war, bereits auf dem Parteitag seine »Demission zu geben«. Es sei »nur dem guten Zureden« seines »verehrten Freundes Victor Adler (...) zu schulden«, daß Bebel ihn »nicht schon damals los geworden«.[168] Adlers Einstellung zu Eisner scheint zwiespältig gewesen zu sein. Da die Zwietracht in der Partei und die Befeindung seiner Person anhielten, genügte, wie er in seinem Brief fortfuhr, »eine an sich gleichgültige kollegiale Niedertracht, daß ich bald darauf formell meine Stellung kündigte«; leider, so fügte er hinzu, »ließ ich mich nochmals bewegen zu bleiben«.[169]

165 *Vorwärts*, 11. 9. 1903.

166 *Prot. SPD 1903*, S. 315, 326f.; vgl. auch Freya Eisner, *Kurt Eisner: Die Politik des libertären Sozialismus*, a. a. O., S. 23.

167 Siehe S. 172.

168 Kurt Eisner an August Bebel, 10. 11. 1905, in: *Der Vorwärts-Konflikt. Gesammelte Aktenstücke.* Hg. von Büttner, Gradnauer, Eisner, Kaliski, Schröder, Wetzker, München 1906, S. 77-83; Kurt Eisner, *Zur Literaten-Psychologie*, a. a. O.

169 Kurt Eisner an August Bebel, 10. 11. 1905, a. a. O.

Zu einer Auseinandersetzung zwischen Bebel und Eisner führte Eisners Anregung, den französischen Sozialistenführer Jean Jaurès, einen Neukantianer, der ihm besonders nahestand, zu einer Demonstration des Völkerfriedens nach Berlin einzuladen. Da er im Auftrag der für die Veranstaltung zuständigen Berliner Funktionäre die notwendige Korrespondenz erledigte, nahmen die französischen Sozialisten irrtümlich an, die Einladung an Jaurès sei von der Redaktion des *Vorwärts* ausgegangen. Obwohl Eisner das Mißverständnis sofort aufklärte, fühlte sich Bebel übergangen und wies Eisner zurecht: »Ich lasse mich nicht von Ihnen wie eine Schachfigur hin- und herschieben.«[170] Hinter Bebels sich hier verbalisierenden Ressentiments gegen Eisner verbarg sich wohl auch seine Animosität gegen Jaurès, der in seinen Augen der »Repräsentant« des Revisionismus in Frankreich war.[171] Auch Rosa Luxemburg und Karl Kautsky schätzten Jaurès nicht. Verärgert schrieb Rosa Luxemburg an den zur radikalen Richtung zählenden *Vorwärts*-Redakteur Arthur Stadthagen, daß »also die Herren Eisner und Gradnauer wieder mal einen Coup in ihrem Geiste ausgeführt [haben]«; es müsse »diese Intrige« dadurch wettgemacht werden, »daß man wenigstens zu derselben Versammlung den [Jules] Guesde und [Eduoard] Vaillant einladet (...)«, also zwei Vertreter des radikalen Flügels der französischen Partei. Karl Kautsky stimmte in einem Postskriptum zu Rosa Luxemburgs Brief »vollinhaltlich zu« und hielt »die Sache für höchst wichtig«.[172] Der Reichskanzler Fürst Bernhard von Bülow verbot Jaurès jedoch, in Berlin aufzutreten.

Eisner unterbreitete seine Anregungen zu parlamentarischen Aktivitäten nicht nur im *Vorwärts* und auf Parteitagen, sondern drängte auch August Bebel unmittelbar, wie zum Beispiel im April 1902, im Reichtstag zu interpellieren wegen der Verteuerung der Schweinefleischpreise infolge einer Einfuhrsperre, die die Agrarier mit einer grassierenden Seuche, wie Eisner meinte, aus Unverschämtheit, begründeten.[173] Eisners Rührigkeit mag Bebel lästig gefallen sein.

Ein bezeichnender Streit entstand wenig später, im Sommer 1902, in der Frage der Parteitaktik gegenüber Wahlgesetzen der

170 Ebenda.
171 *Internationaler Sozialisten-Kongreß zu Amsterdam 1904*, S. 65.
172 Rosa Luxemburg an Arthur Stadthagen, 30. 6. 1905, a. a. O., S. 145 f.
173 Kurt Eisner an August Bebel, 12. 4. 1902, IISG Bebel 81/2-4.

Landesparlamente. Der *Vorwärts* vertrat unter Eisners Federführung eine differenzierte, den »Meinungen des Dritten« entsprechende Ansicht, während Bebel auch beim Überwiegen von wahlrechtlichen Verbesserungen für die Sozialdemokratie die Zustimmung ihrer Landtagsfraktionen verurteilte, weil die »Wahlrechtsagitation lahmgelegt und des vorzüglichsten Agitationsmittels beraubt« werde.[174]

Im Januar 1903 beschwerte sich Bebel über Eisners »Lobeshymnen«. Unter dem Titel *Eine Rede an die deutsche Nation* hatte Eisner nach Bebels sogenannter *Kaiserrede* am 22. Januar im Reichstag einen in der Tat überaus enthusiastischen Artikel geschrieben.[175] Bebel teilte Eisner mit, daß er das ihm gespendete Lob für eine Übertreibung erachte und Eisners Schreibweise ihn peinlich berühre. Eisner, der behauptete, diesen Brief nie erhalten zu haben, distanzierte sich bald ohnehin von seinem »einstige(n) ... kritiklose(n) Enthusiasmus«.[176]

Gerade dieser Artikel aber scheint zu Eisners Abstemplung als »Schwärmer« geführt zu haben. Verständlich wird so auch die nachhaltige Entstellung einer Äußerung Eisners in der Wahlnacht vom 16. Juni 1903. Als ständig Siegesnachrichten eintrafen, hatte er kurz vor Redaktionsschluß und noch vor Bekanntgabe der Endergebnisse, »in der äußersten Minute, während der Metteur eifernd und ungeduldig« neben ihm stand, niedergeschrieben: »Wenn die Nacht vollendet, was bis Mitternacht begonnen, dann bereitet sich eine Weltwende der deutschen Politik vor.«[177] In der Partei wurde daraufhin kolportiert, Eisner habe den Wahlsieg der Sozialdemokratischen Partei – sie war von rund drei Millionen Bürgern, also 31,7 Prozent der Wahlberechtigten gewählt worden und erhielt 81 Mandate – als »Weltwende« schlechthin gefeiert. Franz Mehring behauptete am 6. Februar 1904 in der *Leipziger Volkszeitung*, der *Vorwärts*, also Eisner, habe ausgerufen: »Wir haben die Welt erobert«, und am 7. März 1906 schrieb er im gleichen Blatt, vom *Vorwärts*, also von Eisner, sei die »verwirrende Parole von der ›Weltenwende‹« ausgegeben worden. Obwohl Eisner am 9. September 1905 noch einmal ausdrücklich den Sachverhalt dargelegt hat, mokierte sich noch am 20. Juli 1907 Karl

174 *Vorwärts*, 2. 7. 1902.
175 *Vorwärts*, 23. 1. 1903.
176 Kurt Eisner an August Bebel, 10. 11. 1905, a. a. O.
177 *Vorwärts*, 17. 6. 1903.

Am *Vorwärts* (1898-1905)

Kautsky in einem Brief an Victor Adler über die »Eisnersche Weltwende«.[178]

Nicht nur die Radikalen disqualifizierten noch Jahre später sachliche politische Abhandlungen Eisners als »Joc-Stil« und »unsägliche Joc-Politik«.[179] Der Sozialdemokrat Karl Leuthner, der im rechten Lager stand und Eisners Kritik an der Wilhelminischen Großmachtpolitik mißbilligte, nannte ihn noch 1909 einen »begabten Feuilletonisten und lustigen Wochenplauderer« mit der Hinzufügung, daß die Politik aber »ein ernstes, trockenes Geschäft« und »kein Jocus« sei.[180] Eisner erwiderte, er wisse nicht, ob er einen Anspruch habe auf das hohe Lob – »die Begabung für eines der schwierigsten und wertvollsten literarischen Gebiete« –, aber das wisse er: »ein noch so belohnter Ehrgeiz, nicht ernst genommen zu werden, führt niemals zu dem Erfolg, lustig zu wirken«.[181] Daß er das Feuilleton »für eines der schwierigsten und wertvollsten literarischen Gebiete« hielt, macht verständlich, daß er sich dieser Form weiterhin für seine politische Aufklärungsarbeit zu bedienen gedachte.

Eisner glaubte erkannt zu haben, daß sich die Radikalen mit ihren »öden Schimpfereien«, also mit ihrer Protest- und Antihaltung, selbst befriedigten[182], mit ihren »ewigen Marxzitaten, mit der ›revolutionären Dialektik‹, dem ›historischen Sinn‹ und wie sonst die Vokabeln lauten, (...) Gelehrsamkeit und Prinzipienfestigkeit schauspielert[en]«. Er verkehrte weder im Kreis der Revisionisten, die sich im Berliner »Café des Westens« trafen, noch im »Klub der Königsgrätzerstraße«, wo sich die Radikalen zusammenfanden. Seine freie Zeit verbrachte er mit seiner Familie in Groß-Lichterfelde und auf Wanderungen durch den Grunewald. Es wurde ihm jedoch bald bewußt: »Wer nicht von der Clique ist, stirbt daran.«[183]

Daß der Verdacht der Redaktionsmehrheit, zwischen ihren Kollegen von der Minderheit und den Gegnern der Mehrheit in der

178 Karl Kautsky an Victor Adler, a.a.O., S. 479.

179 Vgl. *Vorwärts*, 22., 23., 26. 8. 1908; Karl Kautsky, *Der mögliche Abschluß einer unmöglichen Diskussion*, in: *Die Neue Zeit* 23,2 (1904-05), S. 795-804; vgl. auch Freya Eisner, *Kurt Eisner: Die Politik des libertären Sozialismus*, a.a.O., S. 45-54.

180 *Sozialistische Monatshefte* (1909), 1. Bd., S. 608.

181 *Fränkische Tagespost*, 10. 5. 1909.

182 *Wahlrede »Vor den Unabhängigen«*, a.a.O., S. 24.

183 Kurt Eisner an August Bebel, 10. 11. 1905, a.a.O.

Partei bestehe »längst (...) ein intimes Verhältnis«, nicht unbegründet war, belegen auch einschlägige Briefe Rosa Luxemburgs. So wußte sie auch zu berichten, daß es auf einer Sitzung der Pressekommission mit den Redakteuren zwischen dem Vertreter der Minderheit, Heinrich Cunow, und Kurt Eisner zu »einem Handgemenge« gekommen war: »C[unow] stürzte sich auf »E[isner], packte ihn am Hals, drückte ihn an die Wand und wollte ihm schon die Faust ins Gesicht schlagen, als die anderen ihn wegzogen.«[184] Dieser Angriff wird als »tätlicher Überfall« in den Darlegungen der Redaktionsverhältnisse durch Eisner und seine fünf Kollegen bestätigt[185], nicht jedoch Rosa Luxemburgs Nachbemerkung, Eisner gehe Cunow »jetzt trotzdem sehr um den Bart« und suche ständig das Gespräch mit ihm. »Kraft dessen«, teilte sie ihrem Freund Leo Jogiches mit, habe sie an Bebel, der sie um Leitartikel für den *Vorwärts* gebeten hatte, geschrieben, »daß, solange E[isner] und G[radnauer] und W[etzker] in der Bude bleiben, sich nichts ändern« werde, daß sie aber, »um unsererseits von der Linken den guten Willen zu zeigen, dem Vorschlag B[ebels] unter der Bedingung zustimme, daß zuerst eine ständige Mehrheit der Linken in der Redaktion gesichert wird«.[186]

Ihr zur Seite stand Karl Kautsky, der am 20. Juli 1905 an Victor Adler schrieb, die Redaktion des *Vorwärts* sei einer »Bande von Ignoranten und Intriganten ausgeliefert« und ein »Krebsschaden«; da er die Redaktion nicht reformieren könne, bleibe ihm nichts übrig, als sie zu diskreditieren. Für seine Behauptung, die »Eisner, Fischer u. Co.« verstünden es, durch ihre »meisterhaften (...) infamen Intriguen« »alle beteiligten Faktoren einzuseifen und durcheinander zu paralysieren«[187], sind Beweise oder wenigstens Anhaltspunkte nicht zu ermitteln.

In der Diskussion zwischen Kautsky und Eisner über den Massenstreik vertrat Eisner[188] die Position August Bebels, dessen einschlägiger Resolution der Parteitag in Jena im September 1905 mehrheitlich zustimmte.[189] Dennoch war nicht übertrieben,

184 Rosa Luxemburg an Arthur Stadthagen, etwa Ende Juli 1905, an Leo Jogiches, 6., 22., 29. 10. 1905, a. a. O., S. 155, 183 ff., 211 f., 226 f.
185 *Der Vorwärts-Konflikt*, a. a. O., S. 90.
186 Rosa Luxemburg an Leo Jogiches, 6. 10. 1905, a. a. O.
187 Karl Kautsky an Victor Adler, a. a. O., S. 464.
188 Siehe Kurt Eisner, *Debatten über Wenn und Aber*, a. a. O.
189 *Protokoll des Parteitags 1905*, S. 142 f.

was Rosa Luxemburg an Jogiches schrieb: daß Bebel »natürlich derjenige« sei, »der jetzt die Reform macht; er brennt vor heißem Verlangen, den *Vorwärts* auf unseren Leisten umzugestalten«.[190]

Nachdem Eisner und seine fünf Kollegen am 28. Oktober 1905 wie gewöhnlich abends die Redaktion verlassen hatten, wurde ohne ihr Wissen auf das Titelblatt der von ihnen redigierten Ausgabe des *Vorwärts* vom 29. Oktober 1905 die Mitteilung an die Leser gesetzt, daß von diesem Tag an auf ihre Tätigkeit in der Redaktion des *Vorwärts* verzichtet werde.[191] Die Dokumentation, die die sechs Redakteure über ihre Auseinandersetzung mit dem Parteivorstand und über die Hintergründe ihrer Entlassung aus der Redaktion veröffentlichten[192], beweist in der Tat Bebels Eifer, sie durch Unterstellungen, unbewiesene Anschuldigungen und Verdächtigungen ins Unrecht zu setzen und sich ihrer zu entledigen. Es bestätigt sich darin, daß es sich bei dem als »*Vorwärts*-Konflikt« bekannt gewordenen erzwungenen Ausscheiden der sechs nicht-radikalen Redakteure tatsächlich um eine »dunkle Intrige«[193] handelte, die die radikalen Redakteure im Verein mit den orthodoxen Marxisten Kautsky, Mehring, Rosa Luxemburg und der Unterstützung Bebels betrieben hatten. Doch nicht dieses Ränkespiel ging in die Parteigeschichte ein, sondern Bebels Verhöhnung der Redakteure, deren Redlichkeit ihn irritierte, als »die edlen Sechs«.[194] Da Bebel zur Rechtfertigung seines Vorgehens, das in der Mitgliederschaft zum Teil auf Kritik stieß, Eisner den Berliner Funktionären »als ›Revisionisten‹ vorstellte«, versicherte Kurt Eisner in einem Brief an den Parteiführer, er würde sich zum Revisionismus bekennen, wenn er derlei Anschauungen hegte:

»Ich habe mit der ›revisionistischen‹ Gruppe nie etwas zu tun gehabt, sie, wo ich Gelegenheit fand, scharf bekämpft (ohne sie natürlich zu verfemen).«

Seine mittlere Position herausstellend, erklärte er, daß er glaube, nach seinem ganzen Temperament, »hinsichtlich des Radikalismus

190 Rosa Luxemburg an Leo Jogiches, 6. 10. 1905, a. a. O., S. 184f.
191 *Der Vorwärts-Konflikt*, a. a. O., S. 29; *Vorwärts*, 29. 10. 1905.
192 Ebenda.
193 Ebenda, S. 4.
194 Vgl. Freya Eisner, *Kurt Eisner: Die Politik des libertären Sozialismus*, a. a. O., S. 36-40.

der Aktion viel radikaler, viel konsequenter zu sein als die Leute mit den ewigen Marxzitaten (...)«.[195]

Nach seinem Ausscheiden aus dem *Vorwärts* erhielt er eine Aufforderung des Herausgebers der *Fackel*, Karl Kraus, an dieser Zeitschrift mitzuarbeiten. Er lehnte – allerdings nach langem unschlüssigen Zögern – mit der Begründung ab, er habe auf politischem, künstlerischem und allgemein kulturellem Gebiet andere Anschauungen als Karl Kraus; entscheidend aber sei für seine Absage, daß er eine unbegrenzte Hochachtung für die österreichischen Sozialdemokraten, insbesondere die Wiener, hege, die Kraus »gern gelegentlich« stichele.[196]

Dagegen veröffentlichte er Artikel in der als revisionistisch geltenden Wochenschrift *Die Neue Gesellschaft*. Wie schon in seinen *Provinzialbriefen* verfolgte er auch hier, wiederum breit angelegt und in historischer Verläßlichkeit, die politischen Geschehnisse der Zeit, vor allem die Verhandlungen im Reichstag, im preußischen Abgeordnetenhaus und im Herrenhaus zur Innen- und Außenpolitik. Im Unterschied zu den *Provinzialbriefen* ist seine Systemkritik zumeist nicht nur von außerordentlicher Schärfe, er unternimmt hier auch keine idealistischen Höhenflüge in eine mögliche humane Zukunft und enthält sich in der Regel Lobpreisungen der Sozialdemokratie, wenngleich sein sozialistischer Standpunkt nicht verborgen bleibt. Seine Diktion ist zwar lebhaft und wortgewandt, aber vergleichsweise eher schmucklos. Der »regierende Absolutismus«, den er vornehmlich an Preußen, das »Deutschland verschlang«, exemplifizierte; die »abenteuerliche Aktivität« der »deutschen Weltpolitik«, dazu »ein teils durch Bereicherungssucht verderbtes Volk« und schließlich die seit der Konferenz von Algeciras im Frühjahr 1906 »in der Entwicklung und Vollendung begriffene Koalition Europas« gegen Deutschland als »das sichtbare politische Zeichen der deutschen Rückständigkeit und Entfremdung im Rate der Kultur der Demokratie«, ließen ihm »jede Illusion zwecksetzender Vernunft« schwinden.[197]

Eisners Mitarbeit an der *Neuen Gesellschaft* ergab sich wohl,

195 Kurt Eisner an August Bebel, 10. 11. 1905, a. a. O.

196 Kurt Eisner an Karl Kraus, 1. 2. 1906, in: *Die Fackel* (1922), S. 601-607.

197 Kurt Eisner, *Die Blockade des Reichstags*, in: *Die Neue Gesellschaft* 13, (1907); ders., *Preußenpranger*, in: *Die Neue Gesellschaft* 21 (1906); ders., *Englische Grotesken*, in: *Die Neue Gesellschaft* 8 (1906); ders., *Nationale Verantwortlichkeit*, in: *Die Neue Gesellschaft* 15 (1906).

weil das Blatt im November 1905 seine Erwiderung auf eine Schmähung Georg Ledebours abgedruckt hatte, die von der *Neuen Zeit* abgelehnt worden war.[198] In dieser, die Machenschaften der Radikalen durchaus glaubwürdig beleuchtenden, temperamentvollen Replik sagt Eisner voraus, daß die »ganze Partei« einmal »revisionistisch« werden würde. So mag sich sein Verbleiben in der Partei erklären lassen: Er gab die Hoffnung nicht auf, seinen mittleren Kurs durchzusetzen.

Obschon erklärter Gegner des Revisionismus, veröffentlichte Eisner auch in den bekanntermaßen diese Richtung vertretenden *Sozialistischen Monatsheften*. Doch suchte er offensichtlich zu vermeiden, in diesem Organ politisch aktuelle oder zu aktualisierende Themen aufzugreifen. So wünschte er auch keine Besprechung seiner im Januar 1906 erschienenen Broschüre *Der Sultan des Weltkriegs*, einer Brandmarkung der deutschen Marokkopolitik.[199] Vier Jahre lang, in ungefähr 14 Schreiben, hat Joseph Bloch, der Herausgeber der *Sozialistischen Monatshefte*, Eisner vergeblich um eine Abhandlung über Napoleon gebeten. Auch auf Blochs Anfrage, ob er Hermann Cohen würdigen könne, gab er eine ausweichende Antwort. Dagegen verfaßte er für die Zeitschrift Essays über Ibsen, Swift und Shelley, die sein Selbstverständnis als Publizist und Politiker reflektieren. Die von ihm so genannten »Vollpersönlichkeiten, die zugleich Dichter, Gelehrte, Denker und Politiker sind«[200], faßte er zum »Typus des öffentlichen Charakters« zusammen, dessen Herausbildung in England anfangs des 18. Jahrhunderts er in einem Aufsatz über Jonathan Swift beschrieb:

»Jeder Politiker, jeder Staatsmann ist auf irgendeine Weise auch Schriftsteller, Journalist, Gelehrter.«[201]

Das Leitbild des Dichters als des revolutionären Politikers verkörperte für Eisner Percy Bysshe Shelley, dessen Überzeugung, daß der Dichter »der visionär gestaltende Prophet der Menschheit« sei und in der »lebendigen Teilnahme an den Kämpfen der Gegenwart der führende, gestaltende, nicht predigende und belehrende Seher

198 *Georg Ledebour, Eine Literatenrevolte*, in: *Die Neue Zeit* 24,1 (1905/06), S. 189-194; Kurt Eisner, *Zur Literaten-Psychologie*, a. a. O.

199 Zu entnehmen dem Schreiben Joseph Blochs an Kurt Eisner vom 29. 1. 1906, Bundesarchiv Koblenz, a. a. O., Bl. 206.

200 Kurt Eisner, *Die Meinungen des Dritten*, in: ders., *Taggeist*, a. a. O., S. 332.

201 Kurt Eisner, *Jonathan Swift*, in: *Sozialistische Monatshefte* (1911), 3. Bd., S. 1234-1242.

der Zukunft«, er teilte.[202] Auch in seinem Aufsatz über den jungen Ibsen gab er seiner Meinung Ausdruck, daß der Schriftsteller »die kämpfende Zuversicht in eine Erneuerung der Gesellschaft« besitzen müsse, »die den Konflikt zwischen Individuum und Masse ebenso löst, wie zwischen herrschenden und beherrschten Klassen«.[203]

Mit diesen als politische Essays zu klassifizierenden Beiträgen gab er seinen innerparteilichen Gegnern erneut Anlaß, ihn dem schöngeistigen Bereich, dem Literatentum, und außerdem, da sie in den *Sozialistischen Monatsheften* erschienen, dem Revisionismus zuzuordnen – dies obwohl er sich öffentlich explizit als »schroffster Gegner der Richtung« dieser Zeitschrift bezeichnete.[204] Davon abgesehen, lieferte er den *Sozialistischen Monatsheften* zwischen 1900 und 1913 insgesamt nur zwölf Beiträge, wobei zu berücksichtigen ist, daß das Blatt nach 1908 des öfteren zweimal im Monat erschien.

Da die erste Auflage seiner 1900 erschienenen Wilhelm Liebknecht-Biographie, die 17000 Exemplare umfaßte, »seit Jahr und Tag vollständig vergriffen« war, ließ er 1906 eine zweite, im Umfang fast verdoppelte folgen.[205] Auch sein Anfang 1907 erschienenes Geschichtswerk *Das Ende des Reichs* mußte nach wenigen Monaten schon in zweiter Auflage gedruckt werden.[206] Außerdem brachte er 1906 unter dem Titel *Feste der Festlosen. Hausbuch weltlicher Predigtschwänke* eine Reihe seiner *Sonntagsplaudereien* heraus.

Kurt Eisner nahm für sich in Anspruch, »die Personen – in der Partei – und ihre Richtungen zuverlässig« einschätzen zu können, da er »viel zu lange hinter den Kulissen gestanden« habe.[207] Nachdem Anfang Dezember 1905 Vorausexemplare der Dokumentation des *Vorwärts*-Konflikts ausgeliefert worden waren, ersuchte

202 Kurt Eisner, *Shelley*, in: *Sozialistische Monatshefte* (1913), 3. Bd., S. 1173-1180.

203 Kurt Eisner, *Der junge Ibsen*, in: *Sozialistische Monatshefte* (1903), 1. Bd., S. 48-53.

204 *Fränkische Tagespost*, 10. 6. 1909.

205 Kurt Eisner, *Wilhelm Liebknecht. Sein Leben und Wirken*, Berlin 1900, ^{2}1906.

206 Siehe *Fränkische Tagespost*, 24. 4. 1907.

207 Kurt Eisner an Konrad Haenisch, 21. 8. 1908, Bundesarchiv, Abteilungen Potsdam, 90 Ha 4 Nachlaß Haenisch Nr. 84, Bl. 3-4; siehe auch Freya Eisner, *Kurt Eisners Ort*, a.a.O., S. 427.

Georg Gradnauer den *Vorwärts* um Aufnahme einer »Erklärung«. Darin distanzierten sich »die ausgeschiedenen Redakteure« von den in der Einleitung und im Schlußwort enthaltenen »heftige(n) Angriffe(n)«, da sie sie »in der Zeit der ersten und größten persönlichen Erregung« geschrieben hätten. Sie versicherten, daß sie den Streit nicht fortführen wollten, und wünschten, »daß dieser Fall von den Parteigenossen als abgeschlossen aufgefaßt wird«.[208] Es ist fraglich, ob Eisner dieser »Erklärung« zugestimmt hat. Denn er sandte erneut einen Artikel an Kautsky zum Abdruck in der *Neuen Zeit*. Kautsky lehnte ihn jedoch mit dem Hinweis auf jene »Erklärung« ab und unterstellte, Eisner habe sie, gleichsam als Alleinverantwortlicher, verfaßt. Er beschuldigte Eisner der Verleumdung und warf ihm »gewissenloses Treiben« vor. Auf diesen Affront erwiderte Eisner, es handle sich zwischen ihm und Kautsky »in der Tat um zweierlei Welten sittlicher Anschauung«; doch habe er durch Kautskys Brief »das Bewußtsein zurückgewonnen, daß mein bescheidenes Wirken in der Partei mehr denn je notwendig ist«.[209] Daß er nicht resignierte, spricht auch aus seiner Absage an Karl Kraus:

»Wir gemeinsamen Vertreter einer großen und schweren Aufgabe müssen zusammenhalten, selbst auf die Gefahr hin, daß uns der Vorwurf der Intoleranz und Kleinlichkeit trifft.«[210]

7. An der *Fränkischen Tagespost* in Nürnberg

Im März 1907 übernahm Kurt Eisner die Leitung der sozialdemokratischen *Fränkischen Tagespost* und ließ sich mit seiner Frau und den Kindern in Behringersdorf bei Nürnberg nieder. Der Königlich Preußische Regierungs-Präsident zu Potsdam bescheinigte dem »Chefredakteur Kurt Eisner in Nürnberg« am 5. 8. 1908, daß er »durch Abstammung die Eigenschaft als Preuße« besitze. Die Königliche Regierung von Mittelfranken in Ansbach beurkundete am 27. 10. 1908, daß der Preuße Kurt Eisner aufgrund seiner Niederlassung in Behringersdorf, zugleich mit seiner Ehefrau und

208 *Vorwärts*, 10. 12. 1905.

209 Karl Kautsky an Kurt Eisner, 14. 12. 1905, IISG, K.C 390; Kurt Eisner an Karl Kautsky, 15. 10. 1905, IISG, K.DX 159; siehe auch Freya Eisner, Kurt Eisners Ort, a. a. O., S. 426.

210 Kurt Eisner an Karl Kraus, a. a. O.

seinen namentlich aufgeführten fünf Kindern, »die Staatsangehörigkeit im Königreich Bayern erworben« habe.[211]

Wie Eisner selbst berichtete, ging er »mit zäher Konsequenz daran«, die *Fränkische Tagespost* »zu einem Organ weltpolitischer Aufklärung zu machen«. Er hatte auf allen Gebieten sachkundige Mitarbeiter herangezogen, die über die wirtschaftlichen, kommunalpolitischen und gewerkschaftlichen Vorgänge sowie über die Frauenbewegung informierten. Die deutsche und die bayerische Politik erfuhren »sorgfältigste Pflege«. Von Korrespondenten in den Hauptstädten erhielt er Berichte über die aktuellen Ereignisse. Als »Spezialität« des Blattes hob er »die eingehende Berücksichtigung der auswärtigen Politik« hervor. Eisner war der Meinung, daß die sozialdemokratische Presse »an der Spitze aller Organe der öffentlichen Meinung marschieren« müsse.[212]

1908 begründete er zwei Beilagen: die *Furche*, die den Lesern »Belehrung und Erquickung bieten« sollte, und den *Volksbildner*, der den Zweck verfolgte, »in einfachster und leichtester Form, ohne Voraussetzungen irgend welcher Art (...) die Massen des Volkes in die Wissenschaften einzuführen«.[213]

Drängender noch als im *Vorwärts* verlangte er von der Partei, den politisch-parlamentarischen Kampf konsequent zu führen. In einer zielgerichteten, doch im Bewußtsein ihrer Begrenztheit im bürgerlich-kapitalistischen Staat betriebenen demokratisch-sozialistischen Politik sah er nach wie vor kein »Entgegenkommen an die bestehende Ordnung der Dinge«. Es galt »die großen weltumgestaltenden Aufgaben des demokratischen Sozialismus vorzubereiten«, aber »auch in den Wirrnissen des Tages gegenüber der politischen Erschlaffung der Nation ernste schöpferische Politik zu treiben«.[214] Für seine Leitartikel wählte er Titel wie *Praktische Parteiarbeit*, *Lösungen*, *Positive Arbeit*, *Die Aktion* und *Erziehung zur Tat*.

211 Staatsangehörigkeitsausweis vom 5. 8. 1908; im Besitz der Verfasserin; Aufnahme-Urkunde vom 27. 10. 1908, Bayerisches Hauptstaatsarchiv MA 102 467. Siehe hierzu die unrichtige Behauptung bei Allan Mitchell, *Revolution in Bayern 1918/1919. Die Eisner-Regierung und die Räterepublik*, München 1967, S. 46, Eisner habe seine Frau und seine fünf Kinder in Berlin zurückgelassen. Zu Allan Mitchell siehe S. 282 ff.

212 Kurt Eisner, *Gesammelte Schriften*, a.a.O., 1. Bd., S. 330; *Fränkische Tagespost*, 28. 12. 1907.

213 Ebenda, 30. 5. 1908.

214 Ebenda, 28. 12. 1907.

Was er im *Vorwärts* angeregt hatte, nämlich die Organisierung einer machtvollen außerparlamentarischen Oppositionsbewegung, begann er in Nürnberg in die Tat umzusetzen. Er verließ häufig seinen Redaktionstisch, um auf Volksversammlungen über die politische Lage zu sprechen. In einer Resolution, die seine Handschrift trug, forderte die von »Tausenden von Nürnberger Reichstagswählern besuchte öffentliche Volksversammlung (...) vom deutschen Reichstag endlich den Anfang einer Politik der politischen Selbstbestimmung und Freiheit, der sozialen Besserung und Umgestaltung«. Er appellierte an »die große Masse des Volkes«, insbesondere auch an die »aufgeklärten Frauen des Proletariats, als die wesentlichen Förderinnen der Arbeiterbewegung«, Partei, Gewerkschaft und Konsumgenossenschaft zu stärken, die Parteipresse zu lesen und die »bürgerliche und parteilose Schundliteratur aus anständigen Arbeiterwohnungen« zu entfernen.[215]

Er sprach auch in anderen bayerischen Städten und in kleineren Orten, wo er hauptsächlich die Zentrumspartei angriff. Es fanden sich meist mehrere hundert Besucher ein, »darunter viele Bauern«, und Eisners Reden lösten oft »stürmische Kundgebungen« der Zustimmung aus.[216]

Sowohl auf Versammlungen wie auch in der *Fränkischen Tagespost* warnte er vor einem von der Wilhelminischen Regierung heraufbeschworenen Krieg und rief die Sozialdemokratie zur Wachsamkeit und international organisierter Abwehrbereitschaft auf, was in der Partei auf Unverständnis stieß und als »Weltpolitikasterei und Kriegsprophetie« verhöhnt wurde.[217] Seit der ersten Marokkokrise, die ihn die »ganze Ohnmacht« der Sozialdemokratie erkennen ließ, und seit dem »schmählichen Zusammenbruch der preußischen Wahlrechtsbewegung« im Jahr 1906 befand er sich zumindest zeitweise in »ultraradikaler« Stimmung. Am 2. September 1907 schrieb er an Joseph Bloch, daß »unsere Revolution (...) uns nicht erspart« bleiben werde. Überzeugt, »daß wir um gewaltsame Konflikte nicht nur nicht herumkommen, sondern daß selbst in blutigen Niederlagen noch ein größerer Zukunftswert steckt, als in unserem ganzen sonstigen geschäftlichen Müßiggang«, bekannte er, er sei »nicht nur für den Massenstreik, sondern auch für das Auf-die-Straße-Gehen«. Die Verantwortung für solche Unterneh-

215 Ebenda, 23. 11. 1909.
216 Ebenda, 4. 8. 1909.
217 Kurt Eisner, *Gesammelte Schriften*, a. a. O., 1. Bd., S. 330.

mungen wollte er »ohne jedes Bedenken mit allen Konsequenzen« auf sich nehmen.[218]

Am 15. September 1907 hatte sich indes sein kämpferischer Furor wieder etwas beruhigt, und er sprach auf der Generalversammlung des »Vereins Arbeiterpresse« über *Das Nachrichtenbüro* – ein Vorhaben, über das zu jener Zeit Parteivorstand und Parteiredakteure diskutierten. Eisner verwies auf andere Länder, insbesondere auf Dänemark, wo schon erreicht worden sei, daß die sozialdemokratischen Zeitungen »die maßgebendsten Blätter der Presse« darstellten. Sein Glaube an die Wirkkraft des sozialdemokratischen Gedankens ließ ihn die Frage stellen, »warum nicht in Berlin etwas entstehen könnte wie ein sozialdemokratisches Weltblatt«. Er hob hervor, daß keine revolutionäre Strömung möglich sei, ohne »daß die Partei weit hinaus über ihr Anhängergebiet die öffentliche Meinung beherrscht«, und keine Revolution siegen könne, der das nicht gelinge. So sollten nicht »allgemeine propagandistische Gedanken aufs neue« wiederholt, nicht ständig »die ewigen Dinge«, also die marxistischen Lehrsätze, erörtert werden; vielmehr müsse die sozialdemokratische Presse die Tagesfragen behandeln, müsse »eingreifen und durch geistigen und moralischen Einfluß auf die Tagesereignisse einwirken« sowie die Hintergründe des politischen Geschehens erforschen; deshalb brauche man »einen schnellen, informatorischen, umfassenden Nachrichtendienst«, der den einzelnen Blättern »auf dem schnellsten Wege nicht nur die Tatsachen des politischen und sozialen Lebens zu übermitteln, sondern auch fortlaufend kritische Würdigungen der Vorgänge zu geben« habe. Außerdem sollte das Nachrichtenbüro, wie Eisner es sich dachte, »die Berichterstattung aus dem Ausland [und] die Entsendung von Korrespondenten bei wichtigen Gelegenheiten« übernehmen. Organisiert werden sollte das Nachrichtenbüro von der sozialdemokratischen Presse, also von den Redakteuren selbst als »ein Organ der Selbstverwaltung der Parteipresse«. Eisner wünschte keine »neue bürokratische Einrichtung«.[219]

Die den radikalen Parteiflügel vertretenden Redakteure des *Vorwärts* und der *Leipziger Volkszeitung*, die die von Eisner skizzierte inhaltliche Ausgestaltung des Nachrichtenbüros wohl als Anschlag

218 Kurt Eisner an Joseph Bloch, 2. 9. 1907, a. a. O.
219 *Mitteilungen des Vereins Arbeiterpresse*, Jg. 8,69: *Bericht über die Generalversammlung vom 14. und 15. 9. 1907 zu Essen*; *Fränkische Tagespost*, 25. 7. 1907.

auf den von ihnen gepflogenen Agitationsstil empfanden, bestritten die Kompetenz des »Vereins Arbeiterpresse«, sich mit der Frage der Gründung eines Nachrichtenbüros zu beschäftigen, da hierfür allein der Parteivorstand zuständig sei. Sie nahmen Anstoß an Eisners Assoziation des Parteivorstands mit Bürokratie, und indem sie seine Argumente entstellten, behaupteten sie, daß ihm das Wesen der in der »Parteiorganisation sich ausprägenden Demokratie ein Buch mit sieben Siegeln« sei. Sie höhnten, er habe »wohl einmal von ferne etwas von kommunaler Selbstverwaltung läuten hören« und übertrage »diesen Begriff nun unbesehen auf die Selbstverwaltung einer Beamtenkörperschaft« – mache also »die glorreiche Entdeckung, daß Beamtenhierarchie und Demokratie identische Begriffe seien«. Sie unterstellten ihm also, es sei ihm der Demokratiebegriff sowie das Gebiet der Kommunalpolitik fremd, und er kenne nicht die historische Herkunft des Selbstverwaltungsprinzips. Seine weiteren Ausführungen nannten sie »abenteuerliche Phantastereien« und gaben sie inkorrekt wieder.[220] Diese Diffamierungen des *Vorwärts* druckte der bürgerliche *Fränkische Kurier* in extenso nach[221], so daß Eisners Ansehen nicht nur in der Partei, insbesondere in der Nürnberger Organisation, sondern auch in bürgerlichen Kreisen, die er für die Sozialdemokratie gewinnen wollte, geschädigt wurde.

Zu dem von Eisner polemisch apostrophierten »Nein-Sagen«, an dem das System nicht zugrunde gehe[222], gehörte die prinzipielle Ablehnung des Budgets durch die sozialdemokratischen Fraktionen in den Landesparlamenten. Hatte Eisner in seiner Abhandlung *Parlamentarismus und Ministerialismus* 1901 noch die Meinung vertreten, daß die Budgetverweigerung eine scharfe Markierungslinie zwischen dem Sozialismus und der kapitalistischen Welt ziehe, die nicht verwischt werden dürfe, so war er inzwischen zu der Erkenntnis gelangt, daß sie als ein Kampfmittel gegen eine bürgerliche Regierung und ihr System einzusetzen sei, als eine Waffe der parlamentarischen Politik, als ein politisches Machtmittel innerhalb des Klassenstaats. Er befürwortete das Verhalten jener süddeutschen Parlamentarier, die gegen die Parteidisziplin verstießen und dem Etat ihrer Regierungen zustimmten. Denn den sich in der Minderheit befindenden sozialdemokratischen Mandatsträgern

220 *Vorwärts*, 23., 28., 31. 7. 1907; *Fränkische Tagespost*, 25., 29. 7. 1907.
221 Siehe *Fränkische Tagespost*, 2. 8. 1907.
222 Vgl. *Antrag und Begründung auf dem Parteitag in Leipzig 1909*, S. 222ff.

fehlte die Macht, die Mittel »tatsächlich und wirklich, nicht bloß demonstrativ« zu verweigern, erklärte er. Dagegen hielt er die Ablehnung des Budgets durch eine zur Mehrheit gewordene Fraktion in den Landesparlamenten dann für erforderlich, »wenn wir einen politischen Konflikt und in der Steigerung eine revolutionäre Aktion (...) wagen dürfen«.[223] Hier sah er also eine Möglichkeit, den Umsturz einzuleiten. Er erörterte das Problem der Budgetverweigerung in der *Fränkischen Tagespost* unter dem Titel *Vier Fragen*. Auf seine logische Beweisführung gingen die Gegner der Bewilligung, die Radikalen, aber auch August Bebel, nicht ein, statt dessen überhäuften sie ihn mit Verbalinjurien.[224] Rosa Luxemburg, der er in der *Fränkischen Tagespost* zu einer Stellungnahme Raum zur Verfügung gestellt hatte, denunzierte seine vier Fragen als die »Fragen eines politischen Kindes«.[225] Victor Adler, der zu den Männern gehörte, denen er sich »in Ehrfurcht (...) verbunden fühlte«[226], schrieb nach Erscheinen der Artikel Eisners an August Bebel, daß »der verrückte Eisner eine staatsmännische Großtat« aus der Zustimmung der bayerischen sozialdemokratischen Landtagsfraktion gemacht habe:

»Dieser Eisner ist verrückt geworden, erstens weil er von Natur dazu sehr veranlagt ist (ein schöngeistiger Literat!), zweitens weil Ihr ihn in Berlin persönlich gereizt habt ... drittens weil er so plötzlich aus Preußen in die mildere süddeutsche Luft versetzt wurde, die er zunächst nicht verträgt u. ihn so berauscht, daß er meint, im Paradies zu sein! Was im Süden faul ist, dafür hat er keine Nase u. merkt nicht, was unsereiner so gut weiß, daß wir eben im Süden von der Schwäche des Staates profitieren (u. profitieren müssen u. sollen) (...) In seinem krankhaften Preußenhaß kapiert er das nicht u. stellt den süddeutschen Regierern mit all ihrer kläglichen Rückständigkeit Wohlverhaltungszeugnisse aus, die uns noch sehr unbequem werden können! Der Mann ist nur unter dem Strich zu brauchen!«[227]

»Unter dem Strich« befand sich damals in den Tageszeitungen das Feuilleton. Daß Eisner den süddeutschen Regierern »Wohlverhaltungszeugnisse« ausgestellt hätte, läßt sich nicht belegen.[228]

223 Kurt Eisner, *Sozialismus als Aktion*, a.a.O., S. 26-39.
224 Vgl. Freya Eisner, *Kurt Eisner: Die Politik des libertären Sozialismus*, a.a.O., S. 50-54.
225 *Fränkische Tagespost*, 12. 9. 1908.
226 Kurt Eisner, *Hermann Cohen*, a.a.O.
227 Victor Adler an August Bebel, 30. 8. 1908, a.a.O., S. 489.
228 Vgl. hierzu *Die Budgetabstimmung in Bayern. Die Nürnberger Versammlung*, in: *Fränkische Tagespost*, 28. 8. 1908, 4. 9. 1908.

Da Adlers Briefwechsel bereits 1954 veröffentlicht und in einschlägigen Arbeiten ausgewertet wurde, mag das Urteil des österreichischen Sozialisten zur Verzeichnung des Eisner-Bildes, namentlich in der Parteigeschichte, wesentlich beigetragen haben. Der angebliche »Preußenhaß« Kurt Eisners ist die Mißdeutung seiner Befürchtung der »Verpreußung Deutschlands«, die er in vielen Artikeln artikulierte.[229] Seine Gegnerschaft galt der preußischen Politik, den preußischen Junkern und dem Drei-Klassen-Parlament.

Kurt Eisner veröffentlichte auch in der *Fränkischen Tagespost* wieder Feuilletons, und zwar unter seinem Kürzel »kesr«, während seine Leitartikel ungezeichnet erschienen. Er nannte sie *Satirische Weltbetrachtungen*. Ihr politischer Gehalt ist nicht immer evident. Manche sind nicht sonderlich amüsant, andere hingegen voll hintersinniger Versponnenheit. Bedeutsam sind die Beiträge, in denen er den Liberalen ihren Mangel an Idealen vorwirft. Die Diskrepanz zwischen ihrem humanitär kultivierten Habitus und ihrem auf materiellen Gewinn gerichteten Zweckmäßigkeitsdenken enthüllend, hatte er schon 1893 mokant geäußert, daß »der feingebildete, vornehme Liberale eine ästhetische und intellektuelle Abneigung gegen den vierten Stand« empfinde.[230] Er schien, möglicherweise auch aufgrund persönlicher Erfahrungen, den Eindruck gewonnen zu haben, daß es sich bei dieser Vornehmheit um eine Art Camouflage handle, um eine internalisierte Gleisnerei, die nackten Eigennutz in edle Gesinnung und feine Geistigkeit kleide. Zwar dachte er namentlich an die Nationalliberalen, wenn er ihre Parteinahme für den Liberalismus prädestiniert sah durch eine »erworbene Geburtsanlage«[231], doch bezogen sich seine harten Urteile auf die Parteigänger des »Gesamtliberalismus«.[232] Aus dieser liberalen »Geburtsanlage« resultierte nach seiner Beobachtung eine emotionslose, gegen existentielle Anfechtungen immune Lebenseinstellung und ein Mangel an Erlebensfähigkeit, weswegen das Leben dieses »besseren Philisters (…) ja auch nicht reich an Erlebnissen« sei und die »dramatischen Zuspit-

229 Kurt Eisner, *Biegen oder Brechen*, in: *Fränkische Tagespost*, 25. 1. 1908; vgl. z. B. ders., *Der preußische Weg*, in: *Fränkische Tagespost*, 13. 1. 1908; ders., *Die Revolte der Erben*, in: *Fränkische Tagespost*, 22. 1. 1909; ferner: ders., *Reichszerrüttung*, in: *Fränkische Tagespost*, 10. 3. 1909.

230 Kurt Eisner, *Taggeist*, a. a. O., S. 27.

231 Kurt Eisner, *Der Mulus-Aufruhr*, in: *Fränkische Tagespost*, 17. 7. 1909.

232 Kurt Eisner, *Block-Weltgeschichte*, in: *Fränkische Tagespost*, 25. 1. 1908.

zungen seines Daseins (...) sich auf die Opposition gegen die Schule und etliche Liebesgeschichten« beschränkten. Dieser »bessere Philister«, dessen herkömmliche Erfolgssicherheit und Privilegiertheit Eisner ebenfalls auf die liberale »Geburtsanlage« zurückführte, lebte nach seinen Worten »nicht im Staate, nicht im ringenden Daseinskampf, sondern im normalen Geschäft, in der vorschriftsmäßigen Karriere, im gutgesinnten Verein und der korrekten Familie, deren Zwang er gelegentlich durch ein paar verstohlene Unkorrektheiten, feig, bei Nacht und Nebel« lindere; seine »revolutionäre Gesinnung« habe er schon mit dem ersten Universitätssemester aufgegeben, denn »wegen solcher Kleinigkeiten, wie wegen der Befreiung der Millionen, der Umgestaltung der Gesellschaft, riskiert kein deutscher Jüngling von Besitz und Bildung seine ebene Laufbahn...«[233] Auf diese Weise deutete Eisner einen ursächlichen Zusammenhang an zwischen geistig-seelischer Sterilität, zumal Phantasielosigkeit, und erwerbsorientierter Geschäftigkeit, die die innere Leere auszufüllen bezweckte. Hierin vermutete er die Genesis des Kapitalismus. Profund befaßte er sich mit dem Liberalismus in einer Studie über den nationalliberalen Politiker Rudolf von Bennigsen, die in zehn Teilen in der Beilage *Die Furche* erschien.[234]

In Nürnberg ergriff Eisner auch die Initiative zu einer »Organisation des Bildungswesens in Nordbayern«. In ihrem Rahmen veranstalteten er und ausgewählte Lehrer Kurse für erwachsene und jugendliche Partei- und Gewerkschaftsmitglieder. Bildungskurse zur »geistigen Hebung der Arbeiter und deren Angehörigen« wurden in jenen Tagen, nachdem auf dem Mannheimer Parteitag 1906 das Thema *Sozialdemokratie und Volkserziehung* behandelt worden war[235], in mehreren regionalen und lokalen Parteigliederungen eingerichtet, in Berlin eine Parteischule gegründet. Eisner suchte dabei, wie aus den im vorliegenden Band abgedruckten Reden hervorgeht, sein Politikverständnis als praktizierte Pädagogik umzusetzen. Auf dem Nürnberger Parteitag 1908, auf dem die Bildungsfrage zur Sprache kam, griffen ihn namentlich Rosa Luxemburg, Clara Zetkin und Wilhelm Pieck

233 Kurt Eisner, *Der Mulus-Aufruhr*, a.a.O.

234 Kurt Eisner, *Bennigsen*, in: *Die Furche* 18.1.-7.6.1910, enthalten in ders., *Gesammelte Schriften*, a.a.O., 1. Bd., S. 342-405 unter dem Titel *Die Tragikomödie des deutschen Liberalismus*.

235 *Prot. SPD 1906*, a.a.O., S. 323-359.

heftig an, da Eisner auch die Berliner Parteischule kritisiert hatte, an der Rosa Luxemburg lehrte und Wilhelm Pieck Schüler war. Sie unterstellten Eisners Ausführungen, selbst seinen Darlegungen der didaktischen Probleme der Erwachsenenbildung, Theoriefeindlichkeit. Ein Teilnehmer an den Verhandlungen berichtete, daß die »Genossin Luxemburg nebst einem großen Heerbann« gegen Eisner zu Felde gezogen sei.[236]

Seinen Unmut über die Partei entlud Eisner gelegentlich in seinen Briefen an Joseph Bloch, den er häufig beschimpfte und von dem auch er sich »abkanzeln« lassen mußte.[237] Es ist ein ungewöhnlicher Briefwechsel, doch darin tritt Eisners Position zwischen den Richtungen und vor allem seine Ablehnung des Revisionismus klar zutage. Zwar dankte er Bloch für die »Unterstützung« in seinem »Kampf gegen Berlin und das Zentralorgan«, wenig später jedoch schrieb er ihm gereizt:

»Ihr ›Revisionisten‹ seid nicht besser, sondern eher schlimmer als die anderen. Ihr verlangt auch für Euch nur die Toleranz und seid von der äußersten Unduldsamkeit gegen die anderen, wenn Ihr Euch in der Macht fühlt. (...) Wenn Ihr einmal, was Gott verhüte, ans Ruder gelangt, der ›Vorwärts‹-Konflikt würde sich noch in widerlicherer Weise wiederholen.«[238]

Tatsächlich sorgten die in der Partei zur Macht gelangten Revisionisten im Herbst 1916, als eine Minderheit in der Partei gegen die Burgfriedenpolitik der Mehrheit opponierte, für eine Umbesetzung der den Standpunkt der Minderheit vertretenden *Vorwärts*-Redaktion.[239] Einen seiner Briefe an Bloch unterschrieb er herausfordernd »Mit antirevisionistischem Gruß!« Einige enthalten auch persönliche Mitteilungen. Ihnen ist zu entnehmen, daß Eisner seinen Wegzug von Berlin als »Verbannung« empfand, weil er Hermann Cohen, der öfter in Berlin weilte, nicht mehr sehen konnte, den »anregenden Verkehr« mit Berliner Freunden »entbehren« mußte und die »Weingartner-Konzerte eingebüßt« hatte – die Konzerte des Dirigenten und Komponisten Felix von Weingartner.[240] Bald darauf schrieb er Bloch, der wohl seinen Besuch

236 *Fränkische Tagespost*, 15. 9. 1908. Siehe auch Freya Eisner, *Kurt Eisners Ort*, a. a. O., S. 429.

237 Den Hinweis auf den Briefwechsel zwischen Joseph Bloch und Kurt Eisner verdanke ich dem Historiker Roger Fletcher.

238 Kurt Eisner an Joseph Bloch, 2. 9. 1907, a. a. O.

239 Vgl. Eugen Prager, *Geschichte der USPD*, Berlin 1921, S. 116ff.; vgl. Kurt Eisner, *Der alte und der neue Vorwärts-Konflikt*, in: *Vorwärts*, 26. 4. 1916.

240 Kurt Eisner an Joseph Bloch, 30. 5. 1907, a. a. O.

angekündigt hatte, daß im Juni »Nürnberg am herrlichsten« sei, während es später »in Kohlenstaub« ersticke und die »Verpestung« ihn erschrecke.[241] Er ließ Bloch auch wissen, daß er mit Jean Jaurès »zwei Tage in Nürnberg verlebt« hatte.[242]

In Nürnberg nahm Kurt Eisner auch an den Landesparteitagen und Gautagen der bayerischen Sozialdemokraten teil und trat, ebenso wie auf Mitgliederversammlungen in Nürnberg, als Redner hervor. Seine Anregungen zu organisatorischen Neuerungen – zum Beispiel Staffelung der Mitgliederbeiträge nach der Selbsteinschätzung der Einkommenshöhe –, zum Pressewesen der Partei, zur Arbeiterbildung, zu aktuellen Themen der Innen- und Außenpolitik wurden hier durchaus ernstgenommen.[243]

Dagegen begannen Nürnberger Parteimitglieder ihn bald anzufeinden. Es handelte sich um die Gegner der Budgetbewilligung, die Eisners Befürwortung erboste, obwohl er deren Zweckmäßigkeit auch in den Mitgliederversammlungen differenziert begründete. Ihrer antiparlamentarischen Grundeinstellung gaben sie mit den üblichen Erklärungen Ausdruck, es komme nicht auf Erfolge im Parlament an, nicht auf Gewinnung von Wählern, man wolle vielmehr Parteigenossen erziehen und eine neue Gesellschaftsordnung schaffen. Sie griffen Eisners Redaktionsführung an und brachten wiederholt ungerechtfertigte Beschuldigungen bezüglich nicht von ihm veranlaßter, die Partei nicht unmittelbar betreffender Veröffentlichungen vor. Andere Parteimitglieder lobten die *Fränkische Tagespost*.[244] Eisner gab sich zwar gelassen, indem er seinen Parteifreunden vorhielt:

»Wer einer Sache dient und nur einer Sache, muß sich von Anfang an auf jede denkbare Widerwärtigkeit und Enttäuschung gefaßt machen, keine Unannehmlichkeit scheuen und auf keinerlei Dank rechnen (...)«[245],

241 Kurt Eisner an Joseph Bloch, 5. 6. 1907, a. a. O.

242 Kurt Eisner an Joseph Bloch, 29. 8. 1907, a. a. O.

243 *Sozialdemokratische Partei Bayerns. Protokoll über die Verhandlungen des 9. Parteitages*, München 1908, S. 93 f., 117 f., 139 f., 142, 144 f. *Zum Würzburger Gautag*, in: *Fränkische Tagespost*, 25. 4. 1908, *Münchener Post*, 29. 4. 1908; *6. Gautag der Sozialdemokratie Nordbayerns*, in: *Fränkische Tagespost*, 23. 8. 1909, 24. 8. 1909; vgl. auch Falk Wiesemann, *Kurt Eisner, Studie zu seiner politischen Biographie*, in: Karl Bosl, *Bayern im Umbruch. Die Revolution von 1918, ihre Voraussetzungen, ihr Verlauf und ihre Folgen*, München 1969, S. 393.

244 *Die Nürnberger Parteigenossen über den Nürnberger Parteitag*, in: *Fränkische Tagespost*, 12., 13. 10. 1908.

245 Kurt Eisner, *Preußische Erinnerungen*, a. a. O.

scheint aber auf diesen Versammlungen gelegentlich ungehalten gewesen zu sein. Er beklagte sich über die Anwürfe seiner Gegner, nannte sie »Mißverständnisse«, die »leichtfertiger und auch bösartiger Natur« seien.[246] Damit gab er selbst die Grundmerkmale der seinerzeitigen und überkommenen, in Literatur und Publizistik fortgeführten Abwertungen seines Persönlichkeitsbilds an. In seinem Bericht über den Nürnberger Parteitag schilderte er den dortigen Parteimitgliedern die typischen Verhaltensweisen der sich erbittert bekämpfenden Richtungsvertreter. Er ließ durchscheinen, daß die Streitenden im Grunde weniger nach einer Veränderung der Lebensverhältnisse trachteten als vielmehr nach Selbstdarstellung und Entladung ihrer Ressentiments. Mit seinem Resümee, er hätte auf dem Parteitag ein Kapitel aus Karl Marx vorlesen können und wäre genauso angegriffen worden, gestand er die Vergeblichkeit seiner Überzeugungsarbeit innerhalb der Partei ein.[247]

Ungeachtet seiner Klagen über die »persönlichen Feindseligkeiten, die das sachliche Interesse« trübten, erfolgten auf Versammlungen Nürnberger Sozialdemokraten erneut unsachliche Angriffe auf ihn. Seit er an der *Fränkischen Tagespost* angestellt sei, so wurde gesagt, gebe es »Krakeel zwischen Nord und Süd«. Gemeint waren die Unflätigkeiten seiner Nachfolger in der *Vorwärts*-Redaktion und seiner Kollegen von der *Leipziger Volkszeitung*.[248] Einer der Nürnberger Sozialdemokraten, die ihn verteidigten, meinte, die »Ursache des Kampfes gegen ihn« sei, »daß man ihn einfach nicht leiden« könne.[249] Den Versammlungsprotokollen ist zu entnehmen, daß es sich hierbei wiederum um die Gegner der Budgetbewilligung handelte. Georg Weill, der Eisner in der Redaktion zur Seite stand, hatte in Erfahrung gebracht, daß Eisners innerparteiliche Gegner die Absicht verfolgten, ihn »aus seinem Amt«, also aus der Redaktion der *Fränkischen Tagespost*, und »aus Nürnberg zu entfernen«; es sei dabei auch auf »private Angelegenheiten angespielt« worden.[250]

In Behringersdorf, einem kleinen Ort, in dem, wie Eisner Bloch

246 *Fränkische Tagespost*, 8. 10. 1908.

247 Ebenda.

248 *Vorwärts*, 27. 8. 1907, *Fränkische Tagespost*, 27. 8. 1907; vgl. Freya Eisner, *Kurt Eisner: Die Politik des libertären Sozialismus*, a. a. O., S. 52f.

249 *Fränkische Tagespost*, 12., 13. 10. 1908.

250 Ebenda.

mitteilte, die Post »nur wöchentlich einmal zugestellt [wird] und das nur bei schönem Wetter«[251], führten er und die Seinen »das glücklichste Familienleben«, wie Lisbeth Eisner und die Kinder überlieferten. Freunde der Kinder berichteten noch Jahrzehnte später von fröhlichen Gartenfesten, an denen auch Kurt Eisner teilgenommen habe. Von Behringersdorf aus fuhr er jeden Tag nach Nürnberg in die Luitpoldstraße zur Redaktion. Die drei älteren Kinder besuchten in der Stadt die Schule. Zwischen Eisner und seiner Frau traten jedoch bald Spannungen auf, und er begann eine Liaison mit der um 20 Jahre jüngeren Tochter des Stuttgarter Geschäftsführers sozialdemokratischer Zeitungen Joseph Belli. Else Belli hatte bereits ein uneheliches Kind von einem anderen Mann und stand, auch in der Partei wegen ihres »Herumkokettierens«, in keinem guten Ruf.[252]

Zu seiner Rechtfertigung verfaßte Kurt Eisner für die Beilage der *Fränkischen Tagespost*, *Der Volksbildner*, *Sozialistische Briefe*, welche, wie er ankündigte, die »Welt unserer modernen Kultur von der Höhe sozialistischer Grundanschauungen in persönlich-literarischer Form zu gestalten versuchen«.[253] Sie erschienen zwischen Oktober 1908 und Januar 1909. Unter dem Titel *Sieben Briefe. An eine Freundin* nahm er sie in seine *Gesammelten Schriften* auf.[254] Da Eisner im Herbst 1908 seine Frau verließ und der Inhalt dieser *Sieben Briefe* um das Thema Trennung kreist, liegt es nahe, sie als Zeugnis seines familiären Verhaltens heranzuziehen, was in der Literatur bereits mit unrichtigen Schlußfolgerungen geschehen ist.[255]

Eisner suchte in den Briefen darzulegen, daß seine Frau ein Mensch sei, mit dem er, als Sozialist, nicht mehr länger zusammenleben könne. So unterstellte er der Adressatin, von der er nun Abschied nahm, eine »menschenscheue Frau« zu sein, die sich nach einem »natürlichen Dasein« in einer »Einöde« sehne und der neuzeitlichen Technik abgeneigt sei. Er bezichtigte sie, seine politischen Ideale nicht zu teilen und sich von den Volksmassen, für deren Befreiung er kämpfe, abgestoßen zu fühlen. In Wirklichkeit

251 Kurt Eisner an Joseph Bloch, 5. 6. 1907, a. a. O.
252 Vgl. Karl Kautsky jr., *August Bebels Briefwechsel mit Karl Kautsky*, Assen 1971, S. 200.
253 *Fränkische Tagespost*, 23. 9. 1908.
254 Kurt Eisner, *Gesammelte Schriften*, a. a. O., 2. Bd., S. 39-69.
255 Vgl. Allan Mitchell, a. a. O., S. 46 und Anmerkung 32.

war Lisbeth Eisner jedoch keine in sich gekehrte, die moderne Kultur ablehnende Frau. Bereits 1898/99 hatte sie sich im Verein der Frauen und Mädchen der Arbeiterklasse engagiert, und 1900 wurde sie Mitglied der SPD.[256] Sie hegte, wie ihr Mann, »Zukunftshoffnungen für eine neue Menschheit« und forderte in kämpferischen Gedichten »Frieden und Gerechtigkeit« und »gleiches Recht für Weib und Mann«.[257]

Sechs dieser Briefe besitzen ohne Zweifel literarische Qualitäten, und es gelang Kurt Eisner, die Idee des gesellschaftlichen Fortschritts und der Menschengemeinschaft einer vermeintlich weltabgewandten, allzu zartbesaiteten Person überzeugend vorzutragen, wobei zuweilen der Eindruck entsteht, als führe er ein Zwiegespräch mit seinem skeptischen *Alter ego*.

Im Freundeskreis wurden diese *Sozialistischen Briefe* anscheinend mit Befremden aufgenommen. Denn nach dem Erscheinen des fünften Briefes zitierte *Der Volksbildner* die Feststellung August Bebels – aus seinem bekannten Buch *Die Frau und der Sozialismus* –, daß sich die Bildungs- und Anschauungsdifferenzen, die im Anfang der Ehe, wenn die Leidenschaft noch vorherrsche, leicht übersehen würden, in reiferen Jahren immer fühlbarer machten.[258] Da zwischen Kurt Eisner und seiner Frau Lisbeth jedoch hinsichtlich ihrer Herkunft, ihrer Erziehung und Bildung keine wesentlichen Unterschiede bestanden, ließ er im siebten Brief unter dem Titel *Fremde Seelen* die angesprochene Freundin aus einem Arme-Leute-Milieu stammen und erging sich in überaus trivialer Ausmalung jämmerlicher Lebensumstände, die er der Adressatin in Erinnerung rief, als habe sie selbst ihm ihr erbarmungswürdiges Schicksal erzählt. Am Schluß dieses Briefes versicherte er, daß er ihr, der »einzige(n) Freundin vieler, vieler Jahre, (...) niemals mehr schreiben« und ihr »das Gelöbnis des völligen Vergessens« geben werde, bevor er sich in gefühlvollem Überschwang zu seiner jungen Geliebten bekannte.

Dieser Brief mußte allgemein als peinlich empfunden werden, zumal da Lisbeth Eisner in Nürnberg und insbesondere in Parteikreisen gut bekannt war. Eisners innerparteilichen Gegnern kamen

256 Diese Angaben verdanke ich dem Politologen Stefan Appelius, der sie im Nachlaß des Sozialdemokraten Wilhelm Sander im Archiv der sozialen Demokratie, Bonn, fand.

257 *Stimmen der Freiheit*, a.a.O.

258 *Der Volksbildner* 12 (1908), S. 1.

seine »privaten Angelegenheiten« und das Gerede in der Stadt zupaß, um ihn nötigen zu können, sich »aus Nürnberg zu entfernen«. Es sei ihm nicht möglich gewesen, »in Nürnberg zu bleiben«, berichtete Lisbeth Eisner.[259]

Eisner selbst war sich zu jener Zeit »im unklaren« über seine »zukünftigen persönlichen Verhältnisse« und spielte mit dem Gedanken, »aus jeder redaktionellen Tätigkeit auszuscheiden«, weil ihm die »Kleinarbeit der Tagespolitik« keine Zeit ließ, eine geplante Literaturgeschichte[260] sowie eine Geschichte des Adels zu schreiben. Außerdem dachte er an eine Fortsetzung seines Werkes *Das Ende des Reichs*, einen *Jubiläumsband für die Freiheitskriege*. Einem Parteiverlag versprach er am 5. Januar 1909, das Manuskript bis zum 1. Juli 1912 zu liefern. Doch teilte er zugleich mit, daß er die Ausführung seines Vorhabens vertagen müsse. »Sollte ich mich eines Tages aber doch von der redaktionellen Arbeit loslösen können, so würde ich natürlich mehr leisten können, als ich zur Zeit zu versprechen wagen darf.«[261] Im Februar 1909 war er, wie schon erwähnt, von den Sozialdemokraten des Wahlkreises Anhalt 1 als Kandidat für die Reichstagswahl 1912 aufgestellt worden, hatte jedoch »wegen Veränderung seiner beruflichen und persönlichen Verhältnisse« die Kandidatur niedergelegt.[262] Er zog nach München zu Else Belli, die ein Kind von ihm bekommen hatte. Ihr Vater hatte im Sommer 1909 in der Nähe des Waldfriedhofs ein Haus für seine Tochter erworben. Daß Eisner von seinen fünf Kindern getrennt sein mußte und »keinen Einfluß auf ihre geistige und sittliche Entwicklung« nehmen konnte, erfüllte ihn, wie er in seinem Testament gestand, »mit tiefer Trauer«; es sei sein Wille, »daß sie nicht über die Notwendigkeit hinaus unter dem Zwang unabänderlicher Umstände leiden mögen«.

259 Schreiben Lisbeth Eisners vom 8. 7. 1919, Bayerisches Hauptstaatsarchiv MA 102 467.

260 Vgl. hierzu auch Kurt Eisner an Joseph Bloch, 22. 11. 1910, a.a.O.; Franz Schade, a.a.O., S. 107, Anmerkung 244.

261 Schreiben Kurt Eisners vom 5. 1. 1909, IISG, Kleine Korrespondenz.

262 *Fränkische Tagespost*, 15. 2. 1909, 8. 8. 1910; vgl. auch *Protokoll des Parteitags 1909*, Präsenzliste, S. 520.

In München arbeitete Kurt Eisner als Parlamentsberichterstatter für die sozialdemokratische Presse und als Redakteur der Parteizeitung *Münchener Post*. In der geistigen und musischen Atmosphäre der Stadt mag er seine berufliche Degradation weniger stark empfunden haben. Zudem wuchs ihm seine »Tagesarbeit (...) immer mehr über den Kopf«, und er sollte »in kürzester Frist eine Schrift über eine Parteifrage fertigstellen, wie er Bloch, der ihn weiterhin um Beiträge bat, am 22. November 1910 schrieb. Schon am 15. Juli 1910 hatte er Bloch mitgeteilt, daß er seit seiner »Freiheit an erstaunlicher Arbeitsfreude leide« und »die nächste Zeit für den 24stündigen Normalarbeitstag vollständig bepackt« sei. Allerdings läßt sich für dieses Jahr nicht allzuviel an Veröffentlichungen feststellen.

Hervorzuheben ist ein Artikel, den er dem *Volksfreund* in Karlsruhe sandte und der in der Partei kritische Beachtung fand. Karl Kautsky, der in der Massenstreiksfrage inzwischen zurückhaltender argumentierte, vertrat die Meinung, daß es wichtiger sei, die Badener Sozialdemokraten wegen ihrer Budgetbewilligung zu disziplinieren als die Bedingungen der preußischen Wahlrechtsbewegung zu klären. Darüber geriet er in einen Streit mit Rosa Luxemburg, die die Politik der Badener Landtagsfraktion zwar auch verurteilte, den preußischen Wahlrechtskampf aber für wichtiger hielt und zu Massenstreiks aufrief.[263] Kurt Eisner verteidigte sie gegenüber Karl Kautsky. Auch er war der Überzeugung, daß es gelte, »zum Sturm zu blasen gegen den Feind«. Es ist nicht zu erkennen, ob er sich im klaren war, daß es Rosa Luxemburg weniger um die Beseitigung des preußischen Dreiklassenwahlrechts ging als vielmehr um die Auslösung revolutionärer Massenstreiks, wozu die Wahlrechtsbewegung benutzt werden sollte. Freilich hoffte auch er auf eine revolutionäre Aktion, doch den primären Zweck der preußischen Wahlrechtsbewegung sah er in der Einführung des allgemeinen Wahlrechts.

Eisner hatte schon in seinen Briefen an Bloch die Tatenlosigkeit der führenden Funktionäre kritisiert. An Konrad Haenisch, der zu jener Zeit noch im Lager der Radikalen stand, schrieb er, daß er

263 Kurt Eisner, *Das Große und das Kleine*, in: *Volksfreund*, Karlsruhe, 26. 7. 1910; Karl Kautsky, *Zwischen Baden und Luxemburg*, in: *Die Neue Zeit* 28,2 (1909-10), S. 652-667; vgl. *Prot. SPD 1910*, S. 306, S. 426-430.

»weder eine radikale Theorie noch eine radikale Praxis in Norddeutschland zu entdecken« vermöge, sondern »nur eine radikale Vereinsmeierei, die nur in einem völlig unpolitischen Lande wie Deutschland sich als Radikalismus gebärden« könne. Und ebenso wie den Revisionisten Bloch belehrte er den Radikalen Haenisch, daß es »nur einen Radikalismus der Theorie und der Praxis« gebe: »Die zähe positive Arbeit mit der Entschlossenheit der Aktion vereinigt.«[264] So ist seine Zustimmung zu Rosa Luxemburgs Massenstreikspropaganda zu verstehen. Die »Aktion« war eine zentrale Kategorie seines Denkens, für die sich einzusetzen er in München zunächst keine Gelegenheit fand.

Seine »Freiheit« ermöglichte ihm auch, für sein von ihm so benanntes *Arbeiterfeuilleton*, das er seit 1906 herausgab und das eine Reihe sozialdemokratischer Blätter abonniert hatte, geeignete Artikel zu verfassen. So schrieb er zum Beispiel über David Hume, über Kant und die Deutschen, über Nietzsches *Ecce homo* und über das Leben Richard Wagners, über Christoph Martin Wieland und über Denis Diderot. Auffällig viele Artikel widmete er Napoleon, die allerdings nicht in Blochs *Sozialistischen Monatsheften* erschienen, sondern im Unterhaltungsblatt des *Vorwärts*. Auch Friedrich II. von Preußen war Gegenstand eines Aufsatzes. Es finden sich hier ebenfalls wieder Glossen, Fabeln, Satiren sozial- und kulturkritischen Inhalts. Es schien ihm gleichgültig zu sein, daß er damit zu seinem Ruf, nur ein Feuilletonist zu sein, selbst die Beweise lieferte.

Bei der *Schrift über eine Parteifrage* handelte es sich um ein *Handbuch bayerischer Politik*. Wie er am 1. August 1913 an Georg von Vollmar schrieb, setzte er sich die Aufgabe, darin den »entscheidenden Einfluß darzustellen, den die konsequente Arbeit der (sozialdemokratischen) Landtagsfraktion seit ihrem Eintritt in das Parlament auf die allgemeine Politik des Landes geübt hat«. Zu diesem Zweck wollte er »auf allen Gebieten die historische Entwicklung darstellen und unsere Einwirkung auf sie«. Das Possessivpronomen mag andeuten, daß er mit den bayerischen Abgeordneten der Partei im Einvernehmen stand. Er wünschte, »daß es nicht nur ein Nachschlagwerk für Agitatoren, sondern auch ein Lese- und Lehrbuch für die Allgemeinheit wird«.[265]

Vielfältig ist die Thematik seiner Veröffentlichungen in der

264 Kurt Eisner an Konrad Haenisch, a. a. O.
265 Kurt Eisner an Georg Vollmar, 1. 8. 1913, IISG V. 544.

Münchener Post. Die Bandbreite seines fachlichen Wissens ist zum Beispiel in der Ausgabe vom 11. September 1912 ersichtlich. Hier nimmt er unter seinem vollständigen Namen im politischen Teil ausführlich Stellung *Zur Frage der Fleischversorgung* und rezensiert auf derselben Seite »unterm Strich« – »e.« gezeichnet – eine Broschüre über *Kunstvergewaltigung.*[266] Erwähnenswert ist außerdem eine umfassende, in sechs Fortsetzungen erschienene Strukturanalyse des Agrarlands Bayern im Übergang zum Industriestaat.[267]

Sein Glaube an die notwendige Verwirklichung des erkannten Gesollten spricht aus dem Leitartikel vom 24. März 1911, dem er den Titel *Die Politik des Unmöglichen* gab, nachdem die *Norddeutsche Allgemeine Zeitung ›Bethmanns Entdeckung: Politik ist die Kunst des Möglichen‹* verkündet hatte. Das Mögliche nach diesem Verständnis war aus Eisners Sicht gegen die Erfordernisse der Vernunft, gegen die kulturellen Bedingungen gerichtet, denn es beinhaltete die Annahme,

»daß Millionen von Menschen sich für alle Zeit dem knechtenden Aberwitz von ein paar Machthabern fügen; daß sie für alle Zeiten darauf verzichten, an den Gütern des Lebens, die sie schaffen, teilzunehmen; daß sie sich Licht und Luft rauben, mißhandeln, vergiften, töten lassen; daß sie mit ihren Leibern, ihrer Arbeit, ihren Steuern den Staat erhalten, um sich durch ihn knechten zu lassen«.

Nach seiner Prognose führte alle Entwicklung der Menschheit zur Demokratie und zum Sozialismus, »zur freien politischen und wirtschaftlichen Selbstbestimmung der Gesamtheit«. Dies hielt er für »das Mögliche, weil es das Notwendige« sei. Er formulierte hier noch einmal sein Politik- und Sozialismusverständnis:

»Wer zu diesen unverrückbaren Zielen steuert, wessen Handlungen den Weg zu diesem Ziele führen, der nur ist Politiker, der nur beherrscht in Wahrheit die Kunst des Möglichen. Die Angestellten aber der Mächte von heute, die sich so realpolitisch vorkommen, sind nur arme Narren, die sich am Unmöglichen abzappeln.«

Die »regierenden Staatsmänner« nannte er »die Hanswurste der Vergangenheit, die eine überwundene Zeit erhalten wollen, nachdem schon alle Keime der Zukunft erschlossen sind«.

Im Gegensatz zu seiner Tätigkeit beim *Vorwärts* und an der

266 Kurt Eisner, *Teuerungsprobleme* I und II, in: *Münchener Post,* 11., 13. 9. 1912.

267 Kurt Eisner, *Nach 25 Jahren* I-VI, in: *Münchener Post,* 21. 6.-9. 7. 1911.

Fränkischen Tagespost hatte er auf die Gestaltung der *Münchener Post* wenig Einfluß. Vermutlich täuschte er sich über die Entschlossenheit der bayerischen Sozialdemokraten, sich nicht mit der »Reformierung der bürgerlichen Gesellschaft« begnügen zu wollen, wie sie auf dem Dresdner Parteitag bekundet hatten.

Zwischen Eisner und dem Chefredakteur der *Münchener Post*, Adolf Müller, mit dem er sich als »eng befreundet« bezeichnete und »vier Jahre lang in voller Harmonie« zusammengearbeitet hatte, kam es Anfang August 1914 zu einem »Zusammenstoß«. Schon Ende Juli hatte Müller Eisner »vor Zeugen wiederholt äußerst verletzend behandelt – ohne Grund«, wie Eisner Müller in einem Brief vom 8. August 1914 schrieb. Er sei, bevor er in die Redaktion der *Münchener Post* eintrat, vor der Eigenschaft Müllers, »niemanden neben sich zu dulden, gewarnt« worden, habe aber diese Warnungen in der Annahme, daß seine freundschaftlichen Empfindungen für Müller auf gegenseitigem Vertrauen beruhten, für unberechtigt gehalten; doch der Zusammenstoß habe jede Mißdeutung ausgeschlossen, »daß Sie beabsichtigten, mich beiseite zu schieben«. Aus Müllers »gereizten, provokativen Äußerungen« klang für ihn »immer wieder die Beschwerde durch, als ob ich mich in Ihre Angelegenheiten mischen, in Ihre Verantwortung drängen wollte«. Offenbar bestand zwischen den beiden Redakteuren tatsächlich eine Art Rivalität, suchte der ehemals leitende Redakteur des *Vorwärts* und der *Fränkischen Tagespost* auf die Redaktionsführung des Organs der bayerischen Sozialdemokraten einzuwirken.

Seit Herbst 1912 war Eisner »ständig durch Adolf Müller informiert« worden, daß ein Überfall durch das zaristische Rußland bevorstehe. Da er »keinen Grund« hatte, Adolf Müller, den er »als den einzigen politischen Kopf der Fraktion und der Parteileitung schätzte«, zu mißtrauen[268], scheinen dessen Informationen Eisners Befürchtung, das Wilhelminische Regime werden einen Krieg vom Zaun brechen, zerstreut zu haben. Er sandte »Alarm-Artikel« an die Parteipresse und warb für ein »Militärprogramm der Linken«.[269] Am 28. Juli 1914 schließlich unterrichtete er auf Geheiß Adolf Müllers die Redaktion der *Chemnitzer Volksstimme* und über sie den Berliner Parteivorstand, daß man unmittelbar vor der

268 Kurt Eisner an Adolf Müller, 8. 8. 1914, Archiv Zeitgeschichte ETH Zentrum, Zürich.

269 Anonym erschienen in: *März* 7 (1913), S. 235-240.

deutschen Mobilmachung stehe und die Reichstagsfraktion die Kriegskredite bewilligen solle.[270] Nach eigenem Bekenntnis war Eisner »ein überzeugter Anhänger des Grundsatzes der Vaterlandsverteidigung« und stimmte hier mit der Mehrheit der Partei überein. Die Kreditbewilligung faßte er allerdings »sachlich-technisch, nicht demonstrativ-politisch« auf. Der Krieg sei nun einmal da, so argumentierte er,

»die Soldaten, die hinausgegangen sind, führen für ihre Person, auch wenn es sich um den brutalsten Eroberungskrieg der Regierenden handelt, draußen einen Verteidigungskrieg, in dem sie, um sich ihrer Haut zu wehren, Waffen brauchen; deshalb müßte und könnte man in der gleichen Zeit die Kriegskredite bewilligen, in der man die Kriegspolitik der Regierung auf das leidenschaftlichste und rücksichtsloseste bekämpft. Wird aber die Kreditabstimmung (...) zu einem Symbol des Kampfes gegen die Regierung und das System, so wird die demonstrative Ablehnung der Kredite erste und selbstverständlichste Pflicht«.[271]

Bei dieser differenzierten Argumentation, die wiederum seinen mittleren Standort kennzeichnet, läßt er die Desavouierung der Soldaten außer Betracht.

Wie Eisner später versicherte, erregte schon das *Weißbuch*, das die Regierung dem Reichstag am 4. August 1914 vorgelegt hatte, seinen heftigsten Argwohn. Aber auch wenn er nicht erkannt hätte, erklärte er, daß er »über die russische Verursachung des Kriegs (...) durch eine systematische, lang vorbereitete Intrige eines alten Regierungssozialisten« – also Adolf Müller – »irregeführt worden war«, so hätte ihn doch »das über alle Maßen schamlose, verlogene, feige und dumme Verhalten der Partei, die von den radikalen Todfeinden der bürgerlichen Gesellschaft auf einmal zu den widerwärtigsten Hurrapatrioten übergegangen war, sofort in die Opposition gedrängt«.[272]

Zu dem erwähnten Brief an Adolf Müller vom 8. August 1914 war Eisner veranlaßt worden, weil Else Belli ohne sein Wissen an Müller geschrieben hatte, weswegen es wohl zu jenem »Zusammenstoß« gekommen war. Dieser Brief zwang ihn, seine »ursprüngliche Absicht, schweigend bei Seite zu gehen, aufzugeben«. Seine Ausführungen belegen, daß sein anfänglicher Glaube an die

270 Kurt Eisner, *Januarstreik 1918 (Mein Gefängnistagebuch)*, in: ders., *Sozialismus als Aktion*, a. a. O., S. 58-74.

271 Ebenda, S. 67f.

272 Ebenda, S. 69; vgl. Kurt Eisner, *Unterdrücktes aus dem Weltkriege*, München 1919, S. 34ff.

Entfesselung des Krieges durch die Russen ihn ebenfalls patriotisch gestimmt hatte, ihn aber die Erkenntnis seiner Täuschung – zumal nach der inzwischen erfolgten Verletzung der belgischen Neutralität, die ihn empörte – niederdrückte. Indem er Müller mitteilte, was er Else Belli über den ihm rätselhaften Vorfall gesagt – und den sie in ihrem Brief an Müller in »wirren Sätzen« dramatisiert hatte –, rekonstruierte er den Hergang und suchte dabei klarzustellen, daß seine vaterländischen Gefühle erloschen und die ihm von Müller zugefügten Kränkungen überwunden seien. Müllers Verhalten, schrieb er, hätte ihn »in jedem anderen Augenblick hart getroffen.

Nicht zu verwinden war es aber für mich in diesen Tagen, da das schwerste Schicksal über mich hereinbrach, das einem Menschen meiner Art beschieden sein kann: in einem Augenblick weltgeschichtlicher Ereignisse völlig überflüssig zu sein, gar nichts tun zu können, nicht einmal mitgehen zu dürfen und sich totschießen zu lassen, weil das Hunger und Elend für die Menschen bedeuten würde, die von ihm leben.«

Der nächste Satz läßt Eisners bekannte Bemühung um Zulassung als Kriegsberichterstatter in einem etwas anderen Licht erscheinen[273]:

»Aus diesem lähmenden Gefühl heraus empfand ich ganz besonders schwer den Spott über den ›Kriegskorrespondenten‹. Sie wissen, daß der Gedanke von Ihnen ausgegangen ist, daß wir ihn seit Jahr und Tag diskutiert haben. Jetzt war die Entscheidung gekommen, jetzt mußte ich Sie drängen, den Versuch zu machen, ob man mich mitnehmen würde; schon deshalb mußte ich es tun, um den Verdacht zu vermeiden, als ob ich im kritischen Augenblick von den Diensten nichts mehr wüßte, für die ich mich vorher erboten. Mir war diese Sache also kein Spaß.«[274]

Eisner hatte sich um »Zulassung zum Kriegsberichterstatterdienst« bemüht, und zwar »bei der aktiven bayerischen Armee, nicht im Hauptquartier«. Er tat es, um als einzelner etwas »gegen diesen allgemeinen Wahnsinn« zu unternehmen, gegen den Krieg, gegen die Kriegsbegeisterung seiner Parteifreunde, die »sich Karten an die Wände [hängten] und (…) mit Verzückung die deutschen Stecknadel-Fähnchen auf ihnen vorrücken« ließen, wie er, ohne Zweifel aus eigener Beobachtung, zu berichten wußte.[275] Für

273 Siehe Freya Eisner, *Kurt Eisner: Die Politik des libertären Sozialismus*, a. a. O., S. 62.

274 Kurt Eisner an Adolf Müller, a. a. O.

275 *Januarstreik 1918*, a. a. O., S. 69 f.

seine Bewerbung sprachen »auch wirtschaftliche Erwägungen mit«. Denn Adolf Müller, der zu den Verteidigern der »Burgfriedenpolitik« des Parteivorstands gehörte und sich schon am 6. August, also zwei Tage vor Eisners Brief an ihn, in der *Münchener Post* in nationalistischem Pathos erging, ließ Eisner mit seinen oppositionellen Vorstellungen nicht zu Wort kommen. Sein *Arbeiterfeuilleton*, das er »ganz auf den Aufklärungskampf gegen die deutsche Kriegspolitik« ausrichtete, bestellten die Redakteure der sozialdemokratischen Blätter »einer nach dem anderen« ab.[276] Vor allem aber wollte er, wie er schrieb, »den Krieg aus eigener Anschauung kennenlernen« und nur schreiben, was er sah. In Bayern befürwortete man seine Zulassung, in Berlin scheiterte sie. Der ehemalige Sekretär im Berliner Parteivorstand, Hermann Müller, behauptete in seinem Buch über die Novemberrevolution, der Vorstand habe unter Hugo Haases Einfluß eine Kriegsberichterstattung Eisners deshalb verhindert, weil befürchtet worden sei, »daß Eisners Phantasie und Begabung uns herrliche Hymnen auf Deutschlands Mission in der Welt schenken könnten«.[277] Hugo Haase, der im mehrheitlich von Befürwortern der Kriegspolitik besetzten Parteivorstand als Gegner, vor allem der Kreditbewilligung, auftrat, war Eisners zu diesem Zeitpunkt bereits offenkundige oppositionelle Haltung zweifellos bekannt. Unabhängig davon, ob er sich, wie von Müller zitiert, geäußert hat, bestätigt Müllers Behauptung wiederum die allgemeine Einschätzung Eisners als »Phantast« und »Schwärmer«.

Aus dieser gängigen Denunziation erklärt sich auch der »Spott über den ›Kriegskorrespondenten‹«. Offenbar hat sich Eisner auf Anregung Adolf Müllers erboten, für die sozialdemokratische Presse über das Kriegsgeschehen zu schreiben, und, wie aus seinem Brief an Adolf Müller geschlossen werden kann, gehofft, daß ein professioneller Berichterstatter ihn »mitnehmen würde«. Da er zur Zeit seines Angebots noch an einen russischen Überfall geglaubt hat und den regierungstreu gewordenen Sozialdemokraten zur Einstimmung ihrer Mitglieder auf die »Burgfriedenpolitik« an positiven Artikeln über die Vaterlandsverteidigung gelegen sein mußte, verrät die Verspottung Eisners erneut, wie beharrlich seine Kollegen ignorierten, daß er nicht nur Feuilletons schrieb.

276 Ebenda.

277 Siehe Freya Eisner, *Kurt Eisner: Die Politik des libertären Sozialismus*, a.a.O., S. 62.

Da Eisner es gewiß nicht unterlassen hat, nach der Lektüre des *Weißbuchs* seinen Zweifel an einem russischen Überfall auf Deutschland Müller mitzuteilen, mußte er mit dessen Entschluß rechnen, ihn »durch jähen Bruch (...) zu erledigen«, und konnte in der Tat nur noch »schweigend bei Seite« gehen. Müller entließ ihn schließlich aus der politischen Redaktion der *Münchener Post*. Als freier Mitarbeiter besprach Eisner dann für das Blatt Münchner Theateraufführungen.

Mit dem Beginn des Krieges wurde auch der ihm erteilte Auftrag, ein Handbuch über die bayerische Politik zu schreiben, hinfällig. Eisner hatte einen Honorarvorschuß erhalten, den er, nachdem er seines Postens bei der *Münchener Post* enthoben worden war, nicht zurückzahlen konnte. Erhard Auer, Landessekretär der Partei und Abgeordneter, strengte ein Parteiausschlußverfahren an. Ein »Beschluß des Gesamtausschusses« legte Eisner eine »bewußte Schädigung der Partei, somit eine ehrlose Handlung« zur Last. Wie Auer in einer späteren Gerichtsverhandlung andeutete, spielten bei dem Ausschlußverfahren auch Eisners familiären Verhältnisse eine Rolle. Sie waren in der Tat ausschlaggebend für seine Entlassung aus der Redaktion der *Fränkischen Tagespost* und dienten auch zur Begründung des Ausschlußverfahrens, denn Eisner hatte die Geldschulden mit Hilfe von Freunden inzwischen beglichen. Der Ausschluß erübrigte sich durch die Spaltung der Partei.[278]

Im Herbst 1914 verfaßte Eisner eine Abhandlung über das Völkerrecht, die im Dezember 1914 und im Januar 1915 in der Zeitschrift *Der Neue Merkur* anonym erschien.[279] Neben einer Reihe weiterer historischer Aufsätze[280] schrieb er einen Artikel über den von Sozialdemokraten und Bürgerlichen damals nicht ernstgenommenen »Alldeutschen Verband« und deckte dessen »entscheidenden Einfluß auf den Gang der auswärtigen Politik« auf. Unter dem Titel *Treibende Kräfte* veröffentlichte ihn im April 1915 Karl Kautskys *Neue Zeit*. Weite Verbreitung fand er als Flugschrift des Bundes »Neues Vaterland«, in dem sich Eisner

278 Ebenda, S. 56.
279 Enthalten in: Kurt Eisner, *Gesammelte Schriften*, a.a.O., 1. Bd., S. 21-51.
280 Z.B. Kurt Eisner, *Theorien und Phantasien vom ewigen Frieden*, in: ders., *Gesammelte Schriften*, a.a.O., 1. Bd., S. 52-58; ders., *Die Theorie des großen Kriegs*, ebenda, S. 59-68; ders., *Bismarck über Kriegsführung und Kriegsziele*, ebenda, S. 88-95; ders., *Preußen-Italien-Österreich. Zur Naturgeschichte diplomatischer Verhandlungen und Verträge*, ebenda, S. 96-105.

zusammen mit dem Schriftsteller Wilhelm Herzog und dem Liberalen Ludwig Quidde im Kampf gegen die Kriegspolitik engagierte.[281]

Da »die Politik der Verantwortlichen selbst mehr und mehr alldeutsch geworden« war, wie Eisner feststellte, und die annexionistischen Kriegsziele der Alldeutschen inzwischen allgemein propagiert wurden, entschloß er sich wohl auch, am 11. August 1915 an Eduard Bernstein zu schreiben, der als Reichstagsabgeordneter zur Opposition, also zur Parteiminderheit, gehörte: Die Partei müsse endlich zum Krieg eine feste und einheitliche Haltung finden und von der Regierung fordern, »daß die Kriegsziele – deutlich und bestimmt – klar gelegt werden«. Die Anregungen, die er Bernstein für den Fall der Erfüllung dieser Forderung gab, zeigen, daß seine eigenständigen, zwischen dem Entweder-Oder ansetzenden Gedankengänge in ihrer praktischen Kompliziertheit selbst die Oppositionellen überforderten. Er schlug vor, für die Kriegskredite zu stimmen, die Zustimmung jedoch »in schroffster Weise möglichst mit der *Tatsache* des Krieges [zu] begründen, für den wir im übrigen – als das irrsinnige Werk der Kriegsparteien – jede Verantwortung nach wie vor ablehnen; wir bewilligen die Summe nicht für den Krieg, sondern für die *Opfer* des Kriegs (...)«. Mit diesem Verfahren, so glaubte er, schlage man »unseren Parteinationalisten die Waffen aus der Hand« und zwinge sie, »Farbe zu bekennen, ob sie noch Sozialdemokraten sind oder nicht«.[282]

Seit sein ehemaliger Kontrahent Karl Kautsky sich von den Radikalen abgewandt hatte, andererseits aber auch gegen die Politik der Parteimehrheit opponierte, stand Eisner mit ihm in Verbindung und unterrichtete ihn über seine publizistischen Projekte. Am 13. September 1915 kündigte er ihm eine *Abhandlung über die ›Freiheit der Meere‹* an, in der er der »ebenso beschämenden wie grotesken Unwissenheit« der sozialdemokratischen Partei in dieser Frage – »die sich selbst in den offiziellen Kundgebungen der höchsten Parteiinstanzen bloßgestellt hat – ein Ende zu bereiten« beabsichtigte.[283] Am 3. Dezember 1915 schrieb er an Kautsky, er wolle, da man öffentlich nicht mehr die Wahrheit sagen könne, sein Gewissen »auf diesem Wege erleichtern«. Er kritisierte die Partei, »die in einem großen Teil ihrer Führer nicht mehr sozialde-

281 Kurt Eisner, *Treibende Kräfte*, in: *Die Neue Zeit* 33,2 (1914-15), S. 97-106.
282 Kurt Eisner an Eduard Bernstein, 11. 8. 1915, IISG, D 147.
283 Kurt Eisner an Karl Kautsky, 13. 9. 1915, IISG, K.DX 161.

mokratisch« sei, die »hinter den bürgerlichen Parteien und der Regierung« herlaufe und deren Aufgabe nur noch sei, »dafür zu sorgen, daß das Spiel der Herrschenden nicht gestört werde«. Daß die Parteimehrheit, also die Instanzen, der oppositionellen Minderheit Disziplinbruch vorwarfen, veranlaßte ihn zu der Feststellung,

»daß Parteiprogramm, Parteiüberlieferungen, die Beschlüsse der Parteitage und internationalen Kongresse auf der Seite der Minderheit stehen, daß also Disziplinbrüche unausgesetzt von der Mehrheit begangen werden; Revolten gegen die Parteidisziplin, die dadurch nicht aus der Welt geschafft werden, daß die Disziplinbrecher sich selbst durch Mehrheitsbeschluß den Disziplinbruch als Disziplin attestieren«.

Er schlug eine »Friedensaktion der deutschen Sozialdemokratie« vor, die von der Opposition ausgehen sollte:

»Wir müssen die Regierung zu wirklichem Friedenswillen zwingen, indem wir ihre Verantwortlichkeit für Anfang und Fortsetzung des Krieges (zu Expansionszwecken) feststellen und eine neue Regierung des Friedens fordern. (...) Zweitens müssen wir auf den Friedenswillen der *Massen* in den *andern* Ländern einwirken. Das kann nur erreicht werden, wenn die ›feindlichen‹ Proletarier das Vertrauen haben, die deutsche Aktion sei ernst zu nehmen und der wahre und entschlossene Ausdruck der tatsächlichen Gesinnung der deutschen Proletarier.«

Am Schluß gestand er Kautsky,

»das jämmerliche Versagen der deutschen Sozialdemokratie, wenigstens ihrer Führung, in dieser Weltkatastrophe ist für den, dem die Sozialdemokratie Lebensinhalt bedeutet und der Sozialdemokrat geblieben ist, so niederdrückend, daß er sein Gemüt nicht einmal durch die Repressalien des Humors mehr zu befreien vermag«.[284]

Gleichwohl plante er einen Artikel *Zur Theorie der Kriegskreditbewilligung*, wie er am 6. Januar 1916 Kautsky mitteilte.[285] Auch Tony Breitscheid, die mit ihrem Mann Rudolf Breitscheid die *Sozialistische Auslandspolitik* herausgab, stellte Eisner drei Artikel über den Parteitag der französischen Sozialisten zur Verfügung, der im Dezember 1915 stattgefunden hatte. Sie haben jedoch »die Zensur nicht passiert«. In seinem Brief vom 24. Januar 1916 an

284 Kurt Eisner an Karl Kautsky, 3. 12. 1915, IISG, K.DX 162. Teilweise Abschrift in Stiftung Archiv der Parteien, a. a. O., NL 60/67. Sie wurde lückenhaft und mit zahlreichen Fehlern veröffentlicht in: *Beiträge zur Geschichte der Arbeiterbewegung*, hg. vom Institut für Marxismus-Leninismus beim ZK der SED, Berlin 1967, H. 3, S. 464ff.

285 Kurt Eisner an Karl Kautsky, 6. 1. 1916, IISG, K.DX 163.

Kautsky, der diese Mitteilung enthielt, bedauerte Eisner, daß dadurch »der einzige Versuch, der bisher unternommen wurde, der französischen Partei gerecht zu werden, unmöglich« gemacht worden sei. Er regte an, »derartige Artikel« – deren Veröffentlichung die Zensur verhinderte – »privat [zu] vervielfältigen« und der sozialdemokratischen Reichstagsfraktion, dem Parteivorstand, den Mitgliedern des Parteiausschusses und der sozialdemokratischen Presse zu übermitteln, damit eine »innere Klärung« zustande kommen könne.[286]

Als in der Partei über die Abhaltung eines Kriegsparteitags diskutiert wurde, meldete auch Eisner sich zu Wort – in dem für sein Denken charakteristischen Elan, Protesthaltung produktiv zu aktivieren. Das Für und Wider im Spannungsfeld der Meinungsunterschiede zwischen Parteimehrheit und -minderheit differenziert abwägend, riet er schließlich der Opposition, »sich für die Einberufung eines Kriegsparteitags [zu] erklären«; denn für die Delegierten gälten »nicht die einschneidenden Rücksichten, die ein Redakteur auf die Existenz des ihm anvertrauten Blattes, ein Organisationsleiter auf den Bestand seiner Organisation« nehmen müsse:

»Das tragisch stählende Wort eines französischen Offiziers: ›Wir sind heute alle nur Tote auf Urlaub‹ muß für die Parteitagsdelegierten in dem Sinne beherrschend sein, daß sie ohne Menschenfurcht aussprechen, was ist, und bekennen, was sie zu tun gedenken. Ein mit solchem Geist erfüllter Parteitag wird über Parteiorganisation und Partei hinaus auf das ganze deutsche Volk und jenseits der Grenzen wirken. Und er kann wesentlich dazu beitragen, daß wir uns nicht mehr bloß mit dem leeren Protest begnügen müssen, durch den wir Verantwortlichkeiten *ablehnen*, sondern daß wir den Einfluß gewinnen, die Verantwortung für die Durchsetzung einer positiven und aktiven sozialdemokratischen Politik *übernehmen* zu können.«[287]

Nachdem die *Vorwärts*-Redaktion im Herbst 1916 im Sinn der Parteimehrheit besetzt worden war, wurde Eisner, wie er Kautsky am 12. Dezember 1916 mitteilte, »feierlich (...) zur Mitarbeit aufgefordert«. Seiner Frage »Was sie damit wohl bezwecken?« fügte er an, daß er »durch Schweigen« reagieren werde.[288]

Von Ende Dezember 1916 an veranstaltete Kurt Eisner im Ne-

286 Kurt Eisner an Karl Kautsky, 24. 1. 1916, IISG, K.DX 164.
287 *Vorwärts*, 20. 7. 1916.
288 Kurt Eisner an Karl Kautsky, 12. 12. 1916, IISG, K.DX 165.

benzimmer einer Münchner Gaststätte seine bekannten politischen Diskussionsabende, die von Arbeitern, Intellektuellen, Soldaten und insbesondere jungen Menschen, vor allem aus der Jugendorganisation der Sozialdemokratischen Partei, besucht wurden. Die Teilnehmerzahl wuchs allmählich auf über hundert an. »In diesen Abenden wurden der Januarstreik und die Revolution geistig vorbereitet.«[289]

Im Januar 1917 nahm Eisner an der Konferenz der oppositionellen Sozialdemokraten in Berlin und im April 1917 am Gründungsparteitag der Unabhängigen Sozialdemokratischen Partei Deutschlands (USPD) teil. Auf beiden Veranstaltungen ergriff er wiederholt das Wort. Eine seiner Reden findet sich in diesem Band abgedruckt.[290] In der USPD, in der sich so gut wie alle bedeutenden Sozialdemokraten zusammenfanden, die schon vor dem Krieg die sich abzeichnende Verbürgerlichung der Sozialdemokratie kritisiert hatten, konnte Eisner die Erfüllung seiner jahrelang vergeblich erhobenen Forderungen einer konstruktiv oppositionellen, auf den politischen Umsturz gerichteten Politik erwarten. Die Partei verfolgte einen mittleren Kurs zwischen den Mehrheitssozialdemokraten (MSPD), wie sich die alte Partei nach der Spaltung nannte, und den radikalen Linken, die innerhalb der USPD ihren eigenen Zirkel bildeten. Zunächst bemühten sich die Unabhängigen Sozialdemokraten um die Herbeiführung eines Verständigungsfriedens.[291]

In München konstituierte sich am 16. Mai 1917 der Verein »Unabhängige Sozialdemokratische Partei Stadt und Land«. Die Mitgliederversammlungen, auf denen Kurt Eisner als die führende Persönlichkeit der Münchner Partei häufig sprach, wurden polizeilich überwacht.[292]

Schon im Februar 1917 hatte das Generalkommando des Bayerischen Armeekorps Eisner von vornherein »jederlei Veröffentlichung« seines Aufsatzes *Die Mobilmachung als Kriegsursache*

289 Siehe Rudolf Franke, *Jugend und Revolution*, in: *Neue Zeitung*, 23. 12. 1918; Freya Eisner, *Kurt Eisner: Die Politik des libertären Sozialismus*, a. a. O., S. 67f. Ein Geheimbericht der Zentralpolizeistelle Bayern vom 24. 1. 1918 nennt 150 Personen, darunter ungefähr 20 Frauen (Bayerisches Hauptstaatsarchiv, MInn 66283).

290 Siehe S. 229ff.

291 Siehe Eugen Prager, *Geschichte der USPD*, a. a. O.

292 Siehe Freya Eisner, *Kurt Eisner: Die Politik des libertären Sozialismus*, a. a. O., S. 72.

und anderes verboten. Sein Protestschreiben an die Militärbehörde kann als beredtes Zeugnis seines publizistischen Selbstverständnisses gewertet werden.

Ungeachtet des Veröffentlichungsverbots plante er zusammen mit Münchner Mitstreitern die Herausgabe einer Zeitschrift, worüber er am 25. Dezember 1917 Kautskys Frau Luise ausführlich unterrichtete. Man hielt ein Kapital von 50000 Mark für ausreichend und hatte auch schon mit Berliner Gesinnungsfreunden Kontakt aufgenommen. Die Titelvorschläge lauteten *Neue Menschheit*, *Befreiung*, *Freie Welt*; sogar an *Marx* scheint man gedacht zu haben, womit die sozialistische Richtung des Organs zum Ausdruck gebracht werden sollte.[293] Das Vorhaben konnte nicht realisiert werden, weil Eisner nach dem von ihm und seinen Kampfgenossen initiierten großen Streik der Rüstungsarbeiter Ende Januar 1918 inhaftiert und wegen »versuchten Landesverrats« angeklagt wurde.[294] Eisner hatte auch seine Berliner Parteifreunde zur Ausrufung von Massenstreiks gedrängt. Die Münchner Bewegung sollte nach seinen Plänen zur Beendigung des Krieges und zum Sturz der monarchistischen Regierung führen.

Während seiner Untersuchungshaft las er in der Zeitung *Temps*, daß er angeblich gestorben sei. »Wüßte ich, daß diese Meldung des Temps richtig ist«, schrieb er am 16. April 1918 launig an Kautsky, »so würde ich aufgrund dieses Faktums die Einstellung des Verfahrens beantragen.«[295]

Neben der Niederschrift seines *Gefängnistagebuchs*, in dem er den Ablauf des Januarstreiks schildert[296], und einigen kritischen Betrachtungen über den Krieg würdigte er die Marx-Biographie von Franz Mehring.[297] Eisners Verhältnis zu Franz Mehring, dessen Insultationen wesentlich zu seiner Entlassung aus der *Vorwärts*-Redaktion beigetragen und damit seinen beruflichen Abstieg eingeleitet haben, ist schwer nachvollziehbar, mag aber einen Einblick in die Tiefe seines Wesens geben. Karl Kautsky, der von den Radikalen, seit er ihnen den Rücken gekehrt hatte, heftig befehdet wurde, hatte Eisner eine Schrift angekündigt, in der er auf

293 Kurt Eisner an Luise Kautsky, 25. 12. 1917, IISG, K.DX 167.
294 Anklageschrift des Oberreichsanwalts vom 7. 10. 1918, Staatsarchiv München I Nr. 2242.
295 Kurt Eisner an Karl Kautsky, 16. 4. 1918, IISG, K.DX 168.
296 A.a.O., S. 58-74.
297 Kurt Eisner, *Marx-Feier*, a.a.O.; ders., *Unterdrücktes aus dem Weltkriege*, a.a.O., S. 53-59.

Angriffe Franz Mehrings eingehen wollte.[298] Eisner antwortete ihm, das »Problem dieses Mannes ist mir längst nicht mehr undurchdringlich«. Er nannte zwar keinen Namen, berichtete aber über jenen Zusammenstoß zwischen Mehring und ihm auf der Generalversammlung des »Vereins Arbeiterpresse«[299] und erklärte, daß dieses Problem »im Pathologischen« liege:

»Er ist ein tragischer Charakter; er ist das Opfer (aktiven und passiven) Verfolgungswahns. Und zwar seit jeher, aus erblicher Belastung (...). Das prädestiniert ihn aber auch zum ganz großen Pamphletisten. (...) Das ist nun einmal das Unterirdische seiner Seele. Aber seit ich das weiß und begreife, (...) vermag ich ihn auch unbefangen in seiner Bedeutung zu würdigen, und er ist eigentlich immer meine stille Liebe geblieben, auch in Zeiten, da ich auf ihn schimpfte (...).«

Am Anfang seines Briefes hatte er, gleichsam als Beglaubigung dieser Duldsamkeit, geschrieben, er habe sich, je älter er werde, »immer mehr daran gewöhnt, die Menschen zu verstehen und ihnen vieles nachzusehen«, wenn er »ihr Wesentliches achten« könne.[300]

Wie schon im Gefängnis Plötzensee, beschäftigte er sich auch in der Untersuchungshaft mit der Vorbereitung einer wissenschaftlichen Arbeit. Er gab ihr den Titel *Der demokratische Sozialismus. Vier Bücher von der Sozialdemokratie*. In einer Inhaltsübersicht deutet sich die Praxisbezogenheit seines politischen Theorieverständnisses an. Gegliedert unter die vier Begriffe *Kritik*, *Technik*, *Ethik* und *Taktik*, sollten abgehandelt werden: »die Gesellschaft als Gegenstand der Erkenntnis«, »die Gesellschaft als Naturerscheinung und Arbeitsschöpfer«, »die Gesellschaft als Rechtsschöpfung« und schließlich, der »Taktik« zugeordnet, »die politischen Mittel«. Aus den einzelnen Untersuchungen leitete er die Begründungen ab, und zwar: Begründung der Geschichte, des Sozialismus, der Demokratie und des Klassenkampfs. Hinter »Begründung der Geschichte« setzte er, in Klammern und mit einem Fragezeichen versehen, das Wort »Revolution«, über deren historische Notwendigkeit er anscheinend im Gefängnis nachdachte. Im Vorwort des Werkes nennt er als Ausgangspunkt das »Fehlen eines

298 Siehe hierzu: Karl Kautsky, *Ein Beitrag zur Geschichte der deutschen Sozialdemokratie*, Manuskript, 69 Seiten, undatiert, IISG, KA 78; Karl Kautsky an Victor Adler, 8. 10. 1913, in: Victor Adler, *Briefwechsel mit August Bebel und Karl Kautsky*, a. a. O., S. 584 f.

299 Siehe S. 79 f.

300 Kurt Eisner an Karl Kautsky, 13. 8. 1918, IISG, K.DX 171.

alle Probleme einheitlich umfassenden Systems des Sozialismus«. Die »Wiederherstellung« der »durch die fundamentale Erschütterung durch den Weltkrieg« zerrütteten Verhältnisse sollte »im Geiste von Karl Marx« geschehen, jedoch mit »selbständiger Ergänzung, Fortführung«.[301] Damit meinte er wohl wiederum die ethische Komponente, die dem »Geiste von Karl Marx« hinzuzufügen sei.

Als der bayerische Sozialdemokrat Georg von Vollmar, der zu den Mehrheitssozialdemokraten gehörte, wegen Krankheit sein Reichstags- und Landtagsmandat niederlegte, nominierten die Münchner Unabhängigen Sozialdemokraten, die inzwischen etwa 400 Mitglieder zählten, Kurt Eisner für die Nachwahl zum Reichstag, so daß er am 14. Oktober 1918 aus der Untersuchungshaft entlassen werden mußte. Für die Mehrheitssozialdemokraten bewarb sich um den Reichstagssitz Erhard Auer. Eisner trat in der Verfolgung seines gesamtgesellschaftlichen Zielprinzips eines demokratischen Sozialismus als »Wahlkandidat aller wahren Demokraten und Sozialisten« auf.[302]

Schon die erste öffentliche Wahl- und Volksversammlung, die die Münchner USPD am 23. Oktober 1918 in der »Schwabinger Brauerei« veranstaltete, wies, wie der *Bayerische Staatsanzeiger* berichtete, »einen Massenbesuch auf«; es seien »auch Vertreter der Gebildeten« erschienen, »die wohl die Neugierde zu der Versammlung getrieben hatte«. Den Schilderungen der »zur Versammlung abgeordneten Polizeibeamten« zufolge, herrschte gleich von Anfang an »eine erwartungsvolle Stimmung, die sich fast auf allen Gesichtern widerspiegelte«. »Eng aneinandergedrängt standen und saßen rund 2000 Personen in den Räumen.« In der Mehrzahl seien es Angehörige der Rüstungsindustrie gewesen, »es waren aber auch viele Angehörige aus den bürgerlichen Kreisen und besten Kreisen anwesend«, schrieb der amtliche Beobachter nieder. Welche Wirkung allein von Eisners Habitus auszugehen schien, veranschaulichen die weiteren Ausführungen des polizeilichen Informanten: Nachdem die Versammelten Eisner mit »demonstrativen Beifall empfangen« hätten, sei der Ruf erschollen, er solle »von der Mitte des Saales aus sprechen«. Dieser Wunsch, dem Eisner sofort Rechnung getragen habe, mußte, so notierte der Beamte, für

301 Stiftung Archiv der Parteien, a. a. O., NL 60/13, Bl. 24, 25. Siehe auch Freya Eisner, *Kurt Eisners Ort*, a. a. O., S. 430.

302 Flugblatt zur Reichstagswahl, Stiftung Archiv der Parteien, a. a. O., NL 60/81.

Ministerpräsident Eisner bei einer Demonstration am 16. Februar 1919

»Eisner in seiner vermeintlichen Rolle als Volksapostel schmeichelhaft sein«.[303] Da Eisner sich im Gefängnis einen Vollbart hatte wachsen lassen, verglich man ihn häufig – ohne ironischen Beiklang – mit einem Apostel.

Aus den polizeilichen Aufzeichnungen geht hervor – was der Bericht eines französischen Journalisten in der sozialistischen Zeitung *Humanité* über eine spätere Versammlung bestätigte –, daß Eisner die Politik der Mehrheitssozialdemokraten anprangerte und in seine Forderung, der Kaiser und alle Bundesfürsten hätten abzutreten, auch die sozialdemokratischen Minister einbezog. Den Arbeitern riet er, Vertrauensleute zu wählen, die ihrerseits sodann einen Arbeiterrat bilden sollten. Die Arbeiter und Bauern rief er auf, für die sofortige Beendigung des Krieges zu demonstrieren, wobei er erneut betonte, daß er Anhänger des Grundsatzes der Vaterlandsverteidigung sei.[304] Auf seinen Versammlungen ver-

303 Polizeibericht vom 25. 10. 1918, Bayerisches Hauptstaatsarchiv, MInn 66285.
304 *Humanité*, 10. 11. 1918.

schwieg er nicht, daß man unter Umständen zur Revolution greifen müsse; »doch sollte es keine blutige, sondern eine geistige Revolution werden«, zitierte ihn der Polizeispitzel.

Nachdem er am 3. November 1918 mit dem Bauern Ludwig Gandorfer, dem Bruder des Vorsitzenden des Bayerischen Bauernbunds, Carl Gandorfer, ein gemeinsames Vorgehen verabredet, sich also bäuerlicher Unterstützung versichert hatte, erklärte er am Abend des 5. November auf einer Versammlung, die wegen des massenhaften Andrangs vom Saal des Hackerkellers auf die Theresienwiese verlegt werden mußte, den »tausend Ungeduldigen nach einer Tat« Verlangenden, er verbürge seinen Kopf, »daß in 48 Stunden München aufsteht«.[305] Am Vormittag des 7. November legte Eisner mit einer Gruppe Unabhängiger Sozialdemokraten die Aktion des Nachmittags fest. Die beiden sozialdemokratischen Parteien hatten zu einer »Volkskundgebung gegen die nationale Verteidigung« aufgerufen. Die Betriebe und Geschäfte schlossen um 13 Uhr. »Schon vor 2 Uhr«, berichtete die *Bayerische Staatszeitung* vom 9. November 1918, »kamen die Demonstranten in Zügen und Gruppen herangezogen. Die Arbeiter und Arbeiterinnen der größeren Betriebe trugen ihren Zügen Tafeln voran mit Inschriften wie *Friede und Freiheit*, *Nieder mit dem Krieg!* usw. Die Ordnung der Züge verlor sich auf der Theresienwiese und gestaltete sich zu einem gewaltigen Ganzen.«

Während die Mehrheit der Teilnehmer nach der Kundgebung den Mehrheitssozialdemokraten mit Erhard Auer an der Spitze folgte und sich bald zerstreute, bewegte sich ein von Eisner und Gandorfer angeführter, vornehmlich aus Soldaten bestehender Zug, in den sich immer mehr Zivilisten einreihten, zunächst zu den Kasernen und dann zum Mathäserbräu, wo man einen vorläufigen Arbeiter- und Soldatenrat wählte. Dessen Mitglieder begaben sich am Abend zum Bayerischen Landtag und besetzten ihn. Unter dem Vorsitz Kurt Eisners konstituierte sich ein »Rat der Arbeiter, Soldaten und Bauern«. Eisner formulierte einen Aufruf an die Bevölkerung Münchens mit dem Kernsatz: »Bayern ist fortan ein Freistaat.«

Eisners publizistische und politische Aktivität bewegte sich, so zeigt seine Lebensgeschichte, zielstrebig auf die »revolutionäre

305 Kurt Eisner, in: *Die Neue Zeit*, a.a.O., 1. Folge, S. 82; vgl. hierzu: Freya Eisner, *Kurt Eisner: Die Politik des libertären Sozialismus*, a.a.O., S. 81-85 und die dort aufgeführte Literatur.

Aktion« zu, die er überlegt vorbereitet hatte. Seine Äußerung als bayerischer Ministerpräsident, er wolle »die Zeit ausnutzen«, um seine »alten Ideen und Ideale, soweit es möglich, in kurzer Zeit zu fördern«, verrät indes, daß er sich der Kürze seiner Zeit bewußt war und auch nur, seine teleologische Glaubensgewißheit einschränkend, mit der Möglichkeit einer Förderung seiner Ideen rechnete.

Da Eisner, ebenso wie seine Parteifreunde in Berlin, eine Koalition mit den Mehrheitssozialdemokraten eingehen mußte, erhielten zwar traditionelle sozialdemokratische Forderungen wie der Achtstundentag und das Frauenwahlrecht Gesetzeskraft[306], doch den geplanten grundlegenden Reformen widersetzten sich die MSPD-Minister. Auf der anderen Seite wiegelten die Linksradikalen namentlich die Arbeitslosen gegen ihn auf, und ihre spektakulären Umzüge verschafften den rechtsradikalen gegenrevolutionären Verschwörern Zulauf. Die bürgerliche und die mehrheitssozialdemokratische Presse ergingen sich, wie schon erwähnt, in Verunglimpfungen des Ministerpräsidenten. Nachdem er und seine Partei die Wahlen zum bayerischen Landtag am 12. Januar 1919 verloren hatten, wurde unterstellt, Eisner weigere sich zurückzutreten. Als er sich auf dem Internationalen Arbeiter- und Sozialisten-Kongreß in Bern Anfang Februar für die Freigabe der deutschen Kriegsgefangenen einsetzte, meldeten bürgerliche und mehrheitssozialdemokratische Zeitungen, er habe sich gegen die Heimkehr der Gefangenen ausgesprochen.[307] Am 21. Februar 1919 wurde er auf dem Weg zum Landtag, wo er seinen Rücktritt erklären wollte, von dem jungen Offizier Anton Graf von Arco auf Valley erschossen. Dem Trauerzug folgten etwa hunderttausend Menschen, unter ihnen, wie Reporter vermerkten, Vertreter auch des geistigen München. Eisner hatte Anhänger und Verehrer in allen Schichten der Bevölkerung. Was Heinrich Mann auf seiner Gedenkrede für den Ermordeten ausführte, nämlich daß die »hundert Tage der Regierung Eisners (...) mehr Ideen, mehr Freuden der Vernunft, mehr Belebung der Geister gebracht« hätten »als die fünfzig Jahre vorher«[308], entsprach wohl der Empfindung nicht weniger Bürger.

306 Vgl. hierzu Kurt Eisner, *Sozialismus als Aktion*, a. a. O., S. 139-149.
307 Siehe Freya Eisner, *Kurt Eisner: Die Politik des libertären Sozialismus*, a. a. O., S. 168-173.
308 Heinrich Mann, *Essays*, 2. Bd., Berlin 1956, S. 26.

Parlamentarismus und Ministerialismus

Die Frage, wieweit es der Sozialdemokratie gestattet sei, an den politischen Arbeiten und Institutionen der bürgerlichen Gesellschaft teilzunehmen, hat auch die deutsche Partei seit jeher beschäftigt. Während sie damit begann, so ziemlich alles zu untersagen, hat sie schließlich das Problem dahin gelöst, ungefähr alles nicht nur zu erlauben, sondern zu fordern. Die Prüderie der Abstinenz spielt keine Rolle mehr in der mächtig gewordenen deutschen Partei.

Im Beginn mißtrauten die Eisenacher selbst dem Bismarckschen »Geschenk« des allgemeinen, gleichen, direkten und geheimen Wahlrechts. Man dachte anfangs sogar an Wahlenthaltung. Dann entschloß man sich, zwar an den Wahlen sich zu beteiligen, aber nur aus agitatorischen Gründen, beileibe nicht, um den bürgerlichen Parlamentarismus und damit die bürgerliche Gesellschaft durch gesetzgeberische Mitarbeit zu stärken. So vereinbarte die Eisenacher Richtung völlige Enthaltung bei der Beratung der Gewerbeordnung im Norddeutschen Reichstag. Wer über ein Gesetz der bürgerlichen Gesellschaft mit den bürgerlichen Parteien verhandelt, paktiert mit dem Feind, wer paktiert, verrät den Klassenkampf und die Partei – so ungefähr argumentierte man, und dieses Argument kehrt in allen taktischen Streitfragen der Folge in der einen oder anderen Form wieder. Gegen diesen politischen Malthusianismus empörte sich aber die politische Natur. Es war der Eisenacher August Bebel, der, eigentlich gegen die Abrede, sich an den Debatten der Gewerbeordnung beteiligte und, wenn ich nicht irre, sogar mit einem von ihm gestellten Besserungsantrag durchdrang.

Schrittweise überwand man in den nächsten 30 Jahren der sozialdemokratischen Parteibewegung – nicht ohne heftige innere Kämpfe und Widerstände – völlig die Theorie der stolzen Enthaltsamkeit. Man debattierte im Reichstag, stellte Anträge und versuchte die Gesetze möglichst zu verbessern. Die anfangs anstößige Beteiligung an den Ausschüssen wurde ein selbstverständlicher Anspruch. Der Seniorenkonvent, den die sozialdemokratische Partei heute durchaus respektiert, wurde vordem nicht anerkannt. Die Beteiligung an den unter dem Dreiklassensystem erfolgenden Gemeindewahlen wurde zuerst ebenso leidenschaftlich abgewehrt,

wie sie dann zur dringlichsten Parteipflicht erhoben wurde. Auch die sozialpolitische Gesetzgebung, so armselige Pfuscherei sie an sich ist, helfen wir nach Kräften für das Proletariat vorteilhaft zu gestalten. Wir beteiligen uns an jeder Frage der Tagespolitik, und Angelegenheiten, »die nur die bürgerlichen Parteien untereinander angehen«, gibt es für uns überhaupt nicht mehr. Die Diskussion der Beteiligung an den preußischen Landtagswahlen war der letzte Streitfall auf dem Gebiet der Abstinenztaktik – auch er ist zugunsten der aktiven Arbeit entschieden worden.

Damit ist für Deutschland im wesentlichen der Kreis der hier in Betracht kommenden Arbeitsmöglichkeiten erschöpft – geringfügige Äußerlichkeiten, wie die Übernahme eines parlamentarischen Präsidiums, mögen noch diskutiert werden, sind aber mehr untergeordnete Fragen des Taktes und des persönlichen Empfindens, als politisch bedeutsame Entscheidungen. Die Frage der Budgetablehnung, die eine Demonstration der prinzipiellen Gegnerschaft darstellt, gehört nicht hierher. Die Bewilligung vermehrt nicht die politische Arbeits- und Wirkungsgelegenheit des Proletariats, und ohne zwingende, aus der staatsrechtlichen Lage oder einer augenblicklichen politischen Situation sich ergebende Notwendigkeit sollte diese scharfe Markierungslinie zwischen dem Sozialismus und der kapitalistischen Welt nicht verwischt werden. Andererseits scheidet auch in Deutschland wie in allen monarchisch-absolutistischen Staaten die Frage sozialistischer Ministerschaft aus, und wenn im folgenden der Versuch unternommen wird, zu zeigen, daß in parlamentarisch-demokratischen Staaten der »Ministerialismus« nur eine Konsequenz des Parlamentarismus ist und über jenen nicht anders zu entscheiden ist wie über diesen – so trifft die ganze Argumentation nicht für die mehr oder minder absolutistischen Staaten zu, unter die Deutschland in erster Linie zu rechnen ist.

All die taktischen Diskussionen über die Teilnahme der Sozialdemokraten an der bürgerlichen Politik und Verwaltung, all der erbitterte Hader, die schlimmen Trennungen und Zerwürfnisse, die zur beklagenswerten Zersplitterung der sozialistischen Kraft geführt haben, entspringen letzten Grundes der nicht genügend klaren Einsicht in den dualistischen Charakter des sozialdemokratischen Programms und der daraus folgenden dualistischen Taktik, deren zwei Methoden so wenig sich widersprechen, daß sie sich vielmehr aufs innigste ergänzen und daß auf ihnen die beste Kraft der Sozialdemokratie als politischer Partei beruht. Unser prinzi-

pielles Zukunftsprogramm, das die eigentlichen Forderungen des Sozialismus enthält, kann nur, davon sind wir überzeugt, durch die radikale Beseitigung der kapitalistischen Gesellschaft erfüllt werden, und diese Beseitigung kann nur erfolgen durch die Eroberung der gesamten politischen Macht durch die Partei der organisierten proletarischen Klasse. In unserem spezifisch sozialistischen Programm liegt die Abweisung jeglicher opportunistischen Politik, die um augenblicklicher Scheinerfolge willen Grundsätze preisgibt. Wir dürfen bei aller Elastizität der praktischen Gegenwartsarbeit unweigerlich nichts tun, was gegen das wissenschaftlich erhärtete System der sozialistischen Weltanschauung verstößt, und wir dürfen uns mit keinem Erfolg auf dem Boden der kapitalistischen Gesellschaft irgendwie begnügen. Auf der anderen Seite steht die große Anzahl jener Reformforderungen, von denen wir annehmen, daß sie der bourgeoise Klassenstaat recht wohl zu befriedigen imstande ist. Und weil uns diese wichtige Aufgabe obliegt, die herrschende Gesellschaft mit allen tauglichen Mitteln zur Erfüllung unserer Gegenwartsforderungen zu zwingen, darum müssen wir selbst, so verdrießlich uns das sein mag, in das Getriebe der bürgerlichen Parteien hinabsteigen. Wir müssen uns an allen Wahlen beteiligen, wir müssen parlamenteln, die Maxime der Wahl des kleineren Übels und des größeren Vorteils befolgen, in Stichwahlen selbst bürgerliche Gegner unterstützen. Uns ist weder die Lagerung der bürgerlichen Parteien untereinander gleichgültig, auf deren für uns möglichst günstige Zusammensetzung wir hinarbeiten müssen, noch sind wir uninteressiert an der Gestaltung der bürgerlichen Regierung.

Fordert der grundsätzliche Teil des Programms strenge Negierung der gesamten bürgerlichen Gesellschaft und Unverkäuflichkeit unserer weltaufbauenden einheitlichen Gedanken, so erheischt das Gegenwarts- oder auch das Minimumprogramm die Durchdringung aller Institutionen mit sozialistischer Arbeit – soweit das ohne Preisgabe der sozialistischen Erstgeburt möglich ist.

Wie ordnet sich nunmehr das Problem einer sozialistischen Ministerschaft in den Dualismus des Programms und der Taktik ein?

Als der Fall Millerand in Deutschland zuerst diskutiert wurde, geschah das unter der Fragestellung: Darf ein Sozialist an einem bürgerlichen Ministerium teilnehmen? Das heißt ein kompliziertes

politisches Problem in die starre Anstandsregel eines Zeremonienmeisters auflösen. Vernünftigerweise kann nur zweierlei untersucht werden. Erstlich: Welcher Anspruch ist an einen sozialistischen Minister in einem bürgerlichen Ministerium zu stellen? Und zweitens: Kann in der gegebenen Situation die in Betracht kommende Persönlichkeit diesen Anspruch erfüllen?

Es ist ausgeschlossen, daß ein Mann sozialistischer Herkunft in einem bürgerlichen, wenn auch noch so radikalen Ministerium verpflichtet sein sollte, spezifischen Sozialismus zur Durchführung zu bringen. Ein Sozialist, der ein solches utopisches Versprechen ablegen würde, wäre ebenso närrisch oder unehrlich wie ein Sozialist, der eine solche Forderung stellte. Gewiß muß von jedem Sozialdemokraten verlangt werden, daß er auch als Minister seine sozialistische Überzeugung bekennt und jede Gelegenheit benützt, um kraft seiner Autorität für die Ziele und Ideale des Sozialismus agitatorisch zu wirken, aber praktisch vermag er ausschließlich und allein in der Richtung des Gegenwartsprogramms zu arbeiten; er hat voll seine Schuldigkeit getan, wenn er so viel sozialpolitische und demokratische Reformen durchsetzt, wie er nur irgend vermag. Ein Sozialist vermag als Minister nichts weiter zu tun, was freilich auch jeder bürgerliche Radikale tun könnte, wenn sie es eben täten. Es ist eine allgemeine Erscheinung in allen kapitalistischen Staaten, daß auch die Forderungen, die an vorgeschrittene bürgerliche Reformer zu richten sind, eben nur noch ernsthaft von Sozialisten verfochten werden, denen auch das Gute und Fruchtbare der alten bürgerlichen Programme von dem entarteten Liberalismus als Erbe überantwortet ist.

So verstanden, reduziert sich der »Fall Millerand« auf die simplen Fragen: War die Situation beim Eintritt des Ministers so, daß sie unserem Parteigenossen eine ersprießliche Reformarbeit im Sinne unseres Gegenwartsprogramms versprach? Und war Millerand die charakterfeste und politisch fähige Persönlichkeit, solche Pläne zu unternehmen und durchzuführen?

Gegen diese bescheiden begrenzte Auffassung des Falles Millerand erhebt sich sofort mit heftigem Ungestüm – ein Wort, ein bloßes Wort, in dem doch die ganze Schar der Anklagen verletzter Parteigrundsätze marschiert: Verantwortlichkeit.

Ein einzelner sozialistischer Arbeitsminister übernimmt, ruft man lebhaft aus, die Verantwortung für die Gesamtpolitik der kapitalistischen Bourgeoisie. Die Sozialdemokratie unterstützt da-

mit – so geht die eilige und geläufige Argumentation weiter – die bürgerlich-kapitalistische Politik selbst, samt ihrem Militarismus, ihrer kolonialen Raubpolitik, ihrer Ausbeutung und Unterdrükkung aller Art. Der Klassengegensatz und der Klassenkampf ist damit aufgehoben, das Proletariat hat mit der Bourgeoisie paktiert, die Sozialdemokratie wird zum Mitschuldigen und Hehler des kapitalistischen Feindes. Alle Wege führen nach Rom, und jede Diskussion über sozialistische Grundsätze oder Taktik führt alsbald zum Parteiverrat, zum Überläufertum ins kapitalistische Lager. Dieses Argument, weil es Totschlägerelastizität hat, kehrt in der Geschichte unserer prinzipiellen und taktischen Auseinandersetzungen mit solcher Regelmäßigkeit wieder, daß es aus dem stärksten Beweisstück längst zum Schatten eines Nichts, zu einer leeren, aber bösartigen Formel geworden ist, zu deren Ausscheidung aus jeder Diskussion man füglich sich verpflichten sollte. Dieses gewalttätige Argument dient lediglich dazu, die Klärung zu hindern und die Verständigung zu erschweren. Und schließlich gilt die Fabel von dem Hirten, der sich daran belustigte: »Ein Wolf, ein Wolf!« zu rufen, auch für politische Parteien.

Was steckt hinter der Wendung, daß ein einzelner sozialistischer Minister und damit die sozialdemokratische Partei selbst die Verantwortung für die Gesamtpolitik des bürgerlichen Klassenstaats auf sich lädt? Nur nebenbei sei die an sich klare Tatsache gestreift, daß bei der tausendfältigen Verästelung der heutigen Regierungspolitik, in der vielfach das dürre Laub des Herbstes mit dem eingehüllten Knospentrieb des zukünftigen Frühlings hart aneinanderstößt, überhaupt keine Einheit in dem Sinn bildet, daß jedes Ressort in gleicher Weise von der sozialistischen Kritik negiert werden müßte. Unser Gegenwartsprogramm wäre die schlimmste Utopie und im Gegensatz zu unseren Zukunftsforderungen gänzlich unmöglich, wenn jene unlösbare Einheit in der Tat bestände. Man kann aber etwa das Verkehrswesen auch nach unseren Anschauungen vorzüglich gestalten – wie denn die Schaffung des Weltpostvereins eine wahrhaft zukunftsstaatliche Tat inmitten tiefster kapitalistisch-feudaler Reaktion gewesen ist – und doch kirchenpolitisch rückständig regieren. Es gibt zwischen der gewaltsamen Unterdrückung jeder sozialen und politischen Freiheitsbewegung auf der einen, radikaler Sozialreform und Gewährung aller Freiheiten auf der anderen Seite so viele Nuancen innerhalb der kapitalistisch-bürgerlichen Regierung, daß die Be-

stimmung der Nuance für das Proletariat eine Lebensfrage ist. Wäre dem nicht so, wäre die Regierung des kapitalistischen Klassenstaats in jedem Punkte einheitlich starr, ganz und gar durchtränkt von dem einen unverbrüchlichen Wesen des Kapitalismus, dann wäre es allerdings die lächerlichste Tollheit, wenn die Sozialdemokratie sich vermessen würde, von dieser ehernen Einheit auch nur die bescheidenste Konzession zu verlangen, und dann gehörte eine sozialdemokratische Ministerschaft in das Reich der blöden Träume und des plumpen Schwindels. Aber so liegen die Dinge nicht, Vergangenheit und Zukunft berühren sich auch in der kapitalistischen Regierung, und dasselbe Ministerium, das nach China geht, den Militarismus propagiert und Freundschaft mit dem Absolutismus unterhält, kann die nützlichsten Rechte und Schutzreformen für das Proletariat gewähren. Da die verschiedenen Geschäfte der kapitalistischen Ordnung keine geschlossene sachliche Einheit bilden, so stellt auch ein kapitalistisches Ministerium keine sachliche Einheit dar, und jeder Minister ist schließlich materiell nur für sein eigenes Verwaltungsgebiet verantwortlich, wenn er auch formell für die Gesamtpolitik haftet.

Indessen, würde man selbst eine solche Trennung der Ressorts nicht zugeben, hielte man an der formellen Gesamtverantwortung fest – wer trägt denn in einem parlamentarisch regierten Staat die wirkliche Verantwortung für die Politik der Regierung? Das Ministerium ist lediglich der Ausschuß des Parlaments oder genauer der Parlamentsmehrheit, und das Parlament setzt der Volkswille zusammen. So trägt die wirkliche Verantwortung nicht der Minister, sondern der Abgeordnete und letzten Endes der Wähler. Die Mehrheit der Stimmen im Lande und im Parlament trägt die Verantwortung für eine Politik, für die das Ministerium nur ein Komitee angestellter Vollziehungsbeamten ist.

Legt man mithin ein so entscheidendes Gewicht auf den Begriff der Verantwortung, so beginnt der Sündenfall der Sozialdemokratie nicht beim sozialistischen Minister, sondern bereits beim – Parlamentarismus. Freilich, solange die Sozialdemokratie als trotzige Minderheit beharrt, Opposition und nichts als Opposition zu treiben, trägt sie noch keine Verantwortung für die Gesamtpolitik des kapitalistischen Regimes. In dem Augenblick aber, wo sie mit bürgerlichen Parteien zusammengeht, um irgendeine Aufgabe durchzusetzen, übernimmt sie mit dem Einzelfall indirekt die Verantwortung für die Gesamtpolitik. Und entschließt die Partei

sich gar, ein ihr genehmes Ministerium gegen die Reaktion zu unterstützen, dann ist die Vestalinnentugend erloschen, das keusche Kränzchen verloren: Sozialdemokraten, die durch ihre Abstimmung die Fortdauer eines bürgerlichen Ministeriums veranlassen, anstatt jede Gelegenheit wahrzunehmen, die verhaßte Repräsentation der kapitalistischen Gesellschaft zu stürzen, übernehmen damit nicht nur formell, sondern auch tatsächlich die Verantwortung für die Gesamtpolitik der von ihnen gestützten Regierung, indem sie ihr überhaupt erst weitere Handlungen ermöglichen.

An diesem Punkte wäre füglich die Verantwortungsfrage zu diskutieren, nicht bei der sekundären Erscheinung eines sozialistischen Ministers.

Wir beobachten eben in Italien die Unterstützung eines bürgerlichen Ministeriums durch die Sozialdemokratie. Noch auf dem Pariser internationalen Kongreß waren es gerade italienische Genossen, denen die Resolution Kautskys über die Ministerfrage nicht genügte und die mit den Guesdisten zusammen den Eintritt eines Sozialisten in ein bürgerliches Ministerium grundsätzlich verwarfen. Jetzt haben sie sich entschlossen, das bürgerlichliberale Ministerium zu unterstützen, das nach einer Ära wüster und steriler Unterdrückungspolitik den Vorsatz hat, Bewegungsfreiheit zu gewähren und sozialreformerische Arbeit zu verrichten. Unsere Parteigenossen haben das bisher mit allen unvermeidlichen Konsequenzen getan, und diese Handlungsweise ist so wenig von irgendeiner Richtung angefochten worden, daß vielmehr der Herausgeber der *Neuen Zeit* sie in einer Zwischenbemerkung ausdrücklich gebilligt hat.

Damit hat nun in der Tat die italienische Sozialdemokratie die Verantwortung nicht nur für einzelne Aktionen, nicht für ein einzelnes Ressort, sondern für die Gesamtpolitik der bürgerlichen Regierung formell und materiell übernommen, während das sozialistische Mitglied eines bürgerlichen Ministeriums nur formell, aber nicht materiell mit der Gesamtvertretung für alle Unternehmungen des gemischten Kabinetts belastet ist. Zudem ist in parlamentarisch regierten Staaten jene wünschenswerte schöne logische Reinheit im Formellen unmöglich, die in halbabsolutistischen Staaten aus dem Grunde durchführbar ist, weil eine parlamentarische Abstimmung keinerlei Einfluß auf die Zusammensetzung der Regierung hat.

In konstitutionellen Ländern gebietet die parlamentarische Technik mit ihren Schlichen und Kniffen, ihren Bosheiten und Überfällen mitunter sehr widerspruchsvolle und anstößige Entschließungen, die nicht vermieden werden können, wenn man es einmal unter gewissen Umständen als politisch zweckmäßig erkannt hat, ein Ministerium zu halten. In der französischen Kammer geschah es bei einer Abstimmung, daß der größte Teil unserer Genossen für eine die sozialistischen Grundsätze verwerfende Tagesordnung stimmte, während die reaktionären Mélinisten gegen sie votierten – diese wollten das Ministerium durch das Votum der verkehrten Welt stürzen, unsere Parteigenossen es durch den gleichen scheinbaren Unsinn stützen. Von den Rigoristen wurden wegen solchen Verzichts auf alle Prinzipienfestigkeit die schwersten Anklagen gegen die »ministeriellen« Sozialisten erhoben. Wer aber nicht grundsätzlich jede parlamentarische Unterstützung eines Ministeriums verwirft, der kann in jener Maßnahme nur einen unvermeidlichen und selbstverständlichen Schachzug erblicken: Politiker, welche die Sache über die Form stellen, müssen natürlich auch die traurigen Tricks in den Kauf nehmen, den die unvollkommene parlamentarische Maschinerie gebietet; andernfalls wäre jedes vernünftige politische Arbeiten, das zwischen Übeln und Vorteilen sich entscheiden muß, schlechterdings ausgeschlossen.

Inzwischen haben unsere italienischen Genossen etwas viel »Schlimmeres« getan als die »ministeriellen« Sozialisten in Frankreich, und gleichwohl hat sich bisher nirgends eine Entrüstungsserie von Protestartikeln angesponnen. Die auswärtige Dreibundspolitik wird gerade von den italienischen Sozialdemokraten entschieden bekämpft. So haben sie bei der letzten Budgetberatung mit größter Schärfe gegen die auswärtige Politik des Ministeriums Zanardelli gesprochen, um dann – im Interesse der Erhaltung dieses Kabinetts – für das Budget des Auswärtigen zu stimmen. Ein größerer logischer Widerspruch, ein schwärzerer »Prinzipienverrat« ist nicht gut denkbar, und dennoch nimmt mit Recht niemand daran Anstoß, weil die parlamentarische Notwendigkeit eben eine derartige scheinbare Inkonsequenz erzwang.

Warum mißt man in Frankreich mit anderem Maß, warum urteilt man dort nach entgegengesetzten Maximen? Gibt es eine Geographie der politischen Logik und verschiedene Rassen prinzipieller und taktischer Erkenntnis? »Ja, in Frankreich handelt es

sich eben um einen sozialistischen Minister«, versucht man noch einmal einzuwerfen. Es ist gezeigt worden, daß alle Argumente, die gegen einen sozialistischen Minister geltend gemacht werden können, in verschärftem Maße die Unterstützung eines bürgerlichen Ministeriums treffen, die doch niemand grundsätzlich verwirft. Die Verantwortung der Partei ist in letzterem Fall noch größer, die scheinbaren Unsauberkeiten und Treulosigkeiten im parlamentarischen Verhalten noch bedenklicher. Ja, man muß sogar sagen: Es ist gerade der milderndste Umstand für die Unterstützung eines Ministeriums durch die Sozialdemokratie, wenn wenigstens ein oder das andere Ressort von einem zuverlässigen und begabten Parteigenossen verwaltet wird. Dann kann die Partei wenigstens sicher sein, daß die Regierungspolitik in einzelnen Fächern doch nach Kräften in der Richtung des sozialistischen Gegenwartsprogramms getrieben wird. Ein sozialistischer Minister bietet uns doch schließlich mehr Garantien für seine Einsicht und seinen guten Willen als ein liberaler Bourgeois, der sich zu sozialen Reformen nur deshalb versteht, weil er den Sozialismus durch Konzessionen zu schwächen und zu vernichten strebt. Die schwierige und mit Fährlichkeiten jeder Art belastete Aufgabe unserer italienischen Genossen würde vermutlich nicht gerade in ihren Gefahren gesteigert werden, wenn statt des Herrn Giolitti unser Enrico Ferri die Sozialpolitik versehen würde, zumal ein bürgerliches Ministerium am ehesten dann über sich selbst hinausgetrieben wird, wenn es durch die Mitgliedschaft eines Sozialisten einige Sicherheit erhält, daß es für seine radikaleren Entschlüsse auf Deckung durch die Sozialdemokraten rechnen kann. Andernfalls würde ein solches Versuchsministerium in der Luft schweben und nichts Größeres wagen dürfen. Übrigens ist die sozialistische Partei stets frei, in jedem Fall ihr Votum in der Unterstützungsfrage zu ändern, gleichgültig, ob ein sozialistischer Minister in ihm sitzt oder nicht. Besondere Rücksichten kann ein sozialistischer Minister nicht beanspruchen. Es ist zwar vorauszusetzen, daß die Anwesenheit eines Sozialisten im Kabinett der Partei die Hilfeleistungen zugunsten der Regierung erleichtert, und es ist natürlich, daß ein radikales, den Sozialisten sympathisches Kabinett desto weiter gehen kann, je entschiedener, einheitlicher und mächtiger die Unterstützung der Sozialdemokraten ist, auf die es rechnen kann. Doch darf sich die Sozialdemokratie in ihrer Stellung zu einem Ministerium, in dem ein Genosse Mitglied ist, in keiner

Hinsicht anders verhalten als gegenüber einer rein bürgerlichen Regierung, die man zu unterstützen beschlossen hat.

Glaubt man also, unter dem Gesichtspunkt der Verantwortlichkeit, Frankreich mit Ruten geißeln zu müssen, so wird es schon notwendig sein, die italienische Partei auf die Streckfolter zu spannen, mit glühendem Reibeisen zu frottieren und zu vierteilen.

Werden sich die für Entdeckungen von Parteiverrat disponierten Freunde nunmehr entweder bekehren oder doch die Konsequenz ihrer bisher unklaren Meinung ziehen und zu völliger Abstinenz und ausnahmsloser Opposition zurückkehren? Ich fürchte, sie werden uns ein allerletztes Argument nicht ersparen, das freilich auch ihr allerschwächstes ist. Geht es mit der Verantwortlichkeit vernünftigerweise nicht mehr, so wird das Gespenst der Verwirrung beschworen. Wir werden hören, daß durch die Erscheinung eines sozialistischen Ministers die proletarischen Parteigenossen verwirrt werden, daß sie in dem stählernen Grundsatz des Klassenkampfs zu wanken anfangen, daß sich ihnen der unüberbrückbare Gegensatz zwischen Bourgeoisie und Proletariat, zwischen Kapitalismus und Sozialismus ausfüllt, daß sie Illusionen nähren über die Möglichkeiten der gegenwärtigen Ordnung, kurz daß die wertvollsten Eigenschaften und Einsichten den proletarischen Freiheitskämpfern wieder verlorengehen – und alles dies aus dem Grunde, weil die heutige Gesellschaft durch eine sozialistische Ministerschaft sanktioniert erscheint.

Ich kann mir keine falschere und gefährlichere Beweisführung denken als diese Geltendmachung einer möglichen Verwirrung der breiten Massen. Es spricht nicht gegen eine an sich richtige Aktion, daß ein Teil der Partei durch sie verwirrt wird. Und es spricht nicht für die Reife einer Partei, die sich durch ein als zweckmäßig erkanntes Verfahren verwirren läßt. Parteien, die politisch wirken wollen, müssen so aufgeklärt und beweglich sein, daß sie politisch notwendige Maßnahmen verstehen, ohne an ihren Grundsätzen irrezuwerden. Parteiführer, die der mangelnden Reife einer mehr oder minder großen Zahl von Parteigenossen Rechnung tragen wollten und deshalb – im vermeintlichen Parteiinteresse – an sich gebotene Handlungen unterlassen oder bekämpfen, erniedrigen sich zu Sklaven des verderblichen Opportunismus. Ich glaube allerdings, daß die Verwirrung der Führer bisweilen Schutz sucht hinter einer gar nicht vorhandenen Verwirrung der Massen. Zudem steht es mit der Verwirrung nicht anders als mit der Verantwor-

tung. Verwirrend kann auf die unaufgeklärten Massen auch der Dualismus unseres Programms, jede praktische Betätigung, der Parlamentarismus mit seinen Konzessionen, das zeitweilige Zusammengehen mit bürgerlichen Parteien oder gar die Unterstützung einer bürgerlichen Regierung wirken. Es ist eben die Aufgabe der Führer, die Massen auch für die Technik und Strategie des Tageskampfes zu erziehen. Es wäre schlimm um die Zukunft der gewaltigsten Bewegung der Menschheit bestellt, wenn der Sozialismus an einem sozialistischen Minister zugrunde gehen könnte. Dann müßten wir noch weit mehr davor zittern, daß ein großer wirtschaftlicher Aufschwung die Parteigenossen ihrem sozialistischen Ideal abtrünnig machen, ihre Einsicht in die Notwendigkeit der revolutionären Beseitigung der kapitalistischen Rechtsordnung verdunkeln könnte.

Umgekehrt ist die Tatsache einer sozialistischen Ministerschaft gerade geeignet, in jenen weiten proletarischen Kreisen aufklärend zu wirken, die bisher uns feindselig oder gleichgültig gesinnt waren. Vergessen wir doch niemals, daß nur ein Bruchteil der 96 Prozent der Bevölkerung, die ihrer Klassenlage nach, als Ausgebeutete des Kapitalismus, im Sozialismus das Heil und die Rettung aus ihrer Not erkennen müßten, bisher zu uns gehört. Diese fast unüberwindliche Schranke der sozialistischen Agitation baut zu erheblichem Teil die Verleumdung des Sozialismus durch die Autoritäten des Staates und der Kirche. Wenn nun der Sozialismus durch die Person eines Parteigenossen selbst zur höchsten Autorität steigt, so werden auch bei den Massen des ewigen, autoritätsgläubigen Philistertums neue Erkenntnisse dämmern, die Zugänglichkeit für die sozialistische Wahrheit wird sich steigern, nachdem die hemmenden Verleumdungen seitens der Autoritäten durch die Autorität selbst entkräftet sind.

Ob nun im besonderen Fall der Eintritt Millerands ins Ministerium Waldeck-Rousseau und sein Verweilen in ihm, der Situation und der Persönlichkeit nach, sich als vorteilhaft erwiesen hat, diese nur aus der intimsten Kenntnis der Vorgänge zu entscheidende Tatsachenfrage steht hier nicht zur Debatte, und ich maße mir kein Urteil über sie an, weder im bejahenden noch im verneinenden Sinn. Für die von mir versuchte theoretische Würdigung des ministeriellen Problems kommt die mehr oder minder glückliche Anwendung im konkreten Fall nicht in Betracht. Die Entscheidung bleibt in jedem einzelnen Fall ein recht schwieriges und

bedenkliches Unternehmen. Die Ministerschaft kann sowohl eine große Torheit und ein Quell der Korruption sein, aber auch höchst vorteilhaft wirken für die gegenwärtigen und mittelbar selbst für die zukünftigen Aufgaben der proletarisch-sozialistischen Revolution. Überdies ist der Fall Millerand schon deshalb als Schulbeispiel nicht recht geeignet, weil dieses Ministerium gerade durch die Uneinheitlichkeit und Zerfahrenheit des französischen Sozialismus und die daraus folgende Unsicherheit der Bundesgenossenschaft in seiner Aktionskraft und Leistungsfähigkeit geschwächt wird. Könnte sich das Kabinett Waldeck-Rousseau auf das ganze sozialistisch-organisierte Proletariat stützen, gäbe es nur eine sozialistische Partei in Frankreich, so würde vermutlich dieses und jenes anders gekommen sein. Daran ist aber nicht der sozialistische Minister schuld, sondern die Unklarheit und Uneinigkeit der Sozialisten über diese Frage.

Ist dermaßen in wahrhaft konstitutionellen Staaten der »sozialistische Ministerialismus« nichts als ein Ausläufer und eine Konsequenz des sozialdemokratischen Gegenwartsprogramms mit seiner parlamentarischen Gegenwartsarbeit, steht es mit dem Ministerialismus nicht anders als mit dem Parlamentarismus, so sollte man doch weder seine Kraft in der Erreichung dieses Ziels erschöpfen noch diesen Triumph des sozialistischen Machtzuwachses überschätzen. Der Eintritt eines Sozialisten in ein bürgerliches Ministerium stellt keine Eroberung der politischen Macht dar, auch keine teilweise. Die Erwerbung eines Ministerportefeuilles ist nur graduell verschieden von der Erlangung eines parlamentarischen Mandats. Auch ein durchweg sozialistisches Ministerium stellt noch keine Eroberung der politischen Macht dar, wenn es die Laune eines Monarchen oder, in parlamentarischen Staaten, der Zufall einer augenblicklichen Parteikonstellation beruft. Die Eroberung der politischen Macht vollzieht sich in der Eroberung des Volkes für den klar bewußten Sozialismus. Erst wenn diese Eroberung vollendet ist, dann bedeutet die im Reifezustand der Verhältnisse erfolgende endgültige Übernahme der Staatsmaschinerie durch die Organisation des Proletariats jene wahrhafte Eroberung der politischen Macht, die Vorbedingung ist für die Durchsetzung und Erarbeitung des Sozialismus in der Wirklichkeit. Parlamentarismus und Ministerialismus in den heutigen Formen sind nur bescheidene Vorbereitungen für diese Enderoberung der politischen Macht.

Zwischen Verweigerung und Anpassung

Über den Parteitag in Hannover 1899

I.

Seid einig, einig, einig! Dieses Motto auf dem Programm der gestrigen Begrüßungsfeier ist der Grundgedanke aller unserer Parteitage, insonderheit des Hannoverischen. Wir kommen zusammen, um die Verschiedenheiten unserer Meinungen in der Einheit unserer Gesinnung zu erörtern. Wie weit auch unsere Gedanken auseinanderzustreben scheinen – es ist nur das bewegte Wipfelspiel der weit sich breitenden Äste, die aus dem einen gewaltig emporstrebenden Baum erwachsen.

Schon am Sonnabend kamen vereinzelte Vorzügler an. Am Sonntagvormittag brachte dann jeder Zug aus allen Gegenden des Reiches die Delegierten – wie Angehörige einer großen Familie, die sich freuen, am gemeinsamen Ort sich wiederzufinden. Es ist der Familientag unseres Kulturadels, des kämpfenden Proletariats, auf dem die Fragen des täglichen Parteilebens, wie die bedeutsamsten Probleme der menschlichen Gesellschaft zur Diskussion gelangen.

Nicht nur unser sozialistisches Organ in Hannover, sondern auch die hiesige bürgerliche Presse widmet dem Parteitag Begrüßungsartikel. Von einer hervorragenden Liebenswürdigkeit ist der nationalliberale *Hannöverische Courier*. Er schreibt nämlich: »Das Verdienst des modernen Sozialismus, das ihm nicht abgesprochen werden kann, liegt auf der negativen Seite seiner Wirksamkeit, in der Kritik unserer sozialen Verhältnisse und in den Anregungen, die er dadurch indirekt für Wissenschaft und Leben gegeben hat. Diese seine Aufgabe ist im wesentlichen vollbracht.« – Wie gütig, uns darüber zu belehren, daß wir unsere geschichtliche Aufgabe bereits gelöst haben und gehen können. Schade nur, daß wir der verstockten Meinung sind, wir befänden uns erst im Anfang unserer volkshistorischen Tätigkeit, daß wir durchaus nicht – den Liberalen zu Gefallen – in Hannover einen Räumungsverkauf wegen Aufgabe des Geschäfts zu etablieren gedenken.

Der Sonntagnachmittag gehörte den festlichen Veranstaltungen, die das hannöversche Proletariat den Delegierten zu Ehren vorbe-

reitet hatte. Palmengarten und Konzerthaus, die beiden Festsäle, vermochten die Massen der Arbeiter kaum zu fassen. Im »Palmengarten«, der wie eine riesige Bahnhofshalle aussieht, drängen sich unsere Hannoveraner Parteigenossen Kopf an Kopf und umringen stehend, wie eine lebendige Schutzmauer, die in der Mitte angesiedelten Delegierten. Die alten Vorkämpfer unserer Partei werden herzlich schlicht begrüßt. Musikalische Spenden, Konzertstücke und Männergesangsvorträge, lebende Bilder und turnerische Aufführungen wechseln in gedeihlicher Folge. Inzwischen richtet an die Versammlung der parlamentarische Vertreter von Hannover, Meister, markige Worte, getragen vom Geist der Freiheit und Einheit. Frohme erwidert, und auch durch seine Ansprache klingt der freie Meinungsaustausch, ohne erstarrte Dogmen und orthodoxe Ketzerrichterei in idealistischem Schwung als die Losung des Parteitages.

Am Abend saßen dann die Delegierten, nach Landschaft und Freundschaft gesondert, in den verschiedenen Gastwirtschaften bis tief in die Nacht beisammen, und vielfach bildeten weitgesponnene Erörterungen über Prinzip und Taktik kleine private Generalproben für die bevorstehenden großen Diskussionen.

Der Ort der Verhandlungen des Parteitags ist der Ballhof, ein altertümliches Lokal, das zwischen engen Gassen wie in einem Versteck verborgen liegt. In diesem Saal, der auch am Tag durch elektrisches Licht erleuchtet werden muß, hat sich die ganze Parteigeschichte Hannovers abgespielt. In frischem Grün und leuchtendem Rot stellt sich der Saal dar. Wappenschilder erinnern an die bisherigen Parteitage. Die stolzen Devisen aus dem Gedankenschatz des Proletariats schimmern in weißer Schrift auf den Fahnen. In einer in Purpurlicht getauchten Nische gruppieren sich um die Göttin der Freiheit Büsten von Lassalle, Marx und Engels.

Die Verhandlungen beginnen, wie üblich, am Montag, 9 Uhr. Die Delegierten erscheinen schon reichlich früh vor dem Glockenzeichen der Eröffnung. Es gilt, sich das für die Parteitagswoche geltende historische Recht auf einen möglichst guten Platz zu sichern. Bald sind alle Sitze an den langen Tafeln dicht besetzt. Der Zufall, als Platzarrangeur, widerlegte sofort das feindliche Gerücht von unversöhnlichen Gegensätzen in unserer Partei, und allen diesen Meinungsmachern zum Trotz setzt er friedsam Rosa Luxemburg dem Max Schippel unmittelbar gegenüber – ein symboli-

sches Gruppenbild, das sofort einen versöhnlichen Schein über die Verhandlungen breitet.

Singer eröffnet namens des Vorstands den Parteitag, dessen Erörterungen auch gegen 30 Vertreter der Presse, darunter einzelne ausländische, folgen. Singer und Blume-Hamburg werden zu Vorsitzenden gewählt; die Tagesordnung wird so festgesetzt, daß die Erörterung über die prinzipiellen und taktischen Grundfragen sofort hinter die Geschäftsberichte gesetzt wird. Singer begrüßt alsdann die ausländischen Gäste, und diese entwerfen in ihren Antworten knappe Skizzen von dem Stand der sozialdemokratischen Bewegung ihrer Länder. Adler-Wien hob besonders hervor, wie auch die slavischen Sozialdemokraten in der habsburgischen Monarchie eins seien mit den Deutschen. Der Holländer Vliegen wußte aus seiner Heimat Erfreuliches zu berichten: Der Anarchismus ist überwunden, und die holländische Sozialdemokratie geht nun erfolgreich daran, die liberale Regierung und die demokratisch gefärbte, aber ihrem Wesen nach zur reaktionären Internationale schwörende Bourgeoisie zu überwinden, die in endlosen Studien und Vorarbeiten alle sozialen Reformen erstickt. Für die politisch entrechteten schwedischen Arbeiter sprach Lindblatt-Stockholm. Auch in Schweden macht die proletarische Bewegung große Fortschritte, wenn sie auch nur im wirtschaftlichen Rahmen möglich ist. Mit gutem, von der Versammlung dankbar gewürdigtem Humor glitt der junge Dietzgen-Chicago über das notwendige Geständnis der nicht sonderlich erbaulichen Parteiverhältnisse in den Vereinigten Staaten hinweg. Er war in der beneidenswerten Lage, namens seiner zwei sozialdemokratischen Parteien Grüße zu entbieten, weil der einen er selber, der anderen aber seine Frau angehört. Eine solche dualistische Ehe ist möglich, weil es sich eben nicht um prinzipielle, sondern nur um taktische Meinungsverschiedenheiten handelt, und derlei Differenzen gehörten zu jedem ordentlichen Leben. Dietzgens Ehe wird programmatisch für die folgenden Verhandlungen sein. Endlich überbrachte noch Nüsperli-Zürich die Grüße der in der Schweiz lebenden deutschen und österreichischen Genossen.

Der heutige erste Tag der Parteitagswoche unterschied sich von allen früheren Jahrgängen durch eine erstaunlich umfassende Aufräumungsarbeit. Nicht nur die Berichte des Parteivorstands, der Kontrolleure, der Reichstagsfraktion wurden in dieser einen Sitzung erledigt, sondern man brachte auch gleich die Frage der

Maifeier und eine Resolution [Wilhelm] Liebknechts zur Verabschiedung, welch letztere die Beschickung des internationalen Pariser Kongresses 1900 befürwortet, und gleichwohl konnte man bereits um 6 Uhr schließen. Das ist niemals zuvor dagewesen. Ernstere Debatten gab es nur über die Nichtaufnahme der Verurteilung der Löbtauer Bauarbeiter in der Rubrik *Unterm neuesten Kurs.*[1]

Die Rüffelung des Parteivorstands hatte mit der ihm eigenen Vehemenz Genosse Ledebour übernommen, der fleißigste und eifrigste Redner des heutigen Tages, dessen Fleiß nur an der wehrenden und hemmenden Glocke des Präsidenten ein unüberwindliches Hindernis für das beabsichtigte volle Ausleben fand. Die Mehrzahl der Redner sprach sich dahin aus, daß die Aufnahme hätte erfolgen sollen. Aber man hielt die Angelegenheit mit dieser Aussprache für erledigt, und sämtliche Anträge, die teils dem Vorstand eine Mißbilligung aussprechen wollten, teils Normen für die Grundsätze bei der Zusammenstellung der Neuen Kurs-Rubrik aufzustellen suchten, wurden glatt abgelehnt.

Noch niemals ist ein Parteitag so wenig mit kleineren Beschwerden und Streitereien belastet gewesen wie der heurige. Man hatte nur das Bestreben, für die bedeutsamen großen grundsätzlichen Auseinandersetzungen Raum und Zeit zu schaffen. So wird denn Dienstag bereits der Kampf um die von Bernstein aufgeworfenen Probleme beginnen.

II.

In dem Ballsaal, der vor 250 Jahren eingeweiht wurde, um höfischen Herrschaften als Stätte eines erlauchten Ballspiels zu dienen, begann heute das freie Parlament des Proletariats das ernste, heiße Ringen um die Wahrheit und Berechtigung, um die reife Ausgestaltung und klare Formulierung seiner Weltanschauung und Parteigrundsätze. Kein staatlich anerkanntes Parlament der Erde vermöchte so tiefgründige Fragen mit ernsterem Willen zu erkennen, was ist, und mit reinerer Begeisterung zu erkämpfen, was sein

1 Diese Rubrik wurde nach dem Hallenser Parteitag 1890 im *Vorwärts* eingeführt zu dem Zweck, Verurteilungen durch die »Klassenjustiz«, die im Zusammenhang mit Parteibestrebungen erfolgten, festzustellen und darzulegen, daß auch nach dem Fall des Sozialistengesetzes gegen die Arbeiterschaft rigoros vorgegangen wurde *(Anm. d. Hg.).*

soll, als die Versammlung von Arbeitern, die keinen anderen Rang und Titel besitzen als die Weihe der Kultur und das Recht der Zukunft. Das faustische Ringen und Streben, nicht mehr gebunden an eine geniale Ausnahmepersönlichkeit, sondern wärmend und treibend in der Masse selbst – das ist der aufrichtende und von allem Kleinmut befreiende Eindruck der heutigen Verhandlungen des Hannoverischen Parteitags.

Darin liegt die Gewähr unseres Sieges, daß wir nichts glauben als die Wahrheit der Wissenschaft, nichts tun als das Klug-Zweckmäßige, nichts erstreben, als was der ganzen Menschheit dient und ziemt.

In fast sechsstündiger, durch die Mittagspause unterbrochener Rede erstattete Bebel das Referat über die Bernsteinfragen. Am Vormittag, in ruhiger Kritik, mit Zahlen und Zitaten beweisend, entfaltete unser Führer in den letzten zwei Stunden seines Vortrags die ganze jugendlich stürmende Kraft seines Temperaments, die auch den Gegner, wenn nicht durch die Logik und die Stärke der Überzeugung, so allein schon durch ästhetische Wirkungen bezwingen muß. Die Rednernatur Bebels strömt in der Tat eine Stimmungsgewalt aus, wie sie nur ein reiches Kunstwerk auslöst. Kein Wunder, daß dem unermüdlichen Redner die Freunde und Weggefährten mit unermüdeter Andacht folgten und die mit der zunehmenden Wucht der Rede wachsende Ergriffenheit auch den mit Beifallsbezeugungen sparsamen Parteitag wiederholt zu stürmischen Kundgebungen hinriß.

Die Meinung Bebels bringt die von ihm eingebrachte Resolution zum Ausdruck: Wir haben keinen Anlaß, an unseren Grundauffassungen etwas zu ändern, nicht aus dogmatischer Erstarrung, sondern weil die Tatsachen noch immer im Einklang mit ihnen stehen. Die wirkliche Entwicklung hat uns bisher rechtgegeben, und unsere Taktik ist elastisch genug, um uns die Anwendung aller möglichen und tauglichen Mittel zu gestatten.

Vielleicht ist der Gegensatz, der zwischen Bebel und Bernstein besteht, nicht so sehr eine im wesentlichen ernsthaft und unversöhnlich abweichende Differenz der Ansichten als vielmehr ein Zwiespalt der Temperamente, der entschlossenen Energie des begeistert Überzeugten und der ein wenig resignierten Bedenklichkeit eines gewissenhaften, ehrlichen, aber unschlüssigen Zweiflers. In einem scharfen Satz kann man die Rede Bebels als eine leidenschaftliche Anklage gegen den Optimismus in der Beurtei-

lung der kapitalistischen Entwicklung und gegen den zaghaften Pessimismus in der Würdigung der proletarischen Parteibewegung charakterisieren. Tatsächlich beurteilt Bernstein den Gang der kapitalistischen Ordnung günstiger, die sozialistische Gegenströmung mißtrauischer als der Marxismus. Gerade umgekehrt empfindet Bebel mit ungeglätteter Schroffheit das kapitalistische Elend, vertraut er der unbedingten Sieghaftigkeit unserer Sache; die Empörung über die bestehenden Verhältnisse, die nicht durch ein paar scheinbar günstigere Züge gelindert werden kann, bestärkt ihn bei aller nüchternen Überlegung und kühler abwägender Berechnung in der Überzeugung unseres endlichen Erfolges. Er mag nicht mehr mittun im politischen Gewerbe, wenn er immer nur die Schwierigkeiten sehen soll, wenn er nicht einmal den Mut haben darf, zu siegen und den Sieg zu nutzen.

Ausgehend von der Anerkennung der unbeschränkten Freiheit der Kritik als Lebensluft unserer Partei, widmete Bebel, gestützt auf ein umfangreiches statistisches Material, den ersten Teil seines Vortrags, dem Nachweis, daß die soziale Entwicklung, die relative Verelendung des Proletariats, die Zuspitzung der wirtschaftlichen Gegensätze, die Konzentration der Betriebe und die anderen verwandten Erscheinungen sich genauso vollzogen habe, wie es Marx dargestellt; er führte besonders Zeugnisse bürgerlicher Ökonomen an, die die Entwicklung unserer Verhältnisse weit ungünstiger beurteilen als der Sozialdemokrat Bernstein. Die Vorwürfe gegen Marx sind durchweg unbegründet. Weder ist Marx, der Darwin der Ökonomie, der Wirrkopf, aus dessen Schriften man alles beweisen könne, noch der Blanquist, der im Straßenkampf alles Heil sieht. Bernstein zerstört, schafft ein Chaos, ohne Neues aufzubauen. Seine Grundlehre ist die Losung: Immer langsam voran! Es ist ein Jammer, daß Bernsteins unrichtige Auffassungen und Mißverständnisse – so habe man die Elendstheorie im Sinne eines absoluten Niedergangs des Proletariats aufgefaßt – Anhänger in unseren Reihen gefunden haben. Wir haben eben vielfach das Denken verlernt und verfallen Schnitzern, die einem geschulten Agitator vor dreißig Jahren niemals passiert wären. Alte Mätzchen, die von bürgerlicher Seite erfunden sind, werden heute in unseren eigenen Reihen benutzt und als neue Weisheit ausgespielt. Es ist so weit gekommen, daß wir einen Teil unserer Parteigenossen durch bürgerliche Parteien zur Ordnung rufen müssen.

Im zweiten Teil erörterte dann Bebel den Klassenkampf, der sich

in der Sache nicht mildert, sondern stetig verschärft. Das Schwerste steht uns erst bevor, wir sind nicht über dem Berg, sondern stehen erst vor ihm. Es ist ein Irrtum Bernsteins, daß wir durch gewerkschaftliche und genossenschaftliche Bewegung das Endziel erreichen könnten. Und ebenso falsch ist es, zu behaupten, das Proletariat sei nicht reif, die politische Macht auszuüben, wenn sie ihm zufalle.

Eine tiefe Erregung durchzuckte die Versammlung, als Bebel mit leidenschaftlich glühendem Ton ausrief, daß das Proletariat schon jetzt an politischer Bildung und Fähigkeit dem Bürgertum weit überlegen sei. Eine Partei, die siegen will, bedarf der Begeisterung. Was sollen uns da Mahnungen, artige Kinder zu sein und die ethischen Empfindsamkeiten der Bourgeoisie nicht zu verletzen! Wir danken für eine Bewegung, die darüber philosophiert, was für Kleinkram noch zu überwinden ist. Haben wir die politische Macht, so expropriieren wir mit derselben Ruhe, wie es der revolutionäre Adel und das revolutionäre Bürgertum getan haben. Und da wir keine blutige Revolution wünschen – nicht die Revolutionäre, sondern die Reaktionäre waren es stets, die Gewalt anwendeten –, so können unsere überwundenen Gegner sich ganz lebendig mit ansehen, wie hübsch wir die Sache einrichten werden.

Als Bebel erklärte, daß wir uns die Expropriation als Mittel zum Endziel nicht nehmen lassen würden, brach ein stürmisches Händeklatschen los.

III.

Als gestern nachmittag Bebel seine große Rede beendet hatte, war es nicht leicht für den Genossen David, der als erster Diskussionsredner die Verteidigung Bernsteins übernahm, die noch unter dem Bann der Bebelschen Rede stehenden Hörer für seine Gegenausführungen zu gewinnen. Dennoch gelang es ihm, durch seine aus der Tiefe strömende, bisweilen an Bebels Art erinnernde Beredsamkeit und das namentlich am Anfang bewährte Geschick in der Präzisierung des Streits Aufmerksamkeit zu finden und festzuhalten. Er nahm unbedingt für Bernstein in Anspruch, daß er nach wie vor Sozialdemokrat sei. Bernstein erstrebt das sozialistische Endziel, und der Klassenkampf ist ihm eine unleugbare Tatsache. Nur über den Weg und das Tempo der Entwicklung gehen die Meinungen auseinander. Bernstein betont die Gleichwertigkeit des politi-

schen und wirtschaftlichen Kampfes. Durch Gewerkschaften und Genossenschaften muß die Sozialisierung und Demokratisierung schon jetzt angebahnt werden, der Besitz an den Produktionsmitteln durch Beschränkung aller Art ausgehöhlt werden.

David schilderte die mannigfachen Wandlungen und Widersprüche in den Parteianschauungen. Er verspottete den leeren Radikalismus, der, wie Genossin Luxemburg, das Parlament für einen Hühnerstall erklärt, und er nimmt – zur stürmisch lachenden Ergötzung des Parteitags – an, daß diese Genossin niemals geneigt sein werde, ihre sozialistischen Eier in solchen Hühnerstall niederzulegen.

Lebhafte Zwischenrufe gaben den Vortrag Davids stellenweise das Gepräge eines heftigen Gedankenduells. Um 7 Uhr brach der tapfere Ritter Bernsteins ab.

In der heutigen Sitzung kamen außer David, der seinen Vortrag zu Ende führte, gerade ein Dutzend Redner in der Bernsteindebatte zu Wort, von denen jeder die gewährte halbstündige Redezeit voll ausnützte. Rechnet man hinzu, daß auch die Mittagspausen und die Abende vielfach für das private Fortspinnen der Diskussion benutzt werden, so wird klar, wie groß und hingebend das allgemeine Interesse an diesen Erörterungen ist, und man wird begreifen, daß der Parteitag einstimmig die für Donnerstagnachmittag von unseren hiesigen Parteigenossen angebotene Landpartie ablehnte, um keine Arbeitszeit zu verlieren.

Die heutige Rednerliste umfaßte folgende Namen, in denen sich die Strömungen der Partei widerspiegeln: David, Frau Zietz-Hamburg, der Philosoph und Mediziner Woltmann-Elberfeld, der Badenser Fendrich, Liebknecht, der Mannheimer Arbeitersekretär Katzenstein, Grunwald-Jena, Molkenbuhr, der ostpreußische Grundbesitzer Hofer, Stolten-Hamburg, Kautsky, Rosa Luxemburg und Adler-Harburg.

Keiner war unter den Rednern, der nicht Wertvolles zu sagen und durch das Charakteristische der Persönlichkeit zu wirken gewußt hätte. Wir haben wahrlich wenig Anlaß, über den Mangel an fähigen Köpfen oder an jungem Nachwuchs zu klagen. Wir sind auch in dieser Beziehung eine reiche Partei.

In der Diskussion selbst trat die Erscheinung hervor, daß bei wohlwollender Interpretierung sich die Meinungen der Streitenden recht nahe kamen, während sie unter der Zuspitzung der polemischen Kontraste auseinanderwichen. Offenbare Einigkeit

herrschte insosfern, als niemand, auch die Bernsteiner David und Woltmann nicht – letzterer eine neue Erscheinung auf unseren Parteitagen –, an den Grundanschauungen, dem demokratisch-sozialistischen Endziel und dem Klassenkampf, rüttelte. Und ferner scheint auch ziemlich allgemein, als einziger positiver Änderungsertrag der Bernsteinschen Broschüre, die Einsicht gewonnen zu sein, daß das Erfurter Programm in einzelnen Punkten, wie hinsichtlich der Elendstheorie, eine klarere Formulierung beanspruchen könnte. Darum hat Bebel auch seine Resolution dahin abgeändert, daß sie nicht die Anerkennung des Programms, das heißt des Programmwortlauts fordert, sondern die Erhaltung der Grundsätze und Grundforderungen. Dagegen gehen die Ansichten über die Entwicklungstendenzen im einzelnen auseinander. Doch erklären auch die Anhänger Bernsteins, sie wünschten lediglich eine größere Berücksichtigung der Gegenwartspolitik in Gewerkschaften und Genossenschaften, ohne Verzicht auf den politischen Kampf. Daß auf diesem Gebiet hie und da unklare Übertreibungen in der Wertschätzung vorhanden sind, davon ist die Mehrheit des Parteitages überzeugt. Molkenbuhr fand, daß selbst die Bebelsche Resolution in den Sympathien für die Genossenschaften zu weit ginge. Die zweite Differenz, die unter dem Titel Kompromißpolitik gehende Wahlbeteiligungsfrage, wurde nur von Liebknecht gestreift. Hier dürfte die Mehrheit auf dem Standpunkt der Bebelschen Resolution stehen, über die übrigens namentlich abgestimmt werden soll.

Große Aufmerksamkeit fand heute der sich als Agrarier vorstellende Landwirt Hofer, der gegenüber David die innere Überlegenheit des Großbetriebes für die Landwirtschaft behauptete und aufzeigte, aus welchen Ursachen die landwirtschaftliche Entwicklung scheinbar anders verläuft als der Marxismus behauptete.

Auch die beiden Frauen, die heute sprachen, erwarben sich durch ihre klaren, bestimmten Ausführungen lebhafte Anerkennung. In Frau Zietz besitzt unsere Bewegung eine sehr tüchtige Kraft, und Rosa Luxemburg, die eine kleine unglückliche Neigung hat, durch entgleisende Derbheiten sich bisweilen um die Wirkung ihrer scharfsinnigen, pointierten Ausführungen zu bringen, fand mit ihren heutigen, in der Betonung des politischen Kampfes gipfelnden Ausführungen mit Recht allgemeine Anerkennung.

IV.

Die denkwürdige Bernsteindebatte ist am Freitagvormittag zu Ende gegangen. Bebels Resolution, die um eine Hinzufügung verschärft worden war, welche die Ablehnung des Vorschlags enthält, sich eine demokratisch-sozialistische Reformpartei zu nennen, wurde in namentlicher Abstimmung mit 216 gegen 21 Stimmen angenommen. Gegen die Resolution stimmten Berliner und Leipziger Genossen, weil sie im Absatz 3 die Kompromißfrage im bejahenden Sinne entschieden hatte, ferner Hamburger Genossen wegen des Satzes zugunsten der Genossenschaften. Einzelne Berliner hatten sich bei der Schlußabstimmung für die Resolution entschieden, legten aber in einer Protokollerklärung ihren Gegensatz zur Landtagswahl-Frage nieder. Über den Absatz 3 selbst war auch namentlich abgestimmt worden, und hier war das Verhältnis 205 gegen 34.

Das Ergebnis hat die grundsätzliche Einheit der Gesamtpartei, allen Gegnern, die mit gespitzten Mäulern lauerten, zum Verdruß, unwiderleglich festgestellt. Ja selbst in den taktischen Fragen hat sich eine weit größere Einmütigkeit herausgestellt, als vielfach in Parteikreisen geglaubt wurde. Hat Bernstein aus London seine Übereinstimmung mit der Resolution erklären lassen, so stimmte auf der anderen Seite Rosa Luxemburg sowohl für die ganze Resolution wie für den dritten Absatz, den übrigens Bebel in seinem Schlußwort dahin erläutert hatte, daß damit die Taktik bei den Landtagswahlen endgültig festgelegt werden sollte. Die Sozialdemokratie ist, bei aller Elastizität der Kampfesmittel, nach wie vor von allen bürgerlichen Parteien schroff und streng geschieden, die Grenzsteine sind nicht um Haaresbreite verschoben.

Die Entscheidung kam zustande, nachdem am Donnerstag eine der bewegtesten Verhandlungen vorausgegangen war, welche unsere Parteigeschichte kennt und über die es schwer, wenn nicht unmöglich ist, ruhig und objektiv zu berichten, weil der innerlich Beteiligte sich seiner individuellen Neigungen und Abneigungen nicht ganz zu entäußern vermag.

Der Donnerstag begann mit einer scharfen theoretischen Abweisung der sog. Bernsteinschen Richtung durch unsere Genossin Zetkin. Es traten dann in der weiteren Debatte immer mehr die bisher vernachlässigten praktischen Fragen in den Vordergrund, und endlich entfaltete sich am Nachmittag eine erregende persön-

liche Auseinandersetzung, die doch den sachlichen Wert einer Läuterung gewisser bei uns eingerissener Gepflogenheiten hatte oder doch haben sollte. Die dumpfe Luft des überfüllten Saales, über dessen hoch oben an der Decke befindliche Galerien durch lückenartige Fenster am Tage spärliche Sonnenstreifen in den elektrisch erleuchteten Raum fallen, die durch die Anstrengungen der unermüdlichen Arbeit erhöhte Reizbarkeit der Nerven, die innerliche Anhäufung von mancher Bitternis, die keine Aussprache gefunden hatte – alles dies trug dazu bei, jene leidenschaftlichen Szenen herbeizuführen, die der trockene Verhandlungsbericht in Stimmung und Wirkung nicht wiederzugeben vermag.

Es ist das allgemeine, durch keine Humanisierung gemilderte Kriegsrecht, im Kampf der Meinungen den Gegner so umzumodeln, wie man ihn braucht, um ihn aufs Haupt schlagen zu können. Unterscheiden sich die Meinungen nur durch unwesentliche Nuancen, so läßt sich natürlich nicht allzu energisch polemisieren. Man erweitert also, in der Regel unbewußt, die Kluft, und nun läßt sich herrlich nachweisen, was für ein Jämmerling der Gegner sei, um so herrlicher und leichter, als die Worte selten eindeutig im Begriff sind. Diese Eigentümlichkeit wirkte auch in den Erörterungen über die Bernstein-Frage bedeutsam und bedenklich mit. Dazu kam die Neigung, sich gegenseitig durch Zitate zu beweisen, entweder welche Torheiten der Gegner gesagt habe oder daß die eigenen angegriffenen Anschauungen gerade von den Angreifern genau in derselben Weise geäußert worden seien. »Ich habe gesagt«, »ich habe geschrieben«, »ich habe gemeint« – so hieß es jeden Augenblick. Kleine Umdeutungen und gelegentlich größere Rückzüge wurden vollführt, wenn frühere Momentäußerungen unbequem wurden: »Das habe ich nicht gesagt«, »das habe ich nicht geschrieben«, »das habe ich nicht gemeint«. Schließlich läuft dann alles auf Mißverständnisse hinaus, und die Gegensätze schrumpfen für den aufmerksamen Beobachter zusammen. Allein dieses Verfahren ist nicht ungefährlich. Wenn das künstlich erregte Bewußtsein der Gegensätze größer ist als die Gegensätze selbst, so wirkt die sachlich zwar unbegründete Stimmung des Gegensatzes unvorteilhaft auf das Gefühl unserer Zusamengehörigkeit und verschärft dann schließlich die Gegensätze selbst.

Charakteristisch für die Verhandlungen war, daß die lautesten Rufer im Bernstein-Streit sehr milde und versöhnlich gesprochen hatten. Von den furchtbaren Drohungen und Ankündigungen

grausamer Strafen, wie sie hier und da in Presse und Versammlungen laut geworden waren, war nichts zu hören. Unser bayerischer Genosse Ehrhart fühlte sich geradezu verletzt, daß man die angekündigte Abschlachtung der Bayern wegen ihres Kuhhandels an niemandem versucht hat, und nun ging er mit urwüchsigem Humor und wirksamen Argumenten kräftiglich vor, um die Zweckmäßigkeit der bayerischen Taktik zu beweisen.

Aber die Mäßigung und Enthaltsamkeit der – man verzeihe das Scherzwort – Unentwegten hatte auch ihre Ausnahmen. Wenn ein Redner die Feigheit der Bernsteiner verhöhnte, die sich jetzt nicht hervorwagten, wenn ein anderer die phantastische Entdeckung aussprach, es gäbe zwei Richtungen in der Partei, die einen, die sich um die Aufklärung der Massen mühten, die anderen, die sich begnügten, ein paar Gebildete zu gewinnen, so müsse das erbittern. Bedenkt man weiter, daß es seit einiger Zeit bei uns fast Gewohnheit geworden ist, zwischen zweierlei Parteigenossen zu unterscheiden, den guten Revolutionären und den bösen Opportunisten, daß jeder, der eine abweichende Meinung äußert, Gefahr läuft, von einigen, erfreulicherweise nur vereinzelten Genossen zum mindesten als Parteiverräter angeklagt zu werden; erwägt man endlich, daß die alten Freunde und Kampfgenossen Bernsteins die moralische Pflicht üben mußten, den Abwesenden gegen ungerechte Angriffe zu verteidigen – so begreift man den gewaltigen Ausbruch der Erregung, in dem [Ignaz] Auer, der sich nebenbei als Gegner der Bernsteinschen Anschauungen bekannte, Abrechnung hielt mit all den »Flüsternden und Wispernden«, die namentlich ihn selbst in den Ruf der Abtrünnigkeit zu bringen suchten. Gewiß wird die Schroffheit der Auerschen Rede manchen verletzt haben, aber dennoch war solch eine Aussprache einmal nötig. Niemals hatte Auer mit so erschütternder Wucht, aus der innersten Tiefe eines in der Parteiarbeit aufgeriebenen Mannes gesprochen, und als er durch allerlei Abschwächungsversuche gereizt wurde, da steigerte sich seine Anklage, indem er die versagende Stimme bis zur Erschöpfung antrieb, zu unvergeßlicher Kraft und Höhe. Kein Zweifel, daß die Persönlichkeit des Tons namentlich die Fernerstehenden befremden mußte – aber die Explosion könnte wohltätig wirken, wenn man in Zukunft es unterlassen möchte, in den sachlichen, in Wahrhaftigkeit und Ehrlichkeit geführten Streit der Meinungen die persönliche Anzweiflung der Parteigesinnung hineinzutragen.

Das Gewitter – auch Vollmar sprach gegen die Tendenzen zur Ketzerrichterei – tobte sich in einer Unzahl persönlicher Bemerkungen aus. Am Freitag aber sprach Bebel in seinem Schlußwort, so entschieden er auch manche Angriffe Auers und anderer Redner zurückwies, mild und versöhnlich.

Die Erörterungen über den Militarismus, die am Freitagnachmittag begannen, führten, nach manchen scharfen, auch unerquicklich persönlichen Auseinandersetzungen, zu der Feststellung, daß es in unserer Anschauung über den Militarismus keine Meinungsverschiedenheiten gibt. Dem Genossen Schippel wurde wegen seines Isegrimm-Artikels[2] die Mißbilligung des Parteitags ausgesprochen.

In der Sonnabendsitzung wurde noch knapp und kräftig gegen die Zuchthausvorlage demonstriert. Alsdann ging es an die übrigen Anträge verschiedener Art. Bedeutsam war die große Mehrheit und die große Entschiedenheit, womit der Parteitag den Disziplinbruch der Leipziger Genossen rügte. Angenommen wurde der Antrag der Berliner, der in den Angelegenheiten des *Vorwärts* Vorstand und Preßkommission gleiche Rechte einräumt und bei Meinungsverschiedenheiten die Kontrolleure hinzuzieht. Dagegen wurde der Antrag abgelehnt, der dem *Vorwärts* eine einheitliche redaktionelle Stellungnahme vorschreiben wollte.

Auf die Tagesordnung des nächsten Parteitags sollen die Verkehrsfragen gesetzt werden. Bei dem Antrag Luxemburg-Liebknecht, die Taktik bei den Landtagswahlen auf die Tagesordnung des nächsten Parteitages zu setzen, flackert noch für einen Augenblick die Bernsteindebatte auf. Heine-Berlin sprach dagegen, weil durch die Annahme des Absatzes 3 der Resolution Bebels die Frage entschieden sei. Liebknecht erklärte, daß es doch notwendig sei, über diese taktischen Meinungsverschiedenheiten ins reine zu gelangen. Der Parteitag beschloß mit geringer Mehrheit – die Feststellung des Büros wurde von einem Teil der Delegierten hinsichtlich ihrer Richtigkeit angezweifelt –, die Taktikfrage im nächsten Jahr zu behandeln. Als Ort des Parteitages wurde Mainz ausersehen; Lübeck und Nürnberg unterlagen in der Konkurrenz.

Nachdem Vorstand und Kontrolleure gewählt, gab Singer eine Übersicht über die Verhandlungen, als deren Ergebnis er die Ein-

2 *Skizzen aus der sozialpolitischen Literatur und Bewegung*, in: *Sozialistische Monatshefte* (1898), S. 495 *(Anm. d. Hg.)*.

mütigkeit der Partei feststellte. Durch Einigkeit zum Ziel – das ist nach wie vor unsere Losung, von der sich niemand ausschließt.

Mit einem Hoch auf die Sozialdemokratie und dem machtvoll emporklingenden Gesang der Arbeitermarseillaise schloß der Parteitag.

Nach Hannover

Nicht der Groll der bedrückten Massen reicht hin, die Mächte der Gewalt zu überwinden; die Aufgabe der Sozialdemokratie ist es, in der Erkenntnis der wirtschaftlichen und politischen Wirklichkeit dem Proletariat das befreiende Schwert in die Hand zu geben. Dieses Schwert muß stets wieder neu geschliffen werden, auf daß es nicht roste, und immer wieder muß das Proletariat seinen Gebrauch üben und vervollkommnen, auf daß es ihn nicht verlerne.

Eine Partei, die also im Doppelkampf – im Kampf gegen den Gegner und im Ringen um die Wahrheit – steht, sie benötigt alljährliche Musterung ihres Bestandes, ihrer Aufgaben, ihrer Ziele, damit der Schlachtplan in Einigkeit festgestellt und die feste Geschlossenheit der Marschkolonnen erhalten werde.

Beiden Aufgaben war auch dieser Parteitag in Hannover gewidmet. In beiden Richtungen hat er viel getan, und als sein Ergebnis stellt sich heraus ein bedeutender Fortschritt im großen Kulturkampf unseres Zeitalters, den das Proletariat kämpft.

Insonderheit war die Parteitagswoche »inneren Fragen« gewidmet. Die große Grundfrage: Wohin wollen wir? war aufgeworfen und damit im engsten Zusammenhang die strategische Frage: Wie und auf welchen Wegen wollen wir das Ziel erreichen?

Je mehr unsere Partei an Zahl der Anhänger wächst, je mehr sie zum Fürsprecher aller Bedrückten wird, je größer ihre politische Bedeutung und Verantwortlichkeit wird, um so mehr sieht sie sich vor die Aufgabe gestellt, ihre Ideale in der Praxis des Lebens, ihr großes Wollen in den Problemen, die der Tag stellt, zu bewähren. Die kleine Gruppe verkündet ihr Ideal der erwartungsvollen Menge, aber die große Partei soll das Ideal an den Einzelheiten der wirklichen Lebenskämpfe vertreten und verwirklichen. Da gilt es in der Mannigfaltigkeit der Einzelfragen das geistige Band nicht zu verlieren. Und darum muß die Partei stets von neuem in harter Denkarbeit sich mühen, daß sie durch Wahrheitserforschung gewachsen bleibe allen neuen Ansprüchen der fortschreitenden

Entwicklung der lebendigen Wirklichkeit. Kein Parteitag der deutschen Sozialdemokratie, auf dem nicht ein Stück dieser Wahrheit gesucht und gefunden wäre, aber kaum ein Parteitag, wo so heiß um die Wahrheit gerungen wurde wie auf dem soeben beendeten in der einstigen Welfenhauptstadt, und wo, wie wir meinen und hoffen, so viel des hohen Gutes gefunden wurde. Jeder unserer Parteitage befaßte sich mit wichtigen Einzelfragen und löste sie. Dieser Parteitag befaßte sich mit der Frage der Fragen, mit der Grundfrage unseres Parteiwesens, die alle Einzelfragen umschließt.

Wenn wir unter dem Eindruck dieses Parteitages an die ihm vorangegangenen zurückdenken, so erscheint es uns nun überraschend, daß das, was in Hannover geschah, nicht schon früher geschehen ist. Wir gestehen, es ist das erste Mal seit dem Gothaer Einigungskongreß von 1875, daß die Grundlage unseres Programms unter der Anteilnahme der gesamten Partei umfassend und gründlich besprochen worden ist. Als in Halle nach dem Fall des Sozialistengesetzes die Aufstellung eines neuen Programms beschlossen ward, und als dieser Beschluß in Erfurt 1891 zur Ausführung gelangte, da waren nur wenige Köpfe der Theorie an dem Werk beteiligt, das ohne jede größere öffentliche Diskussion aus einer schnellen Kommissionsberatung hervorging. Jetzt aber erlebten wir eine wahrhaft große Debatte durch vier Tage unter eifrigster Beteiligung der ganzen Partei. So ist noch in keiner Partei je über wissenschaftliche Fragen diskutiert worden. So ist auch in unserer Partei noch nie über die Grundlagen unseres Denkens und unserer gesamten Stellungnahme im öffentlichen Leben diskutiert worden. Schon diese Tatsache, daß ein solches Parlament des ernstesten Ringens um wissenschaftliche Wahrheit aus der Tiefe der gedrückten Menschheit erwachsen ist, muß, so dürfen wir frei von Selbstüberhebung sagen, als ein erhebender Beweis gelten, daß es ein Aufwärts gibt in der menschlichen Kulturentwicklung!

Vor dem Parteitag in Hannover schien es manch einem fast, als seien so tiefe Gegensätze in der deutschen Sozialdemokratie ausgebrochen, daß es vielleicht keine Überbrückung geben könne. Wir haben dies nie geglaubt. Der Parteitag hat unsere Auffassung zu unserer Freude bestätigt.

Was ist die Quintessenz aus der großen Debatte in Hannover? Wohl gibt es Gegensätze allerlei Art, Meinungsverschiedenheiten über viele Einzelfragen, die oft größer scheinen, als sie wirklich

sind, wenn die Lebhaftigkeit des Temperaments die eigene Meinung zuspitzt und die Meinung des anderen nicht mit ruhiger Objektivität zu betrachten weiß. Da waren manche, welche nicht genug der »radikalen Phrase« entgegentreten konnten und schon glaubten, jene »Radikalen« dächten nur an den »einen großen Tag« und seien widerwillig, die Aufgaben der Tagespolitik recht zu würdigen. Da waren andere, die einen verderblichen »Opportunismus« hereinbrechen sahen und fürchteten, es gäbe eine Richtung in der Partei, welche eine zaghafte Anlehnung an die bürgerliche Scheindemokratie suche, welche im Kleindienst der Tagesarbeit aufgehen wolle und die Ideale vergesse, die die Herzen entflammen und allein die zur Fortführung des schweren Kampfes bis zum Siegesfest nötige Kraft geben.

Wenn wir recht urteilen, so sind die Schwarzseher auf beiden Seiten enttäuscht worden, und mindestens sind ihre Befürchtungen am Ausgang des Kongresses viel, viel geringer geworden, als sie zuvor gewesen. Wir wollen damit keineswegs einen Tadel gegen diejenigen erheben, die solche Befürchtungen hatten. Mißtrauen ist in diesem Fall eine Tugend, denn es ist das Mißtrauen, daß niemand strauchle und daß die Sache der Gesamtheit keinen Schaden nehme.

Freilich, es wäre töricht anzunehmen, daß der Parteitag all diesen Erörterungen ein absolutes Ende gesteckt hätte. Im Gegenteil, viele Probleme sind nun erst aufgeworfen worden, und unsere besten Männer werden fortdauernd an ihrer Lösung arbeiten. Die Wissenschaft steht nicht still, und unser Bemühen um sie darf niemals rasten. Wohl aber hat der Parteitag die Tatsache ergeben, daß es ein Ideal ist, das in uns allen glüht und das unsere Gemeinschaft gegen jeden Zweifel im eigenen Lager und gegen jeden äußeren Feind sicherstellt. Das ideale Ziel der Beseitigung jeglicher Ausbeutung des Menschen durch den Menschen, der Herstellung einer klassenlosen Gesellschaaft, deren Grundlage die soziale Gleichberechtigung aller und deren Prinzip die höchstmögliche Entfaltung aller menschlichen Fähigkeiten und Talente ist – dieses Ziel, dieser freiheitliche Sozialismus ist uns allen das Leitmotiv unseres Wirkens, wie es zugleich die Quelle ist, aus der uns stets von neuem die Kraft des Kämpfens zuströmt.

Berechtigt war die Lebhaftigkeit, mit der gegen Bernstein zu Felde gezogen ward, wenn die Meinung begründet war, Bernstein wolle an jenem Ideal rütteln. Aber alle Genossen, die auf dem

Parteitag Bernsteins Ansichten mehr oder minder vertraten, bekannten sich uneingeschränkt und unzweideutig zur Idee der Demokratie und des Sozialismus, zur Taktik einer rein-proletarischen Klassenkampf-Politik.

Mag nun auch manche Einzelheit innerhalb jener allumfassenden Grundanschauungen fürderhin streitig bleiben, die Einheit der deutschen Sozialdemokratie ist, wie wir nicht anders erwartet hatten, von neuem gesichert und gestärkt aus dem Parteitag hervorgegangen. Ja mag selbst jemand die Befürchtung noch hegen, daß immerhin die Mittel und Wege des anderen, wenn auch wider seinen Willen, aus dem Rahmen jener Grundanschauung hinausdrängen, so wird doch die Diskussion hierüber in einer sachlichen Art und der Würde der Wissenschaft entsprechend geführt werden, nachdem die Übereinstimmung im Empfinden jedem unzweifelhaft geworden ist.

Das gleiche Empfinden der Partei und das übereinstimmende Bekennen der gleichen Grundanschauung hat sich glänzend bekundet in der Annahme der Bebelschen Resolution. Diese Resolution ist der Boden, auf dem wir alle gemeinsam stehen. Mag auch der eine diesem Satz der Resolution mehr, jenem weniger Bedeutung beilegen als der andere – darin erblicken wir keineswegs eine Schädigung oder Schwächung des Arbeiterkampfes. In dieser Millionenpartei[3] kann nicht eine Schablone herrschen, ja es ist vielmehr ein Glück für die Bewegung, daß sie nicht vorhanden ist. Es ist erfreulich, daß bei aller Einheit doch Mannigfaltigkeit waltet. Ist es nicht ein Zeichen lebendiger Kraft in der Partei, daß nicht einer alles nach seiner Auffassung leitet, daß mancherlei selbständige Denkweise hervortritt, da schließlich alle doch dem gleichen großen Ziel zustreben? Wir sehen allenthalben den politischen, intellektuellen, sittlichen Aufstieg der großen Volksmassen aus dunklen Tiefen empor zum Licht. Auf allen Lebensgebieten wollen sie sich versuchen. Mag da nun der eine den Versuch, durch konsumgenossenschaftliche Betätigung die Arbeiterklasse zu fördern, höher anschlagen als der andere, mag wiederum das Gewerkschaftswesen dem einen als Vorschule des politischen Kampfes, dem andern als gleichwertig mit der politischen Bewegung, dem dritten als sogar höheren Ranges gelten – das sind Verschiedenheiten der Auffassung, über die noch oft gestritten werden wird, aber

3 Gemeint ist die Zahl der Wähler, die 1898 2,1 Millionen betrug *(Anm. d. Hg.)*.

Verschiedenheiten, die doch insgesamt sich unter der höheren Ordnung dessen, was allen gemeinsam ist, zusammenfassen und niemals ein genössisches Zusammenstehen wider den allgemeinsamen Feind unmöglich machen.

Vor dem Parteitag erschienen diese Verschiedenheiten manchem von uns größer, als sie sich nun, da die Genossen Auge in Auge einander Rede standen, herausgestellt haben. Was als eine Abweichung vom Prinzip erschien, erscheint nun als eine Abweichung über das tauglichste Mittel, das Prinzip zu erfüllen. Und hatte die Befürchtung, es wolle jemand bröckeln am Prinzip der Partei, vor Hannover zu mancher, oft auch unnötigen Heftigkeit der Polemik geführt, so sollte dieses unheilvolle Mißtrauen von nun an beseitigt sein, und die Bemühung sollte Platz greifen, unsere Diskussionen fortan frei von Rechthabereien und Verdächtigungen als lautere Sucher der Wahrheit zu führen. Auch in dieser Hinsicht, des sind wir überzeugt, hat die lebhafte Aussprache auf dem Parteitag ihr Gutes geschaffen.

Der Parteitag hat aber über die Sicherung der programmatischen Einigkeit hinaus, wie sie nicht nur durch die Resolution Bebels, sondern auch durch die erneute Festlegung unserer unversöhnlichen Gegnerschaft gegen den Militarismus zum Ausdruck gelangt ist, noch ein positives Resultat von großer Bedeutung gebracht. In derselben Bebelschen Resolution, welche unsere Grundanschauungen in gedrängter Kürze feststellt, ist auch eine wichtige taktische Frage entschieden worden, die Frage der Wahlbündnisse. Mit einer unerwarteten, fast an Einmütigkeit reichenden Majorität hat die Partei den allgemeinen Satz aufgestellt, daß ein Zusammenoperieren unserer Partei mit anderen Parteien unter Umständen statthaft sei. Die wenigen Parteigenossen, welche diesem Beschluß nicht zustimmten, werden jedenfalls erkannt haben, daß den mehr als 200 Delegierten, die für diesen Absatz der Bebelschen Resolution stimmten, nichts ferner gelegen haben kann, als die Selbständigkeit und prinzipielle Reinheit der Partei zu mindern. Also auch in dieser taktischen Angelegenheit, deren Erledigung große Schwierigkeiten im Wege zu stehen schienen, ist fast spielend eine weitgehende Übereinstimmung der Partei erzielt worden.

Und weil diese einige Geschlossenheit auf unserem Parteitag wiederum sichergestellt worden ist, darum schweres Ärgernis in den Reihen unserer Gegner. Mehr denn je hatten diese ihre Hoffnungen auf den Parteitag in Hannover gesetzt, mehr denn je hatten

sie auf Spaltung unserer Partei oder doch auf die Feststellung so weitgehender Differenzen gehofft, daß der bisherige feste Zusammenhalt gelockert werden könnte. Wie stets so auch dieses Mal war ihr Hoffen trügerisch und daher jetzt ihre Unzufriedenheit. Unzufrieden sind die Scharfmacherblätter, da der Parteitag ihnen so ganz und gar keine Gelegenheit gab, das rote Gespenst der Ungesetzlichkeit und Gewalttätigkeit den Urteilslosen neu ausstaffiert vorzuführen. Unzufrieden sind insbesondere die liberalen und demokratischen Blätter, die in gründlichem Mißverständnis unserer Parteientwicklung schon wähnten, die sozialdemokratische Partei werde die Einheitlichkeit ihrer Weltanschauung preisgeben und sich in eine Politik der Grundsatzlosigkeit, Zerfahrenheit, Kleinlichkeit, Ideenlosigkeit verflachen.

Sie alle, unsere Gegner, sind die Getäuschten, und nur das deutsche kämpfende Proletariat darf freudig auf die Tage von Hannover schauen, welche von neuem die Einheit und damit die Kampfesfähigkeit der Partei sichergestellt haben. Denn wirklich gab es in Hannover auch nicht einen geringsten Mißklang, eine mindeste Abweichung, als die Fragen der Organisation des Parteiheeres und seines Aufmarsches behandelt wurden. Es bekundete sich da allenthalben eine vollständige Harmonie. Noch auf keinem Parteitag fand die Verwaltung der Parteigeschäfte durch den gewählten Vorstand sowie die Tätigkeit der parlamentarischen Fraktion so uneingeschränkte Zustimmung wie in diesem Jahr. Die altbewährten Männer, die seit langen Jahren an der Spitze der Partei stehen, sie sind durch das Vertrauen der Partei wieder auf ihren Posten gestellt worden, obschon gerade auch in ihnen die mannigfachen Abweichungen in den Ansichten über Einzelfragen zum Ausdruck gelangen.

Auch eine Reihe anderer Fragen des Parteilebens wurden in Hannover ohne jede Schwierigkeit geordnet. Der Protest gegen die Zuchthausvorlage, die Maifeier, die Beschickung des nächsten internationalen Kongresses, die Erledigung einiger Beschwerden – das alles konnte schnell und glatt erledigt werden.

So hat sich denn der Wunsch, der am Vorabend des Kongresses ausgesprochen wurde, daß er zum Heil der Partei wirken möge, voll erfüllt. Der Parteitag hat sich als eine zentripetale, zusammenführende Macht bewiesen. Die Delegierten der Partei haben ein wertvolles Werk vollbracht. Die deutsche Arbeiterklasse darf ihnen Dank sagen für ihre Mühewaltung.

Geeint und gekräftigt geht die Sozialdemokratie aus den Debatten in Hannover hervor. Mit neuer Begeisterung und hellen Auges führt sie ihren Kampf gegen die Feinde des Volkes und der Kultur. Rastlos an sich selbst arbeitend und den Feind von Schanze zu Schanze treibend – so schreitet das Proletariat zum Sieg, in eine neue Zeit!

Die Resolution August Bebels lautet:

Die bisherige Entwickelung der bürgerlichen Gesellschaft giebt der Partei keine Veranlassung, ihre Grundanschauungen über dieselbe aufzugeben oder zu ändern.

Die Partei steht nach wie vor auf dem Boden des Klassenkampfs, wonach die Befreiung der Arbeiterklasse nur ihr eigenes Werk sein kann und betrachtet es demzufolge als geschichtliche Aufgabe der Arbeiterklasse, die politische Macht zu erobern, um mit Hilfe derselben durch Vergesellschaftung der Produktionsmittel und Einführung der sozialistischen Produktions- und Austauschweise die größtmögliche Wohlfahrt Aller zu begründen.

Um dieses Ziel zu erreichen, benutzt die Partei jedes mit ihren Grundanschauungen vereinbare Mittel, das ihr Erfolg verspricht. Ohne sich über das Wesen und den Charakter der bürgerlichen Parteien als Vertreter und Verfechter der bestehenden Staats- und Gesellschaftsordnung zu täuschen, lehnt sie ein Zusammengehen mit solchen von Fall zu Fall nicht ab, sobald es sich um Stärkung der Partei bei Wahlen, oder um Erweiterung der politischen Rechte und Freiheiten des Volkes, oder um eine ernsthafte Verbesserung der sozialen Lage der Arbeiterklasse und der Förderung von Kulturaufgaben, oder um Bekämpfung arbeiter- und volksfeindlicher Bestrebungen handelt. Aber die Partei bewahrt sich überall in ihrer Thätigkeit ihre volle Selbständigkeit und Unabhängigkeit und betrachtet jeden Erfolg, den sie erringt, nur als Schritt, der sie ihrem Endziel näher bringt.

Die Partei steht der Gründung von Wirthschaftsgenossenschaften neutral gegenüber; sie erachtet die Gründung solcher Genossenschaften, vorausgesetzt, daß die dazu nöthigen Vorbedingungen vorhanden sind, als geeignet, in der wirthschaftlichen Lage ihrer Mitglieder Verbesserungen herbeizuführen, sie sieht auch in der Gründung solcher Genossenschaften, wie in jeder Organisation der Arbeiter zur Wahrung und Förderung ihrer Interessen, ein geeignetes Mittel zur Erziehung der Arbeiterklassse zur selbständigen Leitung ihrer Angelegenheiten, aber sie mißt diesen Wirthschaftsgenossenschaften keine entscheidende Bedeutung bei für die Befreiung der Arbeiterklasse aus den Fesseln der Lohnsklaverei.

In der Bekämpfung des Militarismus zu Wasser und zu Lande und der Kolonialpolitik beharrt die Partei auf ihrem bisherigen Standpunkt. Ebenso verbleibt sie bei ihrer bisherigen internationalen Politik, die auf eine Ver-

ständigung und Verbrüderung der Völker, in erster Linie der Arbeiterklasse in den verschiedenen Kulturländern, abzielt, um auf dem Boden einer allgemeinen Föderation die Lösung der gemeinsamen Kulturaufgaben herbeizuführen.

Nach all' diesem liegt für die Partei kein Grund vor, weder ihr Programm, noch ihre Taktik, noch ihren Namen zu ändern, und sie weist jeden Versuch entschieden zurück, der darauf hinausgeht, ihre Stellung gegenüber der bestehenden Staats- und Gesellschaftsordnung und den bürgerlichen Parteien zu verschleiern oder zu verrücken.[4]

Über den Parteitag in Mainz 1900

(...)

Nach den nervenspannenden Diskussionen in Hannover wird der Parteitag in Mainz nicht mindere Bedeutung haben. Fruchtreiches Schaffen am Ausbau der Partei, kraftvolle Einwirkung auf die politischen Fragen, die durch die neueste Entwicklung des deutschen Lebens gestellt sind – das erwarten die klassenbewußten Arbeiter Deutschlands von ihren Vertretern in Mainz.

Der Parteitag soll die Organisation der Partei den Ansprüchen der neuen Gesetzgebung anpassen. Nach langen Bemühungen wurde eine der Fesseln zerschnitten, die das Recht der freien Vereinigung binden. Dazu brachte das neue bürgerliche Recht Bestimmungen, die Schutz gegen etwaige unberechtigte Anforderungen einzelner an die Parteigesamtheit erfordern. Nicht grundlegende Reformen sind in Aussicht genommen. Denn die bisherige Partei-Organisation hat sich voll bewährt. Unsere Partei-Organisation hält sich, wie uns scheint, in glücklicher Mitte zwischen allzu großem Zentralismus und allzu weitem Föderalismus. Sie bekundet bereits die Einfältigkeit des gegnerischen Einwurfs, als erstrebe unsere Partei eine Ordnung der Dinge, in der alles von zentraler Stelle reglementiert werde. Die Reformvorschläge, die von der Reichstagsfraktion vorgelegt sind, bleiben in derselben Richtung. Eine stärkere Zentralisierung erscheint weder nötig noch durchführbar, da das Opfer des Ausschlusses der Frauen von einer Partei nicht gebracht werden kann, die als eine ihrer größten Aufgaben die geistige Erweckung und politische Erziehung des weiblichen Geschlechts betrachtet.

4 *Prot. SPD 1899*, S. 67f.

(...)

Auf dem Boden der neugefestigten Organisation ist der Kampf gegen die Unterdrückungs- und Ausbeutungspolitik der herrschenden Klassen fortzuführen. Nach zwei Richtungen hin hat der Parteitag den Gefechtsplan festzustellen.

Zunächst die Landtagswahlen. Mit dem Wachsen unserer Partei ist die Notwendigkeit an sie herangetreten, nicht nur auf dem Gebiet der Reichsgesetzgebung, sondern auch in der Landesgesetzgebung und in der Kommune im Interesse der arbeitenden Klassen zu wirken. Niemand in der Partei konnte, als einmal die Frage aufgeworfen war, die ungeheure Wichtigkeit des Angriffs auf das preußische Junkertum in der festesten Position seines politischen Machtmißbrauchs, in der preußischen Gesetzgebung, bezweifeln. In Köln bereits 1893 beschloß die Partei, diesen Kampf durch eine Protestbewegung gegen das Dreiklassen-Wahlsystem aufzunehmen. Es zeigte sich jedoch bald, daß der Kölner Beschluß auf dem Papier verblieb. Nun erhob sich, verstärkt durch das Unternehmen der Reaktion, ihre bösartigsten Vergewaltigungen der Arbeiterklasse aus dem Reichstag in die einzelstaatliche Gesetzgebung zu verlegen, der Ruf nach Beteiligung an der Wahl trotz des Dreiklassen-Wahlsystems. Mehrere Jahre wurde hitzig um dieses Problem in der Partei gestritten. Noch heute halten viele unserer besten Kämpfer dieses Beginnen für höchst bedenklich, da es leicht zu einer Abirrung vom grundsätzlichen Klassenkampf der Arbeiter gegen die reaktionär geeinten Ausbeuter führen könne. Doch soweit hat der Streit Klärung gebracht, daß jedenfalls die Absicht solcher Abirrung den Befürwortern der Wahlbeteiligung fern liegt. Es herrscht vollkommene Einigkeit in der ganzen Partei, über alles die Reinheit der Grundsätze zu stellen. Wenn nun der Parteitag die allgemeine Wahlbeteiligung beschließt, so ist die Minorität bereit mitzukämpfen, als wäre der Beschluß von ihr mitgefaßt worden. So fordern es unsere demokratischen Grundsätze, und erst die Zukunft kann lehren, ob die Besorgnisse etwa doch gerechtfertigt sind, daß die Taktik der Wahlbeteiligung die Partei in der Lauterkeit ihrer Prinzipien schädigen könne. In jedem Fall – darüber ist kein Zweifel – herrscht in der Partei der übereinstimmende Wille, die ungemein wichtigen Fragen der einzelstaatlichen Landesgesetzgebung künftig umfassend zu behandeln und die Agitation wider die Missetaten der herrschenden Klassen in dieser Landesgesetzgebung in die staatsbürgerlich entrechtete Bevölkerung zu tragen.

Sodann ist dem Parteitag die Aufgabe gestellt, den Kriegsruf erschallen zu lassen gegen die Verruchtheiten der modischen Weltpolitik. Und der Protest gegen diese Weltpolitik verbindet sich mit der Forderung einer vernünftigen, die arbeitende Klassen schützenden, freien Handelspolitik. Die unsägliche Verwirrung der deutschen Politik zeigt sich im gleichzeitigen Streben nach Ausdehnung über die Ozeane zwecks vermeintlicher Handelserweiterung und nach Einengung der deutschen Wirtschaft hinter der chinesischen Mauer des Hochschutzzolls. Die Pläne der junkerlichen Kornwucherer schlagen dem Handel, der Industrie, den Arbeitern tausend tiefe Wunden. Gleich verheerend aber wirkt eine Weltpolitik, die mit brutaler Gewalt fremde Nationen niederzuwerfen und zum Kauf ausländischer Ware zu erziehen vermeint. Und dieselbe Weltpolitik verschleudert unfruchtbar Hunderte Millionen, die der Proletarier sich vom täglichen Bedarf abgekargt. Dieselbe Weltpolitik verwischt auch den dünnen Firnis der kapitalistischen Kultur und läßt Brutalität und Roheit erschreckend aufwuchern. Die Weltpolitik endlich trifft das schmale Recht, das sich das deutsche Volk in der Mitbestimmung über sein politisches Geschick erworben, ins Lebenszentrum.

Keine bürgerliche Partei denkt daran, den Verwüstungen der Weltpolitik irgendwelchen ernsthaften Widerstand zu bieten. Es ist die Ehrenpflicht der Sozialdemokratie, die deutsche Wohlfahrt und Kultur vor der weltpolitischen Verrohung zu schützen.

So sind dem Parteitag in Mainz wichtige und ehrenreiche Aufgaben gestellt.

Die Arbeit ist getan.

(...)

Inmitten allgemeiner Verwirrung der Begriffe hat der Parteitag Klarheit geschaffen. Inmitten grauenhafter Verderbnis hat er den Kulturgedanken leuchten lassen. Die größte Partei Deutschlands hat laut und unzweideutig schroffste Absage erteilt jeglicher Weltmachtpolitik und auch in dieser neuesten, verderblichen Phase militaristischer Entwicklung sich zur Weltfriedenspolitik bekannt.

Die klare und große Stellungnahme unserer Partei mag im Augenblick die weltpolitische Situation nicht ändern. Doch wir sind reich belohnt, wenn es uns gelingt, aus der schmutzigen Flut,

die alles zu überschwemmen droht, das Ideal der Menschlichkeit und der Kultur emporzuretten. Die Geister sind gerufen, die Gewissen sind erweckt.

(...)

Endlich ist die Frage der Beteiligung an den Landtagswahlen ihrer Lösung entgegengeführt worden. Nochmals gab es ein heißes Streiten. Die Genossen, denen die Wahlbeteiligung unter dem Dreiklassenwahlsystem und der etwaige Abschluß von Wahlkompromissen mit anderen Parteien parteigefährdend erschien, boten, wie es ihre Pflicht forderte, nochmals alle ihre Gründe auf, um die Partei von dem Wege abzuführen, den sie in dieser Frage seit mehreren Jahren betritt. Aber die andere Anschauung, welche Gefahren für die Reinheit der Partei nicht befürchtet, vielmehr erhebliche Förderung der Partei und der preußisch-deutschen Zustände von unserem Eintreten in diesen Kampf erwartet, behielt die Oberhand.

Der Parteitag hat gesprochen. Die Fehde unter uns ist zu Ende. Es hieße die in der Minorität gebliebenen Genossen beleidigen, wenn jemand die Richtigkeit der Schlußworte Bebels bezweifeln wollte, daß nun »kein Genosse in Preußen, sei es wer es sei, auch nur Miene macht, hinter der Front zurückzubleiben, daß, wenn die Fanfare zur Schlacht erklingt, Mann für Mann ins Feld rückt«. Jetzt gibt es nur noch den einen Kampf: gegen die Unterdrückungsherrschaft des preußischen Junkertums!

Über den Parteitag in Lübeck 1901

(...)

Der Parteitag in Lübeck wird kein Kongreß grundlegender Wendungen und neuer Gestaltungen sein. Wenn auch in der Peripherie Meinungen auseinandergehen mögen, im Wesen und Kern ist die Partei klar über sich selbst, und in durchaus einheitlicher Erfassung der Aufgaben und Ziele, der Mittel und Wege arbeitet sie an der steten Erweiterung ihres Machtbereichs. Und wenn es den bürgerlichen Parteien gefällt, sich dadurch über das trostlose Gefühl ihrer Zerrissenheit und ihres unabwendbaren Niedergangs hinwegzutäuschen, daß sie mit scharfen Ferngläsern nach schweren Gewittern in der Sozialdemokratie spähen – wir wollen sie nicht in ihrem Zeitvertreib hindern, daß sie luftfrischendes Wetter-

leuchten am Horizont für Anzeichen vernichtender Katastrophen halten. Wir lachen über den Wahn und – arbeiten.

Und eine schwere Fülle von bedeutsamer Arbeit ist auch diesem Parteitag auferlegt. Einmal gilt es, die inneren Angelegenheiten, die das verflossene Jahr zur Aussprache vor der höchsten Parteiinstanz gedrängt hat, zu erledigen, diese und jene Differenzen zu schlichten. Dann haben wir die sozialdemokratische Anschauung der herrschenden Politik demonstrativ gegenüberzustellen. Endlich werden wir ein überaus wichtiges Gebiet unserer praktischen Tätigkeit erörtern und zu festen, unmittelbar zu verwirklichenden Vorschlägen klären.

Von den inneren Fragen stehen zwei im Vordergrund, die eine mehr geschäftlicher Natur, die andere berührt die innere Politik unserer Partei. Wir werden in Lübeck Gelegenheit nehmen, langjährige Erfahrungen, die unser Presse- und Buchhandlungswesen gezeitigt, in allgemeinem Gedankenaustausch nutzbringend zu verwerten. Je mehr sich die Sozialdemokratie mit geschäftlichen Unternehmungen befassen mußte, um so dringender wurde es, die in dieser Hinsicht auftauchenden Fragen einmal gründlich zu diskutieren, hängt doch von dem Gedeihen der Parteigeschäfte nicht nur die materielle, sondern auch die ideale Leistungsfähigkeit der Partei sehr wesentlich ab. Eine zweckmäßige, weitreichende Verbreitung unserer Literatur ist eine Lebensfrage für die Sozialdemokratie, und die große erfolgreiche Entwicklung, die wir auf diesem Gebiet zu verzeichnen haben, ist uns nur ein Ansporn zu weiterer Steigerung in Tiefe und Breite.

(...)

Vor einem Jahr in Mainz manifestierte der Parteitag wider den verwüstenden, ruchlosen Chinazug und die Barbarei der imperialistischen Weltpolitik im allgemeinen. Inzwischen ist das in der Geschichte beispiellose Abenteuer, das nicht nur die Unkultur, sondern auch die intellektuelle Verblödung des herrschenden Systems blutig bloßgestellt hat, in Schimpf und Gelächter jammervoll versunken.

In Lübeck wird die Sozialdemokratie eine eindrucksvolle Demonstration gegen den inneren Hunnenkurs unternehmen, gegen die agrarisch-industrielle Beutepolitik, die es inmitten einer das Reich in den Tiefen erschütternden wirtschaftlichen Krisis wagt, das durch den industriellen Niedergang ohnehin als Produzent niedergedrückte Proletariat nun auch als Konsumenten auszu-

plündern. Den Tollheiten der schlimmsten Rückständigkeit gegenüber wird der Parteitag die klare, schöpferische Politik des Sozialismus in schneidendem Kontrast aufs neue verkünden und bekennen.

Sachlich am wichtigsten ist auf diesem Parteitag die Beschäftigung mit der Wohnungsfrage. Wenn es auch für ihre völlige Lösung in der kapitalistischen Gesellschaft keine Möglichkeit gibt, so ist es doch auch eine unaufschiebbare Aufgabe, mit allen Kräften und Mitteln die Beseitigung der schlimmsten Notstände von Reich, Staat und Kommune zu erzwingen. Hier bietet sich den Sozialdemokraten vielleicht das fruchtbarste Feld praktischer Arbeit und unmittelbarer Reformen. Nicht minder als gegen den Brotwucher hat die Partei gegen den infamen Wohnungswucher zu Felde zu ziehen. Der Lübecker Parteitag wird unserer längst geübten Tätigkeit, die auf Milderung, wenn nicht Beseitigung der Wohnungsnot abzielt, neue Anregung bringen.

Unser diesjähriger Parteitag entbehrt nicht der Weihe einer Jubiläumserinnerung. Wir dürfen den zehnjährigen Gedenktag des Erfurter Programms feiern, das in unverwelkter Kraft während dieses Jahrzehnts unsere Propaganda und parlamentarische Tätigkeit, unsere prinzipiellen Entscheidungen und praktische Arbeit bestimmt hat, das uns den unbeirrbaren Führer in den großen Aufgaben unseres weltpolitischen und welthistorischen Berufs wie in den kleinsten Entscheidungen, die der Tag fordert, gab. Gewiß, auch das Erfurter Programm ist nur Menschenwerk, es mag diese oder jene mißverständliche oder unklare Wendung enthalten, auch den Bedürfnissen knapper agitatorischer Schlagkraft nicht völlig entsprechen – ebenso gewiß aber ist, daß wir in ihm das eherne Gedankengefüge einer wissenschaftlich gegründeten Weltanschauung besitzen, das uns in unserem Kampf sicher leitet, uns vor dem Abirren in kleinliche Augenblicksrücksichten behütet und uns die gewaltigen Ziele weist, indem es uns zugleich eine Fülle praktischer Arbeitsmöglichkeit erschließt, die wir auf dem Wege zur Gestaltung unserer Welt zu leisten haben.

Das Erfurter Programm ist auch an den reichlichen theoretischen Diskussionen nicht zu Schaden gekommen, die uns die letzten Jahre beschert haben. Wir sind der vielleicht ketzerischen Meinung, daß diese Auseinandersetzungen zwar notwendig sind, um uns vor dem Rosten zu bewahren – sie sind eine Art gymnastischer Übungen zur Belebung des Parteigeistes –, daß aber in

diesem besonderen Fall ihr Ertrag verzweifelt gering war. Wir leiden weder an der publizistischen Nervosität, die in jeder Meinungsverschiedenheit gleich den Untergang der Welt fürchtet, noch lassen wir uns beeinflussen durch die lieben Leute, die uns gern beerben wollen und den Erbschleicher in der Weise spielen, daß sie die eine Meinung gegen die andere karikierend ausspielen und dadurch in der Sozialdemokratie selbst das Gefühl hervorzurufen suchen, als ob in ihr zentrifugale, auseinandertreibende Kräfte am Werke seien.

Wer die innere Geschichte der Partei nur einigermaßen kennt, weiß, daß sie stetig an einheitlicher Geschlossenheit gewachsen ist. Prinzipielle und taktische Fragen, an deren Lösung unsere Führer vor ein, zwei, drei Jahrzehnten pessimistisch verzweifelten, sind uns zu unbestrittenem Besitz geworden, über den niemand mehr verschiedener Meinung ist. Und wir haben eigentlich nur noch so viel Differenzen unter uns, wie gerade notwendig sind, um ein frisches geistiges Leben anzuregen. Die Partei ist in ihrem Handeln von solcher geschlossener Einheitlichkeit, daß die bürgerlichen Parteien und Parteichen, die bei uns Spaltpilze entdecken, vor Neid noch weiter bersten müßten, als sie ohnehin durch die inneren Interessengegenstände schon zerklüftet sind.

(...)

Am Sonnabendnachmittag ist nach einer Woche harter Arbeit, nach erregten Stürmen und fruchtbaren Entschlüssen der Lübecker Parteitag der deutschen Sozialdemokratie beendigt. Die Kampfgefährten gingen in Frieden und Einheit, hochgemut und zukunftsstolz, auseinander, um, jeder an seinem Teil, weiterzuschaffen an dem Gedeihen der Partei, die, im Verein mit den Brüdern der zivilisierten Erde, die Gesellschaft neu gestalten wird. Auf festem Boden stehend, Menschen nur, die auch menschlich fehlen und irren, keine Arbeit verschmähend, auch die geringste nicht, keinem Kampf ausweichend, und wäre er noch so schwer – so läßt doch die große Sache diese winzigen Menschen gewaltig emporwachsen zu Trägern einer geschichtlichen Mission. Mögen die Feinde draußen zetern und rasen, mögen sie uns tot zu schlagen oder tot zu schwatzen suchen, verlästern oder verhöhnen, was schert das uns! Wir treiben unsere Sache, so wie wir unter dem ehernen Zwang unserer Erkenntnis und Einsicht handeln müssen.

Vielleicht klarer als jeder frühere Parteitag bewies der von Lü-

beck, welchen großen sachlichen Wert unsere Kongresse für die Weiterentwicklung der Partei haben. Während die ähnlichen Veranstaltungen der bürgerlichen Parteien bloße nutzlose Schaustellungen sind, werden hier wirkliche ernste Aufgaben bewältigt, Schwierigkeiten gelöst, Erkenntnisse geklärt und Erfahrungen fruchtbar gemacht. Was das Jahr über von Zeitung zu Zeitung, in Versammlungen und Organisationen an Diskussionsstoff in ganz Deutschland zusammengetragen ist, was an Problemen und Meinungsverschiedenheiten aufgetaucht, das findet in der persönlichen Aussprache der erwählten Vertreter der Gesamtpartei Erledigung und Ausgleich. Innere Parteidiskussionen entstehen nicht nur, wenn die Anschauungen auseinandergehen, sondern ebenso werden durch die Diskussionen erst Differenzen geschaffen. Im Ungestüm des täglichen Kampfes, in der Erregung des Augenblicks, die Ungeduld und Mißverständnis der Stürmer und Dränger leicht verschärfen, und bei der Vereinzelung der Beteiligten geschieht es nur zu oft, daß die Debatte die Fragen nicht zur Erledigung, sondern zur Verwirrung bringt, daß die Differenzen wachsen, der unbeträchtliche Riß scheinbar zum klaffenden Spalt wird. Auf dem Parteitag löst sich dann wohl zunächst die Spannung in jenen leidenschaftlichen Auseinandersetzungen aus, für die unsere Gegner so gar kein Verständnis zeigen wollen, und, ist das Gewitter vorüber, so zeigt es sich plötzlich, daß die Gegensätze weit geringfügiger gewesen als man wähnte und daß es leicht sei, sie völlig zu versöhnen. Und die Entscheidungen, in denen man sich einigt, bedeuten dann fast immer einen inneren Fortschritt der Partei.

Gerade in Lübeck, wo die Köpfe und Temperamente nicht selten mit übergroßer Leidenschaft aneinandergerieten, war schließlich der bedeutsame Ertrag, daß alle wichtigen Beschlüsse mit überwältigend großen Majoritäten gefaßt wurden. Links und rechts gelegentlich ein paar Dissidenten, im ganzen aber eine feste und kraftvolle Einheit in Prinzip und Taktik.

Die Bernstein-Debatten, über die wir bereits das Notwendigste gesagt haben, geben in ihrem glücklichen Ausgang denen recht, die von Anfang an, unbeirrt durch die literarischen Zuspitzungen, die Meinung hatten, daß ihre Bedeutung bei weitem nicht so groß wäre, als daß sie notwendig zu ernstlichen Differenzen führen müßten. Jetzt ist der Frieden geschlossen, den Schwarzseher eben noch für unmöglich halten wollten. Die Kritik wird und soll

weitergehen, aber sie wird in einer Weise geführt werden, daß sie nicht durch Unklarheiten, verfrühte, halb ausgereifte Zweifeleien und persönliche Herabsetzungen das theoretische Interesse erstikken und statt Förderung Verwirrung stiften. Daß Bebel eine Revision des Erfurter Programms ankündigte, ist die schlagendste Widerlegung des Geredes, daß die Sozialdemokratie in Dogmen erstarrt sei. Freilich sind die guten Leute sehr im Irrtum, die bei einer solchen Revision auf eine Verwässerung des Sozialismus hoffen. Das Gegenteil wird der Fall sein. Die Sozialdemokratie bildet sich fort, weil sie lebt.

Vor dem Parteitag in Dresden 1903

Unsere Gegner spitzen wieder die langen Ohren. Zu unserem Dresdener Parteitag hat sich noch gerade rechtzeitig, wie wir das seit Jahren gewohnt sind, eine erregte Diskussion angesponnen, die mit der üblichen temperamentvollen Offenherzigkeit ausgefochten wird. Wieder schlagen wir aufeinander los, und unsere Feinde blicken gespannt, ob nun wohl endlich der Koloß der sozialdemokratischen Partei in Trümmer gehen würde, das heißt, ob die Sozialdemokratie selbst ein Werk verrichten wolle, das aller Haß und alle List, Verfolgungen und Umwerbungen der Gegner nicht zu erreichen vermochten. Die Hoffnungen unserer Gegner sind natürlich umsonst, aber die Frage muß einmal aufgeworfen werden, ob es denn überhaupt notwendig und begründet ist, solche Hoffnungen zu erregen. Ein von uns allen verehrter Mann[5] hat neulich das Zornwort im *Vorwärts* drucken lassen, daß »die Zeit des Vertuschens und gegenseitigen Komödiespielens in der Partei vorbei« sei. Wir und mit uns wohl die große Masse der Parteigenossen haben uns beim Lesen dieses Satzes verwundert gefragt: Wie, diese leidenschaftlichen Auseinandersetzungen der letzten Jahre, die vor keinem starken Wort zurückschreckten und in der hellsten Öffentlichkeit alle inneren Beschwerden zur Sprache brachten – das war Vertuschen und Komödiespielen? In gewissem Sinne freilich geben auch wir zu, daß in der Partei ein wenig Komödie gespielt wird und daß es an der Zeit ist, mit diesem Komödiespielen ein Ende zu machen: Wir lieben es, uns einander äußerlich wie

5 Gemeint ist der Parteivorsitzende August Bebel *(Anm. d. Hg.)*.

Gegner zu behandeln, obwohl wir uns doch alle bewußt sind, daß wir auf Tod und Leben miteinander verbunden sind, durch gleiche Ideale, gleiche Kämpfe, durch die Überzeugung und das Gefühl, daß unsere unsterbliche Seele unsere unsterbliche Sache ist. Wir sind eine Gemeinschaft, die durch tausend unzerreißbare Bande aneinander gefesselt ist – und dennoch erwecken wir so gern den Anschein, als ob die Partei aus auseinanderstrebenden Elementen bestünde. Freilich, darin besteht auch ein Gutteil unserer Kraft, daß wir allein frei aussprechen dürfen, woran jede andere Partei zersplittern müßte.

Wenn unsere Partei-Erziehung vielleicht hier und da noch einer Nachbesserung bedarf, so auf dem Gebiet unserer Parteidiskussionen. Wir schelten zwar gern in Augenblicken der Ungeduld die Theoretiker, obwohl doch die theoretische Grundlegung unserer Partei unser höchster Stolz ist. Trotzdem aber zeigen wir eine merkwürdig geringe Widerstandsfähigkeit gegen das Aufdrängen von theoretischen Diskussionen, für die gar keine innere Notwendigkeit da ist. Das wächst dann lawinenmäßig an, und nach kurzer Zeit scheint es, als ob wir nichts Wichtigeres zu tun haben, als über die gleichgültigsten Dinge zu reden, nur weil es irgendeinem Theoretisierer gefallen hat, seinen Witz auf diese Frage fallen zu lassen. Da es nun menschlich ist, daß sich bei solcher Gelegenheit auch persönliche Neigungen und Abneigungen äußern, daß impulsive Befürchtungen und das natürliche Bedürfnis, recht zu behalten, mitwirken, so nimmt die Diskussion oft eine Schärfe an, die nur dann erwünscht und notwendig wäre, wenn es sich um Lebensfragen der Partei handelte. Aus einem grilligen Einfall wird so ein bedeutsames Prinzip oder ein schreckliches Symptom für gefährliche Unterströmungen. Das beliebte, aber nicht sehr förderliche Vokabel-Fangspiel zwischen Prinzip und Taktik wird fleißig geübt. Und das Üble an alledem ist, daß wir darüber die Zeit für wichtigere Probleme verlieren. In unserer Partei hat nun einmal jeder das Menschenrecht, Torheiten, die ihm im Kopf bedrohlich umgehen, in der Presse und in Versammlungen loszuwerden, und er darf in der Betätigung dieses Menschenrechts auch nicht beschränkt werden, weil solche Torheiten das einzige Mittel sind, um in der bürgerlichen Welt zu etlichem Ansehen zu gelangen und wohl gar den Ruf eines Staatsmannes und klugen und selbständigen Kopfes zu erringen. Vielleicht wäre es da wünschenswert, daß manche Parteiredaktionen gelegentlich ein etwas größeres Verantwortlich-

keitsgefühl bewiesen, indem sie im voraus den Eindruck mancher literarischer Einfälle abschätzen und von der Pflicht des Redakteurs Gebrauch machen, kühler Berater hitziger Mitarbeiter zu sein.

Es ist weder richtig, wenn man in der neuerlichen Parteidiskussion von der Beibehaltung der »guten alten« Taktik spricht, noch bedürfen wir der Propheten, die uns eine neue Taktik anempfehlen. Die deutsche Sozialdemokratie hat sich vielmehr nach einem Menschenalter schwerer Kämpfe gerade in den letzten Jahren zu einer vollständigen Klarheit über die einzig mögliche Taktik durchgerungen. Es gibt keine alte, keine neue, sondern nur noch *die* Taktik.

Die Taktik, welche die deutsche Sozialdemokratie verfolgt, ist nicht vom Himmel gefallen, sondern erst allmählich erarbeitet. Es ist eine nicht sonderlich tiefe Betrachtungsweise, wenn man taktische Probleme mit den mehr verwirrenden als klärenden Gegensatz-Begriffen Radikalismus und Opportunismus, Marxismus und Revisionismus oder wie sonst die Totschläger geistiger Verständigung lauten mögen, bezeichnet. Unwandelbar ist in der deutschen Sozialdemokratie allein das Grundgesetz unserer Taktik: die aus dem Klassenkampf folgende selbständige proletarisch-revolutionäre Politik. Über die richtige Anwendung dieses taktischen Grundgesetzes aber ist von jeher Streit gewesen, bis es endlich in der sozialdemokratischen Aktion der neuesten Zeit zur Lösung und Einheit gediehen ist. Das taktische Problem liegt allein in der Verbindung prinzipieller Forderungen mit den Ansprüchen der praktischen Politik des Tages, der jeweiligen Situation.

(...)

Es ist selbstverständlich, daß die Sozialdemokratie diese stachlige Aufgabe, prinzipielle und aktuelle Politik widerspruchs- und reibungslos zu einer innigen Einheit zu führen, nicht in einem Tag lösen konnte. Es gab Schwankungen und Irrungen, man tastete und probte, bis schließlich das Problem, mit der geschichtlichen Entwicklung selbst reifend, in bewunderungswürdiger Weise gelöst wurde.

(...)

Wir haben die volle Einheit zwischen prinzipieller und praktischer Politik gefunden. Wir haben gelernt, jeden Vorteil für das Proletariat zu greifen, ohne auch nur ein Jota unserer Forderungen als Kaufpreis dranzugeben. Wir arbeiten auf allen Gebieten, boh-

ren uns in alle Institutionen hinein, aber wir denken nicht daran, das Erstgeburtsrecht unserer demokratischen und sozialistischen Forderungen um Augenblicksvorteile willen zu verschachern und preiszugeben. Das ist die klarbewußte Taktik der Sozialdemokratie, die nicht die gute alte ist, die aber auch keiner Revisionen mehr bedarf.

(...)

Wir hätten nicht das Bedürfnis gehabt, noch einmal auf die taktischen Auseinandersetzungen einzugehen, denen irgendwelche Bedeutung zuzuerkennen uns niemand zwingen wird. Wir würden sie unter die nun einmal üblichen Sommerdiskussionen rechnen, die zwar nichts nützen, aber auch nichts schaden, wenn uns die augenblickliche politische Lage nicht mit der Sorge erfüllte, man könnte auch nur einen irgendwie wesentlichen Teil der kostbaren Dresdener Zeit mit zwecklosen internen Auseinandersetzungen verschwenden. Diese Tage gebühren vielmehr lediglich Erörterungen von entscheidender Bedeutung, sie müssen das Rüstzeug stählen wider die Feinde ringsum.

Vielleicht noch niemals hat die Sozialdemokratie vor so folgenschweren Wendungen gestanden. Täuschen wir uns nicht darüber: Unser Wahlsieg[6] hat in den herrschenden Klassen und leitenden Kreisen einen weit tieferen Eindruck gemacht, als nach außen hin zum Ausdruck kommt. Es wühlt und gärt. Das Zentrum ist offenbar bereit, die Partei der Staatsrettung zu werden. Liefert man ihm in Preußen die Schule völlig aus, so ist es im Reich für jede Schandtat zu haben.

In einer solchen Lage hat die Sozialdemokratie und der Parteitag keine Zeit zu Plänkeleien, wie sie vor dem Parteitag grassiert haben. Wir haben vielmehr nur eine Aufgabe: Rat zu pflegen, auf welche Weise, in welchen Formen wir unser Dreimillionen-Mandat für die Interessen des Proletariats, des deutschen Volkes und der Zukunft nutzbar zu machen vermögen.

6 Die Partei erhielt am 16. Juni 1903 3010000 (= 31,7 Prozent) der Stimmen *(Anm. d. Hg.)*.

Verschmelzung von prinzipieller und praktischer Politik

Resolution an den Parteitag in Dresden 1903

Der Wahlsieg vom 16. Juni verpflichtet die Sozialdemokratie zu gesteigerten und vertieften Anstrengungen, um positiven Einfluß auf das Geschick der deutschen Politik zu gewinnen. Nicht nur in der Kritik der herrschenden Klassen und ihrer Politik, nicht nur in der Abwehr der volksfeindlichen Angriffe der Reaktion, auch nicht in der bloßen Verbesserung von Regierungsvorlagen und anregenden Anträgen erschöpft sich unsere Aufgabe. Die sozialdemokratische Reichstagsfraktion ist durch das Vertrauen der Wähler zur berufenen Gesetzgeberin des deutschen Volkes geworden. Je mehr die bürokratische Regierung für die Interessen der herrschenden Klassen in unfruchtbarer Flickarbeit oder dreisten und sinnlosen Angriffen wider die im Proletariat sich vollziehende notwendige geschichtliche Entwicklung versteinert, um so größer ist die Pflicht der sozialdemokratischen Reichstags-Fraktion, die unermeßliche Schöpferkraft des demokratischen und sozialistischen Prinzips für die aktuelle Gesetzgebung fruchtbar zu machen. Eine solche Tätigkeit erzielt dreierlei: Sie bewirkt nützliche und bedeutsame Reformen, sie deckt die geistige Armseligkeit und gehässige Beschränktheit der Sachwalter der kapitalistischen Klassen und ihrer regierenden Agenten auf, sie zeigt endlich die Grenze und die Schranke, wo innerhalb der gegenwärtigen Gesellschaftsordnung entscheidende Verbesserungen unmöglich werden, und wirkt dadurch aufklärend über und für das sozialdemokratische Programm. Bis zu dieser Grenze und Schranke, von der wir noch weit entfernt sind, zu gehen und alles Mögliche wirklich zu machen, ist unsere Aufgabe in der Tagespolitik.

Zu diesem Zweck und zugleich im Interesse der Stärkung des Parlamentarismus selbst wird die sozialdemokratische Fraktion beauftragt, in Gestalt von ausgearbeiteten Gesetzentwürfen die wichtigsten Fragen der gegenwärtigen Situation in Angriff zu nehmen. Den einzelnen Gesetzentwürfen sind umfassende Begründungen und Denkschriften beizugeben, und es ist zu veranlassen, daß auch diese Begründungen, dem Brauch anderer Parlamente

gemäß, in die amtlichen Drucksachen des Reichstages aufgenommen werden; zugleich sollen Reichstags-Drucksachen zu möglichst billigem Preis jedermann zugänglich gemacht werden, etwa nach dem Vorgang des *Reichs-Arbeitsblattes*. Von den Gegenständen, die in erster Linie durch solche positiven, eingehend begründeten sozialdemokratischen Gesetzentwürfe zu bearbeiten wären, sind zu nennen: Reichs-Finanzreform, Arbeiterschutz, Koalitionsschutz-Gesetz, systematische Militärreform, Minister-Verantwortlichkeit, Reichs-Schulgesetz und Revision des Strafrechts.[1]

Zum Parteitag in Dresden 1903

(...)

Bisher haben sich die Fraktionen des Reichstags zumeist darauf beschränkt, Resolutionen einzubringen, durch die die Regierung um Vorlage eines bestimmten Gesetzentwurfs ersucht wird. Die eigentliche gesetzgeberische Tätigkeit wurde der Regierung übertragen. Anstelle solcher Resolutionen sollen jetzt ausgearbeitete Gesetzentwürfe treten, denen umfassende Begründungen und Denkschriften beizugeben sind.

Die Fraktion fordert also nicht mehr die Regierung auf, z.B. einen Gesetzentwurf zur Einführung eines Normal-Arbeitstages vorzulegen, wobei sie sich dessen versehen muß, daß die Mehrheit die Resolution ablehnt oder die angenommene Resolution von der Regierung nicht beachtet wird, sondern sie ruft sozusagen die anderen gesetzgebenden Faktoren gleich zum gedeckten Tisch. Der Reichstag braucht die Regierung nicht um Ausführung einer bestimmten Arbeit aufzufordern, und die Regierung braucht ihre gesetzgeberischen Talente nicht zu strapazieren. Die Fraktion übernimmt die Arbeit selbst.

Dabei hat sie durch eigene Formulierung ihrer Vorschläge Gelegenheit, gleich zu beweisen, daß ihre Anregungen gesetzgeberisch durchführbar sind; sie hat ferner Gelegenheit, in einem umfassenden gedruckten Text die Gründe geltend zu machen, die für ihren Entwurf sprechen. Sie kommt in einer Drucksache des Reichstags schon zu Wort, ehe der schleppende Geschäftsgang des Reichstags sie zur Begründung ihres Antrags auf die Tribüne ruft.

1 Der Antrag wurde auf dem Parteitag zurückgezogen. Siehe dazu *Antrag an den Parteitag in Leipzig 1909*, S. 222ff. *(Anm. d. Hg.)*.

Die Drucksachen des Reichstags sollen durch möglichst billige Preise jedermann zugänglich gemacht werden. Die Wähler können also die positive Tätigkeit ihrer Abgeordneten genau kontrollieren. Die Wirkung nach außen wird gesteigert, den Anhängern der gewünschten Reform bietet die ausführliche Begründung ein reiches Arsenal von Waffen. Aber auch die Wirkung nach innen, im Reichstag selbst, wird nachhaltiger und tiefer durch das lebhaft angeregte Interesse, das das Volk jetzt an der Sache nimmt, durch die Entlastung des gesetzestechnischen Apparates, durch den Respekt, den man einer so ernsten Arbeit wohl oder übel entgegenbringen muß.

Die Fabel, die unsere Gegner geflissentlich verbreiten, wir könnten nur »zerstören«, nicht schaffen, wird durch die Tat aufs gründlichste widerlegt.

Die Mehrheit ist bei der Beratung des Entwurfs vor die angenehme Entscheidung gestellt: Entweder sie sagt Ja und schädigt damit ihr Klasseninteresse, oder sie sagt Nein und schädigt durch solche Entblößung abermals ihr Klasseninteresse. Die Sozialdemokratie setzt ein Stück ihres vorläufigen Programms durch und dient damit der Arbeiterklasse, oder sie verschafft sich eine furchtbare Waffe der Agitation und dient damit wieder der Arbeiterklasse.

Soweit der Sinn der Teltow-Charlottenburger Resolution.

Für das Gelingen einer solchen Aktion ist aber eines unbedingt notwendig: das gespannteste Interesse der Bevölkerung. Man darf sich darüber keiner Täuschung hingeben: Wenn bisher zuweilen erregte Erwartung über das Schicksal einer Gesetzesvorlage durch das Land zitterte, so waren es Regierungsvorlagen, um die es sich handelte und deren Ablehnung man wünschte. Die Massenaktionen unserer Partei, die sich auf ein bestimmtes Ziel der Gegenwartspolitik richteten, sind allemal Abwehraktionen gewesen.

Ihre heutige Entwicklungshöhe gibt aber der Partei nunmehr Gelegenheit, auch den auf ein bestimmtes positives Ziel gerichteten Massenangriff zu organisieren. Das Kommando zu diesem Massenangriff gibt die Fraktion durch die Einbringung ihres ausgearbeiteten und begründeten Entwurfs. Die Parteipresse nimmt den Faden auf; Versammlungen werden überall abgehalten, um das Interesse der Bevölkerung wachzurufen und ihr selbst Gelegenheit zum energischen Meinungsausdruck zu geben.

Das alles ist freilich auch bisher schon geübt worden. Aber die Aussicht auf Erfolg war geringer, weil der Resonanzboden kleiner war und – die Hauptsache! – weil sich das Interesse auf zu verschiedene und zu zahlreiche Einzelfragen zersplitterte.

Lassalle, der auch von der Sache etwas verstand, sagt in seinem *Offenen Antwortschreiben*: »Alle Kunst praktischer Erfolge besteht darin, alle Kraft zu jeder Zeit auf einen Punkt – auf den wichtigsten Punkt zu konzentrieren und nicht nach rechts noch links zu sehen.« Soweit unsere Agitation an die unmittelbar praktische Arbeit [an]knüpfte, haben wir diesen Rat bisher nicht befolgt. Es wird Zeit, uns daran zu erinnern.

Unsere Agitation für die Forderungen, die wir an die bürgerliche Gesellschaft stellen, muß sich auf möglichst wenige und wichtige Punkte konzentrieren, um zu einem wirklichen Massenangriff zu werden.

Die Entscheidung, welche unserer Forderungen nun die allerwichtigsten seien, ist gewiß nicht leicht zu treffen. Jede Vorausstellung der einen bedeutet die vorläufige Zurückschiebung aller anderen. Und da über die größere oder geringere Notwendigkeit einer Reform auch unter Gleichgesinnten die Ansichten sehr verschieden sein müssen – je nach dem Wirkungskreis, in dem der einzelne Genosse arbeitet –, ist eine Einigung nicht leicht zu erreichen.

Dagegen müssen sich alle sagen, daß der erste positive Erfolg auch der Bahnbrecher aller künftigen sein muß. Es wird viel Mühe kosten, den Engpaß zu passieren, und es ist ganz gewiß klar, daß alle zugleich nicht hindurch können.

(...)

Wir, die wir so oft und so gern unseren Parteitagen freudigstes Nachwort gewidmet, wir haben die Pflicht, Kritik zu üben auch gegenüber der höchsten Instanz unserer Partei, gegenüber dem Parteitag selbst. Unsere Gegner sind eifrig beflissen, die Vorgänge des Parteitages in ihrem Interesse auszunützen; die einen unter ihnen trachten danach, unser unzweideutiges Bekenntnis zum unversöhnlichen Kampf gegen die kapitalistische Gesellschaftsordnung zu Scharfmacherzwecken auszubeuten, die anderen setzen das groteske Unternehmen des »Auseinanderlobens« fort und entdecken auch in diesem Parteitag Anzeichen des nahenden Sieges der »Revisionisten«. Wir aber haben unbeirrt durch jederlei gegnerisches Verhalten unsere Überzeugungen auszusprechen, und wir

dienen der Partei, indem wir Mängel und Fehler, die wir wahrzuhaben glauben, nicht »vertuschen«.

Wie hoch auch das erneute Bekenntnis zur siegbewährten Kampfmethode angeschlagen werden mag, es bedurfte nach unserem Ermessen zur Erreichung dieses Zieles nicht so umfassender Debatten, wie sie in Dresden stattfanden, und noch weniger ist die erbitterte Heftigkeit der Fehde ein unvermeidliches Übel. Gewiß erklärt sich die Schärfe der Aussprache aus der Leidenschaft zur Sache, aber die Gefahr ist hervorgetreten, daß unter dem Persönlichen die Sache erstickt und daß private Angelegenheiten in die Diskussion geworfen werden, die den Sensationslüsternen, aber nicht den Politiker angehen. Daß diese Gefahr in Dresden Wirklichkeit wurde, das hat nicht nur die erregte Stimmung der Gemüter bewirkt, sondern die Art, wie der Parteitag vorbereitet worden war, hat das Überströmen dieser Erregungen begünstigt. Unsere Zeitung hatte sogleich nach der Bekanntgabe der Tagesordnung des Parteitages durch den Parteivorstand ihre Dürftigkeit und Unzulänglichkeit betont. Wir vermißten die Stellung positiver Beratungsgegenstände, wir wünschten, daß mindestens die Reichstagswahlen zu einem besonderen Gegenstand der Tagesordnung gemacht würden, es sollte eine umfassende Besprechung der Wahlergebnisse in den verschiedenen Landesteilen und gegenüber den verschiedenen gegnerischen Parteien herbeigeführt und die Vorbereitung für systematische Fortführung unserer Agitation und Organisation, besonders in den bisher ertragsloseren Gebieten des Agrariertums und des Zentrums, getroffen werden. Das war etwas völlig anderes, als was der Parteitag in Mangel entsprechender Vorbereitung tat; die Verkoppelung der Reichstagswahlen mit der Taktikfrage ließ die von uns befürwortete Erörterung völlig verschwinden, und nur in Bebels interessanten Ausführungen ist ein wirkliches Eingehen auf das Reichstags-Wahlergebnis und seine Folgen zu finden gewesen. Ein sachlich eindringliches Referat aber über diesen Komplex von großen Fragen der aktuellen Politik und eine Debatte, an welcher gerade auch die Genossen der praktischen Arbeit zu Wort kommen und ihre Erfahrungen austauschen konnten, hätte dem Parteitag den Charakter der Sachlichkeit aufgeprägt und die Fortarbeit nach dem Sieg unmittelbar angeregt und gefördert. Es hätten auch andere Fragen der Agitation und der parlamentarischen Betätigung behandelt werden können; war auch über Arbeiterschutz, Achtstundentag und Versiche-

rungsgesetzgebung nichts völlig Neues zu sagen, so hätte doch die Aufrollung solcher Fragen und die Ankündigung, in dem Kampf auf diesen Gebieten die vermehrte Kraft der Partei machtvoll einsetzen zu wollen, lauten Widerhall in der Arbeiterschaft gefunden. So unverwüstlich das Vertrauen der Arbeiter in die Sozialdemokratie ist, es wird wahrlich besser erhalten durch sachliches Wirken als durch erniedrigende Anschuldigungen der führenden Männer wider einander. Wären dem Parteitag mehr sachliche Aufgaben gestellt und wäre ihre Behandlung gut vorbereitet worden, so hätte der Parteitag diesen Dingen seine Kraft gewidmet, und es wäre schon von vornherein nicht genug Zeit vorhanden gewesen, um so überreichlich auf unbehagliche Personalien zu verschwenden.

(...)

Zur politischen Situation

Im preußischen Herrenhaus

Der sozialdemokratische Dreimillionen-Sieg hat auf die herrschenden Klassen einen weit tieferen Eindruck gemacht, als sie äußerlich zugaben. Die unmittelbare Wirkung war der Zusammenschluß nach rechts.

Heimliche Intrigen und dann auch öffentliche Angriffe richteten sich zunächst gegen das Reichstagswahlrecht. Die unterirdischen, weit verzweigten Verschwörungen gegen das Wahlrecht wurden aufgedeckt, auch nationalliberale Abgeordnete wurden als Mitschuldige entlarvt. Bald zeigten sämtliche Parteien ihren Haß gegen das Wahlrecht. Im preußischen Abgeordnetenhaus verstanden sich die Freisinnigen zu einem Reformantrag, dessen Endergebnis noch eine Verschlechterung des Dreiklassensystems zuungunsten des in Preußen parlamentarisch rechtlosen Proletariats sein muß. Der Führer des Zentrums, das seine Zuverlässigkeit in der Wahlrechtsfrage immer beteuert, Herr Dr. Bachem, sprach am 23. Januar 1904 im preußischen Abgeordnetenhaus gegen die Demokratisierung des preußischen Wahlrechts, »weil doch das bestehende Reichstagswahlrecht auch als das reine Ideal nicht anerkannt werden kann, und es doch, wie es sich gezeigt hat, Mißstände mit sich bringen kann, Mißbräuchen einen gewissen Raum bringt«. Der nationalliberale Abgeordnete Menk blies das große Wecken gegen das Wahlrecht des Umsturzes. Von der Partei gerüffelt, erklärte er keck, wie er dächten alle, sie seien nur zu feige dazu, es öffentlich zu sagen. Um den Schein zu wahren, schloß man ihn aus der Fraktion aus – eine doppelte Bestätigung für Herrn Menk, eine Bekräftigung nationalliberaler Feigheit und nationalliberaler Herzenswünsche.

Daneben wiesen andere Erscheinungen den Weg. Die Arbeitgeber schlossen sich zu Trutzbünden zusammen. Im Reichstag fanden sich die bürgerlichen Parteien bei jedem unmöglichen Anlaß gegen die Sozialdemokratie in Ausbrüchen dummen und fanatischen Hasses. Während sozialdemokratische Mandate unsinnigerweise für ungültig erklärt wurden, weil gegen unsere Partei Wahlbeeinflussung getrieben wurde, bestätigte man das Mandat eines Herbert Bismarck, der es lediglich durch gröbste Ungesetzlichkeiten gewann.

Der preußische Partikularismus wurde immer verwegener. Preußen brach rücksichtslos in Reichsrechte ein und kümmerte sich, um seine Absichten durchzusetzen, nicht um Verfassung und Gesetz. In der preußischen Ansiedlungsnovelle und dem Kontraktbruchgesetz lebt schon der offene Aufruhr des Staatsstreichs. Während der preußische Landtag alle Reichsangelegenheiten vor sein Gericht zog, verbot man geradezu den preußischen Ministern, im Reichstag Rede zu stehen. Im Herrenhaus wurde schließlich ausgesprochen, was ist.

Es ist seit Jahren das Vorrecht des Herrenhauses, die gewaltsame Beseitigung des Reichstagwahlrechts zu fordern. Schon am 28. März 1895 erklärte an dieser Stelle Graf Mirbach: es werde mit Jubel begrüßt werden, »wenn die verbündeten Fürsten sich entschlössen, einen neuen Reichstag auf der Basis eines neuen Wahlrechts ins Leben treten zu lassen, und zwar unverzüglich«. Er deutete auch klar an, wie er sich die Ausführung dieses Wunsches dächte, indem er an Alexander den Großen und den gordischen Knoten erinnerte. Alexander löste ihn mit einem – Schwerthieb!

Aber alle diese Äußerungen blieben vereinzelt und wurden verschüchtert abgeleugnet.

(...)

Noch in anderer Hinsicht ist eine bedeutsame Wandlung seit dem 16. Juni 1903 eingetreten. Die Regierung, die vordem immer noch den Schein einer Versöhnungspolitik zu wahren suchte und gegen die äußerste Agrarfronde sich, wie matt immer, zur Wehr setzte, ist vollständig geschwenkt. Wie auf Kommando benutzen sie jetzt jede Gelegenheit, Reden gegen die Sozialdemokratie zu schleudern, die im Stil und Geist der Instruktionsstunden beim Rekrutendrill gehalten sind. Bülow und Budde ließen ihre Reden gegen den Umsturz als Flugblätter verbreiten. Herr v. Hammerstein, der preußische Polizeiminister, erklärte den boshaften Wahnsinn des preußischen Dreiklassensystems für das beste aller Wahlrechte, und der deutsche Reichskanzler leistete im preußischen Herrenhaus den Schwur: »Der König in Preußen voran, Preußen in Deutschland voran, Deutschland in der Welt voran« – was im gewöhnlichen Deutsch bedeutet: der Junker überall voran!

Überhaupt verlegten die Minister ihre Tätigkeit immer mehr in die preußischen Parlamente. Noch 1902 protestierte der preußische Finanzminister v. Rheinbaben gegen die herrenhäuslerischen

Übergriffe, sich als höhere Instanz über die Reichspolitik aufzuwerfen, indem er dem Grafen Mirbach gegenüber bemerkte: »Ich kann im wohlverstandenen Interesse dieses Hohen Hauses wie überhaupt des preußischen Landtags nur dringend davor warnen, Angelegenheiten des Reichstages hier zur Sprache zu bringen.«

Im Mai 1903 verließen die Minister den Saal des Herrenhauses, sobald dieses die Handelspolitik des Reiches zu erörtern begann.

Diesmal verantwortete sich Graf Bülow, der Reichskanzler, sehr ausführlich und höchst demütig gegen die Angriffe auf die »Schwäche« seiner Reichspolitik, und anstatt die Reichsverfassung gegen die Gewaltaufreizungen der preußischen Junker zu verteidigen, erkannte er grundsätzlich ihre Forderungen an. Ja, noch mehr: Als am zweiten Tag der Debatte geradezu eine Treibjagd gegen den schwächlichen Reichskanzler veranstaltet wurde, erhob der Finanzminister v. Rheinbaben, nicht etwa um den abwesenden Ministerpräsidenten zu schützen, sondern um den einzigen Redner abzuwehren, der für die Regierung gesprochen – eine Szene, die im *Vorwärts* wie folgt geschildert wurde: Während die Lucius und Manteuffel Angriff und Angriff, Anklage auf Anklage häuften gegen eine Regierung, deren »Nachsicht« gegenüber der Sozialdemokratie »an Schwäche grenze«, und die dem fluchwürdigen geheimen Reichstags-Wahlrecht durch Einführung des Klosettgesetzes gar noch Zugeständnisse gemacht habe, spielte Herr v. Rheinbaben elegant mit seinem Bleistift, saß Herr v. Hammerstein, in sich selbst verkrochen, bei seinen Akten, bemühten sich auch die Herren v. Budde und v. Podbielski, vollendete Gleichgültigkeit zu heucheln, indes der angegriffene Ministerpräsident fern blieb, sei es im Gefühl der Sicherheit seiner Position, sei es, um einen verlorenen Posten rechtzeitig zu räumen.

Die Debatte selbst begann mit einem gottseligen Vorspiel. Etliche evangelische Ritter führten ein Turnier auf zur Wahrung ihres vom Katholizismus bedrohten Gewissens, weil die Regierung eine belanglose Bestimmung des Jesuitengesetzes aufgehoben hatte. Der geistliche Streit endigte in einem Versöhnungsfest. Auch das gehört zum Bild dieser Zeit. Man will vom konfessionellen Gegensatz nichts mehr wissen. Konfessioneller Friede – ist die Losung im protestantischen wie im katholischen Lager. Was bedeutet das? Ist die Ausbeutung nicht immer konfessionslos gewesen? Sitzen nicht evangelische, katholische und jüdische Unternehmer friedlich in ihren Kampforganisationen gegen die Arbeiter beisammen? Ist

nicht auch der Zollwucher konfessionslos und wird gleichermaßen von Magnaten katholischen und protestantischen Glaubens als höchste Religion bekannt? Der konfessionelle Friede bedeutet eben lediglich den Frieden der Besitzenden. Hinter der Formel steckt jedoch noch etwas anderes: die Auslieferung der Schule an die Kirche, insonderheit an die katholische Kirche, die es bisher noch immer verstanden hat, Arbeitermassen um die sozialistische Aufklärung zu betrügen. Konfessioneller Friede der Herrschenden – das ist die konfessionelle Spaltung der Arbeiter, die verhindert werden sollen, sich ohne Unterschied der Konfession, so wie es ihre Unterdrücker tun, zu vereinigen.

Nachdem dermaßen die geistige Fessel für die Arbeiterschaft in frommem Gottesstreit geschmiedet, wurde dann in der allgemeinen Diskussion die wirtschaftliche und politische Alleinherrschaft der Gutsherrn proklamiert.

Diesen Feudalherren erfüllt sich der Zweck der menschlichen Gesellschaft, wenn den Herren ein standesgemäßes Dasein und absolute Freiheit über die Masse der Frohndenden gewährt wird. Ihre wirtschaftliche Existenz soll durch Kündigung der Handelsverträge gesichert werden. Diese Kleinigkeit verlangten die Edlen sofort und unbedingt von der Regierung. Mag die Industrie darüber zugrundegehen – das Ideal der Feudalherren, der Zukunftsstaat der Junker ist das Monopol der nationalen Lebensmittelerzeugung, ist ein Agrarsyndikat, das bei Aussperrung aller fremden Zufuhr die Möglichkeit hat, dem Volk die Preise zu diktieren, die es zu zahlen hat, damit der Junker bestehen könne. Weil aber das zu politischer Mündigkeit erwachte Proletariat diesen Selbstmord freiwillig niemals begehen wird, darum muß es zunächst niedergeschlagen werden. Das war der Sinn und der Zweck der Sozialistenhetze.

(...) Es ist erstaunlich, wie armselig eine Versammlung über die höchsten Kulturprobleme schwatzt, eine Körperschaft, die doch aus den Sprößlingen tausendjähriger vornehmster Zucht und dem feinsten Ausschuß des Bürgertums, den Universitätsprofessoren und den Spitzen der städtischen Gemeinden besteht. Nirgends erhob sich die Debatte über die jämmerlichen Phrasen von sozialdemokratischer Vaterlandslosigkeit und Religionszerstörung. Diese Herren, die behaupteten, die gesamte sozialdemokratische Literatur gelesen zu haben, verrieten auch nicht die Kenntnis eines einzigen Satzes aus dem sozialdemokratischen Programm. Nichts

als öde Verleumdungen, tausendfach widerlegte Flugblattmärchen und dazwischen wunderbare Räubergeschichten, wie sie sich die alten Weiber auf den entlegensten Gutshöfen gruselnd erzählen mögen.

Freilich, darauf kam es auch nicht an. Darüber war sich das hohe Haus, das die lebendige Widerlegung des aristokratischen Prinzips als eines Kulturprinzips ist, durchweg einig: Mit geistigen Waffen läßt sich die Sozialdemokratie nicht besiegen. Natürlich: wie soll sich die Wahrheit, die Vernunft, die Notwendigkeit geistig widerlegen lassen? Das Junkertum vertraut auf keinem Gebiet den geistigen Waffen. Dann, das weiß es, muß es unterliegen. Darum wendet es seine ganze ungeheure gesellschaftliche Macht dazu an, den freien Wettbewerb der Bildung und Fähigkeit auszuschalten und den hochwohlgeborenen Erzeugnissen der Gutsbezirke Armee, Verwaltung, Justiz ausschließlich zu sichern.

Hilft der Geist nicht, so muß die Faust retten. So wurde es denn als Programm mit brutaler Offenheit verkündet: Politische Entrechtung der Arbeiter, Beseitigung des Reichstagswahlrechts, Ausnahmegesetze gegen die Sozialdemokratie. Man weiß, was das bedeutet: Knebelung der Presse, Zerstörung des Versammlungs- und Vereinswesens, Zuchthausvorlagen gegen die Gewerkschaften, weiterhin: Beschränkung der Freizügigkeit und Beseitigung aller Maßnahmen, die geeignet sind, die Ausbeutung der Besitzlosen irgendwie zu mildern. Von der Sozialpolitik des Reiches, diesem Reklamestolz des christlich-monarchischen Staates, wollen die Magnaten Preußens gar nichts wissen. Der Arbeiter sei doch nicht »dankbar«, sie sind dazu da, billig zu arbeiten und teuer die Produkte der nationalen Agrarier zu bezahlen – zu weiter nichts. Es war der Graf Mirbach, der darüber zornig klagte, daß die Belastung der Gutsbesitzer durch das Unfallgesetz unerträglich sei. Zwei und eine halbe Mark haben die ostpreußischen Feudalherren auf den Kopf ihrer Arbeiter jährlich dafür zu zahlen, daß die in ihren Diensten getöteten oder zu Krüppeln gewordenen Arbeiter unterstützt werden können; auch diese Bettelpfennige sind schon unerträglich.

Als Mindestgrenze der politischen Entrechtung wurde die »Reform« des Reichstagswahlrechts in der Richtung gefordert, daß die Wahl öffentlich und an eine direkte Steuerleistung gebunden, das Wahlalter auf 30 Jahre heraufgesetzt werde. Es war der Hausminister des Königs von Preußen, des deutschen Kaisers,

Herr v. Wedel-Piesdorf, der dieses Programm aufstellte, obwohl doch dieselbe Verfassung, die dem Rechtsgrund der deutschen Kaiserkrone bildet, das demokratische Wahlrecht enthält.

Über die Durchführung dieser Diktatur des Junkertums machen sich die Herren nicht die geringste Sorge. Das Herrenhaus, das ein Rechtsbruch schuf, vertritt seit jeher die Politik des Staatsstreichs. In der Konfliktszeit 1861 – unmittelbar nach dem Regierungsantritt Bismarcks – war es das Herrenhaus, das am 11. Oktober, ohne einen Augenblick zu schwanken, verfassungswidrig einen anderen Etatsentwurf beschloß, als es vom Abgeordnetenhaus erhalten hatte. Man lachte darüber, daß der Präsident des damals oppositionellen Landtags mit pathetischer Gebärde den »verfassungswidrigen Beschluß von der Barre dieses Hauses zurückwies«. Die Grafen und Barone der ersten Kammer hielten den Rechtsbruch für »geboten«, und so verübten sie ihn.

Man hat auch genügend deutlich verraten, wie gegen das Wahlrecht vorzugehen sei. Dieser Reichstag werde allerdings für eine Reform nicht zu haben sein. Dann müsse eben an einen anderen Reichstag appelliert werden! Wenn dieser Satz einen Sinn haben soll – es ist ja klar, daß ein unter der Parole der Beseitigung des Wahlrechts erfolgender Wahlkampf keinen Reichstag gegen das Wahlrecht ergeben würde –, so kann er nur bedeuten, daß nach dem Vorgang der preußischen Konterrevolution der Reichstag aufgelöst und auf Grund eines oktroyierten Wahlrechts ein neuer gewählt wird, der dann den Staatsstreich zu legitimieren hätte.

Der verantwortliche Hüter der Reichsverfassung aber fand kein Wort des Protestes gegen die Aufreizungen zum Hochverrat. Zwar ist Graf Bülow nicht geneigt, sofort zu handeln. Aber wenn das Wahlrecht weiter »falsch« angewendet werden sollte, dann werde man es ändern müssen. Das heißt, das Elementarrecht des Bürgers im modernen Staat grundsätzlich preisgeben. Er will auch die Sozialreform fortsetzen, aber nur, um ein gutes Gewissen zur Schau tragen zu können, wenn zu anderen Maßnahmen gegen die Freiheitsbewegung des Proletariats übergegangen werden sollte, das heißt: den Arbeiterschutz als Freibier und Freischnaps verwenden, um den Arbeitern im Rausch das Bewußtsein ihres Elends und ihrer Zukunft zu entwenden.

Und die Vertreter des Bürgertums? Seitdem die deutsche Bourgeoisie, aus feiger und kurzsichtiger Angst vor dem Proletariat, ihre historische Aufgabe verraten hat, mit dem Feudalismus aufzu-

räumen, ist sie politisch gebrochen. Zwar richtet sich der Aufstand des Junkertums auch gegen den bürgerlichen Kapitalismus, die industrielle Entwicklung, die Regierungs- und Verwaltungsfähigkeit des Bürgertums im Staat – aber man geht lieber zugrunde, als daß man mit dem Proletariat »paktiert«.

Indem die preußischen Herrenhausritter die gewaltsame Niederwerfung der Arbeiterbewegung fordern, bekämpfen sie nicht nur den Sozialismus. Sie errichten den Feudalismus gegen die Demokratie, gegen den Liberalismus. Das Junkertum fühlt, daß alles Echte und Große einer liberalen Weltanschauung in die Arbeiterbewegung übergegangen ist. So wiederholt sich in der Staatsstreichpolitik des Herrenhauses gegen alle Grundrechte des modernen Staates tatsächlich zunächst noch einmal der Kampf des Feudalismus gegen das Bürgertum, des Feudalismus, der logisch 1789 in den Katakomben der Weltgeschichte beigesetzt ist, in Preußen und Deutschland aber nach seinem Tode noch verpestend bis zum heutigen Tage herrscht. Es wiederholt sich und vollendet sich die preußische Junkerrebellion der fünfziger Jahre, und diesmal wird das Bürgertum politisch für immer vernichtet werden. Nicht das Proletariat, gegen das sich der Kampf richtet, wird politisch unterliegen, sondern die Bourgeoisie, die sich hinter den breiten Rücken der Feudalherren verkrochen hat.

Die Wortführer des Bürgertums schwiegen in dieser Herrenhausdebatte durchweg, obwohl es doch auch um ihre Sache sich handelte, wie übrigens auch die Führer des Zentrums keinerlei Einwendungen erhoben. Nur zwei Bürgermeister machten einige schüchterne Bedenken geltend, und zwei Professoren bekundeten den traurigen Niedergang deutscher Wissenschaft. Da sprach ein berühmter Universitätsmann[1] in einem lichten marxistischen Augenblick unter der stürmischen Unruhe der Erlauchten von einem feudal-aristokratischen Klassenregiment, um im gleichen Atemzug über den Klassenkampf des Proletariats zu jammern; da wehrte er sich in kläglichen Ausflüchten gegen den furchtbaren Verdacht, er habe mit der Sozialdemokratie bei den Berliner Landtagswahlen kompromisselt und dadurch das Interesse der freien Forschung, die allein von der Sozialdemokratie unbedingt verteidigt wird, gegen die Erstickung durch die Junkergewalt schützen wollen. Und ein anderer, noch berühmterer Professor[2] rief be-

1 Der Nationalökonom Gustav Schmoller *(Anm. d. Hg.)*.
2 Der Jurist und Zivilrechtler Heinrich Dernburg *(Anm. d. Hg.)*.

schwörend die Hohenzollerntreue an, um die Anklage zu entkräften, die preußische, etatmäßige Wissenschaft könne jemals so tief sinken, daß sie mit der Revolution sich verbrüdere.

(...)

Es ist kein Zweifel, daß das deutsche Proletariat erst am Anfang seiner Kämpfe steht. Ehe nicht das Junkertum gebrochen ist, sind selbst die Elementarrechte des Volkes, die Grundbedingungen jeder Kultur, dauernd gefährdet. Kein altes Recht ist gesichert, kein neues Recht wird uns zugestanden. Zwischen der Sozialdemokratie und dem Junkertum gibt es ebensowenig eine Brücke und eine Verständigung wie zwischen dem Feudalismus und moderner Weltanschauung. Das deutsche Proletariat hat noch immer um die Rechte zu ringen, die seit der großen französischen Kultur Gemeingut und heiligster Besitz der Kulturstaaten geworden sind, um die Vorbedingungen jeden Aufstiegs und jeder Entwicklung der Gesellschaft.

Aber das in der Sozialdemokratie organisierte Proletariat wird in diesem Kampf siegen, wie schwer er sich gestalten mag; denn mit ihr ist die Vernunft, die geschichtliche Notwendigkeit. Es gibt nur ein Mittel, um unsere Sache zu überwältigen. Sie müßten das gesamte Proletariat totschlagen. Das aber tun sie nicht, weil sie ohne uns nicht leben können. Sie brauchen unsere Hände, unsere Köpfe, sie sind nichts ohne uns. Selbst für das Totschlagen brauchen sie Proletarier, die noch unwissend genug sind, um gegen sich selbst zu wüten.

Die Junkerherrschaft muß zugrunde gehen. Sie kann nur eines leisten: die inneren Verhältnisse vorübergehend zerrütten und Deutschland im Rat der Völker wehrlos machen und isolieren. Die Unfreiheit der verjunkerten Zustände Deutschlands hat bereits jetzt dazu geführt, daß sich die demokratischen Staaten Europas, Frankreich, England, Italien, gegen das Deutschland der Reaktion zusammengeschlossen haben. Die Inzucht der junkerlichen Monopolisten aller Staatsgewalt hat den öffentlichen Geist Deutschlands verödet und verdorben. Kein staatsmännisches Talent zeigt sich irgendwo an leitender Stelle, kein Charakter, geschweige eine geniale Persönlichkeit. Hohle Diplomaten und unwissende Bürokraten schleppen von Tag zu Tag, ohne irgendwelches bedeutende Ziel, die Regierung weiter. Kein frischer Wind, kein freies Atmen!

Sittenbilder des Kapitalismus

Man kann unserer Zeit und unserem Deutschland jeden Vorwurf anheften, nur den einen nicht, daß man sich übermäßiger Gefühlsweichheit hingebe. Im Gegenteil: Die Anklage, wir seien ein Volk von Dichtern und Denkern, wird als die schwerste Beleidigung empfunden. Energie ist alles, und die Gewalt der stärkeren Muskeln – seien sie von Fleisch, Stahl oder Gold – regiert, den humanitätsduseligen Schlappiers zum Trotz. Wir achten nicht das Selbstbestimmungsrecht fremder Völker, sondern wir kultivieren sie mit Schnaps, Blei, Strick und Bibel. Wir vernichten unzähliges Leben, zertreten es in Not und Siechtum. Wir legen den freien Geist an die würgenden Ketten wirtschaftlicher Abhängigkeit. Wir beten zum Kleinkalibrigen und Panzerschiff und erstreben nur *ein* Ziel: so stark zu sein, um völlig rücksichtslos sein zu dürfen. Das tun wir alles und schämen uns nicht. Lachend schreiten wir über die Leiber und Seelen derer, die man im veralteten Deutsch der Heiligen Schrift Nächste nennt, während sie für die realpolitische Betrachtung Konkurrenten, Feinde sind.

Die Verletzung der Person, die Beeinträchtigung, Schädigung und Zerstörung fremden Daseins erscheint inmitten unseres Kulturlebens in mannigfachen Arten. Dabei ist das Maß der Schädlichkeit durchaus nicht das Maß der Beurteilung. Der im Krieg organisierte Massentotschlag erscheint wie ein furchtbares, unentrinnbares, in seiner erbarmungslosen Gewalttätigkeit zugleich heroisches Schicksal; und wenn die Kraft und Blüte eines Volks sinnlos geopfert wird – was gilts, die Geschichtsfabulisten weisen uns die historische Notwendigkeit des glorreichen Ereignisses nach (...).

Aus unzähligen Rinnsalen läßt der giftmischende Kapitalismus unablässig Tod und Siechtum in die Leiber der besitzlosen Arbeitssklaven strömen. Wir begnügen uns, bedauernd die Berufskrankheiten zu beschreiben, die frühes Sterben bewirken, und, an die grausige Erscheinung wie an ein Unvermeidliches gewohnt, werden wir uns kaum völlig bewußt, daß diese Massenvergiftung, die der Mehrheit der Menschen den größeren Teil des von der

Natur gewährten Lebens widernatürlich raubt, das fluchtwürdigste Verbrechen ist.
(1900)

Die Lust am Grausigen fand in diesen Tagen reiche Sättigung und der Lokalreporter üppigen Zeilenlohn: Ein Knabe, der seinen Lehrherrn nächtlich zu ermorden sucht, um sein Geld zu rauben; ein Wegelagerer, der in der nächsten Umgebung von Berlin Radfahrer überfällt, erschlägt und ausplündert; eine in der täglichen Geldmisere krankhaft gereizte Frau, die sich mit ihren vier Kindern aus dem Fenster vier Stock abwärts auf den Hof stürzt; und endlich der Kriminalprozeß, in dem ein moderner Zauberer und Geisterbeschwörer, ein Doktor Faustus des weltstädtischen Hinterhauses, sich wegen der gewinnsüchtigen Vergiftung einer armen gläubigen Närrin zu verantworten hat. Nimmt man hinzu die endlosen Betrachtungen über Ritual- und Sühnemord, die auf der Höhe unserer Zeit gesponnen werden, so spannt sich vor uns ein unheimlich düsteres Kulturbild, das mit Blut gepinselt und mit den Schwefelflammen beleuchtet ist, die von dem Spelunkenherd herüberlohen, in denen die drei Hexen des Hungers, der Geldgier und des Aberglaubens das Geschick dieser Tage bestimmen. Die dünne Humusschicht der modernen Kultur scheint wie lockerer Flugsand in Nichts verweht, und unendlich breitet sich das öde Brachfeld, nach Blut riechend, über ihm hallend ein Wimmern der Verzweiflung und ein Gelächter des Wahnsinns, am Rande ein Irrenhaus, eine Idiotenanstalt, ein Selbstmörderkirchhof, ein Hungerturm und in der Mitte ein Schafott, über dem ein aus den Wolken hängendes Riesenbeil gleißt – sonst nichts auf der ganzen Welt. Alle Kulturarbeit der Menschheit zerronnen, die Mühen der Jahrtausende zertreten, die Vernunft nur ein schillernder Traum und die menschliche Güte ein leerer Einfall sonder Kraft und Wirkung. Narren, die pfeifen, und Narren, die tanzen, bis aus dem Hinterhalt Hunger und Mord würgend stürzen – dann hat auch diese Herrlichkeit die verdiente Ruhe. Die Boxerplakate, die europäische Journalisten-Phantasie über die weißen Teufel zusammenfabuliert hat, wirken wie edle Kulturblüten angesichts der schmutzigen Gewächse, die aus der abendländischen Barbarei wuchern. Die hektographierten Berichte der Lokalreporter schreiben die wahre Geschichte unsrer Zeit, und wenn sich die Gemeinheit und der Jammer, der sich in diesen Dingen enthüllt, aufbläht,

frisiert und einen stolzen Purpurmantel um die edle Blöße wirft, dann steht vor uns die große, die hohe Politik der Staatsmänner, die die Geschichte der Völker nach dem Vorbild der lokalen Verbrechen, Selbstmorde, Gaunereien und Verrücktheiten zu leiten bemüht sind.

All jene Sensationsfälle der letzten Woche, die das Herz der Zeitungskapitalisten erheitern, den Stumpfsinn der parteilosen Philister wollüstig kitzeln und das Gemüt des Kulturmenschen mit tiefer Sorge erfüllen, alle diese epileptischen Krampferscheinungen einer morschen Gesellschaft bewegen sich um *ein* Motiv: das Geld. Man mordet, um zu rauben, man zerschmettert sich und den Kindern das Leben, um der Qual zu entgehen, welche der tägliche Kampf um das Brot zeugt, man verbündet sich mit den wildesten Dämonen menschlichen Aberwitzes, um aus der Dummheit und Not Gewinn zu ziehen.

Am niederdrückendsten aber wirkt gerade diese Verbindung materiellen und geistigen Elends (...). Die dumpfe Unbefriedigung, in der unzählige Menschen unsrer Zivilisation materiell und geistig leben, erklärt die Möglichkeit solcher Erscheinungen, in denen die Gespenster eines im Wahnsinn und Verbrechen konzentrierten Mittelalters umzugehen scheinen. Kein heller Schein der modernen Vernunftfreiheit hat jemals diese Gehirne erleuchtet, in denen die Dressur in unverstandener religiöser Dogmatik die Empfänglichkeit für jene rohe und plumpe Mystik vorbereitet hat, zu der sich die Siechen flüchten, wenn sie der zerrenden wirtschaftlichen Not, dem seelischen Ungenügen, der geschlechtlichen Entbehrung, dem körperlichen Leiden eine Hilfe suchen. Sie wenden sich an den geheimnisvollen Spuk, an das Mögliche des Unmöglichen, an das absurde Wunder. Und nicht nur die arme Näherin sieht in dem Kaffeesatz eines Betrügers den Quell allen Glücks und aller Weisheit, auch die Besitzenden haben sich längst wieder der dümmsten und albernsten Magie ergeben.
(1900)

Man durchwandere abends die Straßen einer Großstadt, man schaue in die hellerleuchteten Prachtcafés und Bierpaläste, man besuche die Destillen und steige in die Kellerlokale hinab, man durchwandere die Tingel-Tangel: alles Stätten des Lebensgenusses in seiner konzentriertesten und brutalsten Form, des Amüsements. Zwar gibt es ja auch Theater, in denen wirkliche Kunst dem

geläuterten Geschmack einen erlesenen Genuß bereitet, allein auf jeden wahren Kunsttempel, auf dessen Altären freilich nicht immer die echte Kunst geopfert wird, kommt ein halbes Dutzend solcher Musentempel, die dem Kult des Grotesken, Trivialen, Obszönen, Frechen und Albernen geweiht sind. Und dieser Kult zählt viel mehr begeisterte Verehrer, als der der wahren Kunst. (...)

Der Kapitalismus kennt nur das Surrogat des Lebensgenusses, das Amüsement. Die Form der kapitalistischen Arbeitsteilung, die den einen ein sybaritisches Lotterleben ermöglicht, während sie die anderen zur Tretmühle einer die intellektuelle und physische Kraft absorbierenden Arbeitsfron verdammt, läßt nicht dem edlen Lebensgenuß, sondern nur dem barbarischen Amüsement Raum. (1900)

Satiriker und Kulturpolitiker haben schlimme Zeiten. Der Satiriker ist nicht mehr gewachsen der Fülle satirischer Tatsachen, die jeder Tag anspült. Da hilft kein künstliches Worteschärfen, kein phantastisch-greller Einfall mehr, auch der brennendste Teufelswitz verdünnt und schwächt nur den schreienden Hohn des Geschehens selbst. Nicht einmal übertreiben lassen sich mehr die Geschehnisse, durch karikierende Beziehungen werden ihre Formen nicht grotesker. Der Scharfsinn des Spötters ist entbehrlich geworden. Sogar die bloße gestempelte Bildunterschrift »Kommentar überflüssig« ist ein verbogenes Ausrufungszeichen, das den Ausruf der Tatsachen knebelt.

Muß der Satiriker den Witz im Stall behalten, so hat auch der Kulturkritiker nicht mehr die Möglichkeit, durch das Pathos der Anklage, durch die Dialektik der Empörung die natürliche Wucht der Ereignisse zu steigern und dem Bewußtsein der Menschen aufpeitschend einzuprägen. Die Superlative des Wortes reichen nicht mehr heran an die Superlative der Dinge. Die »Besprechung« der Angelegenheiten tötet nur ihre innere Wirkung. Die Nachricht allein wird zum Nachrichter, jede kritische Zutat erstickt die Grausamkeit des immanenten Urteils. Zudem vermag keine Geißel mehr die abgestumpften Nerven zu reizen. Wir haben uns an alles gewöhnt, an das Tollste und Ruchloseste. Die Dinge erreichen schnell die Grenze, wo sie für die Empfindung nicht mehr überboten werden können. Vorgänge, die vordem ein Jahrzehnt hindurch die Menschen erregten, haben heute nur noch den Wert von Neuigkeiten, die man unter tausend anderen flüchtig in der Zeitung

liest und vergißt. Vergebens ist das Bemühen der Sehnsüchtigen der Kultur, die Gewissen zu schüren, die Schlafenden wachzuschreien. Und wirft man die Fackelbrände aufreizender Wahrheit unter sie, so wickeln sie die Fackeln in ihre gutgepolsterten Schlafröcke und zeigen, wie leicht und ungefährlich ihre Flammen erstickt werden können; kaum ein Wollhärchen wird bei der Prozedur versehrt.

(1904)

Zur Wissenschaftlichkeit des Sozialismus

»Wie ist wissenschaftlicher Sozialismus möglich?«[1]

Am 17. Mai 1901 hat Bernstein unter dem obigen Titel einen Vortrag im Sozialwissenschaftlichen Studentenverein zu Berlin gehalten. (...) Der Vortrag ist rein akademischen Charakters, ohne jede aktuelle parteipolitische Bedeutung. Er ist der Versuch eines Grüblers, über schwierigste philosophische Probleme auf den eigenen Kopf hin ins reine zu gelangen. Die Darlegung ist aber von einer gärenden Unklarheit, verstrickt sich in Widersprüche und entbehrt der gerade in diesen Fragen unbedingt notwendigen Präzision und Schärfe, die kein Wenn und kein Aber kennt und auch kein Einerseits und Andrerseits. Solche methodische Untersuchung muß, um ein Wort Kants anzuwenden, »Wissenschaft sein, nicht allein im ganzen, sondern auch in allen ihren Teilen, sonst *ist sie gar nichts*«.

Der Zweck, den Bernstein mit seinem Vortrag verfolgte, erscheint beim ersten Blick völlig undurchsichtig. Sieht man aber genauer zu, so tritt er doch mit einiger Sicherheit hervor. Bernstein wollte offenbar den Feinden des Sozialismus gegenüber, die seine kritischen Bemühungen an Marxens Lehrgebäude gegen die sozialdemokratische Partei auszubeuten suchten, feststellen, daß, selbst wenn seine Einwände gegen einige Lehrsätze zutreffend wären, damit gar nichts gegen den Sozialismus und die Sozialdemokratie bewiesen sei; denn – auf diesen Ausweg verfiel das Nachdenken Bernsteins – der Sozialismus komme zwar der Wissenschaft sehr nahe, aber er sei doch nicht *bloß* Wissenschaft, und es sei deshalb kein Urteil über den Sozialismus als politische Parteibewegung gesprochen, auch wenn der eine oder der andere theoretische Lehrsatz aufgegeben werden müßte. Ich halte dieses Auskunfts-

1 Eduard Bernstein vertrat die Auffassung, man könne *wollen*, »daß Ausbeutung, Unterdrückung und Not von der Erde verschwinden und der Kollektivismus herrsche. Ich kann es wollen, weil es nicht ist und keine unbedingte Gewißheit vorliegt, daß es sein wird. Aber weil diese Gewißheit nicht nachweisbar ist, ist auch die Lehre, die es postuliert, keine reine Wissenschaft, selbst wenn sie seine Wünschbarkeit, Möglichkeit und Wahrscheinlichkeit wissenschaftlich beweisen kann. Wo unser Wille in eine Lehre hineinspielt, hört sie auf, reine Wissenschaft zu sein.« (*Idealismus, Kampftheorie und Wissenschaft*, in: *Sozialistische Monatshefte* 1901, 2. Bd., S. 603; *Anm. d. Hg.*).

mittel Bernsteins für das denkbar unglücklichste. Es ist richtig, der Sozialismus stürzt nicht zusammen, wenn sich die eine oder die andere empirische Annahme als ungenau oder falsch erweist; aber dieses unverwüstliche Glück des Sozialismus folgt nicht daraus, daß der Sozialismus nicht bloß Wissenschaft sei, sondern umgekehrt vielmehr aus dem Umstand, daß das gewaltige System des Sozialismus als einheitliche Weltanschauung, als Erkenntnis der einzigen Entwicklungsmöglichkeit der Menschheit in ihrer strengen Wissenschaftlichkeit nicht durch die Beseitigung irgendeines bisher angenommenen Einzelsatzes erschüttert wird.

Professor Adolf Wagner[2] meinte in der Diskussion, die dem Vortrag folgte, in Bernsteins Ausführungen handle es sich im wesentlichen um einen Wortstreit über den Begriff der Wissenschaft. Das war eine zu günstige, zu wohlwollende oder auch nur zu höfliche Auslegung. In Wirklichkeit hat Bernstein den höheren Begriff der Wissenschaft, über den unter den großen Denkern der Menschheit kaum jemals ein Streit bestanden hat, arg verkannt. Bernstein ringt mit dem mehr in populären Diskussionen als in der ernsten Wissenschaft beliebten Gegensatz der bloß empirischen Wissenschaft und der reinen *konstitutiven* Wissenschaft. Er neigt dazu, der ersteren den Rang der echten Wissenschaft zu verleihen und die zweite für irgend etwas anderes zu halten. Damit verfällt er dem vulgären Irrtum eines Denkens, das sich über sich selbst und seine Bedingungen nicht völlig klar geworden ist. Wissenschaft ist kein mehr oder minder geordneter Schutthaufen mehr oder minder zuverlässiger, sogenannter Tatsachen. Wissenschaft ist vielmehr die Produktion allgemeiner Gesetzmäßigkeit in *Natur und Gesellschaft*, in einheitlichem System gegliedert, methodisch erzeugt. In diesem höchsten Sinn *ist* Sozialismus Wissenschaft.

Bisweilen scheint es, als ob Bernstein ein anderer Nachweis am Herzen liege, als bemühe er sich lediglich um die Wahrheit, daß die sozialdemokratische *Bewegung* als solche keine rein wissenschaftliche Bewegung darstelle, sondern »nur« auf Wissenschaft *beruhe*. Aber diese Deutung muß wohl ein trügendes Mißverständnis sein, das sich infolge der mannigfach sich kreuzenden Gedankengänge Bernsteins einstellt. Bernstein konnte im Ernst nicht einen ganzen Vortrag daran wenden, um solche Selbstverständlichkeiten zu erhärten.

2 Nationalökonom der ethisch-historischen Richtung, gehörte zur Gruppe der »Kathedersozialisten« (*Anm. d. Hg.*).

Warum aber ist der Sozialismus nicht nur Wissenschaft? Was ist er sonst? Er ist, meint Bernstein, nicht ausschließlich aus empirischer Tatsachenbeobachtung gewonnen, sondern stammt auch aus dem *Willen*, der wissenschaftlicher Erkenntnis unzugänglich ist. Nun aber ist, seitdem die Menschheit die Frage aufgeworfen hat, was Wissenschaft sei, niemals von bedeutenden Denkern bestritten worden, daß das Gebiet des Willens, d.h. des *handelnden* Menschen, nicht nur einer wissenschaftlichen Gesetzmäßigkeit zu unterwerfen sei, sondern daß sogar dieser Erkenntniszweig das höchste und würdigste Erzeugnis menschlichen wissenschaftlichen Denkens sei. Dem Sozialismus den reinen Wissenschaftscharakter abzusprechen, weil er auch aus dem Willen erwächst, heißt nichts anderes als der Mathematik den wissenschaftlichen Charakter absprechen, weil sie bloß ein Produkt des tatsachenlosen Denkens sei. Der menschliche Wille, als bewußter Gesellschaftswille gedacht – und nur dieser Wille kann hier in Betracht kommen –, muß auf eine objektive einheitliche und einzige Zweckmäßigkeit, d.h. auf eine Notwendigkeit gerichtet sein, die vor der Vernunft und jeglicher Erfahrung sich zu bewähren hat und deren Möglichkeit durchzusetzen, Aufgabe der Partei ist, die auf dieser wissenschaftlich gesicherten Grundlage als auf ihrem Programm steht. Das, was sein soll und sein wird, zu bestimmen, ist Wissenschaft strengster und höchster Art. Worauf sollte denn auch der Gesellschaftswille vernünftigerweise gerichtet sein als auf die Durchsetzung einer erkannten Notwendigkeit, d.h. einer wissenschaftlichen Erkenntnis? Der Wille bedeutete nichts als ein gemeingefährliches sinn- und zielloses Narrentum, das zugrunde gehen muß, wenn er nicht auf wissenschaftliche Gesetzmäßigkeit gerichtet wäre; niedergehende Klassen pflegen auf *solchem* Wissen zu beharren und an ihm zu zerschellen. Von dem wissenschaftlich sicheren und klaren Ziel des Willens empfangen alle die tausendfältigen Einzelbeobachtungen der ökonomischen und politischen Entwicklung ihr Licht und ihre Bedeutung. Empirie und systematische Einheit müssen sich einander ergänzen und durchdringen. Jene ist ohne diese nichts als anarchische Zufälligkeit, als eine kurzlebige Eintagsfliege, während die konstruktive Wissenschaft ohne die Kontrolle der empirischen Erfahrung zum utopischen Spiel wird. Alle Wissenschaft beruht auf Hypothesen, das heißt auf Grundlagen, Grundannahmen des Denkens, die sich dann in aller Erfahrung zu bewähren und zu beweisen haben. Das ist der Kö-

nigsweg der Wissenschaft; Kant nannte ihn die transzendentale Methode. Und dieser Königsweg führt auch durch die Wissenschaft des Gesellschaftswissens zur *Zukunft*.

So gelangt die Erkenntniskritik zum umgekehrten Ergebnis wie Bernstein. Der Sozialismus in seiner marxistischen Formulierung ist – unbeschadet der möglichen Vergänglichkeit einzelner Sätze (keine Wissenschaft ist ja *abgeschlossen*!) – nicht nur insoweit Wissenschaft, als er durch empirische Beobachtungen gerechtfertigt wird, sondern er ist in höherem, dem höchsten Grade Wissenschaft als »Theorie«, insofern als er auf der einheitlichen Gesetzmäßigkeit des Gesellschaftswillens aufgebaut ist, welcher sich der notwendigen Bedingung und des einzigen denkbaren Wegs menschheitlicher Entwicklung bewußt ist, der sich klar ist über die *Ursache* (Kausalität des Kapitalismus), das *Ziel* (demokratischer Sozialismus) und auch über die zweckmäßig-unentbehrliche Technik der *Erzielung* (Klassenkampf). Das *ist* Wissenschaft, oder der Begriff der Wissenschaft verliert jeden Inhalt.

Am Schluß seiner Auseinandersetzungen bereitet Bernstein den »Kantianern« eine ganz besondere Überraschung. Er schlägt nämlich vor, um Mißverständnisse zu vermeiden, statt vom *wissenschaftlichen* Sozialismus – er ist doch nun einmal nach ihm nicht bloße Wissenschaft, sondern auch Willen – nach Kants Vorgang von *kritischem* Sozialismus zu reden. Diesen neuen Ehrentitel wird jeder Marxist, selbst der orthodoxeste, mit Vergnügen akzeptieren. Denn für Kant ist Wissenschaft und Kritizismus – gleichbedeutend. Indem er den kritischen Idealismus zwischen dem Skeptizismus, der »keine ernstliche Meinung« ist, und dem Dogmatismus, der Willkür autoritärer Einbildungskraft, stabilisierte, rettete er die Wissenschaft, die auf der Vernunft ruht, als »Selbsthalterin ihrer Gesetze nicht als Herold derjenigen, welche ihr ein eingepflanzter Sinn, oder wer weiß welche vormundschaftliche Natur einflüstert« – so charakterisiert Kant die Philosophie als Wissenschaft in bezug auf ihre ethische Aufgabe – vor allen Anfechtungen und Verwirrungen. Die Neukantianer, denen Bernsteins kritische Versuche Sympathien einflößten, weil er sich gelegentlich auf Kant berief, werden sich ja nun wohl mit ihm wegen seiner sehr unkantischen Auflösung des Wissenschaftsbegriffs auseinandersetzen müssen.

(...) Gerade im Sinn des Kantischen Kritizismus (verkennt Bernstein) den Begriff der Wissenschaft. Was er in besserem Sinn

Utopie, spekulativen Idealismus, nicht wissenschaftlich feststellbar nennt, das gerade bedeutet für den Kritizismus strengste Wissenschaft: Die *vernunftmäßige Erkenntnis eines notwendigen Ziels*, das unabweisbar ist, auf das alles Wollen als richtunggebend gelenkt sein muß (...). Um ganz klar zu sein, möchte ich auf ein Bernsteinsches Diktum anspielen und, allerdings mit einiger Übertreibung, meinen Gegensatz zu Bernstein im kritischen Sinn unwissenschaftlichen Empirismus dahin präzisieren: Die Bewegung ist wissenschaftlich nichts, das Ziel ist wissenschaftlich alles.[3]

3 Es handelt sich um Eduard Bernsteins berühmten Ausspruch, daß ihm das Endziel, was immer es sei, gar nichts, die Bewegung alles sei (*Anm. d. Hg.*).

Sozialismus der Aktion

Zum Internationalen Sozialisten-Kongreß in Amsterdam 1904

Ein Blatt aus einem neuen Abschnitt der Weltgeschichte ist der Internationale Sozialisten-Kongreß, der heute in Amsterdam seine Arbeit beginnt. Alle Fragen, die die flüchtige Stunde bringt und nimmt, verschwinden gegenüber der großen Antwort, die der Zusammentritt dieser Versammlung für das einheitlich-gewaltige Problem unseres kapitalistischen Zeitalters bedeutet. Was immer der einzelne Kongreß tun oder lassen mag, sein bloßer Bestand ist die Manifestation von Millionen gleichgerichteter Erkenntnisse, der lebendige Ausdruck eines weltumspannenden einheitlich gerichteten freien Willens, ein Zeugnis für die ungeheure, stetig wachsende, geistig, moralisch und physisch begründete Machtorganisation des internationalen Proletariats.

Unter den Hunderten, die als Vertreter von Millionen in Amsterdam zusammentreten, gibt es keine Meinungsverschiedenheit über das Ziel ihres Strebens, die Aufrichtung der sozialistischen Gesellschaft. Es gibt keine Meinungsverschiedenheit unter ihnen auch darüber, daß dieses Ziel nur von den Mehrheiten der kapitalistischen Fronvölker *erkannt* zu sein braucht, um auch *erreicht* zu werden, keine Meinungsverschiedenheit darüber, daß nicht roh »mechanisch« wirkende Kräfte, sondern wirtschaftliche Notwendigkeiten, die das menschliche Gehirn zu logischen Notwendigkeiten umschafft, die Triebkräfte weltgeschichtlichen Werdens sind. Und darum ist für sie alle das erste Mittel zu Erreichung ihres gemeinsamen Zieles die Lehre von seiner menschlichen Notwendigkeit. Daß sich diese Lehre nicht – wie es der utopistische Sozialismus wollte – an die Mächtigen der Erde, nicht an erleuchtete Fürsten, einsichtsvolle Unternehmer, großherzige Bourgeois und menschenfreundliche Bischöfe, sondern an die Masse der Enterbten und Unterdrückten wenden müssen, auch *darin* sind sie alle einig.

Jahrzehnte der tastenden Versuche, der zähen Arbeit, des opfervollen Kampfes haben ihnen allen aber noch mehr der gemeinsamen Erkenntnis gegeben. Als sie zum erstenmal in den großen geistigen Erobererkrieg zogen, waren sie alle von der Gewalt ihrer

neuen Wahrheit so tief durchdrungen, daß manch einer wohl glaubte, diese Wahrheit müsse bloß ausgesprochen werden, um auch schon erkannt zu sein. Sie, die lieber heute als morgen eine große Entscheidungsschlacht schlagen wollten, sahen sich bald in tausend Vorgefechte verwickelt. Da richtete die Behörde des Klassenstaats zwischen freudigen Lehrern und willigen Schülern schier unüberwindliche Scheidemauern auf, dort schreckte der Einfluß unwissender, fanatisierter Diener der Kirche die Herde in die sichere Hürde zurück, dort kommandierte tyrannische Unternehmerwillkür, die Hungergeißel in der Faust über willenlose Sklavenscharen. (...)

Aus solchen Erfahrungen haben die Sozialisten aller Länder die gemeinsame Überzeugung geschöpft, daß zwar das volle ökonomische und politische Bewußtsein der Arbeiterklasse der Baumeister der sozialistischen Gesellschaft sei, daß aber dieses Bewußtsein nicht erreicht und nicht geschaffen werden könne, ohne den mühselig vordringenden *Klassenkampf*. Hindert eine rückständige Staatsform die Proletarier an der Verbreitung gewonnener Erkenntnisse unter ihren Klassengenossen, dann dieser Staatsform Kampf bis aufs Messer! Pfropft eine im Klasseninteresse der Herrschenden geleitete Schule Vorurteil und Aberglaube in die kindlichen Gehirne, dann Kampf gegen diese Schule! Maßt sich der Unternehmer an, nicht bloß den Arbeitsprozeß seines Betriebes, sondern auch die geistigen Prozesse in den Köpfen seiner Arbeiter kontrollieren zu dürfen, dann Kampf gegen dieses Übermaß der Kapitalistenmacht! Vernichten Not und Überarbeit die Aufnahmefähigkeit der Gehirne, dann Kampf um besseren Lohn und um kürzere Arbeitszeit! So konnten die Sozialisten aller Länder nicht ausschließlich Verkünder einer kommenden Gesellschaftsordnung bleiben, sondern sie mußten, *um es bleiben zu können*, auch wirkende Politiker des Gegenwartsstaates werden.

Es gibt keinen Sozialisten, der sich in diesen Grundauffassungen von seinen Genossen unterschiede! Selbst die unendliche Verschiedenheit der Bedingungen, unter denen der internationale Sozialismus in allen verschiedenen Gebieten der Erde um die Freiheit zu kämpfen hat, die die Vorbedingung seines Erkanntwerdens und damit seiner Herrschaft ist, vermag es nicht, in diese Gleichförmigkeit der Überzeugungen auch nur geringfügige Nuancen zu tragen. In dieser geistigen Einigkeit spiegelt sich die unendlich gleichförmige große wirtschaftliche Notwendigkeit der kapitalistischen

Welt. Das Proletariat der ganzen Erde ist als wirtschaftliche Kategorie so vollkommen gleich geartet, daß seine denkenden Vertreter nicht bloß einig sein müssen in ihrem Willen nach dem Ziel der sozialistischen Gesellschaft, sondern auch in der Wahl des Weges, des proletarischen Klassenkampfes.

Es ist ein Problem *dritter* Ordnung, das die Geister des Sozialismus in unaufhörlichen Kontroversen beschäftigt und aufeinanderplatzen läßt. Was man gemeinhin die »*Taktik*« nennt, ist immer das Wichtigste für den Augenblick, immer das Unwichtigste für den großen Gang der Entwicklung. Die Beteiligung oder Nichtbeteiligung an einer Wahl, die Annahme oder Ablehnung eines verantwortlichen Postens innerhalb eines bürgerlichen Staates, das Eingehen in Kompromisse mit bürgerlichen Parteien oder die Zurückweisung jedes Bündnisses, die Genehmigung oder Nichtgenehmigung eines Gesetzentwurfes mögen für den Augenblick hemmend oder fördernd wirken – aber die falschen Berechnungen einiger im Augenblick der Entscheidung einflußreicher Politiker vermögen den großen Strom der sozialistischen Massenbewegung weder dauernd aufzuhalten, noch entscheidend abzulenken. Wo Ziel und Weg durch Notwendigkeit vorgeschrieben sind, vermögen individuell, örtlich oder zeitlich begrenzte Irrtümer und Fehler keinen Schaden anzurichten, der sich nicht von selbst wieder berichtigen müßte. So wenig die bürgerliche Gesellschaft an falschen Augenblicksentschlüssen ihrer Leiter zugrunde gehen kann, so gewiß ihr vielmehr der Keim des Todes viel tiefer sitzt, so wenig ist zu befürchten, daß taktische Fehler einer sozialdemokratischen Kammerfraktion für die mächtig anschwellende proletarische Bewegung zum dauernden Hemmnis werden könnten.

Mit so großem Interesse man darum auch den bevorstehenden Debatten entgegensehen mag, die in Amsterdam über die Fragen der »*Taktik*« geführt werden sollen, so wird man über diese Spannungen doch nicht vergessen dürfen, daß von den Entscheidungen, die der Kongreß über diese Fragen fällen wird, das festgegründete Wesen der Arbeiterbewegung doch nur in seinen Einzelheiten getroffen werden kann.

Die Freiheit in der Wahl der taktischen Mittel steigt mit der wachsenden Erkenntnis der Massen. Nicht minder aber ist das Maß des taktisch Zulässigen von dem besonderen nationalen Charakter des Klassen*gegners* abhängig. Nicht überall wird die Arbei-

terklasse so zur Klarheit gezwungen wie in Deutschland, wo ihr engherzige und politisch rohe Herrscherkasten die Taktik des Klassenkampfes in ihrem reinsten Typus auf gut Preußisch vorexerzieren. Sind auch die herrschenden Klassen der ganzen Welt einig in ihrem Ziel, die bestehende Gesellschaftsordnung zu schützen, so lehrt sie doch ihr Selbsterhaltungstrieb, da und dort zu so verschiedenen Mitteln zu greifen, daß ihnen gegenüber wohl das einheitliche Prinzip, der Klassenkampf, unverrückbar bestehen bleibt, es aber unsagbar töricht wäre, auch so verschiedenen Waffen gegenüber die vollkommen gleiche Anwendung eines einförmigen Kampf*mittels* zu empfehlen. So sicher ein russischer und ein amerikanischer Genosse zwei Sozialisten und zwei proletarische Klassenkämpfer sind, so wenig kann ihnen beifallen, sich gegenseitig eine Marschorder vorzuschreiben, die auf so ungleichem Terrain in ungleicher Art angewendet werden sollte.

(...)

So mußte sich der Pariser Kongreß von 1900 mit der Frage beschäftigen, deren bloße Aufwerfung für die Mehrzahl der dort vertretenen nationalen Organisationen eine platte Unmöglichkeit war: der Frage des »Ministerialismus«. Und doch bewies er durch die Annahme der Resolution Kautskys die große politische Einsicht, daß der Eintritt eines Sozialisten in ein bürgerliches Ministerium unter ganz besonders gelegenen Umständen mittelbar zur Waffe des proletarischen Klassenkampfes werden könne. Hier war an einem Schulbeispiel gezeigt, wie trotz aller Einheit der Grundlinien die Möglichkeiten der Politik so unendlich vielgestaltig, die taktischen Querzüge einer raffinierten bürgerlichen Klasse so mannigfach sind, daß selbst das scheinbar Absurde zur Möglichkeit, ja zur taktischen Notwendigkeit werden kann. Ebenso kann in konstitutionell regierten Staaten eine sozialistische Fraktion unter Umständen gezwungen sein, ein rein bürgerliches Ministerium parlamentarisch zu unterstützen. Theoretische Wirrnis wird jede Erscheinung solcher Art wirklich zum Beginn einer Ausgleichung der Gegensätze und einer Versöhnung der Klassen werden lassen, indes ein wahrhaft sozialistisch gesinntes, im Feuer des Klassenkampfes gehärtetes Proletariat sich von der Sonne der Demokratie ebensowenig entwaffnen lassen wird wie von Wind und Wetter der Reaktion.

(...)

Das internationale Völkerparlament von Amsterdam ist vor eine

Reihe schwieriger und verantwortungsvoller Fragen gestellt, von denen die schwierigste und verantwortlichste die ist, wie weit eigentlich der Kreis seiner Entscheidungen reichen kann. Niemand wird von ihm verlangen, daß es, das nach vier Jahren zum erstenmal wieder zu kurzer Tagung zusammentritt, der vielgestaltigen Arbeiterbewegung der Welt ein goldenes Buch der Regeln gäbe, in dem für jede Frage die richtige Antwort verzeichnet steht. Es kann vielmehr die fortlaufende Aufgabe der internationalen Kongresse nur sein, die Grenzlinien richtig zu stellen, die den proletarischen Klassenkampf um die sozialistische Gesellschaft von den Bestrebungen herrschender Klassen scheiden. Der Kongreß von Amsterdam kann nur ein Kongreß von Sozialisten, er muß aber der *Kongreß aller Sozialisten* sein, die sich in ihm angesichts des waffenstarrenden Europa zu einer gewaltigen Kundgebung proletarischer Völkerverbrüderung zusammenfinden. Alle Unterdrückten der Erde grüßen ihn als den lebendigen Ausdruck ihrer eigenen wachsenden Befreiermacht.

Mit Ruhe und Festigkeit hat das internationale Parlament von Amsterdam die Richtung gewiesen, in der sich der Vormarsch des sozialistischen Proletariats wie bisher so auch künftig vollziehen wird. Kräftiger noch und eindrucksvoller als seine Vorgänger hat dieser Kongreß erhärtet, daß für das, was gegenwärtig den gesamten positiven Geistesinhalt der bürgerlichen Politik bildet, für nationale Gehässigkeit und imperialistischen Eigennutz, kein Platz ist in der Gedankenwelt einer klassenbewußten Arbeiterschaft und daß allem Kriegsgetümmel zum Trotz die verhöhnten humanistischen Ideale des alten Christentums wie des klassischen Zeitalters in seinen festgeschlossenen Organisationen eine sichere Freistatt finden.

Nur der ungeheure Druck gleichartig über die Welt verbreiteter Erscheinungen und, von ihnen hervorgerufen, ein großer siegreicher Kampf- und Schöpfungsgedanke konnte so zusammenschmieden, was die historisch überkommene Macht der Grenze, was ungeheure örtliche Entfernung, was das Vorurteil der Rasse und ein zur Tollheit gesteigerter nationaler Paroxysmus auseinanderreißen. Die sich in Amsterdam vereinten, haben ihre völlige Abkehr von der bürgerlichen Welt und ihren Idealen kundgetan. Von diesem Kongreß (...), auf dem die Arbeitervertreter zweier im blutigen Kriege sich zerfleischenden Klassenstaaten einander die

Hände reichten[1], führt keine Brücke mehr zurück in das Reich der herrschenden Anschauungen und Zustände.

Die Größe des Augenblicks hat auch die Menschen groß gemacht, die sich zusammenfanden. Über den Streit der Meinungen erhob sich siegreich der Gedanke der Einheit. Frohere Botschaft konnte dieser Kongreß nicht bringen als die, daß die feindlichen Bruderparteien Frankreichs den Weg zur Einigkeit zu beschreiten gewillt sind. Große Schwierigkeiten werden zu überwinden sein. Zwischen den Richtungen, die alle dem gleichen Ziel zustreben, über die Wahl des Weges aber verschiedener Meinung sind, haben sich Berge von Mißverständnissen aufgehäuft. Sachliche Differenzen haben sich, der kleinen Menschlichkeit Tribut zollend, zu persönlicher Erbitterung gewandelt. Es kommt dazu, daß einer der beiden Teile der Einigkeit und den Wünschen des Kongresses sich nicht völlig fügen kann, ohne durch die Veränderung seiner Taktik fühlbare Spuren in der Politik eines großen Staates zurückzulassen. Von dem vorgeschobenen Posten, den er im Kampf gegen die nationalistische Reaktion bezogen hat, und der, vom Standpunkt des sozialistischen Kampfprinzips gesehen, auf die Dauer nicht haltbar erscheint, wird er sich nicht von heute auf morgen zurückziehen können. Aber dessen darf man nach Amsterdam gewiß sein, daß über alle nicht allzu kleinen Schwierigkeiten der Tagespolitik schließlich der große Gedanke der sozialistischen Einigkeit siegen wird. Von dem Tage ab, an dem im Lande der großen Revolution eine einheitlich geschlossene Sozialdemokratie auf dem Kampffeld erscheint, groß geworden im Kampf nach außen, klar geworden durch Streit im Innern, wird in der Geschichte des proletarischen Klassenkampfes eine neue Epoche beginnen.

(...)

Die große Rede, in der (Jean) Jaurès seine Politik verteidigte und gleichzeitig die Taktik der deutschen Sozialdemokratie angriff, hat allerdings den Kern der Sache keineswegs getroffen. Aber zur Aufklärung der bürgerlichen Kreise Deutschlands mag sie vieles beigetragen haben. Den deutschen Liberalen, die uns den »Staatsmann« Jaurès als leuchtendes Muster hinzustellen lieben, muß es sonderbar in den Ohren geklungen haben, daß dieser »Staatsmann« und Vertreter des »besonnenen Fortschritts« die revolutionäre Tatkraft des deutschen Proletariats, indem er sie bezweifelte,

1 Gemeint sind die Vertreter Rußlands und Japans, Georgij Plechanow und Sena Katayama *(Anm. d. Hg.)*.

aufzustacheln versuchte. Das Mitleid des Republikaners mit der »Ohnmacht« der deutschen Sozialdemokratie wird diese in ihrem Streben nach nützlicher Reform darum nicht aneifern, weil dieses Streben seiner Aneiferung nicht mehr *bedarf*! – aber den Anhängern des »sozialen Königtums« und den liberalen Mauserungsillusionisten schlägt er alle Waffen aus der Hand. So gestaltete sich der Streit der deutschen Sozialdemokraten mit dem »gemäßigten« Flügel der französischen ohne alle Inszenierungsabsicht zu einer einheitlichen und eindeutigen Prinzipienerklärung gegen das Palladium des deutschen Angstbürgertums, gegen die *feudale Reaktion*. Durch eine lächerliche Verdrehung des deutschen Standpunktes, als ob von Bebel die Monarchie gepriesen worden wäre – eine Annahme, deren vollendete Unsinnigkeit jedem Kenner der sozialistischen Gedankenwelt in die Augen springt –, hat die bürgerliche Presse die ausgeprägt demokratische Tendenz der großen »Taktik«-Debatte vergebens zu verhüllen gesucht.

Auf der anderen Seite aber werden Bebels bedeutende Ausführungen, in denen sich, von Nuancen der Persönlichkeit und des Temperaments abgesehen, die Meinungen einer ungeheuren Mehrheit mit vollkommener Treue widerspiegelten, auch auf die Widerstrebenden ihren Eindruck nicht verfehlt haben. (...)

Der Kongreß von Amsterdam hat bewiesen, daß die Gegensätze der Meinungen nicht zu groß sind, um nicht überbrückt werden zu können. Das Prinzip des proletarischen Klassenkampfes, einmal erkannt, überdauert alle Irrungen der Personen und alle Verwicklungen der augenblicklichen Gefechtsstellung. In der Welt des Sozialismus haben die Vaterlandslosen aller Länder ein Vaterland gefunden, dessen Bürgerrechte ihnen nicht bestritten werden und für dessen Größe und Gewalt nicht leicht Besseres geschaffen werden kann als die volle Erfüllung dessen, was Amsterdam verhieß!

Zum Parteitag in Jena 1905

Die sozialdemokratische Partei beginnt die Vorbereitung für ihren Parteitag zu treffen, der im September in Jena abgehalten werden wird. In den nächsten Wochen und Monaten werden sich unsere Wahlvereine und unsere Parteipresse mit den Arbeiten beschäftigen, denen der Parteitag gewidmet sein soll, es werden Bespre-

chungen und Beratungen gepflogen werden, die für Leben und Entwicklung der politischen Arbeiterbewegung die größte Bedeutung haben. Denn im Parteitag kulminiert das Leben unserer Partei. Der Parteitag ist die höchste demokratische Instanz der Partei, von den Körperschaften der Verwaltung und Parteibetätigung ist alle Entscheidung in die Hände der organisierten Parteigenossen selbst zurückgegeben, die durch den Parteitag das Geschick der Partei bestimmen. Und die sozialdemokratischen Parteitage sind Tagungen der Gründlichkeit, wie sie keine andere politische Partei auch nur entfernt kennt. Die anderen Parteien pflegen nur einen oder zwei Tage beisammen zu sein, einige Vorträge anzuhören und den größten Teil der Zeit in Festessen und Schaustellungen zu verbringen. Die deutsche Arbeiterklasse leistet auf ihrem Parteitag ernste und sachliche Arbeit, sie bedarf alljährlicher umfassender Parteitagstätigkeit, weil in ihr der feste Zusammenhalt zwischen den Parteimitgliedern und ihren politischen Vertretern geschaffen und immer wieder erneuert wird. Die Sozialdemokratie ist nicht gleich den bürgerlichen Parteien eine Partei von Führern, denen eine mehr oder minder große Menge, von Stimmungen und Launen bald hierhin, bald dorthin beeinflußt, nachlaufen soll, sie ist die Partei des sozialdemokratisch überzeugten Volkes, das selbständig sein politisches Geschick entscheidet.

Kommt aber den Parteitagen eine fundamentale Bedeutung zu, dann ist es auch Aufgabe der gesamten Partei, an Aufbau und Gestaltung der Parteitage mit vereinter Überlegung zu wirken, die Parteitage so nützlich und wertvoll herzurichten, als es in der Kraft der Partei irgend liegt. Darum ist die sachliche und aufrichtige Kritik auch hier das Lebenselement der Partei, es ist Pflicht aller Parteiorgane, ihr Wissen und Können einzusetzen, daß die Parteitage in jeder Hinsicht das Beste leisten.

Die Absicht, dieser Aufgabe zu dienen, hat uns seit einigen Jahren genötigt, unseren Parteitagen, bei selbstverständlicher Anerkennung ihrer Leistungen, kritische Bemerkungen zu widmen. Es war Pflicht, Mangelhaftigkeiten und Schädlichkeiten, die auf den Parteitagen sich zeigten, mit Offenheit zu besprechen, wie wir es insbesondere nach dem Parteitag in Dresden getan. Wir haben aber nicht nur Mißlichkeiten, die im Verlauf der Parteitage hervortraten, besprochen, wir haben wiederholt die Ansicht ausgesprochen, daß bereits in der Aufstellung der Tagesordnung der Parteitage Unzulänglichkeiten bestehen, die unseres Erachtens

einen wesentlichen Teil der Schuld daran tragen, daß die letzten Parteitage nicht den vollen Erfolg für die Partei entfalten konnten, den sie haben sollten. Dieselben Bedenken müssen wir in verstärktem Maße auch gegenüber der provisorischen Tagesordnung für den Parteitag in Jena aussprechen.

Es hat sich nach unserer Überzeugung, nicht durch Schuld einzelner Personen oder einer einzelnen Körperschaft, vielmehr durch eine Summe von Umständen, die in der Parteientwicklung begründet waren, ein grundsätzlicher Irrtum in die Parteitage eingeschlichen. Unsere Parteitage werden vollständig ausgefüllt durch die Erledigung der Verwaltungsangelegenheiten und die Beratung über innere Parteifragen. Dagegen ist die politische Stellungnahme der Partei zu den Ereignissen der Zeit zurückgedrängt worden und geradezu gänzlich entschwunden. Es bedarf keines Wortes über die entscheidende Wichtigkeit jener erstbezeichneten Aufgaben der Parteitage, aber so wichtig sie sind, alleinherrschend dürfen sie nicht sein, sie dürfen nicht dermaßen überwuchern, daß die andere beträchtliche Aufgabe erstickt wird. Weder auf dem Parteitag in Dresden noch auf dem Parteitag in Bremen ist auch nur eine Frage umfassender behandelt worden, die nicht innere Parteiverwaltung und innere Parteidiskussion betrifft. Dadurch haben sich die Parteitage, so Bedeutsames sie sonst geleistet, der unmittelbaren Einwirkung auf das politische Leben Deutschlands in nicht unerheblichem Maße entschlagen.

Es scheint, als ob in dieser Angelegenheit ein einmal eingerissener Fehler schwer zu beseitigen ist und daß er aus sich selbst die Gefahr seiner Wiederholung erzeugt. Nachdem einmal die Erfahrung gezeigt hat, daß die Beratung der alljährlich wiederkehrenden Abschnitte der Tagesordnung, der Bericht des Vorstandes, der Kontrolleure, der Reichstagsfraktion, ungefähr die Hälfte der Zeit des Parteitages in Anspruch nimmt und die andere Hälfte durch die Erörterung von zumeist die Parteitaktik betreffenden Fragen besetzt ist, so ist man anscheinend dazu gekommen, diesen Lauf der Dinge als notwendig und unabänderlich anzusehen. Man verzichtet daher von vornherein auf die Behandlung allgemein politischer und sozialer Angelegenheiten. Wir glauben jedoch, daß gerade dieser Verzicht geeignet ist, das Übel zu verschlimmern.

Wir haben vor zwei Jahren eindringlich bedauert, daß der Parteitag schon durch seine Tagesordnung sich gehindert hat, der großen politischen Situation gerecht zu werden, welche damals infolge des

überwältigenden Wahlsieges vom 16. Juni gegeben war. Wir hatten den Vorschlag gemacht, die Bedeutung und die Lehren der Reichstagswahl als besonderen und beherrschenden Gegenstand der Tagesordnung aufzustellen. Wir sind noch heute der Überzeugung, daß der Vorschlag vollauf berechtigt war, und wir meinen, daß jene Szenen, über deren Peinlichkeit und Widerwärtigkeit die Partei sich einig ist, hätten vermieden oder sehr erheblich zurückgedrängt werden können, wenn der Parteitag sich von Anfang an die richtige Aufgabe gestellt hätte. Gerade wenn sachlich bedeutsame Themata nicht gestellt sind, wenn das Interesse nicht genügend auf ernste und fruchtbare politische Arbeit gerichtet ist, dann kann es geschehen, daß Kleinlichkeiten, ja persönliche Gehässigkeiten sich breit machen zu dürfen glauben. Nachher aber scheint es, als sei das alles unvermeidlich gewesen, und man wagt nicht einmal mehr, sehr wichtige Fragen auf den Parteitag zu bringen, da es sich gezeigt habe, es sei überhaupt keine Zeit dafür vorhanden. In Wahrheit ist es umgekehrt: der Parteitag stelle sich alle Aufgaben, welche die Zeit fordert, und schon die Bereicherung seiner Tagesordnung wird die einseitige Bevorzugung der inneren Parteifragen verhindern.

Nicht anders kam es in Bremen. Die Tagesordnung, die der Parteitag sich stellte, enthielt wiederum nur innere Angelegenheiten der Partei. Wir hatten vorgeschlagen, auf die Tagesordnung zu setzen: die Wahlrechtskämpfe in Deutschland – in Anknüpfung an die Ergebnisse der ersten allgemeinen Beteiligung an den preußischen Landtagswahlen –, und vor allem, aus Anlaß des konservativ-nationalliberalen Schulkompromisses, die Schulfrage in Deutschland. Der Parteitag lehnte auch diesen, von einer großen Zahl von Wahlkreisen – darunter sämtliche Berliner Kreise – vertretenen Vorschlag ab, aber in diesem Fall ist der vollgültige Beweis erbracht worden, daß die Ablehnung ein Fehler gewesen ist. Der Bremer Parteitag blieb so gut wie ausschließlich ein Geschäftsparteitag, er leistete vortrefflich, was zu leisten war für Parteiorganisation und Agitation, aber das, was außerdem jeder sozialdemokratische Parteitag leisten soll, die Stellungnahme der Sozialdemokratie zu den aktuellen wichtigsten Problemen der Politik, die Einflußnahme auf das gesamte öffentliche Leben des Reiches, die Entfaltung propagandistischer Kraft für unsere Ideen – diese wesentliche Aufgabe ist nicht vollbracht worden. Und man meine nicht, das seien Aufgaben, denen die Partei das ganze Jahr hindurch, in

Versammlungen, in der Presse, in den Parlamenten obliege. Dieser Einwand könnte ebenso zu allen anderen Beratungsgegenständen der Parteitage erhoben werden. Es ist aber notwendig, daß alles, was die Partei bewegt und was die Partei politisch will, auf den Parteitagen zum einheitlichen Ausdruck gelangt. Gerade weil wir eine demokratische Partei sind, müßte es eine Selbstverständlichkeit sein, daß die aus allen Wahlkreisen des Reiches zusammentretenden Vertreter der Partei die Stellung der Partei zu den jeweilig bedeutendsten Angelegenheiten der Politik zu machtvoller Bekundung bringen. So ist auch auf früheren Parteitagen verfahren worden; noch in München hat die gesamte Partei beispielsweise ihre Stellung zum Zollwucher genommen. Tatsächlich ist dann ja auch die Notwendigkeit und Nützlichkeit der Behandlung der Schulfrage drastisch erwiesen worden. Da der deutsche Parteitag sich als allzu »belastet« mit anderen Aufgaben ansah, erwuchs aus seiner Ablehnung der Gedanke des preußischen Parteitages, auf welchem für Preußen das nachgeholt wurde, was in Bremen unterblieben war. Der Preußentag im Dezember 1904 – der als erster seiner Art und bei dem Mangel einer preußischen Sonderorganisation gar keine »inneren« Parteifragen erörtern konnte – nahm einen vortrefflichen Verlauf. Er hat gezeigt, daß in verhältnismäßig kurzer Zeit große Fragen behandelt werden können. Er hat bedeutende Propaganda geleistet für unsere Ideen.

Die Tagesordnung des Parteitages in Jena, wie sie der Parteivorstand soeben veröffentlicht hat, zeigt unseres Erachtens dieselben Mängel wie die vorhergehenden. Sie enthält neben dem eisernen Bestand der Berichterstattung auch nur sogenannte innere Parteifragen. Die Maifeier muß nach den Vorgängen auf dem Gewerkschaftskongreß durch die Partei besprochen werden. Bei der großen Bedeutung, die der Maifeier zukommt, wäre es sehr wünschenswert, wenn rechtzeitig der Versuch vollständiger Verständigung zwischen der politischen und gewerkschaftlichen Bewegung über diese Frage unternommen und eine der großen Sache der Maifeier selbst nicht nützliche Zuspitzung der verschiedenen Auffassungen vermieden werden kann. Unter dem Thema: »Der politische Massenstreik und die Sozialdemokratie« dürfte, wenn wir es recht auffassen, vorwiegend der von uns im vorigen Jahr gemachte Vorschlag, die Wahlrechtskämpfe im Deutschen Reich zu behandeln, zur Erörterung gelangen. Aber in der Fassung des Themas ist auch in dieser Frage der Akzent auf das parteitaktische

Moment gelegt. Es steht daher wiederum keine einzige politisch-propagandistische Frage auf der Tagesordnung.

Wir meinen, daß die gegenwärtigen politischen Verhältnisse äußerst bedeutsame Fragen aufwerfen, zu denen eine Stellungnahme auf dem Parteitag der Sozialdemokratie notwendig ist.

Seit Jahren mehr denn je ist die vielgerühmte deutsche Sozialreform zu völligem Stillstand gelangt. Statt einer wenn auch nur mäßigen Vorwärtsentwicklung der sozialpolitischen Gesetzgebung sehen wir eher eine rückläufige Bewegung und vor allem eine reaktionäre Bedrohung der geringen Errungenschaften auf diesem Gebiet. Während kurz vor Schluß der vorigen Legislaturperiode des Reichstags zum erstenmal erreicht wurde, daß eine Mehrheit für den zehnstündigen Arbeitstag der erwachsenen Arbeiter sich fand, ist dieser Fortschritt in der neuen Legislaturperiode sogar wieder verlorengegangen, und in den zwei Jahren der jetzigen Gesetzgebungsperiode ist weder auf dem Gebiet des Arbeiterschutzes noch auf dem Gebiet der übrigen Sozialpolitik irgendein größeres Gesetz geschaffen, irgendein nennenswerter Fortschritt gemacht worden. Es ist der arbeiterfeindlichen Reaktion gelungen, das frühere Schneckentempo Posadowskyscher Sozialpolitik völlig zum Stillstand zu bringen. Um so eifriger treten die Versuche der Feinde der Arbeiterklasse auf, die dahin zielen, das geringe Maß von Selbstverwaltung, das sich die Arbeiterschaft im Versicherungswesen geschaffen hat, wieder zu beseitigen. Es kann kaum ein Zweifel bestehen, daß der Anschlag gegen die Selbstverwaltung der Krankenkassen vielleicht sehr bald zur Durchführung gebracht werden soll. Diese Vorgänge, die hier nur aufs kürzeste anzudeuten sind, mahnen die Arbeiterklasse zu den größten Anstrengungen, daß sie sich des Attentats auf das bisher Erreichte erwehrt und die stockende Sozialreform, den stagnierenden Arbeiterschutz zur Fortführung bringt. Es erscheint durchaus als eine Aufgabe des Parteitages, eine derartige fundamentale Angelegenheit der Arbeiterklasse eindringlich zu behandeln. Wenn die Vertretung der gesamten deutschen Arbeiterschaft aufgrund eines jene Zeichen der Zeit scharf beleuchtenden Referats ihre Stellungnahme nachdrücklich vor dem ganzen Land zum Ausdruck bringt, so kann eine solche Demonstration nicht ohne Wirkung bleiben. Sie bedeutet einen erneuten Appell an die Arbeiterschaft zum unablässigen Kampf auf diesem Gebiet, und zugleich zeigt sie den Gegnern den einheitlichen Widerstand der organisierten Arbeiterklasse.

Eine andere Angelegenheit, deren Behandlung auf dem Parteitag sich geradezu aufzwingt, ergibt sich aus den gewaltigen Ereignissen der Weltpoltik, die sich seit Jahresfrist in stürmischer Aufeinanderfolge zutragen. Infolge des ostasiatischen Krieges und des Zusammenbruchs des russischen Reiches sind die internationalen Beziehungen der Großstaaten in höchstem Maße beeinflußt worden. Rußland ist auf lange Zeit hinaus von der militärischen Großmachtstellung herabgedrückt, und damit verliert das französisch-russische Bündnis die bisherige Bedeutung. Die bisherigen europäischen Bündnisverhältnisse, die schon zuvor manchen Riß erhalten hatten, sind vollständig brüchig geworden. Die internationale Lage ist unsicherer denn je. Der Marokkokonflikt zwischen Deutschland und Frankreich ist nur ein einzelnes Symptom dieses kapitalistisch-weltpolitischen Wirrwarrs. So sehr die Diplomatie ihre Aktionen geheimnisvoll betreibt, so empfinden doch die Völker, daß sie auf schwankendem Boden stehen. Ein Staat intrigiert gegen den anderen, einer sucht den anderen von der Seite des dritten zu entfernen und ihn an seine Seite zu ziehen. Und das einzige, was in sicherer Aussicht steht, ist, daß in allen Großstaaten die Neigung zu neuen Militärrüstungen und insbesondere Marinerüstungen steigt. Gerade in Deutschland werden wir schon im nächsten Winter eine neue bedeutende Marinevorlage erleben, eine Vorlage, die begründet wird mit der Absicht, Deutschland zu sichern gegen auswärtige Angriffsneigungen, die aber in Wahrheit im Ausland Befürchtungen deutscher Angriffslust erweckt und vermehrt. So wird die Beunruhigung und Unsicherheit immer mehr wachsen. Nach einer neulichen Meldung des *Matin* hat der deutsche Reichskanzler selbst die internationale Lage vor wenigen Wochen als eine sehr gespannte und gefahrvolle bezeichnet. Welchen Spannungen und Gefahren werden die Nationen weiter entgegengeführt?

Es ist daher die unerläßliche Aufgabe der Sozialdemokratie, ihre Stellung zu diesen Wandlungen der Weltpolitik auf das nachdrücklichste zu bekunden. Während die kapitalistischen Regierungen gegeneinander intrigieren, während in den herrschenden Klassen der verschiedenen Länder alle Instinkte der Eroberungssucht, der kolonialpolitischen Aneignung aufgestachelt werden, hat das Proletariat die Aufgabe und die Pflicht, seine feste prinzipielle Stellung zu bekunden. Wenn auf unserem Parteitag ein sachkundiger Referent den Gang der weltpolitischen Ereignisse schildert, wenn er die

wirtschaftlichen und politischen Folgen, die infolge des Aufstiegs Japans, des Niedergangs Rußlands, der Erschütterung aller bisherigen Staatenbeziehungen sich anbahnen, darlegt, wenn er den Standpunkt der internationalen Sozialdemokratie unter Zustimmung des gesamten deutschen Parteitages aufs neue bekräftigt, so würde eine solche Aktion auf Freund und Feind des größten Eindrucks nicht verfehlen.

Wir halten den Parteitag für verpflichtet zur Behandlung der Frage: »Die Wandlungen in der Weltpolitik und die Stellung der Sozialdemokratie«.

Es ist ein Übelstand, daß die Kritik an der Tagesordnung des Parteitages erst einsetzen kann, wenn sie veröffentlicht ist. Es sind dann große innere und äußere Schwierigkeiten zu überwinden, die Tagesordnung nachträglich zu ändern. Die Partei sollte den neuen, aber sehr zweckmäßigen Brauch einführen, etwa im Mai und Juni – vor der vorläufigen Festsetzung der Tagesordnung – in Versammlungen und in der Presse Anregungen hinsichtlich des Programms des Parteitages zu geben; dann haben die entscheidenden Instanzen die Möglichkeit, schon bei der Beratung der Tagesordnung die lautgewordenen Wünsche zu erwägen und zu berücksichtigen.

Wenn es auch nicht gelingen sollte, die einmal festgestellte Tagesordnung in diesem Jahr zu ändern, so ist es uns vor allem darum zu tun, daß die allgemeine Frage, wie die Tagesordnung der Parteitage beschaffen sein soll, der Diskussion unter den Parteigenossen unterbreitet wird. So wünschenswert und so notwendig wir die Einreihung der von uns vorgeschlagenen Probleme erachten, so sind wir doch natürlich weit davon entfernt zu meinen, daß die Nichtausführung eines solchen Vorschlages an sich geeignet wäre, größeren Schaden anzurichten. Wohl aber meinen wir, daß für die Zukunft Fürsorge getroffen werden muß. Die Sozialdemokratie muß auf ihren Parteitagen Führer und Wegweiser in allen großen politischen und sozialen Angelegenheiten verbleiben!

(...)

Der Parteitag ist neben der Rechenschaftsabgabe über die Geschehnisse des letzten Jahres der Besserung und Stärkung unserer organisatorischen Rüstung sowie der Klarstellung wichtiger taktischer Probleme gewidmet.

Wir haben an dieser Stelle, als die provisorische Tagesordnung des Parteitages bekanntgegeben wurde, auf den Mangel hingewie-

sen, daß wichtige Fragen der inneren und äußeren Politik des Deutschen Reiches, die gegenwärtig von besonderer Bedeutung sind, nicht für die Tagesordnung vorgesehen wurden. Wir haben ausführlich dargelegt – und wir haben allen Anlaß, an dieser Auffassung durchaus festzuhalten –, daß auf unseren Parteitagen neben den Angelegenheiten, welche die innere Ordnung der Partei betreffen, auch Raum sein muß zur Behandlung der jeweilig wichtigsten Angelegenheiten der deutschen Politik. Wir hatten, in Übereinstimmung mit den Organisationen verschiedener Wahlkreise, insbesondere von vier Berliner Wahlkreisen, vorgeschlagen, auf die Tagesordnung die »Wandlungen der Weltpolitik und die Sozialdemokratie« zu bringen. So leicht die Gründe wiegen, die gegen den Vorschlag vorgebracht wurden, so werden wir uns dem Zwang der Verhältnisse fügen müssen, welche die Erfüllung unserer Anregung verhindern. Die Berliner Genossen, welche den Vorschlag vertreten, und wir selbst hatten als Referenten für das schwierige, erheblicher Vorbereitung bedürfende Thema einen hervorragenden Parteigenossen in Aussicht genommen, der jedoch, in bedauerlicher Verkennung des Sinnes und der Absicht des Vorschlags, gegen den Vorschlag polemisierte, als dessen Vollstrekker er gedacht war. Es wird daher auf die Verwirklichung des Vorschlags in Jena verzichtet werden müssen. Wir dürfen uns um so leichter hierbei bescheiden, da einmal der Grundgedanke, von dem unser Vorschlag ausging, weithin in der Partei Zustimmung fand und für künftige Parteitage seine Wirkung haben wird, was wir von vornherein als Hauptziel unserer Anregung bezeichnet hatten, und da andererseits, wie wir nicht zweifeln, die neuen Geschehnisse der Weltpolitik und die Stellung der Sozialdemokratie zu ihnen, wenn auch nicht in der Gründlichkeit, die bei Einfügung eines besonderen Abschnittes der Tagesordnung sich ergibt, so doch in gedrängter Zusammenfassung vor den Parteitag gelangen werden.

Zum Internationalen Sozialisten-Kongreß in Stuttgart 1907

Zum erstenmal auf deutschem Boden, nicht im offiziellen Deutschland, tritt an diesem Sonntag die Internationale des Proletariats zu ihren Beratungen zusammen. Die alte Internationale fand unter der wissenschaftlichen Führung deutscher Persönlichkeiten

im Ausland ihre Zuflucht. Jetzt, wo man von einer Führung *eines* nationalen Verbandes nicht mehr reden kann, wo die politischen und wirtschaftlichen Organisationen der sozialistischen und demokratischen Arbeiter der Industriestaaten eine Koalition gleichwertiger, selbständiger Nationalgruppen bilden, kann die reichsdeutsche Sozialdemokratie die anderen Völker auf heimischem Gebiet zu Gast laden. Aber dieser internationale Kongreß kann eben nur geographisch in deutschen Landen, nicht politisch im Deutschen Reich, nicht in der Hauptstadt stattfinden. Diese eine Erscheinung beweist, daß wir politisch, sozial, kulturell noch immer keine nationale Einheit erreicht haben. Die freiere, feinere Kulturluft im Süden des Deutschen Reiches läßt die Internationale der Völkerverbrüderung atmen, aber diese Freiheit ist das Privileg einer Ohnmacht. Doch wo die Geschicke der deutschen Politik entschieden werden, im Norden des Deutschen Reiches, gibt es heute, wie vor einem halben Jahrhundert, keine freie Entfaltung politischer Betätigung. Dort klaffen nicht nur die Gegensätze des kapitalistischen Klassenstaates, sondern noch die tiefe finstere Kluft des feudalen Klassenstaates, der mit der Polizei über eine Herde von Unmündigen unumschränkt zu regieren sich anmaßt. Und dort ist alle Macht! Dort hausen Deutschlands Herren und Gebieter.

So ist Stuttgart, so ist die erste Internationale auf deutschem Gebiet, nicht sowohl ein Zeichen des Aufschwungs des proletarischen Einflusses im Deutschen Reich als vielmehr eine revolutionär wirkende Aufreizung, daß unsere Kraft noch allzu gering ist, um aus dem bisherigen preußischen Partikularismus, der Deutsches Reich heißt, endlich eine deutsche Einheit zu gestalten. Indem wir die Internationale wohl in Stuttgart empfangen durften, nicht aber in Berlin empfangen konnten, beherbergen wir sie in einer Enklave hoffender deutscher Zukunft, nicht in der Wirklichkeit deutscher Gegenwart. Der Wirt denunziert seinen Gästen, was alles er noch zu erkämpfen hat, was seine Freunde bereits besitzen. Noch sprechen die Arbeiter der Kulturstaaten nicht nur lautlich verschiedene Sprachen, sondern auch die politischen Sprachunterschiede trennen sie. Die Sprachverschiedenheit des Klanges und der Grammatik überwindet die Sprachkenntnis und der Dolmetsch, und es bedarf zur Verständigung gar nicht des Kunsterzeugnisses einer Weltsprache, und wäre es die Hoffnungssprache des Esperanto; damit aber die Proletarier aller Länder die

gleiche politische und soziale Sprache reden, in ihr sich verständigen können, dazu bedarf es der Arbeit, der Tat, der Opfer, des Kampfes.

Und das ist die Tagesordnung des Stuttgarter Kongresses, daß wir die Beseitigung der Konflikte organisieren wollen, welche das Werden dieser Weltsprache zu hemmen oder gar zu vernichten suchen.

Wenn die Führer des internationalen Proletariats zusammenkommen, so wollen sie sich nicht nur erzählen, wie die politischen und gewerkschaftlichen Organisationen der einzelnen Länder zugenommen haben, unsere Wahl- und Organisationserfolge, die Fortschritte unserer Presse und unserer Kassen. Was in Stuttgart an Verwaltungsberichten zu erstatten ist, kann uns nur mit Stolz und Siegesgewißheit erfüllen. Überall blühen die politischen und wirtschaftlichen Organisationen des Proletariats. Wie gewaltig ist beispielsweise allein die literarische Vorbereitung des Stuttgarter Kongresses gegenüber der seiner Vorgänger gewachsen! (...)

Nicht minder groß sind die politischen und wirtschaftlichen Erfolge der proletarischen Organisationen. Seit Amsterdam ist die russische Revolution über die Welt gebraust, gigantisch in ihrem Wollen, unvergleichlich heroisch in ihrem Wagen; tausendjährige Fesseln sind gesprengt worden, und wenn sie die Macht der Finsternis auch immer wieder zusammenzuschmieden versucht, der erlösende Anfang ist da und kann niemals mehr rückgängig gemacht werden. In England ist seit dem vorigen internationalen Kongreß eine selbständige politisch-parlamentarische Arbeiterbewegung mit überraschendem Erfolg sofort als eine achtungsgebietende Macht entstanden, man wird auf diesem Wege fortschreiten und ihn nie wieder verlassen. Frankreich ist das Vorland der europäischen Demokratie geworden, sie hat in den letzten Jahren alle reaktionären Hemmnisse überwunden, und unmittelbar prallt nun dort der demokratische Kapitalismus mit dem demokratischen Sozialismus zusammen. Die französischen Genossen, geeinigt, haben große Wahlerfolge hinter sich, ihre Organisationen sind gewachsen, und ihr Einfluß auf die allgemeine Politik ist noch ungleich größer als ihre zahlenmäßige Macht. Die Abirrungen der antipolitischen »direkten Aktion«, des revolutionären Syndikalismus, sind lediglich Zeichen einer tatdrängenden bewegten Ungeduld, die die Hemmnisse der wirtschaftlichen Entwicklung überflügeln möchte. Als Sieger auf jedem Gebiet, als Meister poli-

tisch-taktischer Weisheit und kühner Entschlossenheit erscheinen die Österreicher in Stuttgart, eine kleine Internationale für sich; sie haben sich das allgemeine Wahlrecht erobert, und mit dem allgemeinen Wahlrecht haben sie das Parlament gestürmt; sie marschieren, mit einem gewaltigen Sprung, an der Spitze aller parlamentarischen Vertretungen des Sozialismus. Die reichsdeutsche Sozialdemokratie kommt freilich nicht mit einem Wahlsieg auf den Kongreß, vielmehr mit der ersten empfindlichen Niederlage nach einer einzigen Reihe ungeahnter Erfolge[2]; aber sie erscheint, wenige Monate nach jener Hemmung, in voller Rüstung, ungebeugt, innerlich erstarkt, mehr als je entschlossen, ihre ungeheuer gewachsene organisatorische und materielle Macht auf politischem Gebiet ebenso kräftig in Aktionen umzusetzen wie die zwei Millionen gewerkschaftlich zusammengeschlossener Mitglieder auf ihrem Gebiet Riesenkämpfe gegen die kapitalistische Übermacht ausgefochten haben.

So schreitet die Internationale überall mächtig vorwärts, und in Stuttgart erhofft man eine weitere innere Förderung der bereits entwickelten Kräfte.

Die Proletarier aller Länder sind einig im Ziel, das sie schließlich in stetem Angriff erkämpfen wollen, aber sehr verschieden ist das gewonnene Gebiet dessen, was sie national bereits zu verteidigen haben. Aus diesem Unterschied ergibt sich von selbst, inwieweit sich die Internationale gemeinsame bindende Gesetze geben kann. Gemeinsam verpflichtend sind die theoretischen und praktischen Grundsätze des Klassenkampfs. Gemeinsam sind auch die Demonstrationen für die großen Gegenwarts- und Zukunftsideale. Der Achtstundentag und der Völkerfrieden, für den auf der ganzen Erde am 1. Mai demonstriert wird, ist die gleiche Angelegenheit aller Glieder der Internationale; es wäre ein Rückschritt, wenn man die Verpflichtung zur Maifeier der gesetzgebenden Gewalt der internationalen Kongresse entziehen wollte. Die bisherigen Beschlüsse der Internationale sind so vorsichtig formuliert, daß sie den nationalen Verschiedenheiten und den jeweiligen Umständen Rechnung tragen. Darüber hinaus vertragen sie keine Abschwächung. Wir hoffen im Gegenteil, daß, wenn die Frage überhaupt in Stuttgart zur Verhandlung kommt, die internationale Idee der

2 Bei den Reichstagswahlen 1907 waren trotz eines weiteren Anstiegs der SPD-Stimmen infolge von Stichwahlabkommen der meisten bürgerlichen Parteien gegen die SPD ihre Mandate von 81 auf 43 abgesunken (*Anm. d. Hg.*).

Maifeier siegreich bleibt und neue Kraft gewinnt; die Maifeier ist gerade für diejenigen Länder eine moralische Lebensfrage, wo die politische Gebundenheit der unmittelbaren Aktion unüberwindliche Hindernisse bereitet. Die Maifeier ist keine müßige Demonstration, keine taktische Frage – die taktischen Einzelfragen der Mittel und Wege zur Eroberung der politischen Macht sind international nicht gleichmäßig verpflichtend zu regeln –, sie ist Tat und Kampf, sie ist zugleich das Fest und die Revolution der Völkerverbrüderung und Arbeitserlösung.

Es ist nicht die Maifeier, die die Frage nach dem Verhältnis von Partei und Gewerkschaft auf die Tagesordnung des Stuttgarter Kongresses gezwungen hat. Es handelt sich auch nicht mehr um die Frage, ob die gewerkschaftliche Tätigkeit den gleichen Raum wie die politische behaupten dürfe, ob sie überhaupt notwendig wäre. Die Frage, wie sie heute in den Ländern der vorgeschrittenen Demokratie gestellt wird, hat sich umgekehrt: Die Notwendigkeit des politisch-parlamentarischen Kampfes durch besondere Arbeiterparteien wird namentlich in Frankreich bezweifelt, man wähnt, durch die direkte, rein gewerkschaftliche Aktion den kapitalistischen Klassenstaat sprengen zu können. Für nicht demokratische Länder wie Deutschland existiert das Problem ernsthaft nicht. Für uns ist es selbstverständlich, daß die Eroberung der politischen Gleichberechtigung das nächste und dringendste Ziel der parlamentarisch arbeitenden Partei ist, während die Aufgabe der Gewerkschaften in der wirtschaftlichen Kräftigung des politischen Kampfes liegt. Für uns ist die Trennung der politischen und gewerkschaftlichen Organisation nur die Zweckmäßigkeit der Arbeitsteilung einer immerhin untrennbaren Einheit. Wo aber das demokratische Prinzip das ganze Staatswesen durchdringt, andererseits die Entwicklung zum großkapitalistischen Industriestaat noch nicht so weit vorgeschritten ist, daß die Mehrheit der Nation sozialistisch stimmt, da mag wohl der unklare, ungebärdige Gedanke Wurzel fassen, als ob es möglich wäre, durch rein gewerkschaftliche Anstrengungen den Kampf der politisch-parlamentarischen Organisation zu ersetzen und die Entwicklung selbst in abgekürztem Verfahren zu überholen. Kein Zweifel, daß der Kongreß es bei der bisherigen Auffassung bleiben lassen wird, daß der politische und gewerkschaftliche Kampf notwendig ist, daß Partei und Gewerkschaft gleichberechtigt, innerlich verbunden, neben- und miteinander an der Befreiung des Proletariats arbeiten müssen.

Aber es sind nicht diese mehr parteitaktischen Fragen der Methode, die dem Stuttgarter Kongreß seine außergewöhnliche Bedeutung verleihen. Zum erstenmal werden in Stuttgart mit dem ganzen Ernst einer Lebensfrage der Weltkultur die Möglichkeiten und Mittel einer internationalen proletarischen Aktion erörtert werden: Was kann und muß das Proletariat in den internationalen politischen und wirtschaftlichen Konflikten der herrschenden Klassen tun? Wie kann das Proletariat den bewaffneten Krieg der Armeen, welcher die Arbeiter zwingt, sich einander zu morden, wie kann es den wirtschaftlichen Krieg der internationalen Lohndrükkerei durch minder vorgeschrittenere Rassen überwinden, der die Arbeiter um den Ertrag ihrer nationalen wirtschaftlichen Kämpfe zu bringen droht?

Seit dem Marokkokonflikt kennen wir die ganze Gefahr drohender Verwicklungen. Sollen wir untätig dabeistehen, wenn man uns in einen Krieg ruft, den die Kapitalisten, die militärischen Abenteurer, aber nicht die Völker wollen? Die antimilitaristische Agitation und Aktion ist vor allem die Aufgabe des Proletariats in den rückständigen Militärstaaten. Man kann sehr wohl für Deutschland Antimilitarist sein, aber nicht für Frankreich. In der Tat hat die deutsche Sozialdemokratie den Vorkampf gegen den Militarismus zu führen, der nicht nur das deutsche, sondern das Proletariat der politisch vorgeschrittenen Länder bedroht. Wir glauben, daß die in Nancy bestätigte Resolution von Limoges (von Jaurès-Vaillant) die geeignete Grundlage für den Kampf der Internationale gegen den Militarismus bietet: Keine Wehrlosmachung des Vaterlandes, keine Agitation in der Kaserne, kein Waffenstreik, aber die entschlossene Auflehnung gegen den Militarismus und den Krieg durch Demokratisierung der Armee, durch Verweigerung der Mittel für einen volksfeindlichen, im Grunde antinationalen Krieg im Interesse der herrschenden Klassen – durch Verweigerung aller Mittel.

Nicht minder wichtig ist die Aufgabe, die Proletarier der vorgeschrittenen Länder gegen die Überflutung durch fremde Arbeitermassen niedrigerer Lebenshaltung zu sichern. Grundsätzlich wird man die internationale Freizügigkeit aufrechterhalten müssen. Das bedeutsamste Abwehrmittel gegen die Gefahr ist das zu erkämpfende Recht, auch diese fremden Elemente frei koalieren und organisieren zu können. Wo dieses Mittel freilich der Natur der eingeführten Arbeiter nach versagen muß, wird

man Erschwerung und Verbot der Einwanderung nicht umgehen können.

Der Stuttgarter Kongreß will in erster Linie die unmittelbare Aktionsfähigkeit des internationalen Proletariats in den internationalen und wirtschaftlichen Konflikten der herrschenden Klassen organisatorisch stärken. Diesem Zweck dient der internationale Zusammenschluß der Gewerkschaften, der in den verschiedenen internationalen Gewerkschaftskongressen dieser Woche gefördert wird. Der internationale Frauenkongreß will die größere Hälfte der Menschheit in den Dienst dieser Aufgabe stellen (Frauenstimmrecht). Das interparlamentarische Komitee wird das Zusammenwirken der sozialistischen Fraktionen in den Parlamenten der Welt erleichtern und vertiefen. Endlich wird auch eine Zusammenkunft der Journalisten der internationalen Arbeiterpresse die Organisation eines publizistischen Aufklärungsdienstes vorbereiten und damit den Herrschenden eine der gefährlichsten Waffen zu entwinden versuchen: die Völkerverhetzung durch die bürgerliche Presse.

Während im Haag die internationalen Diplomatien der herrschenden Klassen und Cliquen mit dem Weltfrieden Komödie spielen, werden die Vertreter des internationalen Proletariats für den Weltfrieden und die Weltbefreiung arbeiten. Und diese schlichte, weise und tapfere Arbeit wird fruchtbar sein für den kulturellen Auftrieb einer zum Menschentum reifenden Menschheit.

(...)

Schon die Stimmung des Saales zeigte am Samstag früh, daß man die Einigung über die Resolution gegen den Krieg und gegen den Militarismus nicht als ein äußerliches Ergebnis parlamentarischer Geschicklichkeit auffaßte, sondern als den Sieg derer, welche die äußerste, tatkräftigste Entschlossenheit zum Kampf für den Weltfrieden zu organisieren fordert. Hier war wirklich einmal echtester und fruchtbarster Radikalismus zu erleben. Die Strömung, die nach Widerstand mit allen Mitteln verlangte, hatte die zwar nicht Widerstrebenden, aber noch Zaudernden schließlich mitgerissen. Die Einheit war weder durch einen faulen Kompromiß noch durch die Unterwerfung wider besseres Wissen herbeigeführt worden, sondern lediglich durch die Gewalt der Sache selbst, zu der im Grunde sich alle bekannten, wenn auch manche gegen die Formen formelle Bedenken hatten.

Diese lange Resolution war keine papierne Zusammenfassung verschiedenartiger Wünsche, sondern die einheitliche Demonstration eines machtvollen Willens, hinter dem Millionen des Proletariats aller Kulturländer stehen. Schon als Vandervelde die Rednertribüne bestieg, um kurz in knappen wuchtigen Sätzen, die wie aneinandergereihte Epigramme wirkten, über die Verhandlungen und Beschlüsse der Kommission zu berichten, löste sich die erregte Stimmung des Augenblicks in begeisterten Kundgebungen, und als er geschlossen, wiederholten und verstärkten sich diese Demonstrationen. Und als Victor Adler die Ausführungen des Belgiers in sein Deutsch übertrug und sie durch eigene Zwischenbemerkungen ergänzte, da wiederholte sich das Schauspiel in noch stürmischerer Weise. Beide Berichterstatter ließen keinen Zweifel darüber bestehen, daß die Resolution nicht das Minimum, sondern das Maximum der Aktion der Sozialdemokraten der ganzen Erde zur Pflicht mache, daß sie nicht nur eine Rüstkammer für denkbare und mögliche Kampfesmittel sei, sondern ein Mobilmachungsplan für die Aktion, deren einheitlichen Willen des Proletariats die Anpassung an die jeweiligen allgemein politischen und nationalen Bedingungen ermöglichen.[3]

(...)

So schloß der Kongreß der internationalen Arbeiterbewegung als ein wahrhaftiger Welt-Friedens-Kongreß der Tat.

3 Die entscheidenden Passagen der Resolution, die von den Internationalen Sozialisten-Kongressen in Kopenhagen 1910 und in Basel 1912 bestätigt wurden, lauten:
»Droht der Ausbruch eines Krieges, so sind die arbeitenden Klassen und deren parlamentarische Vertretungen in den beteiligten Ländern verpflichtet, unterstützt durch die zusammenfassende Tätigkeit des Internationalen Bureaus, alles aufzubieten, um durch die Anwendung der ihnen am wirksamsten erscheinenden Mittel den Ausbruch des Krieges zu verhindern, die sich je nach der Verschärfung des Klassenkampfes und der Verschärfung der allgemeinen politischen Situation naturgemäß ändern.
Falls der Krieg dennoch ausbrechen sollte, ist es Pflicht, für dessen rasche Beendigung einzutreten und mit allen Kräften dahin zu streben, die durch den Krieg herbeigeführte wirtschaftliche und politische Krise zur Aufrüttelung des Volkes auszunutzen und dadurch die Beseitigung der kapitalistischen Klassenherrschaft zu beschleunigen.«
(*Internationaler Sozialisten-Kongreß Stuttgart 1907*, S. 64ff.; *Internationaler Sozialisten-Kongreß Kopenhagen 1910*, S. 35; *Außerordentlicher Internationaler Sozialisten-Kongreß zu Basel 1912*, S. 23ff.; *Anm. d. Hg.*).

Zum Parteitag in Essen 1907

Dem Stuttgarter Kongreß der Internationalen folgt nach dreiwöchiger Pause der Parteitag der deutschen Sozialdemokratie in Essen. Seine Verhandlungen werden unter dem unmittelbaren Eindruck der Debatten des internationalen Kongresses stehen. Der Stuttgarter Kongreß ist ein Kongreß der Aktion gewesen. Er hat das internationale Proletariat auf den Weg des täglichen tatkräftigen Eingreifens in die Politik gewiesen, und deshalb konnten wir sagen, daß von ihm wohl eine neue Epoche des Sozialismus, des Sozialismus der Aktion datieren werde. Was wir gesehen und erkannt haben, in die Tat umzusetzen, lehrt uns der Stuttgarter Kongreß. Gerade in der wichtigsten Frage aber, die der internationale Kongreß zu verhandeln hatte, blieb die deutsche Sozialdemokratie isoliert, und unsere ausländischen Gäste verließen uns mit der Empfindung, daß sie von der deutschen Partei mehr revolutionäre Initiative erwartet hatten, als sie tatsächlich besitzt. Am meisten enttäuscht waren diejenigen, die bisher zu ihr als Führerin und Lehrerin aufgeblickt hatten. (...) Die Tatlosigkeit steht im Widerspruch mit den Machtmitteln und den Traditionen.

Dieser Konflikt, der schon die Verhandlungen in Stuttgart beherrscht hat, wird auf dem Essener Parteitag widerhallen. Auch hier wird der Sozialismus der Aktion sein Recht verlangen, und wenn wir das Wort Vanderveldes begriffen haben, daß es für die deutsche Partei an der Zeit ist, auch von den Bruderparteien zu lernen, so wird er sich durchsetzen.

(...)

Das schmerzliche Staunen der ausländischen Genossen über die mangelnde Regsamkeit der deutschen Partei war durch das Gefühl noch gestärkt, daß in einem politisch so reaktionären Lande die unaufhörliche Aktion um so notwendiger ist. Von diesem Gesichtspunkt gingen die Nürnberger Genossen aus, als sie beim Parteitag beantragten, die preußische Wahlrechtsfrage auf die Tagesordnung zu bringen.[4] Die Reform des preußischen Landtagswahlrechts ist *die* Frage der deutschen Politik. Durch das Dreiklassenhaus in Berlin dominieren die Junker in Deutschland. Das elendste aller Wahlsysteme verleiht ihnen die Macht über die Regierung in Preußen und somit im Bundesrat.

4 Der von Kurt Eisner begründete Antrag wurde mit großer Mehrheit abgelehnt *(Anm. d. Hg.)*.

Zum Parteitag in Nürnberg 1908

In einer ernsten politischen Lage versammeln sich die Vertreter des sozialistischen Proletariats Deutschlands zu Nürnberg. Die deutsche Politik wendet sich in rascher Vollendung einer verhängnisschweren Entscheidung zu. Unter dem Namen und dem Schutz der Blockpolitik soll im Reich des scheinbar demokratischen Wahlrechts die preußische Reaktion so fest verankert werden, daß sie auch von den starken Fäusten der Millionen des Proletariats nicht mehr gelöst werden kann.

Der Berliner Absolutismus hat den Entscheidungskampf gegen den inneren und äußeren Feind mit den wahrhaft preußischen Männern aufgenommen. Im Rat der Völker isoliert, mit wachsendem Mißtrauen von den fremden Staaten verfolgt, spielt Deutschlands unfähige, abenteuerliche und verantwortungslose Politik mit Katastrophen wie mit Zuckererbsen. Die gesetzgeberischen Arbeiten, die den Reichstag in seinem nächsten Abschnitt beschäftigen sollen, bedeuten die Rüstung der Diktatur der preußischen Politik auf allen Gebieten. Die Reichsfinanzreform führt gleichermaßen Krieg gegen den inneren Feind, die besitzlosen Massen, indem sie ihn aushungert, wie sie dem absoluten Militarismus die Mittel gewähren soll, ganz und gar unabhängig von den Parlamenten im Reich wie in den Einzelstaaten über unumschränkte Summen zu verfügen. Der Niederhaltung des Proletariats dient die sogenannte Justizreform, die den Polizeirichter zum Herrn über die Arbeiterbewegung in ihrer Betätigung macht; die dem Gericht den Angeklagten unter wesentlich vermindertem Rechtsschutz ausliefert und die Grenzen der Beweisaufnahme dem nahezu freien Ermessen der Richter überläßt; die durch den willkürlichen Ausschluß der Öffentlichkeit die Notwehr der Angeklagten, insbesondere in Presseprozessen, zu brechen, die Laster und Frevel der herrschenden Klassen zu hehlen versucht. Eine Abänderung der sozialpolitischen Gesetzgebung bezweckt die Ausschaltung der proletarischen Selbstverwaltung. Überall Diktatur, überall Austilgung der Mitwirkung der Volksmassen an der Verwaltung des Staates.

Diese ganze Politik wäre unmöglich, wenn die Blockregierung des Fürsten Bülow das Bewußtsein hätte, daß sie mit dem Willen des Proletariats zu rechnen, auf ihn Rücksicht zu nehmen hat. Das nur scheint uns die einzige Aufgabe des Nürnberger Parteitags zu sein: Die Vertreter des deutschen Proletariats müssen der herr-

schenden Gesellschaft in Berlin klarmachen, daß auch unsere Geduld eine Grenze hat und daß die deutsche Sozialdemokratie entschlossen ist, einig und stark ihr Programm nicht nur zu propagieren, sondern auch durchzusetzen.

Wir erwarten vom Nürnberger Parteitag, daß er sich über die großen Aufgaben vom Beginn bis zum Ende bewußt bleibt, daß er dem Ausland sowohl wie den Herrschenden im Inland beweist: das deutsche Proletariat ist eine Macht, die der Welt den Frieden verbürgt und den Massen die politische und soziale Freiheit erkämpft.

Diesen großen Zwecken müssen alle inneren Fragen der Organisation und Taktik untergeordnet werden. In diesem Geist müssen wir die Fragen der Bildung, der Erziehung der Jugend, der Maifeier erörtern. Immer gilt es, den ganzen Menschen zu durchdringen mit dem Geist der klaren Entschlußkraft, die als erlösende Wahrheiten erkannten sozialistischen und demokratischen Forderungen in die lebendige Wirklichkeit klug, besonnen und zugleich mit opfernder entschlossener Leidenschaft durchzusetzen!

Wenn wir alle von dieser Überzeugung durchdrungen sind, wenn unsere ernste Hingabe und unsere drängende Sehnsucht nach Erfolg den Parteitag wahrhaft erfüllt, dann haben wir nichts zu befürchten von kleinlichen Debatten, von spaltendem Hader und müßiger Wortrauferei. Arbeiten wir auf diesem Parteitag so, als ob wir ihm bereits um Jahre vorauseilten; dann werden wir keine Erregung an rasche Vergänglichkeiten vergeuden.

Wir begrüßen den Parteitag in einem Land, in dem die Sozialdemokratie eine Macht geworden ist und als geistige, sittliche und soziale Macht geachtet wird. Sie hat diese Macht eingesetzt, um nützliche Kulturarbeit zu leisten, um die Lebensbedingungen des Proletariats aller Art zu heben. Aber jeder Erfolg, den sie errungen, war nur der Ansporn zu gesteigerter Energie. Die Sozialdemokratie Bayerns, die die Gesamtpartei zu Gast geladen hat, kennt nur ein Ziel: so rasch wie es immer gehen mag, den proletarischen Klassenkampf zum Siege zu führen. Sie läßt keinen Fußbreit des Bodens mehr, den sie einmal gewonnen hat, und sie schreitet zuversichtlich weiter in der fruchtbaren Ausbreitung ihres Machtbereichs.

So glaubt sie den Willen des Proletariats zu erfüllen. Denn der Wille des Proletariats ist allein gerichtet auf den einheitlichen idealbewegten, auf der Erde der Wirklichkeit geführten, begeisterten

und überlegten, brüderlich geschlossenen Kampf gegen den Feind!

Antrag an den Parteitag in Nürnberg 1908 und Begründung

Der Parteitag möge eine ständige Arbeitskommission wählen, die für den nächsten Parteitag eine Erörterung der Agrarfrage vorbereitet und möglich macht.

Begründung

In diesem Augenblick ist nicht die Zeit, daß der Parteitag eine Agrarkommission wählen kann. Ich schränke daher den Nürnberger Antrag dahin ein, daß wir dem Parteivorstand den Wunsch unterbreiten, er möge im Laufe des Jahres den Versuch machen, eine solche Konferenz einzuberufen, vielleicht eine ständige Kommission zu ermöglichen. Dieser Antrag ist nicht etwa aus dem Bedürfnis gestellt, theoretische Debatten über die Agrarfrage zu veranlassen, etwa über die Frage, ob der Großbetrieb oder der Kleinbetrieb siegt und ähnliche Dinge mehr, sondern die Kommission soll sich mit praktischen unmittelbaren Fragen der Politik beschäftigen. Um für die Dringlichkeit des Antrages ein paar Dinge zu erwähnen: hier im Süden und auch in anderen Gegenden spielt z. B. der Kleinbauer die Rolle des Lohndrückers, indem er gewerbliche Nebenarbeit leistet. Diese gewerblichen Nebenarbeiter sind zur Organisation noch unfähig und bedeuten eine schwere Gefahr für die gewerkschaftlichen Bestrebungen in diesen Gebieten. Die Erörterung dieser Frage kann nur im Zusammenhang mit der ganzen Agrarfrage erfolgen. Es handelt sich da auch um die Entscheidung, ob die Partei auf dem Land überhaupt Eingang findet und Vertrauen gewinnt. Es kommen noch andere Fragen in Betracht: die Landarbeiterfrage, die Produktivgenossenschaften von Kleinbauern in Deutschland und ihre Verbindung mit den städtischen Konsumgenossenschaften. Das sind alles Dinge, die außerordentlich wichtig sind. Man beschäftigt sich in Bayern damit – das Zentrum insbesondere legt großen Wert darauf –, das ländliche Gesinde zu organisieren. Auch diese Frage gehört hierher. Sie sehen also, der Zweck dieses Antrages ist nicht etwa, bloße theore-

tische Streitfragen zu erörtern, sondern einfach nur zu versuchen, wie die proletarischen Elemente auf dem Lande, die innerlich zu uns gehören, für uns gewonnen werden können, welches Aktionsprogramm, welche unmittelbaren Forderungen man für sie aufstellen kann. Wenn eine Kommission eingesetzt wird, die diese praktischen Fragen der proletarischen Bevölkerung auf dem Lande erörtert, dann wird es einmal möglich sein, auf dem nächsten oder einem künftigen Parteitag die Agrarfrage in dieser fruchtbringenden Beschränkung auf die Tagesordnung zu setzen. Ich bitte Sie also, den Antrag mit der Umänderung anzunehmen, der Parteitag möge dem Parteivorstand den Wunsch aussprechen, eine solche Kommission im Laufe des Jahres einzuberufen.[5]

Auf einer Mitgliederversammlung nach dem Nürnberger Parteitag

Wer ein Jahrzehnt lang im Mittelpunkt des politischen Lebens stand, wer das Leben der Partei an sich vorüberschäumen sah, der lernt auch, wenn er noch so sehr persönlich angegriffen wird, eine gewisse Ruhe und Überlegenheit sich anzueignen. Gewiß, manchmal, wenn die Mißverständnisse, die leichtfertiger und auch bösartiger Natur sind, allzuhoch anschwellen, dann verliert auch ein abgehärteter Mann die Geduld und braust auf, aber ich halte es doch mit Ignaz Auer, der, wie vielleicht kein zweiter, im Vordergrund der parteigenössischen Angriffe gestanden, sein ganzes Leben der Sozialdemokratie geopfert und sich mit Spott und Hohn gegen diese Angriffe abzuhärten versucht hat. Er pflegte dann zu sagen: Laßt's schwatzen.

Es ist nun einmal so in einer großen Partei, die aus den verschiedensten Elementen besteht, in der verschiedene Temperamente zusammenwirken sollen, da wird auch der persönliche Zusammenhalt immer loser, es entstehen persönliche Feindseligkeiten, die das sachliche Interesse trüben. Wir müßten Parteiangelegenheiten so behandeln, als ob wir zehn Jahre älter wären, damit wir uns zehn Jahre später nicht der jetzigen Debatten schämen müßten.

Die vergiftende Polemik, die seit 1902 das Parteileben, wenn nicht zerstört, so doch beeinträchtigt, entstand nicht daraus, daß

5 Der Antrag wurde angenommen *(Anm. d. Hg.)*.

verschiedene Meinungen in der Partei herrschen. Die Polemik wird dadurch vergiftet, daß man nicht gegen die Gründe kämpft, die ein anderer vorträgt, sondern gegen die Gründe, von denen man wünscht, daß ein anderer sie hat. Ein anderer vergiftender Zusatz ist der, daß man jedem, mit dem man eine sachliche Meinungsverschiedenheit hat, in der Polemik als erstes Wort entgegenschleudert: Du bist kein Parteigenosse mehr, du lieferst uns an die bürgerliche Gesellschaft aus. Es darf nicht Platz greifen, daß man von vornherein sagt: Wenn du nicht willst, was wir wollen, fort mit dir, du bist ein Parteiverräter. Allen Minderheiten ist es bis jetzt so ergangen, man hat sie verketzert, verleumdet, und am Ende nahm man dieselben Resolutionen an, wegen deren man die Minderheiten anklagte.

Ich betrachte es als einen der schwersten Verluste, daß die große Masse der Parteigenossen an den Parteizänkereien solchen Ekel empfindet, daß sie auch nicht mehr die Neigung hat, sachlichen Parteidiskussionen zu folgen. Wir brauchen theoretische Auseinandersetzungen, aber wir dürfen sie nicht zur Personenfrage ausarten lassen, und da ich nun weiß, daß es seit beinahe einem Jahrzehnt keine Diskussion mehr gibt, die nicht zu dem wüstesten Geraufe Anlaß gibt, wo sich dann schließlich jeder Teil schuldig macht, deshalb habe ich von Anfang an in der Presse überhaupt zu verhüten versucht, daß solche Diskussionen stattfinden. Da wir so schnell über das Ziel hinausschießen, sollten wir die Parteitage von solchen Diskussionen entlasten.

Ich habe vorgeschlagen, die auswärtige Politik auf dem Parteitag zu behandeln. Das hat das Zentralorgan als eine Verhöhnung der Partei aufgefaßt. Seit der Marokkokrise 1905 ist es offenbar geworden, daß bei einer großen internationalen Katastrophe die deutsche Sozialdemokratie vollkommen ungerüstet ist. Seit jener Zeit habe ich gesagt, wir müssen die auswärtige Politik in den Vordergrund stellen, aber auf dem Parteitag hat man dazu keine Zeit gehabt; wir haben uns dafür 2½ Tage darüber unterhalten, ob wir in einem bestimmten, der großen Masse vollständig gleichgültigen Fall ja oder nein sagen sollen. Nun stehen wir wieder vor einem großen Umschwung der politischen Lage, und es muß mit großer Beschämung empfunden werden, daß die große deutsche Sozialdemokratie, die stärkste Partei der ganzen Welt, für diese Frage nichts als eine armselige Resolution gegen die Kriegshetze übrig gehabt hat, aber keine Diskussion, keinen Eifer, keine Leidenschaft. Der Par-

teitag ist nicht so sehr beschämend durch das, was gesagt wurde, sondern durch das, was nicht gesagt wurde.

Genauso wie mit der auswärtigen Politik steht es mit den Schicksalsfragen der inneren Politik. Auch hier nur Resolutionen, aber keine Leidenschaft, keine Energie. Ich wünschte, daß wir jetzt zehn Jahre Ruhe hätten vor Parteidiskussionen.

(...)

Wir haben schließlich doch noch eine kleine Errungenschaft gehabt: mein Antrag, eine Arbeitskommission für die Behandlung von Agrarfragen einzusetzen, wurde angenommen. Charakteristisch ist, daß auch hier die Lager sich haarscharf schieden. Wenn meine Berliner Freunde besser aufgepaßt hätten, dann wäre der Antrag nicht angenommen worden. Es ist ein kranker Zustand, wenn man fragt: Wer sagt es, und nicht: Was sagt er, was will er? Ich habe mir nun einmal den Haß meiner Berliner Genossen zugezogen wegen eines Solidaritätsaktes.[6]

(...)

Dann unterscheide ich mich sehr in der Auffassung, ob Evolution oder Revolution. Sie kann gar nicht so beantwortet werden, als sie bisher beantwortet worden ist. Ich glaube nicht, daß sich in Preußen alles allmählich friedlich entwickeln wird. Da sind noch Widerstände des 18. Jahrhunderts zu überwinden. Das preußische Junkertum wird niemals freiwillig vom Schauplatz abtreten, und deshalb glaube ich, daß in Preußen unter Umständen alle Mittel angewendet werden müssen. Das verstehe ich unter Radikalismus. Mit Resolutionen stürzt man nicht die Junkerherrschaft. Ich bestreite, daß der Norden die Politik des Radikalismus, der Süden die des Revisionismus verfolgt. Im Norden ist eine abgrundtiefe Kluft zwischen der Politik der Tat und des Wortes. Es soll das kein Vorwurf sein, denn ich weiß, daß in Preußen jeder Versuch, Ernst zu machen, nicht den nötigen Widerhall in den Massen findet. Deshalb begreife ich auch, daß die Politik sich in Worten erschöpft. Wir müssen entschlossen sein, unter Umständen auch das äußerste zu wagen, und wenn wir zu schwach dazu sind, bleibt uns nichts anderes zu tun, als arbeiten, arbeiten und immer wieder arbeiten, und in dieser Arbeit wollen wir durch keine überflüssigen Parteidiskussionen gestört und beeinträchtigt werden.

6 Anspielung auf den »*Vorwärts*-Konflikt«; siehe *Der Vorwärts-Konflikt*, a.a.O. *(Anm. d. Hg.)*.

Zum Parteitag in Leipzig 1909

(...)

Der Kongreß einer großen politischen Partei muß aus der Situation, in der er tagt, den nächsten Kampf gegen die Gegner vorbereiten. (...)

Die agitatorische Tätigkeit durch Organisation und Presse muß gerade jetzt, wo der Aufschwung so deutlich in Erscheinung tritt, gesteigert werden, um die Ergebnisse der Siege festhalten und mehren zu können. Die innere Stärkung ist die Vorbedingung zur Ausdehnung unserer Macht.

(...)

Wir haben längst die Taktik eingeschlagen, in allmählicher Eroberung neuer Vorteile und neuer Fortschritte uns dem großen Endziel der Bewegung zu nähern. Eine Partei, die so starke Massen organisiert hat, kann selbstverständlich nicht mit gekreuzten Armen den Gang der Entwicklung abwarten, die uns schließlich den Sieg bringen soll. Sie hat diesen Massen gegenüber die Verantwortung, durch ihre Eigenarbeit die Entwicklung zu beschleunigen und der herrschenden Klasse im täglichen Kampf möglichst viel zu entreißen. Unsere sozialpolitische Tätigkeit ist das wichtigste Stück dieser prinzipiell wohlverstandenen und bewußten positiven Arbeit. Es ist deshalb erfreulich, daß im Mittelpunkt der Tagesordnung die Reichsversicherungsordnung steht. Nichts wäre verkehrter, als für die Partei die Notwendigkeit solcher Wirksamkeit zu leugnen oder gar die Vorbereitung sozialpolitischer Gesetzentwürfe radikal abzulehnen und ministeriellen Geheimräten anzuvertrauen!

Diese sozialpolitische Frage muß aber auch im Mittelpunkt der Debatte bleiben. In seinem ganzen Charakter soll der Parteitag ein Parteitag der Aktion und des siegenden Kampfes gegen die feindlichen Parteien sein. Wir haben schon einmal in einem Jahr glänzender Siege einen Parteitag in Sachsen gehabt, der viel an dem späteren Stillstand verschuldet hat.[7] Die politische Lage ist heute so günstig wie damals, und Leipzig kann leicht gutmachen, was damals geschadet worden ist. Es wäre ein verhängnisvoller Fehler, wollte der Parteitag, statt zu wirken, über die eine oder die andere mehr oder weniger gleichgültige Frage lange Debatten zeitigen.

7 Gemeint ist der Parteitag in Dresden 1903 *(Anm. d. Hg.)*.

Das Proletariat beansprucht, daß der Parteitag seine große politische Aufgabe erfüllt.

Antrag an den Parteitag in Leipzig 1909 und Begründung

Die Reichstagsfraktion wird beauftragt, ein Aktionsprogramm von aktuellen gesetzgeberischen Arbeiten, Gesetzentwürfen nebst Begründung oder die Richtungslinien festlegende Anträge und Denkschriften zu entwerfen und im Reichstag einzubringen, die im Anschluß an aktuelle Fragen, Regierungsentwürfe, Anregungen der bürgerlichen Parteien, aber unabhängig von den Vorschlägen der Regierungen und den Anträgen der bürgerlichen Parteien den schöpferischen Willen der Sozialdemokratie und des Proletariats verkörpern und so gestaltet sind, daß sie unmittelbar, auch in der bürgerlichen Gesellschaft, ausführbar sind. Diese Entwürfe, Begründungen, Denkschriften bilden zugleich die Grundlage für Abänderungsvorschläge an Entwürfen der Regierung und unserer Gegner.

Als solche Gesetzentwürfe, Anträge, Denkschriften kommen zunächst in Betracht: Eine demokratische Revision der Verfassung, systematische Militärreform, Reichsfinanzreform, ein einheitliches Arbeitsrecht (Arbeiterschutz und Arbeiterversicherung), Reichsschulgesetz, Strafrecht und Strafprozeß.

Die Fraktion soll zu diesem Zweck ihrem Sekretär den Auftrag und die Möglichkeit geben, auch nichtparlamentarische Fachleute zu kommissarischen Beratungen und Konferenzen hinzuzuziehen.

In erster Linie ist unverzüglich und auf diese Weise ein Gegenentwurf oder eine die Richtlinien festlegende und begründende Denkschrift zur Reichsversicherungsordnung auszuarbeiten.

Begründung

Die Verhandlungen von heute vormittag sind die denkbar beste Begründung für den Antrag, und meine jetzigen Ausführungen führen diese Debatte nur weiter. Der Antrag ist entstanden aus der Beobachtung der Verhandlungen über die Reichsfinanzreform. Er ist nicht neu. Er ist schon einmal in einer bedeutsamen Situation der Partei gestellt worden, einer Situation, die an Bedeutsamkeit

der heutigen gleichkommt. Der Resolution 100 des Dresdener Parteitages von Teltow-Beeskow lag derselbe Gedanke zugrunde. Sie wurde damals zurückgezogen; ein Antrag Timm nahm sie wieder auf. Aber auch dieser Antrag gelangte nicht zur Annahme, sondern nur ein letzter Rest, der noch einen blassen Funken der Erinnerung an den ursprünglichen Antrag hatte, wurde angenommen: ein Zusatz Legien zur Resolution Kautsky. Parteigenossen! Der Weg der Parteitage ist gepflastert mit Anträgen, die abgelehnt werden, und es ist für die Güte eines Antrages sicherlich das stärkste Argument, daß er zuerst abgelehnt worden ist, aber soviel Lebenskraft besitzt, daß er nach einigen Jahren wieder aufgenommen werden kann. Wer den Gang der Alkoholdebatten erlebt hat, wie man erst zögernd und schüchtern den Gegenstand überhaupt nur zu berühren unternahm, und dann die große Begeisterung gesehen hat, mit der der Alkoholantrag gestern angenommen wurde, der wird Optimist von abgelehnten Anträgen. *(Heiterkeit.)* Ich hoffe also, daß vielleicht auch mein diesmaliger Antrag abgelehnt wird *(Heiterkeit)*, denn dieser Antrag bleibt lebendig, und vielleicht bevor er noch jemals auf einem Parteitag angenommen worden ist, hat die Fraktion längst danach gehandelt. Das wäre eigentlich das günstigste.

Die heutigen Debatten über die Reichsfinanzreform wären unmöglich gewesen, wenn wir uns in der ganzen Partei klar wären über das, was man praktische Arbeit nennt, klar wären darüber: das und das kann die Partei heute in dieser Situation verlangen, diese Vorschläge hat sie zu machen, um wenigstens die große Masse der Bevölkerung von der drückendsten Belastung zu befreien. Dann könnte vielleicht noch eine Uneinigkeit darüber bestehen, ob dann so oder so in einer bestimmten taktischen Situation gestimmt werden soll, aber niemals eine Meinungsverschiedenheit darüber, daß, wo immer eine direkte Besitzsteuer im Reichstag vorgelegt wird, sie prinzipiell unter allen Umständen angenommen werden muß, es müßte denn die taktische Situation eintreten, an die Genosse Löbe[8] erinnert hat. *(Sehr richtig.)*

Das Wort: »Diesem System keinen Mann und keinen Groschen«, bleibt ein bloßes Wort, solange wir nicht durchsetzen können, daß diesem System wirklich kein Mann und kein Groschen bewilligt wird. Daran, daß wir Nein sagen, geht das System

8 Paul Löbe meinte, wenn die Sozialdemokratie in der Lage gewesen wäre »die ganze Finanzreform zu schmeißen«. Vgl. *Prot. SPD 1909*, S. 311 *(Anm. d. Hg.)*.

nicht zugrunde. Aber es scheint, bei manchen Parteigenossen eine Verwechslung zwischen Neinsagen und Verhindern zu bestehen. *(Sehr gut!)* Wenn wir ein System bekämpfen, dann müssen wir es unmöglich machen. Geht das nicht auf geradem Weg, so geht es auf indirektem. Das System der Hilfskonstruktionen, das jeder Ingenieur kennt, ist das Haupthilfsmittel jeder Politik. Ich sage: es wäre für den Kampf gegen Militarismus, Marinismus und Weltpolitik mehr geleistet, wenn es möglich würde, auch nur die Elemente einer direkten Besteuerung im Reich herbeizuführen, als wenn wir die größten Reden halten und tausendmal Nein sagen. *(Sehr richtig!)* Der Augenblick, wo es uns gelingt, die direkte Besteuerung in den Deutschen Reichstag hineinzubringen, ist der Anfang vom Ende dieses Systems; das trifft das System in das Herz. Nun bestehen Unklarheiten. Mitten in diesen Debatten über die Reichsfinanzreform sehen wir, daß einige Reichstagsmitglieder von dem Spuk des Gedankens »diesem System keinen Mann und keinen Groschen«, so befangen werden, daß sie mitten in einer Aktion noch auf den Gedanken kommen können, daß aus anderen als aus taktischen Erwägungen ein solcher Anfang der direkten Besteuerung abgelehnt werden müßte. Ich muß sagen, es liegt doch eine gewisse Direktionslosigkeit bei der Politik der Fraktion vor, wenn so etwas möglich ist.

Mein Antrag will nun Klarheit über diese Dinge schaffen. Er bezweckt, daß in großen politischen Aktionen, wie es die Reichsfinanzreform noch dauernd bleiben wird, sich die Fraktion geschlossen darüber klar wird: was können wir verlangen. Es genügt nicht, zu sagen: wir wollen gegen diese oder jene Steuer sein, und vor allem genügt es nicht, zu erklären: wir sind gegen das Ganze, sondern wir wollen sagen: Wir geben euch zu, euer System verlangt 500 Millionen, aber wenn es denn einmal gezahlt werden soll, dann – das hat schon David richtig ausgeführt – dann müßt ihr es zahlen. Unsere Aufgabe ist es dann, nachzuweisen, wie aus einem Bündel von direkten Steuern bei Herabminderung besonders gefährlicher indirekter Steuern diese 500 Millionen zu schaffen sind. Wer die Verhandlungen der Reichsfinanzreform verfolgt hat, weiß ja, daß man in einem Augenblick in der Kommission bereits diesen Weg beschritten hat; da wurde der Regierung aufgegeben, daß sie eine Anzahl von Besitzsteuern einbringen solle. Ich glaube, der normale, der fruchtbare Weg ist der, daß die Fraktion, wo eine solch wichtige Aktion beginnt – und es ist klar, daß man diese Steuerbe-

lastung nicht verhindern kann – klar die Grundlinien eines positiven Steuerentwurfs entwirft, der ja bei den taktischen Abstimmungen dann keineswegs festlegt.

Aus diesen Erwägungen ist die Wiederaufnahme des Dresdener Antrages entstanden. Hätten wir einen solchen Entwurf im Anfang der Reichsfinanzreform vorgelegt, dann hätte kein Gegner uns den Vorwurf machen können einer unschlüssigen, unentschiedenen Haltung oder einer Haltung, die alles oder nichts will, dann konnten auch solche Debatten nicht entstehen wie heute vormittag. Zu dem Entwurf ist dann eine Begründung notwendig, die seine Möglichkeit darlegt; es wird eine Denkschrift dazu verfaßt und so für alle Zeit aktenmäßig festgelegt, das und das hat die Sozialdemokratie in einer bestimmten Situation gewollt, die Gegner aber haben es nicht gewollt.

Nun weiß ich genau, man sagt, das sind Konzessionen, das ist Kompromisselei, Abschwächungen. Nein, das ist Systematisierung, eine Vertiefung oder, um das Wort zu gebrauchen, eine Radikalisierung der parlamentarischen Arbeit. Darin beruht der Wert der parlamentarischen Arbeit, daß wir in jeder Situation uns nicht nur mit Protesten begnügen, sondern es möglich zu machen suchen, daß ein positives Programm durchgesetzt wird. Ich sage: möglich zu machen suchen. Damit meine ich nicht, daß nun bei der zufälligen Konstellation des Reichstags die bürgerlichen Parteien das etwa annehmen. Aber dieser Entwurf muß so gestaltet werden, daß sie es annehmen müßten, wenn anders sie überhaupt die Interessen ihrer eigenen Wähler wahrnehmen wollten. Das ist der große agitatorische Gewinn. Das Bedürfnis nach einem solchen positiven Steuerentwurf liegt auch der Anregung des Genossen zugrunde, der, als Gegner der Zustimmung zur Erbschaftssteuer, anregte, daß auf dem nächsten Parteitag die Steuerfrage behandelt werden solle. Das wird ja auch ganz nützlich sein; denn die Frage wird wiederkommen. Aber mir scheint, als ob man das schon vorher hätte machen müssen. In anderen Parlamenten verfährt man so, auch in einzelstaatlichen Parlamenten. Es gehört dazu nichts weiter als die Entschlossenheit, das Maß der Forderungen in einer bestimmten Situation abzugrenzen, über die Köpfe der bürgerlichen Fraktionen hinaus zu ihren Wählermassen draußen zu reden: das will die Sozialdemokratie! und kein Mensch kann ihr dann vorwerfen: das sind leere Demonstrationen und Proteste! Dann handelt es sich um konkrete Entwürfe, die wirklich durch-

führbar sind. Die Entlarvung der bürgerlichen Parteien als Ausschüsse von kleinen Minderheiten ihrer Anhänger, das ist der Wert dieser propagandistischen Tätigkeit.

Unmittelbar aktuell wird die Sache bei der Reichsversicherungsordnung, die hier noch besonders behandelt werden wird. Dabei tritt die brennende Frage an die Partei heran: Gibt es eine Möglichkeit, unsere Anträge in den Entwurf der Regierung hineinzuarbeiten, oder müssen wir nicht vielmehr, wenn auch vielleicht nur in einer Denkschrift – auf die Paragraphierung lege ich gar keinen Wert – unsere Anträge selbständig einbringen. Alle Praktiker, die ich gesprochen habe, haben mir bestätigt, daß es ungemein schwer sein würde, auch nur die wichtigsten Abänderungsanträge in diesen Entwurf zu bringen. Ich halte es für sehr wenig radikal, wenn man immer hinter den Regierungsentwürfen und bürgerlichen Entwürfen hinterherläuft, wenn man es diesen überläßt, unsere Arbeit zu leisten. Beim Dresdener Antrag wurde gesagt, das sei Aufgabe der Geheimräte. Ich kann von den Geheimräten des herrschenden Staates nicht verlangen, daß sie unsere Arbeit leisten. Außerdem haben wir auch Geheimräte genug, die die Sache machen können.

Der zweite Einwand war, solch Verlangen sei eine Unterschätzung des Parlamentarismus. Der Parlamentarismus ist unser Programm. Wenn wir ihn wollen, so müssen wir ihn auch ganz wollen, und vor allem in Deutschland, wo wir noch gar keinen Parlamentarismus haben, den wir erst erobern müssen. Diese selbständige Arbeit der oppositionellsten Partei bedeutet den Anfang der Eroberung des Parlamentarismus. Es ist für uns noch gar kein Problem, wie in demokratischen Republiken, ob der Parlamentarismus überschätzt oder unterschätzt wird.

Ich wünsche nicht, daß wir Konzessionen machen, aber wir müssen unsere Politik so einrichten, daß die bürgerlichen Parteien gezwungen sind, uns Konzessionen zu machen. Das ist die ganze Aufgabe der parlamentarischen Politik, die wir überhaupt erfüllen können. Wir müssen unsere Gegner zwingen, aus Rücksicht auf ihre Wähler uns Konzessionen zu machen. So arbeitet übrigens die Fraktion schon immer, und ich wünschte nur, sie möge das systematischer und grundsätzlicher tun. Wir können von unserem Weg bei dieser positiven Arbeit nicht irren. Denn das ist ja gerade die Hoffnung unseres Sieges, daß es gar keine produktive Gesetzgebung in der Welt mehr gibt, die nicht sozialistisch oder demokra-

tisch wäre. Deshalb wird unsere Arbeit niemals uns von unseren großen Grundgedanken abwendig machen, sondern nur das Tempo der Erreichung unserer Ziele beflügeln. Der Sinn meines Antrags ist nichts als Anwendung unseres sozialistischen, demokratischen Prinzips. In diesem Sinne bitte ich Sie, über meinen Antrag, wenn Sie ihn nicht annehmen wollen, wenigstens nachzudenken und die Folgerungen aus ihm zu ziehen.[9]

9 Der Antrag wurde abgelehnt *(Anm. d. Hg.)*.

Formen des Protests

Die Mobilmachung als Kriegsursache

Es ist ein Widerspruch und ein Widersinn, wenn man bei uns die Frage aufwirft, ob denn England allein ein ewiges Recht auf die Weltherrschaft habe, diese Frage verneint, und doch zugleich leugnet, daß Deutschland sich entschlossen habe, das einzige Mittel anzuwenden, das den englischen Anspruch aufzuheben geeignet wäre: den Krieg. Es ist derselbe Widerspruch und Widersinn, von der deutschen Einkreisung und Einschnürung zu reden und gleichwohl zu behaupten, daß Deutschland gar nicht daran gedacht habe, sich durch den Krieg Hals und Atem frei zu machen. Ebenso wie diejenigen, die vorher den Krieg als Stahlbad und Jungbrunnen verherrlicht hatten, jetzt nicht von dem Verbrechen, der Blutschuld des Krieges reden dürfen. War Deutschland wirklich, wie unsere Imperialisten behaupten, durch die Politik der Entente unerträglich eingeschnürt und an dem Lebensrecht seiner notwendigen Entwicklung gehindert, dann war es – nach bürgerlicher Anschauung – nicht nur das geschichtliche Recht, sondern auch die absolute Pflicht Deutschlands, durch die Waffen sich zu befreien und den Ausweg in die Welt zu bahnen. Das ist die einzige und mögliche Voraussetzung jeder Diskussion des Weltkrieges. Die deutschen Imperialisten sollten endlich den Mut beweisen, sich jetzt zu dem Krieg zu bekennen, den sie fünfundzwanzig Jahre lang vorbereitet und gefordert haben.

Auch die deutschen Sozialisten können nur von dieser Grundannahme ausgehen. Sie haben sich zu entscheiden, ob auch sie jenes historische Recht zum deutschen Krieg anerkennen und aus diesen deutschen Kriegsgründen und Kriegszielen die Pflicht des deutschen Proletariats folgern, »weiterhin nicht nur die selbstverständliche Pflicht der Landesverteidigung zu erfüllen, sondern auch positiv das Recht Deutschlands gegen die Entente zu vertreten«, wie es der Schlußsatz Ernst Heilmanns[1] fordert.

Das Recht Deutschlands! Welches Recht? Das Recht zum – Krieg! Ernst Heilmann soll denn die Verantwortung für dieses deutsche Recht – um des imperialistischen Zieles willen – endlich wagen zu bekennen und zu übernehmen!

1 Ernst Heilmann war zu jener Zeit Chefredakteur der sozialdemokratischen *Chemnitzer Volksstimme (Anm. d. Hg.).*

Auf der gemeinsamen Konferenz der »Arbeitsgemeinschaft und der Gruppe Internationale« am 7. Januar 1917

In der gegenwärtigen Lage der Partei haben wir, glaube ich, alle das Bedürfnis, Kritik von links, von der äußersten Linken, ja selbst über die Grenzen unserer Partei hinaus von links im weitesten Umfang anzuhören und der Kritik mit der Absicht des Verständnisses und der Würdigung zu folgen. Ich stimme mit der Kritik, die der dritte Referent[1] an der Parteiorganisation geübt hat, in weitem Maße überein. Es ist in der Tat so, daß das, was wir jetzt im Krieg erlebt haben, nur sichtbar gemacht hat, was längst in der Partei gewesen ist. Wir werden nach dem Kriege – denn das ist keine Frage, die heute zu entscheiden ist oder entschieden werden kann – sehr ernsthaft über Form und Inhalt unserer Parteiorganisation uns unterhalten müssen. Denn mir scheint, es war schon vor dem Kriege so, daß an die Stelle des Lebens die Routine getreten ist, daß unsere Parteiorganisation entseelt und erstarrt war, daß, was wir in merkwürdiger Form in unserer Organisation unbewußt nachgeahmt haben, die Organisation des preußischen Kasernenstaates gewesen ist. Es ist deshalb gar kein Zufall, daß diese Organisation, als die Weltkatastrophe hereinbrach, als reife Frucht diesem Kasernenstaat in den Schoß fiel. Parteigenossen! Machen wir uns keine Illusionen. Wer heute Gelegenheit hat, zu denkenden Parteigenossen, zu aufrichtigen und denkenden Arbeitern zu reden, der weiß, daß sie das selbst einsehen, und daß man heute vielfach im Gegensatz zu einem Wort, was ich im *Vorwärts* las, wirklich in vieler Hinsicht ganz von vorn anfangen müsse.

Es ist namentlich der Begriff der Disziplin, der gar nichts mit Demokratie und Sozialismus zu tun hat, vielmehr ein Begriff des Militarismus ist, der uns geistig und seelisch gelähmt hat. Wir haben es in unserer Organisation allmählich dahin gebracht, daß wir auch insofern die Karikatur des Preußischen Staates geworden sind, daß die Untertanen zwar auf die Regierung schimpfen, daß wir aber alle Geschäfte der Regierung überlassen. Wenn man heute in Genossenkreisen hört, jene seien alles Lumpen, so sage ich Ihnen, die Schuld liegt nicht an den Bonzen, sondern an den Bebonzten.

1 Ernst Meyer, Vertreter der Spartakusgruppe *(Anm. d. Hg.)*.

Wenn die Frage aufgeworfen wird, wie wir in der Partei wirken, dann versteht es sich ganz von selbst, daß wir uns ein eigenes Bett graben müssen. Das ist nicht unsere Sorge. Die anderen werden uns vor die Frage stellen, wenn wir es ernst mit unserer Arbeit nehmen. Und nicht nur die Parteimehrheit wird dafür sorgen, sondern auch der Staat.

Wir sollten die Zeit viel eher als zum Nachdenken über Gründung einer Organisation dazu verwenden, in den Massen den Kampfgeist zu beleben. Nicht nur den Klassenkampf, das ist selbstverständlich, sondern, und darin bin ich viel radikaler als die Spartakusgruppe in ihren beiden Spielarten, den Geist des persönlichen Kampfmutes. Massenaktionen, das hört sich sehr schön an, aber ich vermisse, daß die Masse aus einzelnen besteht und daß jeder einzelne bereit ist, diese Massenaktion mit seiner Person zu führen. Diese Abstumpfung des Persönlichkeitsbewußtseins der einzelnen Parteigenossen, dieses Verkriechen hinter die Masse, das ist es, was diese Heroen der Bürokratie immer beseelt hat.

Meine Redezeit ist abgelaufen, ich will nur noch ein Wort sagen: Was aus der Parteispaltung, aus der Gründung herauskommt, das haben wir an dem Kreis Teltow-Beeskow und an der Auseinandersetzung Meyer-Borchardt[1] erlebt, das ist nämlich ein Rest der alten Organisationsspielerei. Ich bin der Meinung, die Belehrung der Organisation kann durch die Tätigkeit von uns etwa in der Weise geschehen, daß die Reichstagstribüne zur Einleitung von Massenaktionen benutzt wird; die Abgeordneten der Arbeitsgemeinschaft[2] und die etwas wilden Abgeordneten im Reichstag müssen versuchen, eine so systematische und beharrliche Arbeit zu leisten, daß von dort aus in die Massen der Geist einer neuen Aktion eindringt; denn vorläufig haben sie kein Ziel.

Mit dem bloßen blassen Wort: Frieden oder Nahrung ist gar nichts getan, sondern wir müssen von unseren Abgeordneten verlangen, daß sie uns die Wege weisen, die die Massen beleben.

Ich hätte gern über die Vaterlandsverteidigung etwas gehört; wollt ihr euch zum Waffenstreik entschließen, dann sagt ja und habt den Mut, oder aber wollt ihr, wie wir es bisher gewohnt

1 Julian Borchardt, Vertreter der Gruppe Internationale Sozialisten Deutschlands *(Anm. d. Hg.)*.

2 Die »Sozialdemokratische Arbeitsgemeinschaft« hatte sich im März 1916 als selbständige Reichstagsfraktion der oppositionellen Minderheit konstituiert *(Anm. d. Hg.)*.

waren, die Unterschiede zwischen der Zwangspflicht, die die Menschen treibt, und zwischen der Politik, die die Partei treibt, bestehen lassen.

Wir müssen der Regierung sagen, das, was ihr heute erlebt, was ihr selbst als das fürchterlichste Verbrechen nennt, das ist eure Schuld. Euer System hat versagt, neue Menschen, neue Männer müssen die Verantwortung übernehmen, weg mit euch, Frieden können nur schließen mit den anderen Völkern, die nicht verantwortlich für den Krieg sind. Das ist eine lebendigere Aktion als eine deplazierte Auseinandersetzung.

Aufruf zum Streik

Wir müssen dem Wüten des Wahnsinns in letzter Stunde uns entgegenwerfen. Wir brauchen endlich Freiheit und Wahrheit. Darum fordern wir zunächst vollkommene Wiederherstellung und Sicherung der bürgerlichen Freiheit und Beseitigung der Militärdiktatur. Wir brauchen die Freiheit des Worts, der Schrift, der Versammlung, der Koalition.

Wir verlangen die Freilassung aller politischen Gefangenen.

Die deutschen Arbeiter wissen, daß die Herrschenden zwar einzelne maßregeln, strafen, verfolgen können, aber niemals die Masse, ohne deren Arbeit sie selbst keinen Tag zu leben vermögen. Hunderte kann man vielleicht opfern, bei Tausenden wird es schwierig und gefährlich, bei Zehntausenden unmöglich. Halten die Proletarier zusammen, beantworten sie jeden Versuch, die Masse durch Verfolgung einzelner einzuschüchtern und zu zersprengen, durch verstärkten Widerstand und verstärkten Kampf, üben sie endlich jene unüberwindliche Solidarität, welche die große und heilige Sittlichkeit der Arbeiterklasse ist, nur dann erzwingen wir den Frieden.

Im deutschen Proletariat liegt von Anfang an die Lösung des Weltkriegs. Das ist die europäische Aussicht: endloser Krieg, Zusammenbruch, Unterjochung durch die rohe Gewalt eines oder des anderen »Siegers« – oder Erlösung aller Völker durch die Internationale der Demokratie, voran das deutsche Proletariat: Durch deutsche Befreiung zum Weltfrieden. Das Mittel aber, die Macht für die deutsche Demokratie zu erobern, ist der Massenstreik, der –

in Deutschland siegreich – dann (nach dem Siege über unsere inneren Feinde, über dieses odium generis humani) den Arbeitern aller Länder automatisch dic Kriegswaffen aus den Händen nimmt. Wird der Krieg fortgeführt, so unterliegt Deutschland, trotz des Größenwahns des Militärs und trotz aller vielleicht noch kommenden (aber höchst zweifelhaften) blutigen Erfolge schließlich doch der Übermacht. Dann aber kommt die Auflehnung gegen die Verantwortlichen des Weltkriegs zu spät. Ich weiß, nach der Katastrophe fällt alles über die Besiegten her; dann aber bleibt das deutsche Volk am Pranger der Weltgeschichte, weil es nicht wagte, dem Verderben und den Verderbern rechtzeitig sich entgegenzuwerfen. Es geht um Deutschlands Rettung und Ehre, wenn wir noch diese letzte und äußerste Stunde nutzen, um den Wahnsinnigen die wilde und rohe Macht zu entwinden.

Kundgebung

Die streikenden Arbeiter Münchens, voran die der Kruppwerke, entbieten ihre brüderlichen Grüße den belgischen, französischen, englischen, russischen, italienischen, amerikanischen, serbischen Arbeitern. Wir fühlen uns mit Euch eins in dem feierlichen Entschluß, dem Krieg des Wahnsinns und der Wahnsinnigen sofort ein Ende zu bereiten. Wir wollen uns nicht mehr morden. Vereint Euch mit uns, den Völkerfrieden zu erzwingen, der im Aufbau einer neuen Welt allen Menschen Freiheit und Glück sichert. Wir deutschen Arbeiter werden unsere Herrschenden, die Verantwortlichen des Weltkriegs, zur Rechenschaft ziehen. Der Kampf um den Frieden hat begonnen.

Proletarier aller Länder vereinigt Euch!

Wir fordern von der bayerischen Regierung, sofort durch Vermittlung des neutralen Auslandes diese Kundgebung der Münchener Arbeiter ins gesamte feindliche Ausland telegraphisch zu übermitteln.

Donnerstag, den 31. Januar 1918.

Im Auftrag: Kurt Eisner

9. Nov. 1918
nachts.

An die Bevölkerung Münchens

Das furchtbare Schicksal, das über das deutsche Volk hereingebrochen ist, hat zu einer elementaren Bewegung der Münchener Arbeiter u. Soldaten geführt.

Ein provisorischer Arbeiter = Soldaten = u. Bauernrat hat sich in der Nacht zum 8. November im Landtag konstituiert.

Bayern ist als Freistaat proklamiert.

Eine Volksregierung, die von dem Vertrauen der Massen getragen wird, soll unverzüglich eingesetzt werden.

Eine konstituierende Nationalversammlung wird ~~unverzüglich~~ so rasch wie möglich einberufen werden.

Eine neue Zeit hebt an.

Die demokratische u. soziale Republik Bayern allein hat die moralische Kraft, für Deutschland einen Frieden zu erwirken, der es vor dem Schlimmsten bewahrt. Die ~~vor der letzten Agitation Bayern~~

Umwälzung war notwendig, um im letzten

-100-

Augenblick, wenn der Feind die Grenzen überschreitet oder ~~nach dem Waffenstillstand~~ die demobilisierten deutschen Truppen das Chaos herbeiführen, einen ~~gewaltsamen Umsturz~~ ~~[illegible]~~ durch die Selbstzucht des Volkes die Entwicklung der Verhältnisse ohne schwere Erschütterung zu verbürgen.

Der Arbeiter- und Soldatenrat in Bayern wird strengste [illegible] Ordnung halten. Ausschreitungen werden rücksichtslos unterdrückt. Die Sicherheit der Person und des Eigentums wird verbürgt. Einzelne bedauerliche Vorkommnisse, die ~~[illegible]~~ in den ersten Stunden ~~[illegible]~~ dieses politischen Erlebens sich gezeigt haben, werden sich nicht wiederholen.

Wir rechnen auf die schaffende Mithilfe der gesamten Bevölkerung. Jeder Arbeiter an der neuen Freiheit ist willkommen.

Alle Beamten bleiben in ihren Stellungen. ~~[illegible]~~ Grundlegende soziale und politische Reformen werden unverzüglich ins Werk gesetzt.

Die Bauern verbürgen sich für die Versorgung

~~Arbeiter, Bürger Münchens~~,

die Städte mit Lebensmitteln. Der alte Gegensatz zwischen Stadt u Land wird verschwinden. Der Austausch der Lebensmittel wird rationell organisiert werden.

Arbeiter, Bürger Münchens, vertraut dem Großen u Gewaltigen, ~~das~~ das sich in diesen schicksalsschweren Tagen sich entwickelt. Helft alle mit, daß sich die Umwandlung so rasch, leicht u friedlich vollzieht. In dieser Zeit des sinnlos wilden Mordens verabscheuen wir alles Blutvergießen. Jedes Menschenleben soll geheiligt werden.

Bewahrt die Ruhe u helft mit an dem Aufbau der neuen Welt.

Der Bruderkrieg der Sozialisten ist für Bayern beendet. Auf der ~~neuen~~ revolutionären Grundlage sind die bisherigen Gegensätze ausgeglichen.

Es lebe der Freistaat Bayern

Es lebe der Frieden

Es lebe die schaffende Arbeit aller Werktätigen.

Der Rat der Arbeiter, Soldaten u. Bauern

Der erste Vorsitzende

-132- Kurt Eisner

An die Bevölkerung Münchens!

Das furchtbare Schicksal, das über das deutsche Volk hereingebrochen, hat zu einer elementaren Bewegung der Münchner Arbeiter und Soldaten geführt. Ein provisorischer Arbeiter-, Soldaten- und Bauernrat hat sich in der Nacht zum 8. November im Landtag konstituiert.

Bayern ist fortan ein Freistaat.

Eine Volksregierung, die von dem Vertrauen der Massen getragen wird, soll unverzüglich eingesetzt werden.

Eine konstituierende Nationalversammlung, zu der alle mündigen Männer und Frauen das Wahlrecht haben, wird so schnell wie möglich einberufen werden.

Eine neue Zeit hebt an!

Bayern will Deutschland für den Völkerbund rüsten.

Die demokratische und soziale Republik Bayern hat die moralische Kraft, für Deutschland einen Frieden zu erwirken, der es vor dem Schlimmsten bewahrt. Die jetzige Umwälzung war notwendig, um im letzten Augenblick durch die Selbstregierung des Volkes die Entwicklung der Zustände ohne allzuschwere Erschütterung zu ermöglichen, bevor die feindlichen Heere die Grenzen überfluten oder nach dem Waffenstillstand die demobilisierten deutschen Truppen das Chaos herbeiführen.

Der Arbeiter-, Soldaten- und Bauernrat wird strengste Ordnung sichern. Ausschreitungen werden rücksichtslos unterdrückt. Die Sicherheit der Person und des Eigentums wird verbürgt.

Die Soldaten in den Kasernen werden durch Soldatenräte sich selbst regieren und Disziplin aufrecht erhalten. Offiziere, die sich den Forderungen der veränderten Zeit nicht widersetzen, sollen unangetastet ihren Dienst versehen.

Wir rechnen auf die schaffende Mithilfe der gesamten Bevölkerung. Jeder Arbeiter an der neuen Freiheit ist willkommen! Alle Beamte bleiben in ihren Stellungen. Grundlegende soziale und politische Reformen werden unverzüglich ins Werk gesetzt.

Die Bauern verbürgen sich für die Versorgung der Städte mit Lebensmitteln. Der alte Gegensatz zwischen Land und Stadt wird verschwinden. Der Austausch der Lebensmittel wird rationell organisiert werden.

Arbeiter, Bürger Münchens! Vertraut dem Großen und Gewaltigen, das in diesen schicksalschweren Tagen sich vorbereitet!

Helft alle mit, daß sich die unvermeidliche Umwandlung rasch, leicht und friedlich vollzieht.

In dieser Zeit des sinnlos wilden Mordens verabscheuen wir alles Blutvergießen. Jedes Menschenleben soll heilig sein.

Bewahrt die Ruhe und wirkt mit an dem Aufbau der neuen Welt!

Der Bruderkrieg der Sozialisten ist für Bayern beendet. Auf der revolutionären Grundlage, die jetzt gegeben ist, werden die Arbeitermassen zur Einheit zurückgeführt.

Es lebe die bayerische Republik!

Es lebe der Frieden!

Es lebe die schaffende Arbeit aller Werktätigen!

München, Landtag, in der Nacht zum 8. November 1918.

Der Rat der Arbeiter, Soldaten und Bauern:

Der erste Vorsitzende: **Kurt Eisner.**

Bekanntmachung. Zur Aufrechterhaltung der Ordnung und Sicherheit arbeitet von heute an das gesamte Polizei- und Sicherheitspersonal im Auftrag und unter Kontrolle des Arbeiter- und Soldatenrates.

Den Anordnungen dieser Organe ist unbedingt Folge zu leisten.

Erklärung des Münchner Polizeipräsidenten.

Ich verpflichte mich, bei der Ausübung des Sicherheitsdienstes den Anordnungen des Arbeiter- und Soldatenrates München Folge zu leisten. Soferne ich dieser Verpflichtung nicht nachkommen kann, muß ich mir das Recht des Rücktrittes vorbehalten.

München, 8. November 1918, morgens 1 Uhr.

K. Polizeipräsident: gez. v. Beckh.

An die Bevölkerung Münchens!

Das furchtbare Schicksal, das über das deutsche Volk hereingebrochen, hat zu einer elementaren Bewegung der Münchner Arbeiter und Soldaten geführt. Ein provisorischer Arbeiter-, Soldaten- und Bauernrat hat sich in der Nacht zum 8. November im Landtag konstituiert.

Bayern ist fortan ein Freistaat.

Eine Volksregierung, die von dem Vertrauen der Massen getragen wird, soll unverzüglich eingesetzt werden.

Eine konstituierende Nationalversammlung, zu der alle mündigen Männer und Frauen das Wahlrecht haben, wird so schnell wie möglich einberufen werden.

Eine neue Zeit hebt an!

Bayern will Deutschland für den Völkerbund rüsten.

Die demokratische und soziale Republik Bayern hat die moralische Kraft, für Deutschland einen Frieden zu erwirken, der es vor dem Schlimmsten bewahrt. Die jetzige Umwälzung war notwendig, um im letzten Augenblick durch die Selbstregierung des Volkes die Entwicklung der Zustände ohne allzuschwere Erschütterung zu ermöglichen, bevor die feindlichen Heere die Grenzen überfluten oder nach dem Waffenstillstand die demobilisierten deutschen Truppen das Chaos herbeiführen.

Der Arbeiter-, Soldaten- und Bauernrat wird strengste Ordnung sichern. Ausschreitungen werden rücksichtslos unterdrückt. Die Sicherheit der Person und des Eigentums wird verbürgt.

Die Soldaten in den Kasernen werden durch Soldatenräte sich selbst regieren und Disziplin aufrecht erhalten. Offiziere, die sich den Forderungen der veränderten Zeit nicht widersetzen, sollen unangetastet ihren Dienst versehen.

Wir rechnen auf die schaffende Mithilfe der gesamten Bevölkerung. Jeder Arbeiter an der neuen Freiheit ist willkommen! Alle Beamte bleiben in ihren Stellungen. Grundlegende soziale und politische Reformen werden unverzüglich ins Werk gesetzt.

Die Bauern verbürgen sich für die Versorgung der Städte mit Lebensmitteln. Der alte Gegensatz zwischen Land und Stadt wird verschwinden. Der Austausch der Lebensmittel wird rationell organisiert werden.

Arbeiter, Bürger Münchens! Vertraut dem Großen und Gewaltigen, das in diesen schicksalschweren Tagen sich vorbereitet!

Helft alle mit, daß sich die unvermeidliche Umwandlung rasch, leicht und friedlich vollzieht.

In dieser Zeit des sinnlos wilden Mordens verabscheuen wir alles Blutvergießen. Jedes Menschenleben soll heilig sein.

Bewahrt die Ruhe und wirkt mit an dem Aufbau der neuen Welt!

Der Bruderkrieg der Sozialisten ist für Bayern beendet. Auf der revolutionären Grundlage, die jetzt gegeben ist, werden die Arbeitermassen zur Einheit zurückgeführt.

Es lebe die bayerische Republik!

Es lebe der Frieden!

Es lebe die schaffende Arbeit aller Werktätigen!

München, Landtag, in der Nacht zum 8. November 1918.

Der Rat der Arbeiter, Soldaten und Bauern:
Der erste Vorsitzende: Kurt Eisner.

Bekanntmachung. Zur Aufrechterhaltung der Ordnung und Sicherheit arbeitet von heute an das gesamte Polizei- und Sicherheitspersonal im Auftrag und unter Kontrolle des Arbeiter- und Soldatenrates.

Den Anordnungen dieser Organe ist unbedingt Folge zu leisten.

Erklärung des Münchner Polizeipräsidenten.

Ich verpflichte mich, bei der Ausübung des Sicherheitsdienstes den Anordnungen des Arbeiter- und Soldatenrates München Folge zu leisten. Soferne ich dieser Verpflichtung nicht nachkommen kann, muß ich mir das Recht des Rücktrittes vorbehalten.

München, 8. November 1918, morgens 1 Uhr.

K. Polizeipräsident: gez. *v. Beckh.*

Die neue Zeit

Eröffnungsrede in der ersten öffentlichen Sitzung des provisorischen Nationalrates des Volksstaates Bayern am 8. November 1918

Ich eröffne die erste Sitzung des provisorischen Parlaments der Republik Bayern.

Ich bitte alle diejenigen, die weder dem Arbeiterrat noch dem Soldatenrat angehören, noch auch zu den Abgeordneten gehören, die aufgrund von Vereinbarungen mit dem Arbeiter- und Soldatenrat an diesen Verhandlungen teilnehmen, ich bitte alle diese Personen, den Saal zu verlassen. Im übrigen ist die Zusammensetzung der heutigen Veranstaltung auch nur ein loses Provisorium. Über die Teilnahme und über die Wahl des Arbeiter- und Soldatenrats werden erst in den nächsten Tagen nähere Bestimmungen ergehen.

Meine Herren! Wir haben in den letzten Tagen in wenig Stunden gezeigt, wie man Geschichte macht, wie man Tatsachen revolutionär für alle Zukunft schafft. Keiner von Ihnen wird heute, welche Anschauung er immer haben mag, des törichten Glaubens sein, daß der Strich, den wir in einer friedlichen Erhebung unter die gesamte Vergangenheit des bayerischen Staatslebens gemacht haben, jemals wieder ausgelöscht werden könnte. Und wenn Sie vielleicht den Eindruck gehabt haben, daß diese radikale Umgestaltung der bayerischen Verfassung und des gesamten Lebens einen etwas anarchistischen Charakter hätte, so ist das nur ein Mißverständnis des Augenblicks.

Selbstverständlich, in jeder Auflösung zeigen sich die Zuckungen der Vergangenheit, und wenn wir heute manche Vorgänge beklagen, die sich in den letzten Stunden und Tagen ereignet haben, sehr gegen unsere Meinung und unseren Willen, so sind es gerade diese betrüblichen Vorkommnisse, die scharfe Anklage erheben gegen die Erziehung, die in der Vergangenheit die bayerische Bevölkerung genossen hat. Denn nicht aus unserem neuen Geist sind jene Ausschreitungen entstanden, sondern aus der Erziehung und Verbildung von gestern.

Und wenn, verehrte Anwesende, wir ohne Organisation diese gewaltige Umwälzung herbeigeführt haben, so ist es ganz selbst-

verständlich, daß heute noch nicht die Organisation des neuen Staates jene bürokratische Glätte haben kann, in der sich nichts mehr reibt. Es war ein Stück Überraschungsstrategie, mit der wir das alte Bayern aus den Angeln gehoben haben. Niemand hat vor zwei Tagen noch dergleichen für möglich gehalten, und niemand hielte es heute für möglich, daß Einrichtungen jenes uns jetzt als graueste Vergangenheit erscheinenden Gestern wieder auferstehen können. Bayern ist gestern ein Freistaat geworden und wird ein Freistaat bleiben.

Meine Herren! Bei denen, die mitgeholfen haben an dieser Umgestaltung von Grund auf, spielen zwei Erwägungen mit: Wir waren uns bewußt, daß es der letzte Augenblick war, um durch Schaffung einer Volksregierung, die von dem Vertrauen der breiten Massen der Bevölkerung getragen sei, zu verhüten, daß unser Land in den Abgrund unrettbarer Wirrnisse geschleudert würde. Denn, wenn wir gewartet hätten, bis entweder der Wahnsinn der nationalen Verteidigung eingesetzt hätte – worunter wir nicht verstehen einen selbstverständlichen und von unseren Soldaten mit entschlossener Energie zu betätigenden Schutz der Grenzen –, ich sage, wenn wir aufgerufen worden wären und so lange gewartet hätten, bis die nationale Verteidigung alle Bänder unseres Staatslebens gelöst hätte, oder wenn wir gewartet hätten, bis die Kapitulation und Demobilisierung in Bayern ein ähnliches Schauspiel hervorgerufen hätte wie in Österreich, dann wären diese katastrophalen Ereignisse geschehen unter einer völlig ohnmächtigen Regierung, der niemand Vertrauen gezollt hätte. Wenn es uns aber gelang, den tiefsten Willen und die heißeste Sehnsucht der Massen in einer neuen Regierung zusammenzufassen, dann konnten wir hoffen – und ich spreche dies zuversichtlich aus –, daß noch vor der Katastrophe, die uns bevorstehen kann, das bayerische Volk gelernt hat, durch Selbstregierung, durch Demokratie in Fassung und Ruhe die neuen furchtbaren Ereignisse zu überwinden.

Dann die zweite Erwägung: Der amerikanische Präsident hat in seiner vorletzten Note in deutlichen Worten kundgegeben, daß er nicht gesonnen sei, mit dem, was man heute in Berlin Volksregierung nennt, einen Verständigungsfrieden zu schließen, sondern daß es sich bei einer solchen Regierung nur um Kapitulation handeln könne. Wenn aber nun in Bayern eine revolutionäre Regierung ersteht, deren treibende Kräfte, von Anfang des Krieges an, in

einsamer und gefährlicher Opposition die deutsche Kriegspolitik bekämpft haben, so können wir vertrauen, daß eine solche Regierung bei dem amerikanischen Präsidenten einen anderen Eindruck erwecken und mildere Stimmung auslösen kann, als wenn er es zu tun hat mit einer Regierung, die alle Verantwortlichkeiten der Vergangenheit mitübernommen hat. Es liegt mir fern, in unwürdiger, feiger Art um die Gunst unserer Gegner buhlen zu wollen. Aber ich weiß, daß man uns, den treibenden Kräften der neuen Umwälzung, wenigstens Vertrauen schenkt. Wir haben niemals die gemeinsame Sache der Internationale geschädigt, deshalb vertraue ich, daß diese uns einen milderen Frieden für Deutschland erwirken kann, als wenn hier noch jenes System herrschte, das mitschuldig war an dem Ausbruch des größten aller Verbrechen der Weltgeschichte.

Bayern ist ein freier Staat. Das bayerische Volk genießt die freieste Selbstbestimmung. Eine konstituierende Nationalversammlung wird in Zeiten ruhigerer Entwicklung die endgültige Verfassung Bayerns festlegen. Heute herrschen in diesem Parlament die elementaren Triebkräfte der breiten Volksmassen selbst. In dieser heutigen Nachmittagsitzung wird es uns obliegen, nun die neue Entwicklung zu ordnen. Wir werden Ihnen vorschlagen, eine Regierung zu bestätigen, einer Regierung Ihr Vertrauen zu schenken, die dann, Ihnen verantwortlich, die Geschäfte Bayerns führen wird. Diese Regierung ist nach den Vorschlägen und den Verständigungen, die inzwischen stattgefunden haben, nicht einseitig gedacht. Sie wissen, daß beinahe seit Kriegsbeginn die sozialistischen Arbeitermassen im heftigen Kampf der Meinungen gegeneinander statt miteinander wirken. Dieser Kampf gehört, für Bayern wenigstens, der Vergangenheit an. *(Stürmischer Beifall.)* Denn die Massen haben Bayern befreit, und auch die Richtung, die ich bekämpft habe, akzeptiert diese Befreiung als eine unabänderliche revolutionäre Tatsache. Damit sind wir nicht durch einen Kompromiß, sondern innerlich zusammengewachsen. Ich hoffe, daß unser bayerisches Beispiel über unsere Grenzen hinaus wirken wird.

Zum Schluß möchte ich, um diese Betrachtungen nicht allzulang auszudehnen, Ihnen die Namen derer nennen, die nach einer Verständigung die provisorische Regierung bilden sollen. Wir haben mit einer Ausnahme, obwohl manches dagegen sprach, die alte Teilung der Ministerien beibehalten; darin sind wir nicht revolutio-

när vorgegangen. Wir haben nur *ein* neues Ministerium geschaffen, das schon längst in der Luft lag, ein Ministerium für soziale Angelegenheiten. Der Grund, warum wir diese nicht ganz glückliche Teilung und nicht ganz logische Sonderung beibehalten haben, ist der, daß wir den Beamten, auf deren freudige, vielleicht erlöste Mitwirkung wir rechnen, deren Los in der Demokratie sicherlich ganz anders sein wird als bisher, es nicht erschweren wollten, sich in die neuen Zustände hineinzufinden. Darum ließen wir die bisherigen Ministerien bestehen. Die Namen, die wir Ihnen vorschlagen, sind:

Das Ministerium des Äußeren und damit das Präsidium übernimmt als Symbol des revolutionären Ursprungs dieser Regierung der, der jetzt vor Ihnen steht. *(Starker Beifall.)* Für das Vizepräsidium und für das Kultusministerium ist Hoffmann in Aussicht genommen. *(Beifall.)* Das Ministerium für militärische Angelegenheiten – wir werden kein Kriegsministerium haben, sondern ein Ministerium für militärische Angelegenheiten – soll Roßhaupter übernehmen; es ziemt sich für die demokratische Regierung, daß ein Zivilist die Leitung der militärischen Angelegenheiten übernimmt.

Das Ministerium des Innern, heute wegen der Lebensmittelversorgung eines der wichtigsten Ämter, wird, wenn Sie einverstanden sind, Auer übernehmen. *(Beifall und Widerspruch.)* Ich höre Widerspruch und »Nein«; aber wenn wir entschlossen sind, den Weg in der Sozialdemokratie und Arbeiterschaft hinfort gemeinsam zu gehen, so ist auch das ein Symbol, daß wir aus vollster Überzeugung Ihnen die Wahl des Herrn Auer empfehlen können. *(Beifall.)*

Den Verkehr soll ein Mann übernehmen, der in einer der lächerlichsten politischen Komödien, an denen die bayerische Vergangenheit so reich war, eines Tages versank, Heinrich von Frauendorfer.

Die Justiz ist dem bewährten Sozialpolitiker – das ist kein Widerspruch, denn wir betrachten die Justiz als eine Form der Sozialpolitik – Herrn Timm zugedacht.

Die undankbarste aller Aufgaben soll, und daran ist vielleicht meine Abneigung gegen Professoren mit schuld, Herrn Professor Jaffé zufallen, nämlich die Finanzen. *(Bravo!)*

Endlich wird – wieder als eine Fanfare des revolutionären Ursprungs dieser Regierung – ein an der Erhebung beteiligter Mann,

ein einfacher Arbeiter ohne Amt und Würden das neue Ministerium für soziale Angelegenheiten übernehmen: Herr Unterleitner. *(Lebhafter Beifall.)*

Eine Stellung, bei der es sich um kein Ministerium handelt, die aber in dieser gärenden Zeit sehr wichtig ist, die Polizeiobrigkeit der Hauptstadt der neuen Republik, soll in den Händen wieder eines Arbeiters und Soldaten liegen, des Herrn Staimer, der schon seit gestern eine segensreiche Tätigkeit als Aufsicht im Polizeipräsidium versieht. Herr Staimer gehört zu den tüchtigsten und charaktervollsten Persönlichkeiten unserer revolutionären Erhebung.

Sie sehen, wir sind nicht einseitig, wir haben weder Richtungen bevorzugt, noch haben wir bürgerliche Fachmänner ausgeschlossen. Ich möchte glauben, daß dieses Ministerium sich zu einer Körperschaft entwickeln wird, in der alles tätig ist, gleich, welche Vorbildung oder Herkunft die Männer haben, in der alles tätig sein kann, was uns nach Charakter, Wissen, Energie, Gesinnung, fruchtbare Arbeit leisten kann. Ich bitte Sie, zu uns, die wir in stürmischer Zeit dieses Opfer bringen in vollem Bewußtsein aller Gefahren, die uns umdrängen, Vertrauen zu haben, in einer Zeit, in der wir Ihnen kein Paradies versprechen können, sondern wohl wissen, daß wir die Geschäfte in einem Augenblick übernehmen, wo alle Verhältnisse verzweifelt erscheinen. Ich sage also: Schenken Sie uns und unserem vergänglichen und provisorischen Ministerium das Vertrauen, das wir um der Sache willen verdienen, daß wir uns bereit gefunden haben, an diese Stelle zu treten, sofern Sie damit einverstanden sind.

Wir gehen dunklen Tagen entgegen, vielleicht den furchtbarsten Tagen, die seit Jahrhunderten uns beschieden gewesen sind. Aber ich bin der festesten Überzeugung, daß aus diesem Meer von Blut und aus dieser Zerrüttung aller Verhältnisse dennoch eine neue Welt, eine hellere, reichere und freiere Welt erstehen wird, und die politische Umwälzung, die wir hier erlebt haben und die wir verteidigen werden – wir haben einen Soldatenrat, der diese neue Freiheit verteidigen wird –, ist ein Vorklang jener sozialen Umgestaltung, die nach dem Frieden die heiligste und unaufschiebbarste Angelegenheit internationaler Arbeit sein wird.

Damit begrüße ich das erste Parlament der bayerischen Republik und bitte Sie, Vorschläge zu machen für die Konstituierung des Präsidiums, des Präsidenten, ersten und zweiten Vizepräsidenten

und von vier Schriftführern. Damit hätte sich dann unser revolutionäres Parlament konstituiert.[1]

Das Regierungsprogramm

Die revolutionäre Regierung des Volksstaates Bayern ist zu dem großen Versuch entschlossen, die Umwandlung des alten Elends in die neue Zeit in vollkommener verbürgter Freiheit und in sittlicher Achtung vor den menschlichen Empfindungen durchzuführen und damit ein Vorbild zu geben für die Möglichkeiten einer Politik, die auf dem Vertrauen zu dem Geist der Massen, auf der festen und klaren Einsicht in die Notwendigkeiten und Mittel der Entwicklung, auf der freimütigen Offenheit und Wahrhaftigkeit beruht. Ferdinand Lassalles Mahnung, daß man in der Politik aussprechen müsse, was ist, beherrscht unser Tun. Wir wollen in unbeirrbarer Entschlossenheit diesen gänzlich ungewohnten Weg gehen, obwohl wir uns bewußt sind, daß noch niemals eine Regierung in schwierigeren Zeiten ihr Amt übernommen hat, daß wir verhängnisvoll belastet sind mit einem fluchwürdigen Erbe, das mit dem Zusammenbruch des verfallenen Systems nicht zugleich ausgetilgt ist.

Die revolutionäre Regierung des Volksstaates Bayern buhlt nicht um die Gunst des Volkes. Sie unterstellt sich der freien Kritik.

Sie will nur nach ihren Handlungen beurteilt sein. Schon beginnt nach der ersten Überraschung ein Teil der Presse, die mehr Schuld an der Katastrophe Deutschlands hat als irgendeine andere Institution, zu beweisen, daß sie von dem Geist der jungen Zeit noch unberührt ist. Wir werden auch diesem Treiben, diesem läppischen Unsinn, die uneingeschränkte Freiheit gewähren, in dem ruhigen und festen, verachtenden Gefühl von Männern, die sich klar darüber sind, daß sie vor der Geschichte ihre Handlungen zu verantworten haben und verantworten können. Wir beabsichtigen

1 Zusammensetzung der Regierung: Ministerpräsident und Minister des Äußeren Kurt Eisner (USPD), Kultusminister und Vizepräsident Johannes Hoffmann (MSPD), Minister für militärische Angelegenheiten Albert Roßhaupter (MSPD), Innenminister Erhard Auer (MSPD), Justizminister Johannes Timm (MSPD), Finanzminister Edgar Jaffé (der USPD nahestehend), Minister für soziale Angelegenheiten Hans Unterleitner (USPD), Verkehrsminister Heinrich von Frauendorfer (parteilos).

nicht, die Presse unmittelbar oder mittelbar geheim zu beeinflussen. Wir werden kein Regierungsblatt haben. Was wir der Öffentlichkeit mitzuteilen haben, wird mit deutlicher Kennzeichnung der Herkunft veröffentlicht werden. Aber auch auf diesem Gebiet haben wir die Zuversicht, daß sich eine innere Reinigung und Erneuerung des Pressewesens vollziehen wird und damit die Presse ihrem heiligen Beruf wiedergegeben wird, dem sie sich so schmählich entfremdet hat. Dann erst wird sie das Vertrauen des Volkes gewinnen und ein Werkzeug schöpferischer Arbeit werden.

Die ersten Handlungen der revolutionären Regierung haben bedeutsame Erfolge gezeitigt. Die leitenden Männer der Entente sprechen nach der Umwälzung anders als zuvor. Unser Appell an das Weltgewissen blieb nicht ungehört. Die Waffenstillstandsbedingungen wurden erheblich gemildert. Der Geist des Patrioten, der die französische Republik leitet, spricht heute mit menschlichem Verständnis und Vertrauen. Amerika verheißt dem besiegten Feind, durch Versorgung mit Lebensmitteln den furchtbaren Übergang zu erleichtern. Wir hoffen, daß es uns auch gelingen wird, die Zufuhr von Rohstoffen zu gewinnen. Wir haben heute die Zuversicht, daß dank unserer ebenso revolutionären wie besonnenen Politik unser in jener Note an die Entente ausgesprochener Gedanke der Erfüllung entgegenreift, daß der Völkerbund in der gemeinsamen Arbeit der Feinde an der Überwindung der Kriegszerstörungen sich bilden müsse.

Wenn wir auf das Vertrauen der feindlichen Mächte rechnen, so betrachten wir es um so mehr als unsere Aufgabe, auch innerhalb der deutschen Stämme eine innige Gemeinschaft vorzubereiten. Wir glauben und wollen, daß eine Vereinigung des Deutschen Reiches mit der deutsch-österreichischen Republik unaufschiebbar ist. Wir sind ferner der Meinung und entschlossen, diese nationale Politik mit fester Hand durchzuführen, daß die Selbstbestimmung Bayerns innerhalb des Ganzen erhalten und gesichert werden muß. Wenn wir das Ziel erreichen wollen, daß die Vereinigten Staaten von Deutschland, die Österreich einschließen, die einzige mögliche Lösung des nationalen Problems sind, so werden wir in nächster Zukunft eine zweckmäßigere Gliederung der deutschen Staaten durchzuführen haben, die ohne jede Vorherrschaft eines einzelnen Staates und ohne Antastung der Freiheit und Selbständigkeit Bayerns auch die notwendigen Maßnahmen vernünfti-

ger Einheit trifft. So wird für das deutsche Volk auch in nationaler Hinsicht eine glücklichere Zukunft beginnen.

In der inneren Politik Bayerns streben wir die rascheste Durchführung einer nicht nur formellen, sondern lebendig tätigen Demokratie an. Bevor noch die konstituierende Nationalversammlung, die so schnell wie möglich nach Erledigung der notwendigen Vorarbeiten einberufen werden soll, zusammentritt, muß diese Demokratisierung des öffentlichen Geistes wie der öffentlichen Einrichtung erreicht werden können. Wir suchen auch hier auf neuen Wegen vorwärtszukommen. Neben dem provisorischen Zentralparlament und dem in der Regierung verkörperten revolutionären Vollzugsausschuß sollen alle einzelnen Verbände und Berufe der Bevölkerung ihre eigenen Angelegenheiten in voller Öffentlichkeit erörtern können. Wir wollen die bisherigen Organisationen parlamentarisieren. Neben den beratenden Arbeiter-, Soldaten- und Bauernräten, die die Richtung des neuen Staates sowohl im Volk wie im Parlament, wie in der Regierung anzeigen müssen, wollen wir der Gesamtheit der Bevölkerung die Möglichkeit und die Gewähr geben, ihre Interessen, soweit sie nicht dem Nutzen der Gesamtheit entgegen sind, durchzusetzen. Das Deutsche Theater zu München soll der Sitz dieses Nebenparlaments sein. Beamten-, Lehrer- und Privatangestelltenorganisationen, die freien Berufe, das Handwerk, der Handel und die Industrie, alle sollen sich zu Räten zusammenfinden und in diesen freien Parlamenten ihre Angelegenheiten unabhängig und selbständig erörtern, ihre Wünsche und Anregungen sowohl im Zentralparlament wie in der Regierung zur Geltung bringen. Vertreter dieser Organisationen werden in einer durch die unüberwindliche Raumnot des Landtags notwendig begrenzten Zahl auch in der provisorischen Nationalversammlung Wort und Stimme haben.

Die auf diese Weise verbürgte tätige Demokratisierung des ganzen Volkes muß in den wirtschaftlichen, sozialen und kulturellen Reformen ihr praktisches Ergebnis finden. Wir halten es für notwendig, hinsichtlich unserer unveränderten sozialistischen Ziele keine Zweifel zu lassen. Wir sprechen aber in vollkommener Offenheit aus, daß es uns unmöglich scheint, in einer Zeit, da die Produktionskräfte des Landes nahezu erschöpft sind, die Industrie in den Besitz der Gesellschaft sofort überzuführen. Man kann nicht sozialisieren, wenn kaum etwas da ist, was zu sozialisieren ist.

Es ist die Auffassung von Karl Marx, daß die Wirtschaft dann in den Besitz der Gesellschaft übergeführt werden muß, wenn die Produktivkräfte sich so gewaltig entwickelt haben, daß sie die zu enge Hülle der kapitalistischen Ordnung sprengen.

Ferner scheint es uns unmöglich, in einem einzelnen nationalen Gebiet der Weltwirtschaft die sozialistische Organisation durchzuführen. Wir glauben also, daß erst nach dem Frieden, wenn der einige Völkerbund der Weltdemokratien sich gebildet hat, durch den entscheidenden Einfluß der in neuer Macht auferstandenen proletarischen Internationale, in gemeinsamer Arbeit der Völker der Erde die unerläßliche Sozialisierung durchgeführt werden kann. Aber wir sind ebenso überzeugt, daß schon jetzt bei der Überführung der Kriegs- in die Friedenswirtschaft, bei der Aufrichtung des heillos zerrütteten Finanz- und Steuerwesens der sozialistische Geist fruchtbar gemacht werden kann. Wir halten endlich drei große Probleme sozialer Erneuerung bereit zur schnellen Erledigung: den Großgrundbesitz, die städtische Bodenfrage, das Bildungs- und Erziehungswesen.

Ganz besondere Hoffnungen hegen wir für die Entwicklung des bayerischen Bauernstandes. Ein neues Geschlecht freier auf eigener Scholle arbeitender Bauern wird erstehen und in Gemeinschaft mit der werktätigen Bevölkerung der Städte an dem allgemeinen Besten mitarbeiten.

Schließlich seien aus dem Arbeitsplan der einzelnen Ressorts in kurzen Strichen die unmittelbar durchzuführenden Absichten der neuen Regierung angedeutet. Das Ministerium des Innern wird vor allem die Lebensmittelversorgung sichern und vervollkommnen. Vollständige Erfassung, unbedingt gerechte Verteilung der Lebensmittel, Förderung der Produktion, Unterbindung des Schleichhandels. Sofortige Verwendung der in den Militärdepots vorhandenen Gegenstände zum Gebrauch der Bevölkerung sowohl in den Städten wie auf dem Lande, rücksichtslose Bekämpfung des Wuchers für Gebrauchsgegenstände, Abbau der Preise, Vereinfachung der Verwaltung, Umgestaltung der Gendarmerie in ein bürgerliches Institut.

Eine der wichtigsten Aufgaben der revolutionären Regierung ist die Organisation der Demobilisierung, für die sofort alle Vorbereitungen getroffen wurden, um die aus ihr erwachsenden schwersten Gefahren nach Möglichkeit zu unterbinden. Auf dem Gebiet der Industrieförderung ist die so lange verzögerte Elektrisierung der

Wasserkräfte, deren Unterlassung für uns jetzt so ernste Folgen hat, sofort begonnen worden.

Die Regierung wird die volle Freiheit der Religionsgesellschaften und die Ausübung ihres Kultus gewährleisten. Die akademische Lehrfreiheit wird gesichert und durch Demokratisierung der Zustrom neuen Blutes ermöglicht werden. Das gesamte Schulwesen soll einheitlich als Bildungsanstalt für alle ohne Unterschied der sozialen Herkunft ausgestaltet werden. Wir fordern gleiche Freiheit für die Schule wie für die Kirche, Schaffung eines Volksschulgesetzes mit fachmännischer Schulaufsicht, Neuregelung der Gehalts- und Rechtsverhältnisse der Volksschullehrer, Übernahme der Volksschullasten auf den Staat, Reform der Lehrerbildung, Änderung im Schulbetrieb, Heranziehung der Schüler zur Mitarbeit in der Gestaltung und Praxis ihres Schullebens, Verbreitung der Wissenschaften durch das ganze Volk, Heranziehung der breiten Massen zur Kunst.

In der Justizverwaltung wird eine weitgehende Freilassung und Niederschlagung von Verfahren in allernächster Zeit durchgeführt werden. Schärfstes Vorgehen gegen gewinnsüchtige Ausnützung der Notlage des Volkes. Das Zivil- und Strafrecht soll nach sozialen Grundsätzen neu aufgebaut und durchgeführt werden.

Die Neuordnung des Finanzwesens ist von ausschlaggebender Bedeutung für die kommende Umgestaltung aller wirtschaftlichen Verhältnisse. Die ungeheuren Kosten des Krieges und des Wiederaufbaues der deutschen Volkswirtschaft erfordern derart große Mittel, daß demgegenüber das bisherige System versagen muß.

Wir werden deshalb sowohl im Reich wie in den Bundesstaaten und den Gemeinden zu einem einheitlichen Steuersystem kommen müssen, das in weitestgehendem Maße nach sozialen Grundsätzen geregelt die leistungsfähigen Schultern belastet.

Die Demokratisierung der Armee, die Mitbestimmung der Soldaten, ist schon in den ersten Tagen des jungen Staates in Angriff genommen worden und wird unverzüglich zur Durchführung gelangen. Auch die Militärgerichtsbarkeit soll sofort demokratisiert werden. Eine umfassende Amnestie für alle militärischen Vergehen und Verbrechen steht bevor.

Im Verkehrswesen wird die Beseitigung des ungesunden Wettbewerbs im Eisenbahnverkehr angebahnt. Die Vereinfachung des Eisenbahnbetriebes durch die Verringerung der Wagenklassen soll möglichst bald durchgeführt werden. Die Aufhebung der Porto-

freiheiten im Postverkehr und der Gebührenfreiheiten im Telegraphen- und Telephonverkehr ist eingeleitet; zum Teil steht sie unmittelbar bevor. Die Eisenbahn-, Post-, Telegraphen- und Telephontarife sollen im Sinn weitgehender Vereinfachung umgestaltet, die großstädtischen Wohnungsverhältnisse durch weitere Ausgestaltung des Vorortverkehrs gefördert werden.

In dem neugeschaffenen Ministerium für soziale Fürsorge wird ein Plan umfassender Arbeitsbeschaffung für die entlassenen Kriegsteilnehmer ausgearbeitet. Straffste staatliche Zentralisation der Arbeitsvermittlung zur Beherrschung des Arbeitsmarktes, umfassende Arbeitslosenunterstützung, Achtstundentag, Ausbau des Arbeiterschutzes, großzügige Organisation des Wohnungswesens, Ausschaltung privater Bodenspekulation, umfassende Bereitstellung von Notstandswohnungen während der Übergangszeit.

Ein reiches Feld der Betätigung wird endlich das Gebiet des Handwerks, des Kunsthandwerks, der Kunst bilden. Die bäuerlichen landwirtschaftlichen Angelegenheiten, die in dem neuen Bauernrat ihre Vertretung finden, werden zur Bildung eines landwirtschaftlichen Ministeriums führen, in dem die Bauern vertreten sein müssen.

Die lebendige Teilnahme aller Volksglieder, insbesondere auch Frauen, Arbeiterinnen, Bürgerinnen und Bäuerinnen, soll nicht nur durch die erwähnten Nebenparlamente erreicht werden, sondern auch durch die ständige persönliche Verbindung der Organisationen mit der revolutionären Regierung.

So fordern wir das bayerische Volk auf, in rüstiger und fruchtbarer Arbeit trotz aller Ungunst der Verhältnisse, Bayern zu einem Land umzugestalten, in dem jeder frei atmen kann und jeder, der arbeitet, schaffend beglücktes Leben gewinnt.

München, den 15. November 1918

Regierung des Volksstaates Bayern: Kurt Eisner

Ansprache anläßlich der Revolutionsfeier im Nationaltheater am 17. November 1918

Was wollten wir? Was wollen wir?

Wir wollten in dem Augenblick, da Deutschland, da Bayern vom Zusammensturz bedroht war, aus den Massen des Volkes die

schaffende Armee der Rettung bilden, das war der Sinn dieser Umwälzung.

Aber Freunde, wir wollen noch etwas anderes. Wir wollen der Welt das Beispiel geben, daß endlich einmal eine Revolution, vielleicht die erste Revolution der Weltgeschichte, die Idee, das Ideal und die Wirklichkeit vereint. Und je mehr uns der Abscheu erfüllte von dem, was die Herrschenden der Vergangenheit über die Welt an Elend, Verwilderung, Grausamkeit gebracht haben, desto mehr waren wir bedacht, menschlich zu sein, nur an die Vernunft der Menschen uns zu wenden.

Wir haben heute die Zuversicht, daß es uns gelingen wird, ohne Rückschlag, ohne Hemmung, ohne Gewalt den Weg zur neuen Freiheit zu finden. Wir sind Demokraten und Sozialisten. Wir verstehen unter Demokratie nicht, daß alle paar Jahre alle Bürger das Wahlrecht ausüben und die Welt regieren mit neuen Ministern und neuem Parlament. Wir, die wir eine neue Form der Revolution gefunden haben, wir versuchen auch eine neue Form der Demokratie zu entwickeln. Wir wollen die ständige Mitarbeit aller Schaffenden in Stadt und Land. *(Stürmisches Bravo.)*

Und, liebe Freunde! Wer, wie ich, Gelegenheit gehabt hat, nun in den letzten Tagen diese Tausende von Briefen zu lesen, diese zahllosen Menschen zu sehen, die, von der überraschenden Wendung der Dinge getrieben, an uns sich wenden, für den ist es eine Erschütterung tiefster Art, zu sehen, wie überall draußen ein neuer Enthusiasmus des Schaffens sich regt. Als ob die Millionen nur darauf gewartet hätten, um, befreit von dem Druck, nun mitzuhelfen. Von den Arbeitern, Bauern, von den Schülern, von den Gymnasiasten, in allen Klassen und Ständen hinauf und hinab: von überall kommen die Geängstigten und die Bedrückten und versichern uns: jetzt endlich können wir arbeiten, jetzt endlich sehen wir ein Ziel.

Das ist Demokratie! Und diese Demokratie ist heute schon Wahrheit. Die Vergangenheit ist tot und *(mit erhobener Stimme)* wehe denen, die versuchen sollten, diese fluchbeladene Vergangenheit neu zu beleben. *(Stürmisches Bravo.)*

Wir sind Sozialisten, das heißt, wir wollen die Hemmungen der wirtschaftlichen Ordnung beseitigen, die auf die Massen wie auf die einzelnen drücken, und erreichen, daß jeder Mensch, der geboren ist, seine Gaben entfalten kann, und in verbürgter Sicherheit des Daseins, die kärglichen Jahre irdischen Lebens, erfüllt von

Idealen, beglückt von Arbeit, erschöpfen kann. Gerade heute, wo wir so verbrecherisch mit Menschenleben gespielt haben, ist jedes Menschenleben uns heilig. Wir rufen über unser Land hinaus zu den Völkern, die gestern noch uns Feinde waren: Wir bekennen unsere Schuld! Und bahnen damit den Weg zu innerer Verständigung und Versöhnung.

Das war der letzte Krieg! Indem wir die Schuldigen an diesem Weltverbrechen beseitigten, so menschlich beiseite schoben, wie noch niemals, mit einer Rücksicht, die jene nicht verdient haben, *(Bravo! und Sehr richtig!)* aber in fester Entschlossenheit, gerade auch in der Beiseiteräumung des Alten zu zeigen, daß wir Menschen sind, so werden wir weitergehen und bitten Sie um Ihre Hilfe. Wir grüßen, die uns Feinde waren. Wir senden unsere Grüße zu den Völkern Frankreichs, Italiens, Englands und Amerikas. Wir wollen mit ihnen gemeinsam die neue Zeit aufbauen.

Alle, die reinen Herzens, klaren Geistes und festen Willens sind, sind berufen, am neuen Werk mitzuarbeiten. Vergessen wir, was war, und vertrauen wir dem, was wird. Eine neue Zeitrechnung beginnt, und wir, die wir mitgeholfen haben, bekennen in demütiger Ehrfurcht vor dem dunklen Schicksal, das die Menschheit geleitet: Wir danken diesen geheimnisvollen Mächten, daß wir mithelfen dürfen, die Welt zu befreien. Die Freiheit erhebt ihr Haupt, folgt ihrem Rufe! *(Stürmischer Beifall.)*

Rede in der 4. Sitzung des provisorischen Nationalrates am 17. Dezember 1918

Meine Damen und Herren! Der Vorredner[1] hat mit einem Appell an die neue Zeit, an den neuen Geist geschlossen, und niemand ist so sehr einverstanden mit den letzten Ausführungen, die, wenn ich sie gemacht hätte, die Phantasien eines Illusionärs gewesen wären, als ich selber. Aber es ist nicht so leicht, den neuen Geist, von dem man redet, auch innerlich zu betätigen, *(Sehr gut!)* und die gesamte Kritik, die der Herr Vorredner an meine Tätigkeit gerichtet hat, ist ein Zurückbleiben hinter dem neuen Geist, zu dem er sich bekannt hat. *(Sehr richtig!)* Kritik ist mir willkommen, ich selbst bin Kritiker seit jeher gewesen; aber wer in der Kritik recht hat,

1 Der Historiker Ludwig Quidde, Liberaler und Pazifist *(Anm. d. Hg.)*.

darüber entscheidet nicht die Gegenwart, sondern die Zukunft. Die Ausführungen des Herrn Vorredners beweisen die Macht der Presse. Er hat nichts an kritischen Bedenken gegen meine Tätigkeit vorgebracht, was ich nicht vorher in der Presse gelesen hätte. *(Heiterkeit.)* Sie sind mir also alle bekannt; denn ich werde mehr, als mir lieb ist, auch über die Auslassungen der Presse informiert. Gestatten Sie mir auch heute zu sagen, daß ich nicht den geringsten Anlaß habe, diesem gedruckten Wort eine übermäßige Achtung zu widmen, eine übermäßige Ehrerbietung vor diesem gedruckten Wort zu haben. Wer viereinhalb Jahre lang als einsamer Kämpfer gegen die Macht der Lüge, gegen den Terror der Lüge kämpfte, *(Sehr richtig!)* der war nur erstaunt, daß dieselbe Presse, die schimpflich versagte in den schwersten Jahren des deutschen Volkes, heute noch den Mut hat, sich als Erzieher des Volkes aufzuspielen. *(Lebhaftes Bravo und Händeklatschen.)*

Vielleicht gewinne ich einmal die Zeit, den Sittenspiegel der deutschen Presse während des Krieges darzustellen. Niemals war etwas Ruchloseres in der Welt da, als dieses Spiel der Presse. Das sage ich nicht erst heute, seit Anfang des Krieges bekämpfe ich diese Pest. Ohne die Presse wäre diese Abstumpfung des deutschen Geistes nicht möglich gewesen. *(Beifall.)* Ohne sie wäre der Zusammenbruch des deutschen Volkes nicht möglich gewesen, *(Beifall.)* und niemand in der Welt kann mir dieses Urteil widerlegen. Deshalb verzeihen Sie mir schon, daß ich heute ebensowenig Achtung habe vor dem, was man über mich schreibt, ob es gut sei oder schlecht wie vorher, als die Presse, aus der großen Zentralvolksküche in Berlin gespeist, die öffentliche Meinung des deutschen Volkes beeinflußte. Ich bin selber Journalist, und deshalb falle ich nicht auf Journalismus herein. Ich weiß, wie es gemacht wird.

Der Herr Vorredner redete viel von Volk und Volksstimmung, von öffentlicher Meinung. Wir haben ja den Zusammenbruch von Volk und öffentlicher Meinung erlebt. Mitte September dieses Jahres erwies sich plötzlich alles als Lüge, was vordem als Wahrheit galt. *(Sehr richtig!)* Sie werden mir also auch gestatten, daß ich unaufgeklärte Volksstimmung, ununterrichtete Volksstimmung nicht mit der größten Ehrfurcht betrachte. *(Sehr richtig!)* Ich als Sozialist habe so oft unsere Nationalhymne mitgesungen, in der es im Refrain heißt, daß der Unverstand der Massen der Feind ist, den wir am tiefsten hassen, als daß ich heute plötzlich aufhören sollte, diesen Feind nicht mehr zu bekämpfen. Demokratie heißt nicht die

Anerkennung des Unverstandes der Massen, *(Sehr richtig!)* sondern Demokratie heißt der Glaube an die Möglichkeit der Vernunft der Massen. *(Beifall.)*

Wo war denn die öffentliche Meinung in den letzten viereinhalb Jahren? Wer hat sie erzogen? Wie hat sie sich bewährt? Wie viele waren es denn in Deutschland, die die Wahrheit verkündeten, zu verkünden wagten? Wie viele Dutzende? Die meisten verschwanden sehr bald in den Gefängnissen, in den Zuchthäusern. *(Sehr richtig!)* Diese kleine Minderheit war im Sinn der Demokratie der Ausdruck des Volkswillens. Alle großen Bewegungen wurden von Minderheiten gemacht, *(Zustimmung.)* alle ohne Ausnahme, und man soll mir nicht sagen, daß das Wahlglück in den finstersten Gegenden, wohin nur das Wort einer verlogenen und verblödeten Presse dringt, wo nicht die Menschen daran schuld sind, daß sie nichts wissen (maßgebend ist). Soll der Stimmzettel dieser unaufgeklärten Massen maßgebend sein für das Schicksal eines ganzen Volkes? *(Beifall.)* Das ist keine Verleugnung der Demokratie, sondern das ist nur das Verlangen, daß Demokratie aus einer Forderung eine Wirklichkeit, eine Realität werde.

Zu den Dingen, die im Krieg zusammenbrachen, gehört nicht nur die Monarchie, nicht nur der Militarismus, nicht nur die Presse, diese große Macht der Vergangenheit, sondern es gehört auch der bürgerliche Parlamentarismus dazu. *(Zuruf: Bravo!)* (...)

Es wird gesagt, daß ich meine Anschauung über die Nationalversammlung geändert hätte, mehrmals. Ich war es, der sie in der Nacht vom 7. zum 8. November versprochen hätte, der dann sagte, daß die Nationalversammlung erst kommen könnte, wenn die Regierung und ihre Organe, die demokratischen Räte, Zeit gehabt hätten, sich zu konsolidieren, und ich war es, der für die Einberufung im Januar nächsten Jahres eintrat. Ist es so? *(Zustimmung.)*

Zunächst stelle ich einmal geschichtlich fest: Es ist richtig, ich hatte in den ersten Tagen eine sehr gute Presse. Das war noch die Revolutionsstimmung, wollen wir einmal sagen, die diese Presse beeinflußte. Ich hatte damals schwere Bedenken, ob etwa meine Politik so falsch gewesen sei, daß sie sich jetzt so allgemeiner Zustimmung erfreute. Das war ich nicht gewöhnt und werde es auch in alle Zukunft nicht gewöhnt sein. Dann erkannte die Presse plötzlich, daß ich nicht in das Haus am Promenadeplatz gezogen wäre, um meinen alten Ideen und Idealen abzuschwören, sondern,

daß ich die Zeit ausnutzen wollte, um meine alten Ideen und Ideale, soweit es möglich, in kurzer Zeit zu fördern. Der Ruf nach der Nationalversammlung ging von denen aus, die in der provisorischen Nationalversammlung glücklicherweise ausgeschaltet waren. *(Sehr richtig! und Heiterkeit.)* (...)

Es ist und war für mich selbstverständlich, daß die Grundlage aller zukünftigen demokratischen Entwicklung die Organisationen des Volkes bilden und bleiben müssen. Darüber habe ich niemals einen Zweifel gelassen. Ich sagte, der alte Parlamentarismus ist zusammengebrochen, die allgemeine Klage über den unpolitischen Geist des deutschen Volkes ist von niemand bisher bestritten worden. Nun erhebt sich doch für jeden Politiker, der schaffen und nicht im alten Trott weiterschlendern will, die Frage: was kann man tun, um diese Klage der Vergangenheit, die alle als berechtigt anerkennen, durch die Tat zu bekämpfen?

Herr Dr. Quidde meinte, auch künftig kann man die Berufsinteressen in Räten organisieren. Vertretung der Berufsinteressen haben wir schon früher gehabt, und gerade diese Berufsorganisationen haben alles politische Leben überwuchert. Wenn man mir nun heute als einem Mann, der für die Politisierung des deutschen Volkes seit 30 Jahren kämpft, den Vorschlag macht, die Organisationen reiner Berufsinteressen noch mehr auszubauen, so verlangt er von mir, daß ich genau in der entgegengesetzten Richtung gehen solle, als wir alle gehen müßten. Das ist der grundlegende Unterschied dieser Organisationen der Räte und der Berufsorganisationen: Die Berufsorganisationen sollen die Heber politischen Lebens werden, sie sollen sich politisieren. Ich weiß nicht, ob Herr Dr. Quidde diesen fundamentalen Unterschied ganz erfaßt hat. Die Berufsorganisationen waren die Hemmung politischen Lebens, und sie sollen jetzt die Werkzeuge politischen Lebens werden.

Ich will nicht von den Soldatenräten sprechen, die ja mit dem Militarismus selbst verschwinden werden. Die Arbeiterräte, möchte ich hinzufügen, sollen selbstverständlich auch die geistigen Arbeiter umfassen; ich hoffe nur, daß die geistigen Arbeiter ihren Geist bewähren werden in diesen Organisationen, *(Sehr gut!)* ich habe das tiefste Mißtrauen, das kann ich Ihnen sagen. *(Zuruf.)* Gewiß, mit Grund. Gerade die geistigen Arbeiter haben in den letzten viereinhalb Jahren sich so herrlich bewährt, daß auch sie etwas bescheidener sein müßten. *(Lebhafter Beifall.) (Zuruf.)* Ich meine nicht die Fachtätigkeit der geistigen Arbeiter, sondern die

politische Bewährung des Geistigen. Es kann einer der tüchtigste Philologe und kann der dümmste Politiker sein und auch der verächtlichste. *(Zuruf.)* Er kann auch Chirurg sein, *(Zuruf.)* auch Journalist, wie ich.

Das ist der Unterschied der neuen Berufsorganisation von der bisherigen Organisation. Nun sagt Herr Dr. Quidde, bei diesen Nebenparlamenten sind ja auch wieder die Massen ausgeschlossen, und sie bilden nur Vertreterkörperschaften. Das ist natürlich richtig, aber ist es wirklich dasselbe, ob in München sich ein Parlament von 180 Personen einige Monate lang versammelt oder ob im letzten Dorf ein solches Parlament dauernd tätig ist? Das ist doch eine Verbreiterung der demokratischen Grundlage, wie sie größer gar nicht gedacht werden kann. Auf diese breiteste Grundlage, die überhaupt möglich ist, kommt es an. Herr Dr. Quidde nannte als Mittel der allzeit lebendigen Betätigung der breiten Massen das Referendum. Ich kann ihm sagen, daß die neue Verfassung, die demnächst von uns veröffentlicht werden wird, selbstverständlich das Referendum enthalten wird. *(Bravo!)* Aber die Vorschule dieses Referendums sind die Arbeiter-, Soldaten- und Bauernräte. *(Bravo!)* In ihnen wird der politische Geist und die politische Aufklärung geschaffen, die kommt nicht vom Parlament, die muß ins Parlament hineinströmen. Das nenne ich Demokratie, wenn von unten auf der Geist des Lebens und der Wahrheit hineindringt als kritischer, anfeuernder, belebender Geist, der an sich immer zur Erschlaffung neigenden Berufsparlamente. Nun verehrter Herr Dr. Quidde, ob diese Organisation sich bewähren wird oder nicht, das wissen wir beide nicht. Sie hoffen, daß sie sich nicht bewähren, ich hoffe, daß sie sich bewähren. *(Zuruf.)* Die einen kommen erst immer hinterher und nehmen die Errungenschaften, die andere geschaffen haben, und üben dann Kritik an denen, denen sie die Errungenschaften verdanken. *(Bravo!)* Es gibt einige Leute, die das Unglück haben, immer vorher zu denken. Es gibt glücklicherweise ja nicht allzu viele; aber ich bin ganz ruhig, das tiefe Mißtrauen gegen die Arbeiter-, Soldaten- und Bauernräte stammt von denen, die bewußt oder unbewußt eine Erschütterung der ganzen Gesellschaftsordnung in diesen demokratischen Organisationen sehen. *(Zuruf: Sehr richtig!)* Von diesen wird das Mißtrauen gesät, und schon die Angriffe gegen die bisherige Tätigkeit der Arbeiter-, Soldaten- und Bauernräte beweisen ja, wie sehr man diese Organisationen haßt, wie man sie fürchtet.

Meine Herren! Es mutet mich kindlich an, daß nach viereinhalb Jahren Weltkrieg es immerhin noch einige harmlose Leute gibt, die sich aufregen, wenn irgendein Arbeiterrat mal im ersten Überschwang der Arbeit und des Eifers sich einen sogenannten Eingriff in das geheiligte Recht gestattet hat, wobei noch immer zu untersuchen wäre, ob dieser Eingriff nicht hätte noch schärfer sein müssen. *(Sehr richtig! und Hört!)* (...)

Zurück zur Nationalversammlung! Es ist das Recht und die Pflicht der revolutionären Regierung gewesen, Zeit zu behalten, ihre revolutionären Gedanken wenigstens unter die Massen zu bringen. Sonst, verehrter Herr Dr. Quidde, hätten wir die Revolution unterlassen können. Wollen Sie uns nicht einmal das Recht geben, wenigstens unsere Gedanken zu propagieren? *(Zuruf.)* Gewiß! Und nur darum hat es sich gehandelt. Als ich beobachtete, daß die Konterrevolutionäre, die ich nicht in den Kasernen sehe, sondern in den bürgerlichen Kreisen und in gewissen anderen Kreisen, denen am liebsten wäre, wenn alles wieder ins alte Gleis zurückkehrte, wo man ruhiger und behaglicher arbeitete als jetzt und weniger eigenes Verdienst in die Waagschale zu werfen brauchte, als heute in der Demokratie notwendig ist, ich sage: Will man uns das Recht nehmen, diese öffentliche Aufklärung zu treiben? (...)

Wenn wir irgend jemandem die ruhige und stetige Demobilisierung verdanken, so diesen neuen demokratischen Organisationen. Die Soldatenräte haben sich das Verdienst erworben, daß die Demobilmachung sich nicht als Zusammenbruch vollzog. Als ich das sah, war ich ruhigen Gemüts und sagte mir, nun mag die Nationalversammlung so rasch wie möglich kommen. Da gabs aber noch eine Schwierigkeit. Die Herren der städtischen Verwaltung hatten uns gesagt, daß, wenn man das Frauenwahlrecht haben wollte, man mindestens drei Monate warten müßte; denn so lange dauere die Anlegung der Wählerlisten. Also auch damals konnten wir noch nicht sagen, wann wir diese Nationalversammlung einberufen würden. Ich war es, der auf dem gegebenen Wort bestand, auch den Frauen das allgemeine Wahlrecht zu geben, gegen einen erheblichen Widerstand derer, die kleinmütig glaubten, daß das Frauenstimmrecht dazu führen würde, die revolutionären Errungenschaften wieder in Frage zu stellen. Sie sehen, ich bin nun einmal ein Illusionist, ich setzte meine ganze Persönlichkeit dafür ein, daß, wenn es zur Nationalversammlung käme, auch die Frauen stim-

men sollten. Nachdem das durchgesetzt war, erklärte man uns plötzlich, es ginge auch schneller mit der Anlage der Wählerlisten, und so ist es gekommen, verehrter Herr Dr. Quidde, daß nun die Wahlen zur Nationalversammlung auf den 12. Januar festgesetzt wurden. Ich habe mich gar nicht geändert, ich bin ganz eindeutig und klar auf meinem Weg weitergeschritten und habe nach der Einberufung der Nationalversammlung wie vorher gesagt: die Grundlage bilde nicht der bürgerliche Parlamentarismus in seiner äußerlichen Formelhaftigkeit, sondern die demokratischen Organisationen. Damit stehe und falle ich. Wenn das nicht gelingt, so ist die Revolution umsonst geschehen.

Nun erinnert mich Herr Dr. Quidde, daß ich gesagt habe, wenn man zu wählen hätte zwischen Nationalversammlung und den Räten, dann erschienen die Räte mir immer noch wichtiger. Er hätte auch die Frage so stellen können, wenn ich zu wählen hätte zwischen den Organisationen aufgeklärter Massen und zwischen einer Überzahl unpolitischer Menschen, auf wessen Standpunkt ich mich dann stelle. Ich gestatte mir da wieder zu sagen, ich nehme die Partei der aufgeklärten, der organisierten Massen. Demokratie ist eine ideale Forderung, aber das Zufallsergebnis eines Wahlrechts braucht man deswegen nicht wie ein Dogma hinzunehmen. *(Rufe: Hört, hört! und Sehr richtig!)* Hört, hört! Haben wir Sozialdemokraten denn jemals das Ergebnis eines Wahlakts hingenommen als eine unerschütterliche Tatsache? Genausowenig, wie die Regierung, die einen unbequemen Reichstag nach Hause geschickt hat. Indem solche Mittel verfassungsmäßig gestattet werden, wird auch schon anerkannt, daß das Wahlrecht immer noch ein Ventil haben muß. Endlich fragt mich Herr Dr. Quidde, ob wir wohl, wenn die Nationalversammlung nicht so ausfiele, wie wir wollten, mit Handgranaten und Maschinengewehren gegen dieses reaktionäre Parlament losgehen wollten. Dann brauchen wir ja keine Räte; dann brauchen wir ja nur die Massen aufzurufen, und je unorganisierter sie wären, desto eher wären sie bereit, eine neue Revolution zu machen. Nein, ich sehe in diesen Räten eine moralische Kraft, die es unmöglich macht, daß hinfort irgendeine Nationalversammlung zustandekommt, die die revolutionären Errungenschaften in Frage stellt. *(Rufe: Bravo!)*

Herr Dr. Quidde hat viel vom Volk, von öffentlicher Meinung geredet. Ich möchte Herrn Dr. Quidde auffordern, mit mir einmal unter die Massen zu gehen, unter das wirkliche Volk. Ich bin am

Samstag nicht hier gewesen, da war ich im Volk, unter Bauern, Arbeitern. Von dieser Volksstimmung, Herr Dr. Quidde, haben Sie gar keine Ahnung, *(Bravo!)* wenn Ihnen irgendein betrübter Bürger über die öffentliche Meinung des Landes Auskunft gibt, wenn irgendein Bürger sich berufen fühlt, vor irgend etwas Angst zu haben und diese Angst als öffentliche Meinung deklariert. Diese Stimmung ist nicht etwa durch mich hereingetragen worden, diese Stimmung war schon da, sie wartete auf Entspannung, auf Erlösung. Ich werde niemals diese Köpfe vergessen, diese fanatisierten Blicke der Arbeiter der Maxhütte, der elendsten Arbeiter, die es vielleicht in Bayern gibt, zu denen ich gesprochen habe, und dieser Fanatismus war schon da, bevor ich kam. Herr Dr. Quidde! Der Weltkrieg ist ebensowenig spurlos an den Massen vorübergegangen wie die Revolution. Die Revolution war der Erlösungsschrei der Massen, und nun warten die Massen auf die Erlösung, auf die ganze Erlösung, und nur diejenige Regierung kann sich auf die Dauer halten, die diese Erlösung bringt. *(Sehr richtig!)*

Sie mögen mich einen Illusionär nennen – ich bedaure, von mir reden zu müssen, aber Herr Dr. Quidde war vorher so freundlich, auch immer von mir zu reden –, *(Heiterkeit.)* ich wundere mich über die Macht von Vokabeln: Phantast, Illusionär. Nun, meine Freunde, mit denen ich viereinhalb Jahre in dem kleinen Zirkel gekämpft habe, wissen, daß ich mich in der Beurteilung politischer, wirtschaftlicher und militärischer Dinge während der ganzen viereinhalb Jahre auch nicht ein einziges Mal geirrt habe. *(Lebhafte Zustimmung.)* Sie wissen es. Deswegen rührt es mich gar nicht, wenn diejenigen Leute – ich rechne Herrn Dr. Quidde ja nicht zu ihnen –, die auch im Saal sitzen, wenn auch vielleicht nicht unten, die viereinhalb Jahre sich so furchtbar geirrt haben, *(Zuruf.)* »andauernd« und zäh und mit einer unerhörten deutschen Charakterstärke sich geirrt haben, *(Sehr gut! und Heiterkeit.)* mich heute einen Illusionisten nennen. (…)

Ich weiß nicht, ob ich alle Fragen des Herrn Dr. Quidde beantwortet habe, er mag mich vielleicht an das eine oder andere Versäumnis erinnern. Jetzt kommt wieder so ein Klimbim. Jetzt werde ich wohl von allen Seiten mit Briefen überhäuft werden, daß ich die bayerische Beamtenschaft beleidigt habe. (…) Was ist denn geschehen? Ich habe in der Versammlung der bayerischen Arbeiterräte davon gesprochen, daß wir in Deutschland einen so furchtbaren Mangel an Persönlichkeiten, an führenden Persön-

lichkeiten haben. Ein einziges Beispiel: Das Auswärtige Amt in Berlin ist gegenwärtig leer, und nach Wochen ist dank meiner Angriffe wenigstens eine Ausräumung hergestellt. Aber das Auswärtige Amt ist bis heute nicht neu besetzt worden. Warum nicht? Weil es an solchen führenden Persönlichkeiten fehlt. Es ist ganz selbstverständlich: In einem Staat, der bisher undemokratisch regiert wurde, in dem alles pensionsberechtigt und Vorgesetzter und Untergebener war, können nicht die freigewachsenen Persönlichkeiten gedeihen. *(Sehr richtig!)*

Wir haben noch niemals seit Bismarck einen Kanzler gehabt, der überhaupt nur das Normalmaß eines Staatsmannes erreicht hätte, und dieser letzte war aus dem Junkertum, war aus einer vergangenen Herrscherkaste emporgekommen, eigenwüchsig und stark, aber wie jetzt die Geschichte erwiesen hat, schließlich als verhängnisvoller Träger einer zugrunde gehenden Episode in der Weltgeschichte. *(Zuruf: Sehr wahr!)*

Aber, meine Herren, wir finden keine Gesandten, wir finden keine Personen für leitende Posten, und die Masse ist dank ihrer mangelhaften Schulung nicht ohne weiteres heute schon fähig, solch verantwortungsvolle Ämter zu bekleiden. Ich habe das zurückgeführt auf die bürokratische Erstarrung des Staates, ich habe gesagt, daß die Bürokratie fleißig und tüchtig ist, aber daß sie das staatliche Leben hemmt, daß sie das Leben zum Erstarren bringt – dem Sinne nach, nicht dem Wortlaut –, und nun ist eine solche Kritik eine Beleidigung der Träger dieses Systems! Die Bürokraten sind doch selber Opfer des bürokratischen Systems, sie selbst konnten doch ihre Persönlichkeit nicht entfalten. Aber jetzt werde ich von jedem Briefträger hören, daß ich ihn beleidigt und seine Tätigkeit nicht anerkannt hätte. *(Heiterkeit.)* (...)

Meine Herren, ich bitte Sie nicht um Ihr Vertrauen, ich bitte Sie nur, zu prüfen, ob die Handlungen der gegenwärtigen Regierung – und von mir, ich bin ja der Zielpunkt der Angriffe, nicht meine Kollegen, deshalb muß ich von mir sprechen – nicht vielleicht doch aus einer tiefwurzelnden Erkenntnis des Notwendigen und Nützlichen erwachsen sind.

Es braucht nicht alles so zu sein, wie es war; man kann auch einmal neue Maßnahmen treffen, man kann auch einmal ein neues Verfahren einschlagen; auch unsere Revolution ist ja nach einer neuen Technik gemacht worden; *(Rufe: Sehr gut!)* sie ist auch nicht aus den Büchern, sondern aus der Beobachtung des Lebens ent-

standen. *(Sehr gut!)* Es kommt nämlich darauf an, ob einer ein Phantast ist, der sich nicht irrt, oder ein Realpolitiker, der sich immer irrt, es kommt darauf an, wie man die Dinge sieht, wie klar und scharf man sie sieht, und welche Phantasie man hat, Dinge, die noch nicht verwirklicht sind, verwirklicht zu schauen und darnach Politik zu treiben. *(Sehr richtig!)*

Meine Herren! Politik ist zum Teil Erziehung, zum größten Teil vorausgeschaute Wirklichkeit. Die Bürokratie, der übliche Staatsmann, kann nur Akten wälzen, der kann nur Vergangenes und Vorhandenes in irgendwelche Ordnung bringen. Aufgabe des wirklich schaffenden Politikers ist es, im voraus in seinem Gehirn realisiert zu sehen, was morgen oder übermorgen sein wird, und deswegen kann über solche Politiker nicht die Gegenwart entscheiden, sondern immer erst die Zukunft. Ein Politiker, der kein Dichter ist, ist auch kein Politiker. *(Rufe: Sehr richtig!)* Und es ist ein Wahn unseres unpolitischen deutschen Volkes, daß man ohne solche dichterische Kraft irgend etwas in der Welt erreichen könne. *(Rufe: Bravo!)* Der Dichter ist kein Phantast, sondern ein Dichter ist der Seher des Zukünftigen. Wenn diese Dichter längst vermodert sind, dann erkennt man erst, daß sie die Zukunft richtig gesehen haben. *(Sehr gut!)*

Beweisen kann man niemals, was nicht schon da ist, man kann nie beweisen, daß man auf dem richtigen Weg ist. Aber es ist der einzige Weg schöpferischer Politik, vorauszusehen, was sein wird. Wenn ich Herrn Professor Quidde am Mittag des 7. November ins Vertrauen gezogen und ihm gesagt hätte, in zwölf Stunden haben wir die bayerische Republik, dann würde Herr Dr. Quidde gesagt haben, *(Zuruf.)* *(Heiterkeit.)* – »verrückt« hätte er vielleicht nicht gesagt aus Höflichkeit und alter Freundschaft für mich, hätte er vermieden, an meinem Geisteszustand zu zweifeln, nein, Herr Dr. Quidde ist ja Professor, und er würde nur 2500 Bedenken gegen meine Absicht entwickelt haben. *(Heiterkeit.)* *(Dr. Quidde: Habe ich nicht vorhergesagt, wir sind auf dem Wege zur Republik?)*

Ja, meine Herren! Das kommt darauf an, wie viele Kilometer dieser Weg hat. *(Heiterkeit.)* Es kommt darauf an, in welcher Zeit man diesen Weg macht. *(Zuruf.)* Ich erinnere mich, noch am Tage nach der Revolution gelesen zu haben, daß man mit einem gewissen Stolz und einer gewissen Erleichterung sagte, diese Revolution sei ohne unser Zutun geschehen. *(Zuruf.)* Ich weiß nicht, ob es die

Münchener Post war.[1] Die Tat entscheidet, und wenn uns Deutschen etwas gefehlt hat, so ist es die Entschlußkraft der bürgerlichen Tat gewesen. Ich hoffe, daß das Beispiel dieser Revolution erzieherisch gewirkt hat, daß man künftig weniger Bedenken und mehr Voraussicht des Zukünftigen hat.

Die Aufgabe des Bayerischen Sozialisierungs-Ausschusses

Eröffnung der ersten Sitzung am 22. Januar 1919

Meine Herren! Die Kommission, die heute zum erstenmal tagt, ist eine Art Verfassungsausschuß der bayerischen Wirtschaft. Es ist unsere Aufgabe, in der neuen Ära, die in Bayern und Deutschland beginnt, für Bayern eine neue Verfassung der Wirtschaft zu organisieren. Ich denke mir diese Kommission nicht als eine Veranstaltung von Wissenschaftlern und Praktikern, die bloß theoretische Interessen hätten und für irgendeine fernere Zukunft Vorbereitungen treffen sollten, sondern ich sehe den einzigen Zweck dieser Kommission darin, daß sie bereit ist, Entscheidungen zu treffen, die unmittelbar fruchtbar werden können für die Ausführung. Der wissenschaftliche Satz des größten Denkers der Welt sagt: Denken ohne Erfahrung ist leer, Erfahrung ohne Denken ist blind. Auf die Politik angewandt, kann dieser Satz nur bedeuten, daß der Politiker die Aufgabe und die Fähigkeit haben muß, unter Berücksichtigung und Kenntnis des gesamten Tatsachenmaterials und der kritischen Erfassung dieses Materials die heute gegebenen Zustände hinauszuprojizieren in eine andere Ordnung. Ein Politiker, der diese Kunst nicht beherrscht, der mag wohl Bestehendes mehr oder minder gut verwalten, er ist aber unfähig, Neues zu gestalten. Ich würde also unsere Arbeit für ganz zwecklos halten, wenn nach dem Muster früherer Enqueten und Kommissionen nichts herauskäme als Anregungen und Wünsche, nicht ein Arbeitsplan, der unmittelbar ausführbar ist. Der Weltkrieg hat für Deutschland Erfahrungen gezeitigt, die uns nötigen, auf neuen Wegen voranzu-

1 Die *Münchener Post* richtete am 8. 11. 1918 einen Aufruf *An die organisierte Arbeiterschaft Münchens!*, der mit dem Satz begann: »Unter dem Druck der furchtbaren Drangsale des deutschen Vaterlandes hat sich die gestrige Kundgebung ohne unser Zutun zu einem politischen Willensakte gesteigert, mit dem alle Teile der Bevölkerung rechnen müssen.« *(Anm. d. Hg.)*.

schreiten; unsere Wirtschaft ist, wenn nicht aufgelöst, so doch in einem Zustand der Auflösung; unser Finanzsystem kann sich nach den bisherigen Methoden nicht fortentwickeln. Es kommt ein drittes Moment hinzu: daß die politische Freiheit der Massen sozial realisiert werden muß. Es ist unmöglich, Massen abzufinden mit einem leeren Begriff der Freiheit, ohne ihnen zugleich die soziale Möglichkeit zu geben, von dieser Freiheit Gebrauch zu machen. Wir müssen also auf irgendeinem Wege zu einer Neugestaltung der Wirtschaft gelangen, die diesen Anforderungen gerecht wird. Zunächst Wiederherstellung und Steigerung der Produktion an sich in höchster technischer Vollkommenheit. Das Zweite ist der Anteil des Staates an dem Ertrag der Produktion, und das Dritte ist die Befriedigung der sozialen Ansprüche der Arbeitenden innerhalb der Produktion.

Der Begriff der Sozialisierung scheint mir in weitgehendem Maße unklar. Der Ausdruck Sozialisierung ist nur geeignet, Verwirrung herbeizuführen. Man sollte ihn nur gebrauchen in dem Sinne von Sozialismus, und Sozialismus bedeutet eine vollständig neue Wirtschaftsordnung, die radikale Beseitigung des Kapitalismus mit seinem Lohnsystem und die Organisation der Produktion und Konsumtion ohne Dazwischenkunft des Kapitals. Diese Errichtung einer sozialistischen Gemeinschaft kann nicht in Bayern, kann nicht in Deutschland herbeigeführt werden, kann vor allen Dingen nicht in acht Tagen geschehen, und es würde bei den Arbeitern falsche Hoffnungen erwecken heißen, wenn man das Wort Sozialisierung in diesem Sinne gebrauchen und damit die Erwartung erwecken würde, als könne die Beseitigung des kapitalistischen, wenn auch in der Form des staatskapitalistischen Systems, eine vollständige Umgestaltung der sozialen Verhältnisse herbeiführen.

Ich möchte, wenn Sie gestatten, den Begriff der Sozialisierung auch in einem neueren Sinne erörtern, weil diese Neuauffassung von weitgreifender Bedeutung in unserem politischen Leben geworden ist. Wenn Sozialismus in der bisherigen Auffassung die Übernahme der Produktion durch und für die Gesellschaft ist, so ist eine Neuauffassung, die, ich will das Wort einmal gebrauchen, in radikale Arbeiterkreise vom Osten her gekommen ist, die aber auch schon im Westen in der Form der syndikalistischen Bewegung Bedeutung gewonnen hat, als ob die heutige Demokratie die Aufgabe hätte, die Umwandlung der Betriebe unmittelbar in Arbeiter-

eigentum vorzunehmen, die Auffassung, daß das Bergwerk, der Fabrikbetrieb übergeht als Einzelbetrieb unmittelbar aus den Händen der Unternehmer in die Hände der Arbeiter. Auch das versteht man unter Sozialisierung. Und wenn ich mich nicht irre, ist dieser Begriff der Sozialisierung gegenwärtig sehr volkstümlich, weil er sehr einfach ist; und die ganze Auffassung, daß es möglich wäre, die soziale Umgestaltung mit Gewalt nach dem Muster einer politischen Revolution vorzunehmen, setzt diese Art der Sozialisierung voraus, die Übernahme der bisherigen Privatbetriebe durch die Arbeiter mit Ausnützung des Profits für die Arbeiter. Wenn das die Aufgabe wäre und die Lösung des sozialen Problems, so wäre die Sache in der Tat sehr einfach. Dann würde eine gewaltsame Erhebung des Proletariats genügen, um sich die Produktionsmittel, etwa die Bergwerke, anzueignen; die Arbeiter würden Herren dieser Betriebe werden. Das könnte dann mit Gewalt geschehen, und dann wäre die soziale Frage gelöst. Nun brauche ich aber nicht zu erörtern, daß das nicht Sozialismus ist, sondern Massenkapitalismus. Wir hätten also den Zustand: Es würden statt eines Kapitalisten oder statt zehn oder hundert einige tausend Kapitalisten eintreten. Das kapitalistische System selbst wäre gar nicht beseitigt, es wäre keine neue sozialistische Organisation der Wirtschaft geschaffen, sondern es wäre innerhalb des Kapitalismus ein Rollentausch der Kapitalisten vorgenommen worden. Da nun, je größer die Zahl der Kapitalisten ist, die an einem Einzelbetrieb oder an mehreren Betrieben teilnehmen, der Profit für den Einzelnen desto geringer wird, würden die Arbeiter bald die Erfahrung machen, daß ihnen das nicht viel nützt. Die weitere Folge wäre, daß sie dann ganz nach kapitalistischem Muster versuchen müßten, ihren Profit zu steigern, und es würde dann der eine Betrieb auf Kosten des anderen, um den heute geläufigen Ausdruck zu gebrauchen, Wucher treiben müssen, um den Profit der Arbeiterkapitalisten zu steigern. Ich wollte das kurz andeuten, weil diese neue Theorie wirklich beängstigend und verwirrend in der heutigen Gesellschaft wirkt und weil der ganze Wirrwarr aus der Meinung entsteht, daß man eine soziale Gesellschaft aufbauen könnte durch Gewalt statt durch Arbeit. Auf dieser Voraussetzung beruht die Sozialisierung bei Übernahme der Betriebe unmittelbar durch die Arbeiter. Herr Jaffé[1] hat bereits erklärt, daß es sich um diese Pläne

1 Edgar Jaffé, Finanzminister der provisorischen Regierung *(Anm. d. Hg.)*.

bei uns nicht handeln kann. Wir können nicht isoliert die sozialistische Gesellschaft schaffen, so wie wir bisher den Sozialismus verstanden, in einem einzigen Lande. Ich bin überzeugt, daß der Sozialismus kommt, und zwar in rascher Zeit kommen wird, daß das nicht ein Traum der Jahrhunderte ist, sondern ein durch die Wirkungen des Krieges beschleunigter Prozeß sein wird, aber die wirkliche Sozialisierung kann nur weltwirtschaftlich durchgeführt werden.

Die zweite Form der Sozialisierung, die Übernahme der Betriebe durch die Arbeiter unmittelbar, vom Montag zum Dienstag, und dann die Weiterarbeit, halte ich für eine gefährliche Utopie, für eine neue Form des Kapitalismus und nicht für Sozialismus.

Nun bleibt die dritte Form der Sozialisierung übrig, und das ist keine Sozialisierung im wirklichen Sinn, sondern es ist eine Verstaatlichung unter demokratischer Kontrolle in irgendeinem Grad und in irgendeiner Form. Es ist der Versuch, schon heute die Produktion in der Weise zu organisieren, daß nicht mehr das armseligste Interesse, das persönliche Interesse des Profits, ausschlaggebend ist, sondern daß die Produktion in den Dienst der Gesamtheit gestellt wird. Dabei wird, und das wäre das Problem, das vielleicht gerade hier zu lösen ist, bei dieser grad- und stufenweisen Verstaatlichung nicht die persönliche Initiative auszuschalten sein. Es soll keine Staatsbürokratie, kein staatsbürokratischer Kapitalismus geschaffen werden, sondern es soll die persönliche Initiative der Arbeitenden, also auch der organisatorisch Arbeitenden in Industrie, Handel, Verkehr und Finanz, nicht nur aufrechterhalten bleiben, sondern gesteigert werden. Diese Privatinitiative aber soll nicht gerichtet werden auf das rein persönliche Interesse, sondern sie soll psychisch sozial in den Dienst der Gesamtheit gestellt werden. Herr Jaffé hat gemeint, man könnte sich Formen denken ohne Verstaatlichung in radikaler Weise.

In irgendeiner Form kann die neue Organisation der Industrie und der Wirtschaft überhaupt nur vorgenommen werden durch Verstaatlichung, wenigstens durch einen starken Anteil des Staates an der Umformung und dem Ertrag der Industrie. Ich erwähnte, daß es drei Aufgaben sind, die notwendig zu lösen sind. Wir müssen unser Finanzsystem aufbauen auf eigene produktive Erträgnisse des Staates, wir müssen die Produktion steigern, wir müssen die technische Vollkommenheit der Industrie erreichen, auch die Wahl der Produkte müssen wir den rein durch Profit

diktierten persönlichen Interessen entziehen, und wir müssen endlich, und das ist das Problem, das zu lösen ist, den Arbeitern mindestens einen Anteil an den Erträgnissen der Produktion geben. Wenn diese Probleme nicht gelöst werden, wenn nicht der Staat selbst einen Anteil an den Erträgnissen der Produktion bekommt, wird er finanziell für die großen produktiven Aufgaben, die ihm heute auferlegt sind, mehr denn je unfähig sein. Wenn der Staat die Produktion nicht insofern zu leiten vermag, daß er die technisch vollkommene, rationellste Produktion sichern wird, wird eine parasitäre Wirtschaft entstehen, und wenn endlich die Organisation nicht so geschaffen wird, daß die Arbeiter ihre politische Freiheit wirtschaftlich realisieren können, dann stehen wir vor der Gefahr, daß jene Utopie, daß man die soziale Weltumgestaltung durch Übernahme der kapitalistischen Betriebe seitens der Arbeiter unmittelbar bewirken könne, weiter Boden finden und zu Verwirrungen und Erschütterungen führen würde, die niemand von uns wünscht.

Ich möchte mich mit diesen Andeutungen begnügen und nun zu unmittelbaren praktischen Vorschlägen kommen, wie wir unsere Arbeit uns denken. Ich glaube, wir müssen uns zunächst theoretisch darüber klar werden, was wir in dem Sinne meiner Ausführungen, die ich nicht als apodiktisch betrachte, sondern zur Diskussion stelle, erreichen wollen, was wir unter Sozialisierung verstehen, was wir schaffen wollen. Ganz zweifellos sind weite Gebiete für vollkommene Verstaatlichung reif. Es wird das für einen Teil des Finanzwesens gelten und für gewisse Gebiete der schweren Industrie. Der Handel wird nach meiner Auffassung weitgehend der Privatinitiative noch überlassen bleiben müssen, immer jedoch unter der demokratischen Kontrolle des Staates. Auch die Exportindustrie wird wesentlich noch der Privatinitiative überlassen bleiben, aber hier tritt die Frage ein, ob der Staat sich beteiligen soll und ebenso die Arbeiter. Es wird also an die Form gemischtwirtschaftlicher Betriebe gedacht werden können. Reif für die Übernahme zur Verstaatlichung scheint mir vor allen Dingen in Bayern die Elektrisierung zu sein. Die Frage der gemischtwirtschaftlichen Betriebe wäre sehr sorgsam, nicht vom Standpunkt des Interesses der Kapitalisten, sondern vom Standpunkt des Interesses des Staates und der Arbeiter zu erwägen. Die großen Bedenken, die man bisher gegen gemischtwirtschaftliche Betriebe gehabt hat, sind heute zum großen Teil dadurch entkräftet, daß wir

jetzt im Freistaat die demokratische Staatskontrolle haben, während in der bisherigen Form unserer politischen Verfassung die gemischtwirtschaftlichen Betriebe vor der Gefahr standen, daß die kapitalistische Ausbeutung nur ein assoziiertes Geschäft zwischen kapitalistischem Staat und den Privatkapitalisten würde. Diese Fragen müßten zunächst in unserem Arbeitsplan erörtert werden, Klarheit darüber gewonnen werden, was wir überhaupt wollen, was wir unter Sozialisierung verstehen, und dann die Methoden, die Wege dieser Sozialisierung. Aber immer soll – das möchte ich, um unsere Arbeit nicht nach außen vollkommen unfruchtbar erscheinen zu lassen, wiederholen – das, was wir hier wollen und beschließen, unmittelbar verwirklicht werden können, wenn nicht an einem Tag, so doch mit sofortigem Beginn. Eine Beschäftigung bloß mit theoretischen Erörterungen und praktischen halben Vorschlägen, die doch nichts Ganzes schaffen und alles Wesentliche beim alten lassen würde, wäre vergebliche Ausführung und würde eine ganz verhängnisvolle Wirkung in den Massen hervorrufen, die – das möchte ich aus der Erkenntnis der Stimmungen ihnen doch erklären – heute entschlossen sind, ihren Anteil an der Produktion zu nehmen; es kommt alles darauf an, in welcher Form es möglich ist, vernünftig diese Ansprüche zu befriedigen.

Es käme weiter in Betracht die Frage des Großgrundbesitzes. Das ist nun, wenigstens hier in Bayern, soweit ich das übersehen kann, ein Problem ganz anderer Art; denn hier würde nicht das Problem sein die Überführung des Großgrundbesitzes in Staatseigentum, obwohl man den Gedanken der Staatsdomänen, der Musterbetriebe, auch mit erwägen kann, aber soweit ich die Verhältnisse in Bayern betrachte, wo der Großgrundbesitz nicht sowohl Großbetrieb als die Zusammenfassung von mittleren Betrieben in einer Hand ist, hier würde sich vermutlich als die rationellste Art der Verteilung die Zerschlagung in Bauernland erweisen, zum Unterschied vom Osten Deutschlands, wo die Frage der sozialisierten Staatsdomänen sehr bedeutsam ist. Wir müssen zu der Frage der Zerschlagung des Großgrundbesitzes auch kommen wegen der Ansprüche unserer Kriegsbeschädigten auf Rückkehr aufs Land und Beschäftigung auf dem Lande. Hier ist das Problem ganz anders; hier wird es nicht heißen: Übergang des Eigentums in Staatsverwaltung, sondern hier wird es sich um eine Umgestaltung des Privateigentums handeln.

Für die Form der Verhandlungen möchte ich zum Schluß vor-

schlagen, daß diese Verhandlungen möglichst öffentlich stattfinden, heute noch nicht, aber späterhin. Diese Anregung ist mir von anderer Seite gekommen, und ich möchte sie unterstützen; wenn wir die ganze Schwierigkeit des Problems nicht öffentlich erörtern, wenn wir etwa nur mit endgültigen Ergebnissen und Beschlüssen herauskommen, wie das in Berlin gemacht wurde, interessiert sich gar kein Mensch dafür, und vor allen Dingen wirkt es nicht aufklärend im großen Publikum. Ich kann mir wohl denken, daß diese Verhandlungen nicht immer öffentlich stattfinden können, daß gewisse Verhandlungen interner Natur sind, aber gerade wenn wir über prinzipielle Fragen sprechen, muß die Öffentlichkeit hergestellt werden, und das muß ganz sicher der Fall sein, wenn durch Vernehmung von Experten die tatsächlichen Verhältnisse der heutigen Wirtschaft in Bayern festzustellen sind. Das wird eine unserer wichtigsten Aufgaben sein, daß wir die ganze Wirtschaft, wie sie heute in Bayern ist, in allen Beziehungen feststellen, und das kann nach englischem Muster nur geschehen einmal durch öffentliche Vernehmung von Experten, gewissermaßen durch sozialwirtschaftliche Gerichtsverhandlungen, und zweitens dadurch, daß die Kommission Gelegenheit erhält, sich selbst von dem Zustand und den Verhältnissen in den Betrieben zu überzeugen. Wir können natürlich in keiner Form und auf keine Weise zu einer Neugestaltung der Wirtschaft kommen, wenn wir nicht die Funktionen und Tatsachen der heutigen Wirtschaft kennen und alle Einzelheiten vollständig unverschleiert wissen. Dann erst können wir gerecht abwägen, in welchem Grade die Sozialisierung in den einzelnen Betrieben unserer Wirtschaft angewandt werden soll.

Wenn die Verhandlungen öffentlich sein sollen, so wäre die Frage, die vielleicht gleich entschieden werden kann, wie es uns möglich ist, eine unverfälschte Öffentlichkeit herzustellen, wie es möglich ist, daß das, was wir hier verhandeln, nicht tendenziös, sondern wahrhaftig in die Öffentlichkeit gelangt. Es ist eine schwierige Frage, je nach der Richtung der Presse werden ja diese Angelegenheiten verschieden behandelt. Ich glaube, wir sind alle darin einig, daß wir hier rein sachliche Interessen verfolgen und uns nur von dem Problem leiten lassen, wie wir eine neue Organisation der Wirtschaft erreichen werden, ohne vorgefaßte Meinung.

Sie werden aus meinen Ausführungen ersehen haben, daß ich als Sozialist in diesem Stadium der Verhältnisse keine theoretischen

Dogmen aufstelle, sondern wünsche, daß aus unmittelbarer Erkenntnis der Tatsachen und Erkenntnis der Notwendigkeiten, die gegeben sind, Formen des gemeinwirtschaftlichen Betriebes, um einmal diesen Ausdruck zu gebrauchen, gefunden werden. Ein berühmter französischer Zeichner, Corau d'Ache, hat einmal die Satire von den beiden Kanonen dargestellt. Ein Mann kommt zu allen möglichen Ministerien und behauptet, er hätte eine Kanone erfunden, die soziales Glück verbreitet. Er wird von allen Ministerien abgewiesen und schließlich in einem Irrenhaus eingesperrt, und dort erfindet er eine Kanone, die die Fähigkeit hat, die halbe Welt zu zerstören. Da wird er als Retter des Vaterlandes und als Held und Genie von der großen Öffentlichkeit gefeiert. In dieser Bosheit liegt vielleicht der Inbegriff aller zukünftigen Politik: Statt der militärischen Kanone die soziale Kanone. Was früher als notwendig erschien, hat sich jetzt als Wahnsinn erwiesen, und ich glaube, daß das soziale Problem heute aus den dilettantischen Halbheiten herausgehoben werden muß und die ernsteste, einzige Aufgabe unserer Zukunft ist. Wir müssen zu dieser Neugestaltung der Gesellschaft kommen, gerade wir in Deutschland mit unserer zerrütteten und belasteten Wirtschaft, oder wir sind alle zur Unfruchtbarkeit verurteilt. Gelingt es uns nicht, eine Neuordnung der Dinge auf friedlichem und vernünftigem Weg herbeizuführen, dann erleben wir Erschütterungen, von denen wir alle wünschen, daß sie uns erspart bleiben möchten.

Ich wollte mit diesen Betrachtungen schließen und bitte Sie, Ihre Vorschläge zu machen, wie zunächst ein Arbeitsplan aufzustellen ist, und dann, in welcher Weise wir verhandeln wollen, die Frage der Öffentlichkeit oder Nichtöffentlichkeit. Ich denke mir auch, daß wir nicht die Form der Monologe und Referate wählen, sondern mehr die Form des lebendigen Dialogs, des lebendigen Gedankenaustausches. Dazu kommt die letzte Frage, die die dringendste ist: Sie müssen sich einen Vorsitzenden wählen, einen Sprecher, der diese Verhandlungen nicht nur formell leitet, sondern sachlich lenkt und die ganzen Erörterungen im Fluß hält. Es muß ein Vorsitzender sein, der die Sachkenntnis und die Agilität hat, um die Diskussion förderlich zu leiten.

Das Staatsgrundgesetz

Die revolutionäre Regierung der Republik Bayern hat aus der künftigen Verfassung des Landes den wichtigsten Grundsatz, den Landtag und die Wahl, im voraus verkündigt und in Kraft gesetzt. Die logische Folge dieser Maßnahme war, daß nun auch andere Stücke der Verfassung zur sofortigen Wirkung gelangten, die einheitlich und unlösbar mit dem Grundrecht verbunden waren, das die Volkswahl und die Volksvertretung schuf. Inzwischen konnte die revolutionäre Regierung zu ihrer Genugtuung ersehen, daß alle bürgerlichen Parteien des Landes, indem sie ihre alten Namen änderten, in der Wahlbewegung durch ihre Programmaufrufe, Reden, gelobten, sich auf den Boden der Tatsachen zu stellen, die revolutionären Errungenschaften anzuerkennen. Solche allgemeine Übereinstimmung machte es der revolutionären Regierung zur unerläßlichen Pflicht, damit so rasch wie möglich die Unsicherheit über die von der gesamten Bevölkerung schon anerkannten Grundrechte des bayerischen Volkes beseitigt würde, in einem Staatsgrundgesetz als einem vorläufigen Auszug des Allerdringlichsten aus dem künftigen Verfassungswerk, das als erste Vorlage dem Landtag sofort vorgelegt werden soll, jene revolutionären Bestimmungen, die nach den eigenen Äußerungen aller Parteien die Zustimmung schon gefunden haben, mit sofortiger Rechtskraft zu verkündigen.

Andere Erwägungen unterstützten die Kundmachung des Staatsgrundgesetzes der Republik Bayern, das nunmehr bis zur parlamentarischen Erledigung des endgültigen Verfassungswerkes die Verfassung des bayerischen Volkes darstellt.

Die also künftige Verfassung, deren Entwurf gegenwärtig von der Regierung ausgearbeitet wird und binnen kurzer Zeit fertiggestellt werden soll, zieht die letzten Folgerungen des demokratischen Gedankens. Die 140jährige Erfahrung der nordamerikanischen Freistaaten, daß die Schäden der Demokratie nur durch *mehr* Demokratie überwunden werden können, die aus dieser Einsicht hervorgegangene Referendumbewegung in den Vereinigten Staaten hat die revolutionäre Regierung der bayerischen Republik zu dem Entschluß veranlaßt, ihr Verfassungswerk auf die Volksabstimmung, sowohl in der Form des Volksantrages wie der Volksbestätigung, zu gründen. Die bayerische Verfassung, wie sie von der revolutionären Regierung geplant ist, wird unseres Wissens die

erste der Welt sein, in der der Grundsatz der Volksabstimmung in so umfassender und entscheidender Weise durchgeführt ist. Der ungeheure Vorzug dieser Vollendung des demokratischen Gedankens liegt darin, daß dadurch alle Staatsbürger zu unausgesetzter politischer Mittätigkeit herangezogen werden, daß es auf die Dauer keine Spannung zwischen Regierung, Landtag und Volk geben kann, daß jeder Versuch, durch ein unwürdiges und unsittliches System arglistiger Wahltäuschungen zur parlamentarischen Macht zu gelangen, hinfort umsonst sein würde, da das Volk selbst in jedem Augenblick das Recht hat, gegen eine gesetzgeberische Arbeit des Parlaments einzuschreiten, die mit den Wahlversprechungen der Kandidaten und mit dem Willen der Wähler nicht übereinstimmt. In den freien Volksräten, die in den Verfassungsentwurf eingegliedert sind, wird sich die Vorbereitung der Volksabstimmung vollziehen.

Nicht minder bedeutsam ist gerade im Sinn reicher und fruchtbarer Arbeit, daß durch die Anrufung der Volksabstimmung auch die Regierung die Möglichkeit erhält, ihre Tätigkeit jederzeit durch Anrufung der Volksabstimmung unmittelbar dem Urteil der Demokratie zu unterstellen und für ihre Leistung damit den Antrieb und die Verbürgung durch die Masse des Volkes zu gewinnen. Das ganze politische Leben wird auf diesem Weg wahrhafter und reiner; es wird, indem ihm alle Kräfte der Gesamtheit des Volkes zuströmen, aus Schein und Schwindel zu leidenschaftlichem Ernst, zu redlicher Echtheit und einer quellenden Ertragsfähigkeit reifen, die für den Neuaufbau der Gesellschaft die notwendige gewaltige organisierende Schöpferkraft gewährt.

Dann aber verbürgt gerade für die unruhigen Übergangszeiten, in denen wir jetzt leben, die Volksabstimmung eine friedliche Entwicklung der Verhältnisse. Wahlen sind nur Versprechungen und Hoffnungen: durch listigen Betrug irregeführte minder aufgeklärte Massen können gelegentlich auch Vertreter in das Parlament entsenden, die dann gegen ihre eigenen Verheißungen und gegen die Erwartungen ihrer Wähler die gesetzgeberischen Machtvollkommenheiten mißbrauchen. Solche Schändung der Demokratie erweckt leicht in den geistig und politisch vorgeschrittenen Teilen der Bevölkerung die Vorstellung, als ob es nur *ein* Mittel gebe, die falsche Demokratie durch die wirkliche zu ersetzen: die gewaltsame Erhebung gegen ein mit den Interessen eines freien Volkes unvereinbar erscheinendes Parlament. Nachdem das Staatsgrund-

gesetz die Anrufung der Volksabstimmung über und gegen Beschlüsse des Landtags bestimmt, fehlt den revolutionär gestimmten und gestählten Massen jeder Anlaß, durch Gewalt erreichen zu wollen, was sie in gesetzlicher Betätigung ihres Willens durchsetzen können. Die Volksabstimmung entscheidet nicht, wie die Wahl, über Versprechungen *zukünftiger* gesetzgeberischer Leistung, sondern über *tatsächlich* vollbrachte Arbeit, über bestimmte, jedem erkennbare Maßnahmen des Parlaments. Dadurch wird im Gegensatz zur Wahl bei der Volksabstimmung die Wirkung bewußter Täuschung, befangenen Irrtums und dunkel drängender Stimmung so weit aus den politischen Entscheidungen ausgeschaltet, als überhaupt durch Mittel gesetzlicher Einwirkung die Wahrheit und Erkenntnis gefördert zu werden vermag.

So gewährt das Staatsgrundgesetz der Republik Bayern, das den schon als gemeinsame Überzeugung bekannten revolutionären Grundrechten Gesetzeskraft gibt, jede Möglichkeit und Bürgschaft einer freien und friedlichen, durch gewaltsame Eingriffe ebensowenig wie durch gemeinen Betrug gestörte Entwicklung der Demokratie zur sozialen Umgestaltung der Gesellschaft.

(Handschriftlich unterzeichnet:
Kurt Eisner)

Richtlinien für die künftige sozialistische Politik

Die Stellung der Arbeiter-, Soldaten- und Bauernräte

Die neue Form, die aus der Revolution in Deutschland hervorgegangen ist, sind die Arbeiter-, Soldaten- und Bauernräte, die den Namen von der russischen Organisation übernommen haben, aber in ihrem Wesen sehr verschieden sind von den östlichen Gebilden.

Die Arbeiter-, Soldaten- und Bauernräte müssen sich jetzt konsolidieren, sie müssen die Grundlage aller zukünftigen parlamentarischen Tätigkeit bilden; die Nationalversammlung kann nicht der Anfang sein, sie kann nur das Ende, das letzte Ergebnis der Tätigkeit der Arbeiter-, Soldaten- und Bauernräte bilden.

In diesen Räten soll nun versucht werden, die unmittelbare Politisierung der Massen durchzuführen. Die Arbeiterräte sollen das Proletariat unmittelbar politisieren und zur Mitarbeit an der Gesamtheit heranziehen.

Der Sinn dieser Räte [ist also] die unmittelbare Demokratisierung und Politisierung der Massen.

Sie sollen Aufsichtsorgane des gesamten öffentlichen Lebens des Bezirks, in dem sie eingesetzt sind, sein. Sie sollen das öffentliche Leben kontrollieren, sie sollen sich mit der Tätigkeit der Regierung und auch der Selbstverwaltung beschäftigen, nicht als Exekutivorgane, aber als Kontrollorgane, als kritische Organe, kurz, das gesamte öffentliche, politische und soziale Leben soll in seiner ganzen Öffentlichkeit erörtert und kritisiert werden.

Die Arbeiterräte sind der Ort, wo alle Wünsche, Anregungen und Beschwerden der proletarischen Massen ständig zum Ausdruck kommen.

Die Arbeiterräte sollen die Parlamente der körperlichen und auch geistigen Arbeiter sein, und, wenn man demgegenüber erklärt, daß die Nationalversammlung, der Landtag diese Arbeiterräte entbehrlich machen werde, so behaupte ich: Umgekehrt, es wäre noch eher die Nationalversammlung entbehrlich als die Arbeiterräte. *(Stürmischer Beifall.)* Denn wenn die Nationalversammlung nicht wieder ausmünden soll in jenen leeren, hohlen Parlamentarismus, dann muß die lebendige Kraft der Arbeiterräte sich entfalten. Die Arbeiterräte und die übrigen Räte sind gleich-

sam die Organisation der Wähler. Diese Wähler sollen wachen und tätig sein und sollen nicht ihren Parlamentariern überlassen, was Kluges oder Törichtes zu tun sie für gut befinden.

Wir wollen kein Parlament mehr haben, in welchem nur Vertreter des Volkes sind, die alle fünf Jahre mal wieder das sogenannte Vertrauen des Volkes erproben – und wo man einen Zettel in die Urne wirft und dann alles den Gewählten überläßt –, sondern wir wollen ein Parlament haben, hinter dem das ganze Volk steht und mitarbeitet, wenn auch außerhalb des Saales.

Man könnte auch sagen, die Arbeiterräte sind Arbeiterkammern. Im weitesten Sinn sind sie das, aber sie sind noch mehr. Arbeiterkammern sind immer nur gedacht als Vertretung beruflicher Interessen. Arbeiterräte gehen weit darüber hinaus; sie sollen die beruflichen Interessen politisieren, das heißt, sie sollen von ihren beruflichen Interessen aus – vom Standpunkt des geistigen und körperlichen Proletariats aus – Einfluß und Entscheidung auf die allgemeine Politik des Landes gewinnen – auf die sozialistische und demokratische Politik.

Die Arbeiterräte sind berufen, die Bezirks- und Lokalparlamente zu bilden.

Dem Arbeiter-, Soldaten- und Bauernrat in [jedem Ort] steht über alle Einrichtungen und Angelegenheiten des Bezirks das Kontrollrecht zu. Er wird in Verbindung mit den bisherigen Organen der Gemeinde- und Staatsverwaltungen die notwendigen Maßnahmen der Umgestaltung vorschlagen und beraten. Die bisherigen Organe des Staates und der Gemeinden dürfen sich nicht weigern, den Arbeiter-, Soldaten- und Bauernräten alle gewünschten Auskünfte zu geben. Alle öffentlichen Bekanntmachungen der Behörde sind im Einvernehmen mit den Arbeiter-, Soldaten- und Bauernräten zu erlassen. Die Gemeindeverwaltung ist verpflichtet, die notwendigen Ausgaben der Arbeiter-, Soldaten- und Bauernräte (die mit größter Sparsamkeit zu machen sind) einstweilen zu bestreiten, bis eine endgültige Regelung stattfindet.

Die Arbeiter-, Soldaten- und Bauernräte müssen die Durchführung der Verstaatlichung überwachen, wie sie überhaupt den Vollzug der Gesetze kontrollieren müssen.

Die Räte werden eingegliedert in den demokratischen Aufbau des Staates, aber das Parlament muß die souveräne Gesetzgebungsgewalt haben. Das Parlament ist aber abhängig von den im Staatsgrundgesetz vorgesehenen Volksabstimmungen. Die Orga-

nisierung dieser Volksabstimmungen aber wird Sache der Arbeiter-, Soldaten- und Bauernräte sein. Von den Räten wird der Volkswille ausgehen. Niemals können sie verdrängt werden.

Ich wünsche, daß die Arbeiter-, Bauern- und Soldatenräte sich entwickeln und daß sie jene Kontrolle über das öffentliche Leben ausüben, die bisher kein Parlament in Deutschland jemals versucht hat.

Ich habe vom ersten Tag der Revolution an in dem System der Räte die große Schule der Demokratie und des Sozialismus gesehen und glaube nicht, daß wir in Deutschland weiterkommen können, wenn wir nicht dieses System der Räte entwickeln und kräftigen und dadurch das Volk mündig machen zur Entscheidung über sein Schicksal. Nicht die Politik des Wahlzettels tut es allein, das Rätesystem ist notwendig, notwendiger als je zuvor. *(Zustimmung.)* Das hindert nicht, daß auch die Politik des Wahlzettels notwendig ist, aber das Rätesystem soll die Politik des Wahlzettels korrigieren und soll den Wähler lesen, denken und entscheiden lehren, nicht in den acht Tagen vor der Wahl, sondern tagaus, tagein.

Richtlinien für die künftige sozialistische Politik

I. Arbeiter-, Soldaten- und Bauernräte

1. Verfassungsmäßige Eingliederung der Räte in den organisatorischen Aufbau der sozialistischen Republik.
2. Im Ministerium des Innern ist für die Angelegenheiten der A.-, S.- und B.-Räte je ein Referent aus dem Vollzugsrat der A.-, S.- und B.-Räte aufzustellen.

II. Die Regierung

1. Die gegenwärtige Regierung hat die Pflicht und Aufgabe, bis zur Schaffung einer demokratisch-sozialistischen Verfassung durch den Landtag die revolutionäre Gewalt weiter auszuüben.
2. Kein Sozialist darf in eine bürgerliche Regierung eintreten. Im sozialistischen Ministerium können bürgerliche Fachminister aufgenommen werden. Eintritt eines bauernbündlerischen Fachministers für Landwirtschaft in die Regierung ist notwendig.

III. Der Landtag

Der Landtag ist als gesetzgebendes Organ souverän, sobald er durch die von der sozialistischen Regierung vorzulegende revolutionäre Verfassung, die von den A.-, S.- und B.-Räten zu bestätigen ist, sein Grundrecht gesichert hat.

IV. Volksaufklärung

1. Schaffung einer Abteilung für Volksaufklärung im Ministerium für Unterricht und Kultus.
2. Errichtung von Arbeiter- und Bauernhochschulen.
3. Verpflichtung der Presse, die Aufklärungsartikel der Abteilung für Volksaufklärung zu veröffentlichen.
4. Überwachung der Ausführung des Abs. 3 durch A.-, S.- und B.-Räte.

V. Erfassung der Kriegsgewinne

Sofortige Erfassung aller Kriegsgewinne unter Zuhilfenahme der Steuer- und Gemeindebehörden und Kontrolle durch die A.-, S.- und B.-Räte. Unterdrückung des Wohnungs- und Sachwuchers.

VI. Verstaatlichung und Sozialisierung

1. Rascheste Überführung der kapitalistischen Privatmonopole in den Staatsbesitz (Bergwerke, Schwerindustrie, Verkehrswesen, Hypothekenbanken, Versicherungswesen, Forsten usw.).
2. Enteignung des Großgrundbesitzes.
3. Die Sozialisierung muß das Ziel aller unserer künftigen Politik sein, kann aber nur durch organisierende aufbauende Arbeit geleistet werden.
4. Ablehnung gewaltsamer Angriffe und Zerstörungen auf Produktion und Verkehr.
5. Ablehnung jeder Art von Privatexpropriation, die sich nicht innerhalb der Gesetzgebung und zu Zwecken des Gesamtwohls vollzieht, als unvereinbar mit den Lebensbedingungen einer sozialistischen Republik.

VII. Die Aufgabe Bayerns

Es ist die Aufgabe Bayerns, Deutschland und der Welt zu zeigen, daß eine sozialistische Regierung im Verein mit den A.-, S.- und B.-Räten die Entwicklung der politischen und wirtschaftlichen Verhältnisse zur reinen Volksherrschaft und zum Sozialismus in der Zusammenarbeit aller ehrlich mit Kopf und Hand Arbeitenden friedlich und stetig zu vollziehen vermag.

Fundgruben ewiger Unwahrheiten

Zwischen den durch reaktionäre und konservative Historiker betriebenen Verfälschungen der Wesensart und Politik Kurt Eisners[1] und den Entstellungen seines Persönlichkeitsbildes durch bekannte Sozialdemokraten, namentlich durch den in der SPD als »Zeitzeugen« besonders geschätzten Friedrich Stampfer, besteht im Grunde kaum ein Unterschied. Stampfers Diffamierungen aus dem Jahr 1918/19, die er nach dem Zweiten Weltkrieg in seinen Memoiren wiederholte[2], spiegeln traditionelle sozialdemokratische wie auch kommunistische Voreingenommenheiten, aber auch konservative Animositäten wider.

Stampfers Beitrag im *Vorwärts* vom 2. Dezember 1918, den die bürgerliche Presse triumphierend nachdruckte, und ein Artikel der von ihm herausgegebenen Korrespondenz[3] kommen einem Rufmord gleich: Eisner sei ein »eingewanderter Berliner Literat«, ein »holder Schwärmer«, der sich von seinen »revolutionären Schwabinger Literaturfreunden zum Ministerpräsidenten machen« ließ und »in einer Welt des holden Wahnsinns« lebe. Eisners Ministerpräsidentschaft nannte Stampfer eine »Kasperlekomödie des Lebens«. Die politischen Zielsetzungen Eisners ignorierend, befand er:

»Für einen Mann, der berufen ist, in politischen Fragen ein entscheidendes Wort zu sprechen, hat ihn, seit er lebt, niemand anderer gehalten als er selbst.«

Stampfer beschrieb Eisner als einen zu »Absonderlichkeiten« neigenden »geborenen Romantiker«, der, »einmal in irgendeine tolle Fantasie verspinnt« (sic!), sie sich auch »von zehn vernünftigen Leuten nicht mehr [habe] ausreden« lassen. Er sei seinerzeit in der *Vorwärts*-Redaktion nie »unzugänglicher und unbelehrbarer« gewesen, »als wenn er nach der Überzeugung aller im Irrtum war«; dann sei »auch seine Aktivität ins Ungemessene, um nicht zu sagen,

1 Siehe Freya Eisner, *Kurt Eisner: Die Politik des libertären Sozialismus*, a.a.O., S. 205 ff.

2 Friedrich Stampfer, *Der Fall Kurt Eisner*, in: *Vorwärts*, 2. 12. 1918; ders., *Erinnerung an Eisner*, in: *Vorwärts*, 24. 2. 1919; ders., *Die 14 Jahre der ersten deutschen Republik*, Offenbach 1947; ders., *Erfahrungen und Erkenntnisse*, Köln 1957.

3 Exemplar im Bayerischen Hauptstaatsarchiv, MA I, 988.

ins Gemeingefährliche« gestiegen. »Hätte nicht seinerzeit in der Redaktion des *Vorwärts* neben dem zügellosen Fantasten Eisner ein nüchterner Politiker wie Gradnauer gesessen«, schrieb Stampfer, »das Blatt wäre trotz aller glänzend geschriebener Leitartikel aus der politischen Blamage nicht herausgekommen.« Für diese Behauptungen, die Stampfer durch nichts belegte, sind keinerlei Anhaltspunkte zu ermitteln. Es ist nicht wahrscheinlich, daß Eisners Leitartikel – deren »glänzend(e) Form« Stampfer rühmt – von Gradnauer oder einem anderen redigiert wurden. In der *Vorwärts*-Redaktion gab es, wie Eisner später selbst einräumte, die heftigsten Debatten. Sie fanden jedoch vorwiegend zwischen den Richtungsvertretern statt. Mit Gradnauer und den anderen nicht-radikalen Redakteuren stand Eisner allem Anschein nach in gutem Einvernehmen. Es ist anzunehmen, daß gelegentlich auch zwischen ihnen Meinungsdifferenzen auftraten, zumal da Eisner ein streitbarer Verfechter seiner Überzeugungen war. Sein Geständnis in dem Brief an Joseph Bloch vom 2. September 1907, er sei »mit seinen besten Freunden am häufigsten in sachlichen Konflikt geraten«, bezog sich wohl auf seine fortgesetzten Ermahnungen zu praktischer, produktiver Arbeit, die vermutlich auch seinen »besten Freunden« zuweilen lästig fielen.

Stampfer wohnte in Berlin-Lichterfelde eine Zeitlang neben der Familie Eisners. Mit der Behauptung, er sei »aufs engste« mit Eisner »befreundet gewesen«, habe »jahrelang Eisners geistiger Werkstatt so nahe gestanden wie wenige« und »den Menschen, Journalisten, Politiker gründlich kennengelernt«, verschaffte er seinen Äußerungen über Kurt Eisner eine gleichsam unanfechtbare Kompetenz. Seine Schriften beweisen indes, daß ihm Eisners Wesen und geistiges Schaffen völlig fremd geblieben sind.

Am Tag der Ermordung Kurt Eisners, am 21. Februar 1919, veröffentlichte Stampfer in der Abendausgabe des *Vorwärts* einen mit dem Kürzel »E. B.« gezeichneten Nachruf. Der Verfasser gibt an, »lange Zeit« mit Kurt Eisner »in Nürnberg (...) in engster persönlicher und beruflicher Berührung« gestanden zu haben. Was er über Eisner berichtete, stimmt frappant mit den Unterstellungen Stampfers überein: Eisner sei »nur zu leicht der völlige Sklave seiner Ideen« geworden, sei »ganz in seiner Phantasie« aufgegangen und »in eine einmal gefaßte Idee so stark verstrickt« gewesen, »daß er, auch wenn alle Welt um ihn sie ablehnte, lieber mit ihr zugrunde ging, als sie aufzugeben«. Eisner habe sich »wie selten ein anderer

Mensch in eine Idee verrennen« und »dabei zu einer völligen Mißachtung der realen Faktoren der Politik gelangen« können. Hinweise auf den Gehalt dieser Ideen und Phantasien fehlen auch hier. Schließlich erzählte Stampfers angeblicher und ohne Zweifel von ihm inspirierter Gewährsmann aus Nürnberg, Eisner habe »monatelang in der Redaktion sich von ärmlichen Maggisuppen ernährt, nur um sich nicht von seinen Büchern, die ihn bergehoch in voller Unordnung umgaben und die ihm auf seinem Tische kaum Platz für den Suppenteller ließen, nicht trennen zu müssen«. Diese Beschreibung, die zu den nachprüfbaren Tätigkeiten und Verhaltensweisen Eisners in eklatantem Widerspruch steht, lieferte den »Fundgruben« das Eisner-Klischee vom verschrobenen Intellektuellen und weltfremden Idealisten. Der für die Unterhaltungsbeilage der *Fränkischen Tagespost*, *Die Furche*, verantwortliche Redakteur hieß Erwin Barth und ist möglicherweise identisch mit dem späteren mehrheitssozialdemokratischen *Vorwärts*-Redakteur gleichen Namens. Daß er mit Eisner in »engster persönlicher« Beziehung gestanden habe, ist keinem Angehörigen in Erinnerung.

Leichtfertig zumindest verfuhr ein anderer Nürnberger Sozialdemokrat: Karl Bröger, nach dem in Nürnberg eine Straße benannt wurde, in der die Fränkische Sozialdemokratie ihren Sitz hat. Bröger, der seinen Nachruf auf den ermordeten Eisner in der Wochenschrift *Der Volksstaat* vom 1. März 1919 unter dem Pseudonym »Ekehart« verfaßte, will in den Spalten der *Fränkischen Tagespost*, als Eisner die Redaktion leitete, »graziös geistreichen Spielen« begegnet sein. Das »biedere Antlitz« der Zeitung habe sich unter Eisners »gepflegten, nervösen Künstlerhänden« sehr schnell gewandelt: »Schaut nach einem halben Jahr aus wie ein Fachblatt für schöngeistige Dinge«, berichtet Bröger und erklärt: »Boheme war Trumpf, der Pariser Montmartre das Vorbild.« Eine Durchsicht der unter Eisners Redaktion entstandenen Jahrgänge der *Fränkischen Tagespost*, die Bröger sich offensichtlich erspart hat, widerlegt seinen Befund, der für die willfährige Übernahme der Typisierung Eisners als Bohemien und Schöngeist spricht. Bröger bekräftigte seine nicht den Tatsachen entsprechenden Angaben über Kurt Eisner und die *Fränkische Tagespost* in einer namentlich gezeichneten gekürzten Fassung seines Artikels zum 10. Jahrestag der Ermordung Eisners in der *Fränkischen Tagespost* vom 21. Februar 1929.

Stampfers und Brögers Fehldeutung der Persönlichkeit Kurt Eisners schloß sich auch Philipp Scheidemann an, der zum selben Anlaß im *8-Uhr-Abendblatt der National-Zeitung* vom 19. Februar 1929 schrieb:

»Das Verhalten Eisners, der sich übrigens einen langen, wilden Bart hatte wachsen lassen, erschien uns, die wir ihn seit vielen Jahren gekannt hatten, bestimmt krankhaft.«

Seine Bemerkung, es habe »der Anhang Eisners zum größten Teil aus Kaffeehausliteraten« – dieses Wort ist gesperrt gedruckt – »und nach München zum Granatendrehen verschickte, gewerkschaftlich und politisch ungeschulte Arbeiter aus allen Teilen des Reiches« bestanden, deckt sich, zumindest in ihrem ersten Teil, vollkommen mit den Unterstellungen reaktionärer und konservativer Autoren.[4]

Die Internalisierung dieses sozialdemokratischen Eisner-Bildes bestätigt sich in dem von Karl Kautsky jr. 1971 herausgegebenen Briefwechsel August Bebels mit Karl Kautsky. Der Editor ignoriert, daß sein Vater spätestens ab 1915 Kurt Eisner zu schätzen begann, und zitiert in gezielter Ausführlichkeit polemische Äußerungen Karl Kautskys über Eisner aus dem Jahr 1901.[5]

Eine der ergiebigsten »Fundgruben ewiger Unwahrheiten« ist Wilhelm Hausensteins *Erinnerung an Eisner*, die er im April 1915 in dem Periodikum *Der Neue Merkur* veröffentlichte. Sie zeugt jedoch nicht – um die von Eisner selbst aufgestellten Kriterien anzuwenden – von »leichtfertiger« oder »bösartiger« Herangehensweise, sondern vom »Mißverständnis« der Mentalität Kurt Eisners. Im Rahmen manch zutreffender Charakterisierungen Eisners verfällt er in eine mitunter überspannte Psychologisierung. So sah er »in diesem Mann Vorzug und Tragik des Jüdischen in die letzten Tiefen« gehen:

»Sehnsucht, irgendwo im festen Grund einer nationalen und sozialen Gemeinschaft sich einzubauen; Schicksal, durch tausend Widrigkeiten der Verhältnisse immer aufs neue zurückgestoßen zu werden; um so radikaler (und wohl auch leichter) dann der Drang, sich dem absolut Menschlichen

4 Freya Eisner, *Kurt Eisner: Die Politik des libertären Sozialismus*, a. a. O., S. 205: siehe auch Max Spindler, *Bayerische Geschichte im 19. und 20. Jahrhundert. 1800-1970*. Erster Teilband: *Staat und Politik*. Von Albert Schwarz, München 1978, S. 40.

5 Karl Kautsky jr. (Hg.), *August Bebels Briefwechsel mit Karl Kautsky*, Assen 1971, S. 122, Anm. 4.

anzuschließen, Weltbürger zu sein; endlich aber wieder das schneidende Verlangen, weltbürgerliches Dasein inmitten einer bestimmten Landschaft zu lokalisieren.«

Hausensteins These, das Wirken Kurt Eisners entspringe einem spezifisch jüdischem Integrationsbedürfnis, das Erfüllung in der Hingabe an die Menschheitsidee des Sozialismus und Behausung in einer bestimmten Landschaft suche, simplifiziert Eisners Naturell. Wie schon erwähnt, findet sich in seinen Äußerungen kein Hinweis auf ein spezifisch jüdisches Bewußtsein. Hausenstein glaubte gar zu spüren, daß Eisners Kopf und schmale Schultern »von metaphysischen Beziehungen umwittert waren«, und zwar dann, wenn er, »der an der Mauer eines Friedhofs wohnte (...), im Schatten seiner Tannen ging«. Daß Hausenstein bemerkte, es habe Eisners Nerven nicht verstimmt, »täglich und nächtlich an diesem Totenpark vorbeizugehen«, zeugt von seiner der realen Gestalt entrückten Stilisierung Kurt Eisners. Eisners Gebärde, schrieb Hausenstein, sei »ein tief rührender Versuch« gewesen, »aus dem Schlund des Wassers an die Oberfläche aufzutauchen«.

Wie manch anderer Zeitgenosse, läßt auch Hausenstein Eisner als exaltiert erscheinen:

»Erregt zeigte er in den Schriften Kants und Fichtes die republikanische und weltbürgerliche Idee. (...) Erglühend übersetzte er die motorische Kraft dieser Gedanken in die sozialistischen Notwendigkeiten unserer Zeit.«

Da Eisner, wie in diesem Band ausführlich dargelegt, seit seiner Jugend im Neukantianismus verwurzelt war, hat er seine Erkenntnisse gewiß nicht »erregt« und »erglühend« vorgetragen. Hausensteins Spiritualisierung der Aura Eisners erscheint abwegig.

Doch gerade diese »Fundgrube« wird besonders gern ausgewertet, ist sie doch geeignet, die überkommene Abwertung Eisners als »Gefühlssozialist« und als »weltfremder Idealist« zu verifizieren. So vermerkt denn auch die sozialdemokratische Parteihistorikerin Susanne Miller in ihrem 1978 erschienenen Buch *Die Bürde der Macht*: »Eine glänzende zeitgenössische Charakterisierung Eisners stammt von Wilhelm Hausenstein.« Eberhard Kolbs faktenorientierte, durch Quellen abgesicherte Darstellung der revolutionären Vorgänge in München, aus der Eisners Realitätssinn hervorgeht[6], kann Susanne Miller nicht billigen. Sie belehrt Kolb, daß

6 Eberhard Kolb, Die Arbeiterräte, a. a. O., S. 67-70.

»nicht nur mehr oder weniger wohlwollende Zeitgenossen, sondern auch unvoreingenommene Historiker unserer Tage« darin übereinstimmten, »daß Eisners leidenschaftliches, von idealistischem Schwung getragenes Bemühen um die Durchsetzung seiner ethischen Zielvorstellungen durch Weltfremdheit und Mangel an Realismus gekennzeichnet«[7]

gewesen sei. Als Historiker unserer Tage zieht Susanne Miller Allan Mitchell und Franz Schade[8] heran. Franz Schade, der als erster Autor das bis zur Unkenntlichkeit verunstaltete Eisner-Bild von Verfälschungen gereinigt und Eisners politisches Handeln differenziert dargelegt hat, lastet ihm keineswegs Weltfremdheit an. Auf den von Susanne Miller angegebenen Seiten kritisiert Schade vielmehr die Entstellung der Politik Eisners durch einschlägige Autoren. Wenn Susanne Miller feststellt, daß in der neueren Forschung »das Bild von Eisners Persönlichkeit und seinem öffentlichen Wirken von den aus Ignoranz und politischer Voreingenommenheit entstandenen Verzerrungen in der Geschichtsschreibung befreit« worden sei, scheint sie die sozialdemokratischen Verzerrungen nicht wahrgenommen zu haben. Sie verweist in einer Anmerkung auf jenen Artikel Friedrich Stampfers im *Vorwärts* vom 2. Dezember 1918, der den Rufmord Kurt Eisners einleitete, und bezeichnet diese Schmähung euphemistisch als Glosse.[9]

Allan Mitchells Schilderung der Persönlichkeit Kurt Eisners ist weder unvoreingenommen noch entspricht sie in den wesentlichen Details den Tatsachen. Er beschreibt Kurt Eisner als eine kuriose Figur, und zwar im Stil historischer Kolportagen, in denen der Werdegang bedeutender Persönlichkeiten unter Herausstellung ihrer äußeren Erscheinung, ihrer Gefühle und ihrer privaten Sphäre so vorgeführt wird, als habe der Autor aufs intimste mit ihnen verkehrt. Dabei greift er für das Gesamtgeschehen irrelevante Einzelheiten heraus und mißt ihnen, indem er entsprechende Kombinationen herstellt, entscheidende Bedeutung bei. Ohne Belege anzugeben, erklärt er zum Beispiel, Eisners Stellung beim *Vorwärts* sei nach dem Tod seines »Gönners (...) nicht mehr sicher« gewesen; er will also glauben machen, Eisner habe das Amt des Parteiredakteurs nicht aufgrund seiner Befähigung erhalten, sondern als »Schützling« Wilhelm Liebknechts.

7 Susanne Miller, *Die Bürde der Macht. Die deutsche Sozialdemokratie 1918-1920*, Düsseldorf 1978, S. 78ff.

8 Franz Schade, *Kurt Eisner*, a.a.O., S. 89f.

9 Susanne Miller, *Die Bürde der Macht*, a.a.O., S. 77.

Mitchells Unkenntnis der sozialistischen Theorie, ihres Fundamentalzwiespalts und des hieraus resultierenden ideologiespezifischen Interpretationsstreits, als auch der Parteiverhältnisse und der Eisner betreffenden Sachverhalte ist offenkundig. Symptomatisch hierfür ist seine unbelegte Behauptung:

Eisner »weigerte sich zuzugeben, daß es unlogisch sei zu denken, der Sozialismus sei wissenschaftlich begründet und zugleich ethisch wünschenswert, ein Standpunkt, den er niemals während der ganzen Debatte über den Revisionismusstreit während des folgenden Jahrzehnts aufgab. Eisner war freilich kein Logiker und neigte dazu, seinen eigenen Idealismus mit den Begriffen der Kantischen Philosophie gleichzusetzen – oder zu verwechseln.«

Vom Niveau des Buches zeugt Mitchells Äußerung:

Eisner »schien alle Eigenschaften des verschrobenen Intellektuellen zu haben, der sich auf die Politik wirft: einen belehrenden und manchmal gönnerhaften moralischen Tonfall, mehr Interesse für hochtönende Phrasen als für Wahlkreise, eine Neigung, lieber Notizen aufs Geratewohl zu kritzeln, als seine Informationen systematisch in Aktenordnern niederzulegen«.

Die Tage, so schreibt Mitchell, habe Eisner »in politischen Gesprächen in einem Kaffeehaus« verbracht.[10]

Mitchells Arbeit, die nur als totale Verzeichnung des Persönlichkeitsbildes Kurt Eisners bezeichnet werden kann, ging als willkommene Bestätigung der gängigen Etikettierungen Eisners in die »Fundgruben« ein. In nahezu allen einschlägigen Darstellungen wird aus ihr zitiert. Auch Karl Kautsky jr. beruft sich wiederholt auf Mitchells Ausführungen.[11]

Eine Reihe sozialdemokratischer Historiker, unter ihnen Susanne Miller und Thomas Meyer, gab 1986 ein *Lexikon des Sozialismus* heraus.[12] Kurt Eisner erhielt darin keinen Eintrag. Man findet ihn unter dem Stichwort »Münchener Räterepublik« – eine historisch falsche Zuordnung, auf die noch zurückzukommen sein wird. In dieser Eintragung wird sein politisches Wirken auf die höchst anfechtbare Mitteilung verkürzt:

»Aufgrund eigener pazifistischer Überzeugungen und der Mitwirkung linksintellektueller Berater profilierte sich Eisner vor allem durch die Veröffentlichung von Dokumenten, mit denen die maßgebende Schuld der

10 Allan Mitchell, *Revolution in Bayern 1918/1919*, a. a. O., S. 43, 36, 50ff., 53.
11 Karl Kautsky jr., *August Bebels Briefwechsel*, a. a. O., S. 122, 152 Anm. 1, 200.
12 *Lexikon des Sozialismus*, a. a. O., S. 447f.

deutschen Diplomatie am Ausbruch des 1. Weltkrieges aufgedeckt wurde. Das mobilisierte die haßerfüllten Ressentiments nationalistischer Kreise, die – bezugnehmend auf die Herkunft Eisners und einiger seiner politischen Freunde – antisemitische und fremdenfeindliche Stimmungen verstärkten.«

Erwähnenswert ist hier, daß der Lexikograph, Detlef Lehnert, in einer 1983 erschienenen Arbeit, *Sozialdemokratie und Novemberrevolution*, Kurt Eisner zu den »profiliertesten USPD-Politikern« zählt und dessen politische Konzeption sachlich und korrekt wiedergibt. Im Mittelpunkt des »höchst einfallsreichen politischen Denkens« des bayerischen Ministerpräsidenten, resümiert Lehnert, habe die demokratische Selbstverwaltung gestanden.[13] Es drängt sich die Vermutung auf, daß eine derartige Würdigung Kurt Eisners in einem sozialdemokratischen Lexikon unerwünscht war. Hingegen fällt die wohlwollende Behandlung kommunistischer Aktivisten auf.

Schon in den *Materialien zum politischen Richtungsstreit in der deutschen Sozialdemokratie 1890-1917*[14], die 1977 herauskamen, klingt in den die Zusammenhänge erläuternden Zwischentexten Sympathie für die Radikalen, die »revolutionären Linken« an. Einen Beitrag von Kurt Eisner, dessen Stellungnahmen zum Richtungsstreit nicht übersehen werden konnten, enthalten die *Materialien* nicht. Zum »*Vorwärts*-Konflikt« heißt es, die sechs – namentlich genannten – Redakteure hätten »weniger revisionistisch eingestellten Journalisten den Platz räumen« müssen. Damit werden alle Redakteure, die radikalen wie die nicht-radikalen, als Revisionisten abgetan.

In der Tat eine der gröbsten »ewigen Unwahrheiten« ist die Zuordnung Kurt Eisners zum Revisionismus. Hier trifft buchstäblich seine Feststellung zu: »Eine glücklich zugespitzte Formel, von irgendeinem Forscher einmal gefunden, geht von Buch zu Buch über.«[15] Die »Formel«, von Friedrich Stampfer erfunden, der schrieb: »Reformisten wie Bernstein und Eisner (...)« lautet inzwischen »Revisionisten wie Bernstein und Eisner (...)« und findet sich in zahlreichen Arbeiten zur Parteigeschichte.[16]

13 Detlef Lehnert, *Sozialdemokratie und Novemberrevolution*, a.a.O., S. 127f.

14 Peter Friedemann (Hg.), *Materialien zum politischen Richtungsstreit in der deutschen Sozialdemokratie 1890-1917*. Mit einer Einleitung von Hans Mommsen, Bd. I und II, Frankfurt/M.-Wien 1977.

15 Kurt Eisner, *Das Ende des Reichs*, a.a.O., S. VIII.

16 Vgl. Helga Grebing, *Geschichte der deutschen Arbeiterbewegung*, München

Auch Norbert Seitz, der verantwortliche Redakteur des Periodikums *Die Neue Gesellschaft/Frankfurter Hefte*, nennt Eisner einen Revisionisten. Diese Zeitschrift wird im Auftrag der Friedrich-Ebert-Stiftung von bekannten Sozialdemokraten unter Mitwirkung namhafter Persönlichkeiten herausgegeben. Chefredakteur ist Peter Glotz. Zum 70. Jahrestag der Ermordung Kurt Eisners im Februar 1989 schrieb Seitz in dem Parteiorgan einen Artikel mit dem Titel *Bürger-Sozialist und Künstler-Anarchist*. Der Verfasser weiß eine Passage aus Eisners Rede im provisorischen Nationalrat über die Stellung der revolutionären Regierung zur Kunst und zu den Künstlern, in der er die Existenzsicherung der Künstler erörterte, nicht richtig einzuschätzen:

»Die Kunst kann nur gedeihen in vollkommener Freiheit. Ich habe neulich in einer Versammlung von Künstlern gesagt: der Künstler muß als Künstler Anarchist sein *(Zuruf: Sehr gut!)* und als soziales Mitglied, als ein auf die Befriedigung der Lebensnotdurft angewiesener Bürger Sozialist.«[17]

Seitz, aus dessen Blickwinkel Eisner eine »widersprüchliche Erscheinung mit einer zutiefst melancholisch-ambivalenten Haltung« war, sieht hier noch einen weiteren Widerspruch zum Ausdruck kommen,

»der für das Verständnis des späteren Münchner Geschehens große Bedeutung erlangen sollte: Der innere Kampf zwischen dem Künstler Eisner, der Anarchist sein mußte, und dem Bürger Eisner, der für die ›Befriedigung der Lebensnotdurft‹ Sozialist sein wollte. Eisner traf diese Unterscheidung selbst, wobei sich gegenüber der literarischen Muß-Bestimmung des Künstler-Anarchisten der Bürger-Sozialist als Ausgeburt eines bürgerlichen Zweckmäßigkeitsdenkens erwies.«

Daß Eisners Darlegungen sich nicht auf ihn selbst bezogen, geht aus seiner Rede unzweifelhaft hervor.

In seiner Wahlrede vor den Unabhängigen nannte Eisner den Januarstreik die »revolutionärste Revolution«, deren Gelingen

II/1981, S. 143; Susanne Miller/Heinrich Potthoff, *Kleine Geschichte der SPD*, Bonn, 1981⁴, S. 77 und 78; Susanne Miller, *Burgfrieden und Klassenkampf*, Düsseldorf 1974, S. 61, Anm. 10; Joseph Rovan, *Geschichte der deutschen Sozialdemokratie*, Frankfurt/M. 1980, S. 115; Detlef Lehnert, *Sozialdemokratie zwischen Protestbewegung und Regierungspartei 1848-1983*, Frankfurt/M. 1983, S. 112; Julius Braunthal, *Geschichte der Internationale*, Bd. 1, Hannover 1961, S. 308; Peter Lösche, *Der Bolschewismus im Urteil der deutschen Sozialdemokratie*, Berlin 1967, S. 75; Robert F. Wheeler, *USPD und Internationale*, Frankfurt/M. 1975, S. 11.

17 Kurt Eisner, *Sozialismus als Aktion*, a. a. O., S. 115.

günstigere Friedensbedingungen gebracht haben würde. Mit mokantem Unterton fuhr er fort – der Protokollant vermerkt hier »Heiterkeit« –, er und die anderen Streikführer wären, wenn man sie vor das Reichsgericht geschleift hätte, verurteilt worden, »zu vermodern im Zuchthaus als ehrlose Landesverräter«. In koketter Selbstironie fügte er unter dem »Beifall« und der »Heiterkeit!« der Zuhörer hinzu:

»Parteigenossen, wir wollen auf nichts stolz sein, aber der Titel eines ehrlosen Landesverräters vom Januar 1918 ist viel ruhmreicher als der Titel eines Ministerpräsidenten vom November 1918.«[18]

Norbert Seitz schreibt hierzu:

»Wie sehr Eisner um seine politische Identität rang, unterstreicht die Bemerkung, daß der Ruf eines ehrlosen Landesräters (...) viel rühmlicher sei als der des Ministerpräsidenten vom November 1918.«

Eisners Dilemma sei, so meint Seitz, »noch kurz vor seinem gewaltsamen Tode« offen zutagegetreten,

»als er sich in der seriösen staatsmännischen Geste auf der Berliner Sozialistenkonferenz ebenso zu gefallen schien, wie in der Rolle des anarchisierenden Bohemiens, der – fünf Tage vor seiner Ermordung – zum Entsetzen des bürgerlichen wie sozialdemokratischen Lagers an der Spitze einer Demonstration des ›ganzen Abschaums‹ gegen seine eigene Regierung wandelte«.

Weder fand in Berlin eine Sozialistenkonferenz statt, noch demonstrierte am 16. Februar 1919 der »ganze Abschaum« gegen Eisners Regierung.[19]

Daß Seitz von dem »schillernd literarische(n) Bild« der »Revolte« Eisners spricht, zeigt nicht nur an, daß er die Verunglimpfungen Stampfers aufnimmt, es ist auch bezeichnend für die in der Tradition Friedrich Eberts stehende SPD, die den Umsturz im November 1918 und vor allem Eisners revolutionäre Aktion als im Grunde nicht zu ihrer Geschichte gehörend betrachtet. Begnügte sich Seitz in der *Neuen Gesellschaft* noch mit der Negativ-Vokabel »Revolte«, so näherte er sich in einem Artikel in der *Süddeutschen Zeitung* vom 21./22. Oktober 1995 dem reaktionären Sprachgebrauch, indem er die Münchner Revolution »Eisners Novemberputsch« nannte. In diesem Stil hatte er schon zum 125. Geburtstag

18 Kurt Eisner, *Die neue Zeit*, München 1919, 2. Folge, S. 13.
19 Siehe hierzu Freya Eisner, *Kurt Eisner: Die Politik des libertären Sozialismus*, a.a.O., S. 189ff.

Eisners in der *Süddeutschen Zeitung* vom 9./10. Mai 1992 einen Artikel unter dem Titel *Ein radikaler Schwabinger Bohemien* verfaßt, bei dem es sich um eine bewußte Tatsachenentstellung handelt[20]: Eisner sei als »Theater-Feuilletonist in die Politik« gekommen, beim *Vorwärts* sei er »Kulturredakteur« und ein »verspielter Feuilletonist« gewesen. »Schwabing hatte geputscht«, heißt es in seinem Geburtstagsbeitrag. Eisner wohnte weder in Schwabing noch verkehrte er dort.

In seinem Artikel zum 70. Jahrestag der Ermordung Kurt Eisners zitiert Seitz Gustav Landauer: es gelte, Eisner, der ein »freudlose(r) Prophet und melancholische(r) Dichter« gewesen sei, »aus der Gloriole des seriösen Staatsmannes herauszureißen (...), um ihn seinerseits in eine namenlose leidensgeschichtliche Tradition der Unterdrückung zu rücken«. Diese Bemerkung des bekannten Anarchisten wiederholte er in seinem Artikel in der *Süddeutschen Zeitung* vom 21./22. Oktober 1995, wobei er die »Gloriole« mit dem Adjektiv »sozialdemokratisch« versieht. Es mag sich hier seine Absicht andeuten, den Politiker Eisner, der in der Sozialdemokratie ohnehin nicht ernst genommen wird, als einen der Realität entrückten jüdischen Messianisten erscheinen zu lassen, der in der SPD deplaziert wirkte. Eisners religiöser Indifferentismus wurde bereits erwähnt. Nach seinen eigenen Angaben war er freireligiös. Daß er ein »freudloser Prophet und melancholischer Dichter« gewesen sei, ist weder seinen lebensgeschichtlichen Zeugnissen noch seinem beruflichen Schaffen zu entnehmen.

Nach der Wiedergabe des Landauer-Zitats schrieb Seitz in der *Neuen Gesellschaft*:

> »Durch die Ermordung war aus dem assimilierten Berliner Juden Kurt Eisner quasi doch noch der galizische Ostjude Salomon Kosmanowsky geworden, für den die reaktionäre Presse Eisner immer gehalten hatte.«

Zum einen kann Kurt Eisner nicht als assimilierter Jude bezeichnet werden, zum andern hat ihn die »reaktionäre Presse« nicht für den

20 Seitz übernahm schon in seinem Artikel in der *Neuen Gesellschaft/Frankfurter Hefte* vom Februar 1989 (ohne meinen Namen zu nennen) einige Formulierungen aus meiner Monographie, und auch aus seinem Artikel in der *Süddeutschen Zeitung* geht durch seine Zitierung Rainer Maria Rilkes, die m. W. nur bei mir zu finden ist, hervor, daß er meine Arbeit kennt und über Eisners Stellung beim *Vorwärts* genau informiert ist. Vgl. hierzu meinen Leserbrief in der *Süddeutschen Zeitung* vom 14. 5. 1992.

»galizischen Ostjuden Salomon Kosmanowsky« gehalten, denn ihr war Eisner seit Jahrzehnten als Redakteur und Journalist bekannt. Bei der Namensfälschung handelte es sich, wie schon Franz Schade zu Recht feststellt, um eine »bösartige Verunglimpfung«. Sie findet sich in der älteren Literatur und in rechtsradikalen Blättern unserer Zeit.[21] In Anbetracht der Tatsache, daß den damaligen Mehrheitssozialdemokraten diese Namensfälschung durchaus zustatten kam und sie die Berichtigung zu Lebzeiten Eisners unterließen; daß die Herkunftsbezeichnung »Ostjude« bzw. »Galizier« – wie Eisner ebenfalls denunziert wurde[22] – als Synonyma für »Untermenschentum« galten und Hauptbestandteil der zur Ermordung Eisners führenden Verleumdungskampagne waren, müssen die Äußerungen des sozialdemokratischen Redakteurs als im höchsten Maße verantwortungslos qualifiziert werden. Seitz hat sich, wie aus diesen wenigen Beispielen zu ersehen ist, in keiner Weise faktisch-objektiv mit Eisners Politik auseinandergesetzt. Offensichtlich hat er Eisners politische Intentionen nicht begriffen, denn er bestreitet in der *Süddeutschen Zeitung* vom 3./4./5. Juni 1995, daß dieser Politiker einen dritten Weg zwischen Kapitalismus und Kommunismus einzuschlagen suchte. Man täte Eisner »wenig Gefallen« (sic!), befindet Seitz, »ihn an falschen Maßstäben zu stilisieren«.[23]

Als Pendant zu Seitz' pamphletartigen Beiträgen kann ein Artikel angesehen werden, der, ebenfalls zum 70. Jahrestag der Ermordung Kurt Eisners, in der *Frankfurter Rundschau* vom 21. Februar 1989 erschien. Es handelt sich um eine Seminararbeit, die unter der Leitung des Bochumer Historiker Hans Mommsen entstand, der sie der Redaktion des Blattes zukommen ließ. Die Verfasserin des Artikels, Birgit Schönau, beschreibt Eisners Politik in erstaunlichem Einklang mit der kommunistischen Sichtweise. In ihrer Niederschrift lassen sich die Konvergenzen zwischen den Richtungen, aber auch die Übereinstimmung mit konservativen Autoren in der Verfälschung der Darlegungen Kurt Eisners und der tendenziösen Fehldeutung seiner Politik exakt nachweisen. Die Fehldeutung des Politikers Eisner offenbart sich bereits im Titel:

21 Franz Schade, *Kurt Eisner*, a.a.O., S. 90; vgl. z.B. *Deutsche Wochenzeitung*, 18. 11. 1988.

22 Vgl. Freya Eisner, *Kurt Eisner: Die Politik des libertären Sozialismus*, a.a.O., S. 96f., 206f.

23 Seitz polemisiert hier gegen meine Untersuchungen.

Des sanften Literaten Traum von der ›produktiven Demokratie‹. Ein Traum? In Wirklichkeit haben sich jedoch Eisners Bestrebungen, die demokratischen Mitwirkungsmöglichkeiten der Bürger auszuschöpfen und für das Gemeinwesen fruchtbar zu machen, durch die heutigen Forderungen nach Einführung plebiszitärer Elemente in die Verfassung als durchaus weitsichtig erwiesen. Allerdings dekuvriert sich die Verfasserin, indem sie sich über den Begriff »Basisdemokratie« mokiert, der in der Tat mit der »Diktatur des Proletariats« nicht vereinbar ist.

Schönau folgt im wesentlichen den Ausführungen Volker Arnolds, der, die kommunistischen Abwertungen rezipierend, Eisners Modell einer Kombination von Räten und Parlament durch »bürgerlich-sozialreformerischen Idealismus« gekennzeichnet sieht.[24] Sie bestätigt diese »ewige Unwahrheit« aus kommunistischen »Fundgruben« mit der Feststellung, Eisner habe sich tatsächlich nicht nur mehrmals nachdrücklich vom russischen Sowjet-Modell distanziert, sondern auch – und hier verwandelt sie diese Distanzierung Eisners vom Bolschewismus in ein Bekenntnis zum bürgerlichen Parlamentarismus – im provisorischen Nationalrat erklärt: »Wir sollten keinen Augenblick das Land ohne Parlament lassen.« In Wirklichkeit begann Eisner seine Rede mit dem Rückblick:

»In der Revolutionsnacht vom 7. auf 8. November wurde die Improvisation einer provisorischen Nationalversammlung bewerkstelligt. Wir wollten keinen Augenblick das Land ohne Parlament lassen.«[25]

Die Tendenz der Seminararbeit, die sich durch selektive, aus dem Zusammenhang gerissene und in sinnwidrigen Kontext gestellte Zitierungen Eisners auszeichnet, läßt nicht die Annahme zu, daß die Modalverben »wollen« und »sollen« versehentlich verwechselt wurden; dies um so weniger, als Eisner schon im drittnächsten Satz unmißverständlich ergänzte:

»Aber aus dieser Improvisation erwuchs die gegenwärtige provisorische Nationalversammlung. Ihre Grundlage bilden die drei Räte, die aus der Revolution entstanden sind«,

24 Volker Arnold, *Rätebewegung und Rätetheorien in der Novemberrevolution – Die Räte als Organisationsformen des Kampfes und der Selbstbestimmung*, Hamburg 1985, S. 251.

25 Kurt Eisner, *Sozialismus als Aktion*, a.a.O., S. 83.

also, die Arbeiter-, Soldaten- und Bauernräte. Zudem nahm er in dieser Rede Stellung zum Parlamentarismus und zum Verhältnis der Räte zur Nationalversammlung, so daß Zweifel an seiner Ablehnung des bürgerlichen Parlamentarismus, die er auch in anderen Reden betont hat, nicht möglich sind. Erwähnenswert ist hier, daß schon der Anarchokommunist Erich Mühsam behauptet hatte, für Eisner sei »der bürgerliche Parlamentarismus A und O« gewesen.[26] Dieser Mangel an Unterscheidungsvermögen kehrt auch in der Historiographie wieder. Eisner hat zudem auf der Reichskonferenz der Länderregierungen am 25. November 1918 in Berlin die Gründung einer provisorischen Nationalversammlung beantragt, die »ein aus ganz Deutschland gebildeter Arbeiter-, Soldaten- und Bauernrat sein« müsse.[27]

Auf der Unterstellung, Eisner habe die Räteorganisation zugunsten eines parlamentarischen Systems entmachtet – Birgit Schönau schreibt vorwurfsvoll: »Eisner präsentierte einen Ministerrat« –, basiert auch eine Anfang der 70er Jahre an der Universität München entstandene Dissertation. Der Verfasser, Günter Kopp, belehrt die Leser:

»Jeder Sozialist muß sich hier für die ganze Rätemacht aussprechen. Die Einberufung eines Parlaments ist in der revolutionären Situation abzulehnen, da das bedeuten würde, daß statt der Diktatur des Proletariats die Diktatur der Bourgeoisie wieder aufgerichtet wird.«[28]

Dagegen hob Eberhard Kolb hervor, daß Kurt Eisner der »einzige namhafte sozialistische Führer« gewesen sei, »der programmatisch den demokratischen Arbeiterräten Existenzberechtigung zuerkannte und ihnen einen Tätigkeitsbereich zu sichern versuchte (...) und der eine eigene demokratische Rätekonzeption entwikkelte«.[29]

Eisner wurde des weiteren von kommunistischer Seite kritisiert, nicht sofort eine »umfassende Sozialisierung« durchgeführt zu haben. Sowohl Schönau als auch Arnold und Kopp folgten dem kommunistischen Autor Hans Beyer, der erklärte, daß Eisner sich

26 Vgl. Freya Eisner, *Kurt Eisner: Die Politik des libertären Sozialismus*, a.a.O., S. 105.

27 Ebenda, S. 116; Reichskonferenz 25. 11. 1918, a.a.O., S. 178f.

28 Günter Kopp, *Emanzipation durch Räte? Die Lehren von München 1918/19. Eine gesellschaftsgeschichtliche Deutung.* Hg. vom Historischen Club e.V., München 1973, S. 109.

29 Eberhard Kolb, *Die Arbeiterräte*, a.a.O., S. 363, Anm. 1.

»der historischen Aufgabe der Arbeiterklasse, den begonnenen revolutionären Prozeß zur sozialistischen Revolution weiterzuführen, (...) aufgrund seiner idealistischen Weltanschauung nicht gewachsen« gezeigt habe.[30] Birgit Schönau weiß zu berichten, daß die Arbeiterräte Kurt Eisner auf die »prekäre Situation aufmerksam« gemacht hätten, »in die er sich – ob aus mangelnder politischer Weitsicht, aus Angst oder einfach aus Naivität selbst hineinmanövriert hatte«, und gelangt zu dem Ergebnis, daß

> »Eisners Idealismus, sein positives Menschenbild aus heutiger Sicht fast schwärmerisch-weltfremd« wirkten und seine »Wertewelt (...) wohl eher bildungsbürgerlich-humanistischen Idealen [entsprach], als daß sie revolutionärem Klassenhaß entsprang«.

Damit stimmt sie im wesentlichen mit Hans Beyer überein, der Eisners Regierungserklärung ein »Beispiel revisionistischer, idealistisch-ethischer Sozialismusschwärmerei« nennt. Im Vorwurf der Weltfremdheit trifft sie sich mit der Sozialdemokratin Susanne Miller und im geringschätzig gemeinten Hinweis auf Eisners »positives Menschenbild« mit dem Münchner SPD-Mitglied Reinhard Bauer, der in dem zusammen mit Ernst R. Piper verfaßten, 1994 veröffentlichten Buch über *München. Geschichte einer Stadt* Eisners Glauben an die sittliche Grunddisposition des Menschen verspottet und Eisners Demokratieverständnis lächerlich macht. Schönau resümiert schließlich:

> »Eisners Idee, den Freistaat Bayern mit Sozialisten, Sozialdemokraten und Bürgerlich-Liberalen in einem Gemeinschaftsakt demokratisch aufbauen zu können, erwies sich als Illusion, weil sie die Interessen des immer noch monarchistischen Bürgertums und der MSPD nicht realistisch einschätzte.«

Mitsamt der Ungereimtheit des Begründungszusammenhangs und der Nichtbeachtung einschlägiger kritischer Feststellungen Eisners supponiert diese Vorhaltung, Eisner hätte Gewalt anwenden, die Macht diktatorisch behaupten müssen.

In diesem Zusammenhang erhält der Kurt Eisner zugeschriebene »Pazifismus« eine pejorative Note. Wie Eisner jedoch in seinem Gefängnistagebuch versichert[31], war er Anhänger des Grundsatzes der Vaterlandsverteidigung. Als Humanist verwarf er zwar gewaltsame Auseinandersetzungen zwischen den Völkern als

30 Hans Beyer, *Die Revolution in Bayern 1918-1919*, Berlin (DDR), S. 27.
31 Kurt Eisner, *Sozialismus als Aktion*, a.a.O., S. 67.

barbarisch und atavistisch[32], doch in einer Zeit, in der Kriege noch als Mittel der Politik galten, konnte er, zumal als Politiker, kein Pazifist sein.

Eine weitere »von Buch zu Buch« übergehende Unwahrheit findet sich erstmals in den Erinnerungen des Schriftstellers Oskar Maria Graf: Eisner sei nicht mit den von ihm angeführten Demonstranten in den Mathäserbräu gegangen, sondern habe im Franziskanerkeller jenseits der Isar sprechen wollen oder sollen.[33] Auf Grafs fehlerhafte Gedächtnisleistung stützen Anarchisten und Kommunisten ihre Behauptung, wonach die revolutionäre Bewegung nicht von Eisner, sondern von Erich Mühsam und »den Massen« initiiert und angeführt worden sei; mit ihr wollen Sozialdemokraten belegen, daß Eisner die revolutionäre Aktion nicht ausgelöst, sondern zögerlich und unentschlossen im Franziskanerkeller sitzend, sich erst später den Demonstranten im Mathäserbräu als Führer angeboten habe. Und schließlich gilt sie auch bürgerlichen Autoren als Beweis, daß der Sturz der Monarchie der willkürliche, einer Augenblickslaune entsprungene Handstreich eines Schwabinger Bohemiens gewesen sei.[34]

Mit Ausnahme der feierlichen Ansprachen im Nationaltheater[35] verfiel Eisner in den ungefähr zwanzig Reden, die er vorwiegend im provisorischen Nationalrat und vor den Arbeiter-, Soldaten- und Bauernräten hielt, nur an verhältnismäßig wenigen Stellen in ausgesprochen idealistische Rhetorik. Seine Äußerungen müssen also von vorgefaßter Warte aus gelesen werden, um sie als schwärmerisch-idealistisch bezeichnen zu können. Dies bestätigt sich auch in dem Pauschalurteil des Germanisten Wolfgang Frühwald[36]:

»Die politische Sprache der Eisner, Mühsam, Landauer und Toller ist die Sprache der Abstrakta; sie lebt aus dem Wortschatz des europäischen Anarchismus, der deutschen Klassik und des deutschen Idealismus.«

Dabei sei, fährt Frühwald fort, »vor allem auf die Schiller- und Beethovenrezeption der Eisner und Landauer« zu verweisen. Mit

32 Kurt Eisner, *Fernwertungen*, a. a. O.

33 Oskar Maria Graf, *Wir sind Gefangene*, Berlin 1928, S. 230; ders., *Gelächter von außen*, München 1966, S. 69f.

34 Siehe hierzu Freya Eisner, *Kurt Eisner. Der Publizist*, a. a. O., S. 164.

35 Vgl. Kurt Eisner, *Die neue Zeit*, a. a. O., 1. Folge, S. 30-35, 2. Folge, S. 1-11.

36 Wolfgang Frühwald, *Sprache und Bekenntnis. Kunst als Tat und Leben. Über den Anteil deutscher Schriftsteller an der Revolution 1918/19*, Berlin 1971, S. 361-389.

diesem Hinweis strapaziert Frühwald Eisners Aufsätze über Schiller und Beethoven und versteigt sich zu der Behauptung:

»Auf diesem Hintergrund, das heißt auf dem Hintergrund der Zielbestimmung der bayerischen Revolution in der Auseinandersetzung ihrer Führer mit Person und Werk Friedrich Schillers, gewinnen auch die Schillerzitate der deutsch-völkischen Gegenpropaganda – Goebbels hat später diese Tradition fortgesetzt – erst ihre eigentliche Dimension.«

Indem auch er einige von revolutionärem Enthusiasmus beflügelte Sätze Eisners zitiert und entgegen der Wahrheit erklärt, Eisner habe die darin enthaltenen Gedanken »immer wieder vorgetragen«, rückt er Kurt Eisners Sprachgebrauch in die Nähe der zynischen Phraseologie des NS-Propagandaredners Goebbels.

Die von Frühwald implizit vorgenommene Subsumierung der 105tägigen Regierungszeit Kurt Eisners unter die nur drei Wochen währenden Räterepubliken, also unter die fatalen Folgen seiner Ermordung, sowie die Behauptung, er habe die Räterepublik ausgerufen, oder aber, wie von Wilhelm Herzog irrtümlich überliefert[37], den »Freien Volksstaat Bayern«, sind »ewige Unwahrheiten«, an denen trotz jahrzehntelanger Berichtigungen beharrlich festgehalten wird.

Das gilt im Grunde auch für die »ewige Unwahrheit«, Eisner, der betonte Föderalist, habe als Ministerpräsident separatistische oder partikularistische Ziele verfolgt. Hans Mommsen etwa läßt in seinem 1989 erschienenen Buch *Die verspielte Freiheit* Eisner eine »Donau-Föderation unter Auflösung des Reiches ins Auge« fassen. Dieter Groh und Peter Brandt erklären in ihrer 1992 publizierten Schrift *Vaterlandslose Gesellen*, daß Eisner objektiv die Reichseinheit in Frage gestellt habe.[38]

37 Wilhelm Herzog, *Menschen, denen ich begegnete*, Bern und München 1959, S. 64; siehe hierzu auch Freya Eisner, *Kurt Eisner. Der Publizist*, a.a.O., S. 134; zu Ausrufung der Räterepublik: u.a.: Susanne Miller/Heinrich Potthoff, *Kleine Geschichte der SPD*, a.a.O., S. 83; Robert Hofmann, *Geschichte der deutschen Parteien. Von der Kaiserzeit bis zur Gegenwart*, München 1993, S. 131.

38 Hans Mommsen, *Die verspielte Freiheit. Der Weg der Republik von Weimar in den Untergang 1918 bis 1933*, Berlin 1989, S. 34, 66; Dieter Groh/Peter Brandt, *Vaterlandslose Gesellen. Sozialdemokratie und Nation 1860-1990*, München 1992, S. 178f.; siehe hierzu Freya Eisner, *Kurt Eisner: Die Politik des libertären Sozialismus*, S. 116; *Bayerische Dokumente zum Kriegsausbruch und zum Versailler Schuldspruch*. Hg. im Auftrag des Bayerischen Landtags von Dr. Pius Dirr, München und Berlin 1925, S. 69f.; siehe hierzu Hans Badewitz, *Das staatsrechtliche Spannungsfeld in Bayern 1918/1919*, in: *75 Jahre Bayerisches Staatsministerium für Landwirtschaft*, hg. vom Bayerischen Staatsministerium

Anläßlich des 75. Jahrestages der Ermordung Eisners äußerte der Historiker Franz J. Bauer, der Bearbeiter der 1987 veröffentlichten Ministerratsprotokolle der Regierung Eisner[39], gegenüber der *Deutschen Presse-Agentur*, Eisner sei »kein Realpolitiker« gewesen, »der sich auf das Alltagsgeschäft versteht«, und habe »die aktuellen Probleme der Kohlen- und Nahrungsmittelversorgung der Bevölkerung unterschätzt«. Die Protokolle belegen hingegen, daß Eisner sich in den Sitzungen des Ministerrats nachdrücklich auch mit der Lebensmittelversorgung und der Kohlenbeschaffung befaßt hat. Seine Appelle an die Entente und sein Drängen auf einen Präliminarfrieden, seine Anträge an die Reichskonferenz zur Bildung eines provisorischen Reichspräsidiums, das die Verhandlungen mit den Siegermächten führen sollte, und selbst seine Insistenz auf deutsche Alleinschuld am Krieg, motivierten seine Sorge, daß, wie er auf der Berliner Konferenz sagte, Deutschland, weil Rohstoffe und Lebensmittel fehlten, »in kürzester Frist zugrunde« gehe. Bauers Bemerkungen, die im Widerspruch zu seiner eigenen Publikation stehen, können in der Tat nur als Bestreben gedeutet werden, sich der gängigen Abwertung Eisners als wirklichkeitsfremd – einer Behauptung, die in den Ministerratsprotokollen eindrucksvoll widerlegt wird – im nachhinein anzuschließen.

Allerdings vermochte Bauer trotz minutiöser Kommentierung des revolutionären Geschehens anscheinend nicht zwischen Eisners Mitstreitern und seinen Gegnern zu unterscheiden. So führt er in seinem Literaturverzeichnis Albert Winter als den Verfasser eines ungezeichneten, gewaltverherrlichenden Artikels auf, der in der von Kurt Eisner begründeten, im Juli 1919 unter kommunistischer Leitung übergegangenen *Neuen Zeitung* am 7./8. November 1926 erschienen ist. Albert Winter hat jedoch, wie eingangs zitiert, noch in den Jahren 1928 und 1929 Kurt Eisners Politik verteidigt und 1928 auch dessen Gefängnistagebuch eingeleitet.[40]

für Ernährung, Landwirtschaft und Forsten, 1994, S. 31-42. Badewitz betont mit folgenden Worten Eisners Staatskonzept: »Die Eigenstaatlichkeit Bayerns, aber innerhalb eines föderalistisch aufgebauten neuen Ganzen.«

39 Franz J. Bauer (Bearbeiter), *Die Regierung Eisner 1918/1919. Ministerratsprotokolle und Dokumente*, Düsseldorf 1987; vgl. hierzu meine Rezension in der *Süddeutschen Zeitung* vom 12./13. 3. 1988; Pressemitteilung der *Deutschen Presse-Agentur: Der Schöpfer des Freistaates Bayern starb von Mörderhand.* Von Jürgen Balthasar, Februar 1994.

40 Siehe Freya Eisner, *Kurt Eisner. Der Publizist*, a. a. O., S. 159 mit Anm. 48; *Die Menschheit* Januar/Februar 1928.

Hans Beyer erwähnt in seinem Buch *Die Revolution in Bayern 1918/1919*, das eine Neubearbeitung seines 1957 erschienenen Bandes *Von der Novemberrevolution zur Räterepublik* darstellt, einen Brief Albert Winters, in dem es heißt, Eisner sei kurz vor seinem Tode »vor allem in Gesprächen mit Professor Jaffé dabei« gewesen, »über den Inhalt der russischen Oktoberrevolution eine andere Auffassung zu gewinnen«. Darauf habe auch Eisners Teilnahme an der großen Massendemonstration vom 16. Februar 1919 hingedeutet, »die ja ein einziger Protest gegen die Ermordung von Karl Liebknecht und Rosa Luxemburg durch Nosketruppen war«. Abgesehen davon, daß sich die Demonstration primär gegen das – nicht zuletzt von den radikalen Linken selbst provozierte – Erstarken der Gegenrevolution und gegen die mehrheitssozialdemokratischen Minister in Eisners Kabinett richtete[41], gibt es für einen Gesinnungswandel Eisners keinerlei Anzeichen. Nicht nur nahm er in Bern und in Basel gegen Diktatur und Gewaltmaßnahmen entschieden Stellung; er äußerte sich nach seiner Rückkehr aus der Schweiz, also wenige Tage vor seiner Ermordung, auch im Ministerrat negativ über die russischen Verhältnisse. Aus seinen letzten Reden in München geht ebenfalls seine Ablehnung hervor, wenngleich er den Bolschewismus nicht als »Schreckgespenst« anprangern wollte, »hinter dem sich die Bourgeoisie versteckt, um den Kapitalismus zu retten«.[42] Sollte der Brief Winters an Beyer authentisch sein, wäre eher anzunehmen, daß Albert Winter, wie manch anderer ehemaliger Gegner des Bolschewismus, nach der Erfahrung des Nationalsozialismus und des Krieges sowie in der Abneigung gegen die verbürgerlichte Sozialdemokratie eine »andere Auffassung« gewonnen hat und sie auf Kurt Eisner projizierte.

Daß das sozialdemokratische Eisner-Bild in seinen Grundzügen auch von bayerischen, der Partei nahestehenden Autoren nicht revidiert wird, zeigen die Veröffentlichungen der Schriftenreihe

41 Hans Beyer, *Die Revolution in Bayern*, a. a. O., S. 42, 174, Anm. 112; vgl. Freya Eisner, *Kurt Eisner: Die Politik des libertären Sozialismus*, a. a. O., S. 180 ff.; Franz J. Bauer, *Die Regierung Eisner*, a. a. O., S. 363, 365 f.; *Kongreß der Arbeiter-, Bauern- und Soldatenräte vom 14. 2. 1919*, in: *Neue Zeitung*, 15. 2. 1919; *Bayerische Staatszeitung*, 20. 2. 1919.

42 Kurt Eisner, *Sozialismus als Aktion*, a. a. O., S. 7 f.; Kurt Eisner, *Der Sozialismus und die Jugend*, a. a. O., S. 13, 15; *Basler National-Zeitung*, 5. 2. 1919; *Kurt Eisner über die Sozialisten-Konferenz in Bern*, Extranummmer der *Neuen Zeitung*; Franz J. Bauer, *Die Regierung Eisner*, a. a. O., S. 364, 369.

der sozialdemokratischen Georg-von-Vollmar-Akademie. Dort erschien 1990 eine Biographie über Johannes Hoffmann, den Kultusminister im Kabinett Eisners.[43] Hoffmann verhielt sich als einziger mehrheitssozialdemokratischer Minister gegenüber Kurt Eisner loyal. Er verteidigte ihn im Ministerrat gelegentlich und stand ihm persönlich nahe. Der Verfasser der Biographie, Diethard Hennig, zeigt zwar die relative Gesinnungsverwandtschaft und die gute Beziehung der beiden Politiker zueinander auf, doch klingt die Neigung an, Hoffmann von Eisner zu distanzieren. Als bedürfe dies keiner Begründung, spricht er vom »utopische(n) Denken Eisners« – obwohl Eisner im Ministerrat, dessen Sitzungsprotokolle Hennig vornehmlich auswertete, keinerlei idealistische gesellschaftspolitische Zielvorstellungen vorbrachte. Hennig suchte hingegen den Eindruck zu erwecken, als sei Eisner am Kabinettstisch unkundig redselig gewesen, indem er schreibt, daß Hoffmann sich, »im Gegensatz zu seinem Vorsitzenden im Ministerrat, meistens sehr knapp, aber präzis und pointiert zu den allgemeinen, politischen Problemen« geäußert habe. Überdies vermeidet er es, Eisner als den Verfasser sowohl der Freistaats-Proklamation als auch des Regierungsprogramms zu nennen, und führt beide Deklarationen lediglich als *Kundgebung* der Regierung an. Es finden sich Stereotypien wie »die unschlüssige Politik Eisners in der Rätefrage«. Wiederholt weist Hennig darauf hin, daß der Unabhängige Sozialdemokrat Hans Unterleitner, der dem Ministerium für soziale Fürsorge vorstand, Eisners Schwiegersohn – einmal sogar dessen »braver Schwiegersohn« – gewesen sei, obwohl dieser Umstand weder im Ministerrat noch in Eisners Politik in Erscheinung trat.[44] Wie vielen Autoren ist auch Hennig entgangen, daß es neben dem »Rat geistiger Arbeiter«, der unter Lujo Brentanos Leitung Eisner befeindete, einen von Heinrich Mann gegründeten »Politischen Rat geistiger Arbeiter« gab, der Eisners Politik unterstützte.

In dem 1992 von Hartmut Mehringer herausgegebenen Band

43 Diethard Hennig, *Johannes Hoffmann. Sozialdemokrat und Bayerischer Ministerpräsident*, München 1990, S. 150, 181 f., 103, 116, auch Anm. 1 und 2, 113, 102, 147.

44 Philiströs mag es auch erscheinen, wenn Henning dem ersten Satz der Proklamation: »Das furchtbare Schicksal, das über das deutsche Volk hereingebrochen«, in dem Eisner, wie zu jener Zeit in gehobener Sprache nicht unüblich, auf das Hilfsverb verzichtete, in Klammern hinzufügt: »ist, d. Verf.«.

Von der Klassenbewegung zur Volkspartei[45], der ebenfalls in der Schriftenreihe der Georg-von-Vollmar-Akademie erschien, wird Eisners Revolution nachdrücklich mißbilligt, als »Desaster« bezeichnet, zu dem es nur gekommen sei, weil Georg von Vollmar sich krankheitshalber aus der Politik habe zurückziehen müssen.

Die Revolution und ihre Folgen behandelt indes sachlich und den Fakten entsprechend Klaus Schönhoven. Zutreffend stellt er fest, daß für Eisners Konzept der ›produktiven Demokratie‹, »das zwischen Bolschewismus und Parlamentarismus, aber auch zwischen Kommunismus und Kapitalismus angesiedelt war«, spätestens »am Jahresende 1918« kein politischer Freiraum mehr geblieben sei.[46]

Hingegen beschreibt der Beiträger Bernhard Grau Kurt Eisners Persönlichkeit, beruflichen Werdegang und politisches Wirken nur vordergründig und in manchen Details ungenau. Er greift auf die ebenfalls falsche Überlieferung zurück, Wilhelm Liebknecht sei Eisners »Lehrmeister« gewesen, obwohl der 31jährige bei seinem Eintritt in die *Vorwärts*-Redaktion als Journalist und Publizist bereits genug Erfahrung besaß. Außerdem übernimmt Grau das kommunistische Klischee, wonach Eisners Positionen »von bürgerlichen Idealen geprägt« gewesen seien.

Als weitere Veröffentlichung in der Schriftenreihe der Georg-von-Vollmar-Akademie ist die Monographie Karl Heinrich Pohls über die Münchener Arbeiterbewegung 1890-1914 zu nennen.[47] Pohl hat 1991 Kurt Eisners Rede auf der ersten Sitzung des Münchener Arbeiterrats tiefgreifend analysiert und auf dieser verhältnismäßig schmalen Basis Eisners Rätekonzeption und Politik kritisch untersucht. Am Schluß seiner Abhandlung schreibt er:

»Seine persönliche Integrität, ein für ihn (und im Grunde für jeden Politiker) ebenso wichtiger Faktor wie der Erfolg, wurde ihm nicht einmal von seinen politischen Gegnern abgesprochen. Wenn das allein in Deutschland auch kein Grund sein mag, ihm in der Historiographie und im Geschichts-

45 Hartmut Mehringer (Hg.), *Von der Klassenbewegung zur Volkspartei. Wegmarken der bayerischen Sozialdemokratie 1892-1992*, München 1992, S. 60, 126-136; vgl. auch meine Rezension in der *Süddeutschen Zeitung* vom 6. 10. 1992.

46 Ebenda, S. 117f.

47 Karl Heinrich Pohl, *Die Münchener Arbeiterbewegung. Sozialdemokratische Partei, Freie Gewerkschaften, Staat und Gesellschaft in München 1890-1914*, München 1992.

unterricht den gebührenden Platz einzuräumen, dann sollte es wenigstens kein Hindernis sein, es endlich zu tun.«[48]

Mit dieser, stilistisch etwas veränderten Mahnung beschloß Pohl im selben Jahr auch seinen Beitrag zur Festschrift anläßlich des 60. Geburtstags von Hans-Ulrich Wehler.[49] Der etwas irreführende Titel lautet *Kurt Eisner und die Räterepublik*. Unter Zitierung vor allem aus Stampfers Invektive im *Vorwärts* weist er darauf hin, daß »z.T. bis heute die deutsche Geschichtswissenschaft« ähnliche Urteile über Eisner fälle.

Doch in seinem 1992 in der Schriftenreihe der Vollmar-Akademie publizierten Werk über die Münchner Arbeiterbewegung zeichnet er gleichwohl ein tendenziös vereinseitigtes Bild vom Wirken Kurt Eisners in der Sozialdemokratischen Partei. Seiner Feststellung, daß Eisner »trotz mancher Bemühungen nicht als ein vom Marxismus durchdrungener Sozialist bezeichnet werden« könne, ist, da Eisner tief von Kant beeinflußt war, durchaus zuzustimmen. Doch mit seinem nächsten Satz: »Der ›*Vorwärts*-Konflikt‹, seine Mitarbeit bei den *Sozialistischen Monatsheften* und seine literarische Produktion stempeln ihn eher zu einem politischen Moralisten und zu einem ›ethischen Sozialisten‹«, schließt er sich den üblichen Abwertungen Eisners an. Da Eisner den *Sozialistischen Monatsheften* über Jahrzehnte hinweg lediglich ein Dutzend Artikel geliefert hat, kann er genaugenommen nicht als »Mitarbeiter« gelten, als den ihn freilich auch andere Autoren einstufen.[50] Die abwertend gebrauchten Epitheta »politischer Moralist« und »ethischer Sozialist« erhalten eine besondere Bedeutung durch die Tatsache, daß Pohl Eisner in einem Atemzug mit Adolf Müller nennt, der »auch« eher »ein Gefühlssozialist und

48 Karl Heinrich Pohl, *Bausteine für die Unterrichtspraxis. Die Rede Kurt Eisners auf der 1. Sitzung des Münchener Arbeiterrats am 5. 12. 1918*, in: *Geschichte in Wissenschaft und Unterricht* 1 (1991), S. 290-302. Auf Seite 291 bezeichnet Pohl den von mir herausgegebenen Band *Sozialismus als Aktion* als den »besten Sammelband nach wie vor«, und in der Anmerkung 2 schreibt er, daß meine Studie *Kurt Eisner: Die Politik des libertären Sozialismus* »nach wie vor als beste Einführung in Persönlichkeit und Politik Eisners gelten« müsse und er sich ihr »in hohem Maße verpflichtet« fühle.

49 Karl Heinrich Pohl, *Kurt Eisner und die Räterepublik in München*, in: *Was ist Gesellschaftsgeschichte? Positionen, Themen, Analysen.* Hg. von Manfred Hertling u.a., München 1991, S. 225-236. Auf S. 235, Anm. 2, wiederholt er die Anerkennung meiner Arbeit und sein Bekenntnis, daß er sich ihr »in hohem Maße verpflichtet« fühle.

50 Z.B. Susanne Miller, *Burgfrieden*, a.a.O., S. 61, Anm. 10.

bürgerlicher Menschenfreund« gewesen sei.[51] Obgleich Pohl zumindest die in den von ihm erwähnten Sammelband enthaltenen Aufsätze und Reden Eisners kennt – in seinem Literaturverzeichnis führt er auch Eisners Abhandlung *Parlamentarismus und Ministerialismus* auf –, reduziert er Eisners »literarische Produktion« auf Schöngeistiges. Sein Versprechen, Kurt Eisner einen »gebührenden Platz in der Historiographie« einzuräumen, hat Pohl nicht eingelöst.

51 Karl Heinrich Pohl, *Die Münchener Arbeiterbewegung*, a.a.O., S. 152.

Textnachweise

Parlamentarismus und Ministerialismus, in: *Die Neue Zeit*, 19,2 (1900-1901), S. 484-491
Über den Parteitag in Hannover 1899, in: *Vorwärts*, 10., 11., 12., 15. 10. 1899
Über den Parteitag in Mainz 1900, in: *Vorwärts*, 16. und 22. 9. 1900
Über den Parteitag in Lübeck 1901, in: *Vorwärts*, 22. und 29. 9. 1901
Vor dem Parteitag in Dresden 1903, in: *Vorwärts*, 30. 8. 1903
Resolution an den Parteitag in Dresden 1903, in: *Protokoll über die Verhandlungen der Sozialdemokratischen Partei Deutschlands in Dresden 1903*, S. 127f.
Zum Parteitag in Dresden 1903, in: *Vorwärts*, 13. und 22. 9. 1903
Im preußischen Herrenhaus, in: *Der Zukunftsstaat der Junker. Manteuffeleien gegen die Sozialdemokratie im preußischen Herrenhaus am 11. und 13. Mai 1904*, Berlin 1904, S. 3-10
Sittenbilder des Kapitalismus, in: *Vorwärts*, 7. 1., 8. 4., 24. 6., 3. 6. 1900; 20. 3. 1904
Zur Wissenschaftlichkeit des Sozialismus, in: *Vorwärts*, 15. und 18. 6. 1901
Zum Internationalen Sozialisten-Kongreß in Amsterdam 1904, in: *Vorwärts*, 14. und 21. 8. 1904
Zum Parteitag in Jena 1905, in: *Vorwärts*, 6. 7. und 17. 9. 1905
Zum Internationalen Sozialisten-Kongreß in Stuttgart 1907, in: *Fränkische Tagespost*, 17. und 26. 8. 1907
Zum Parteitag in Essen 1907, in: *Fränkische Tagespost*, 14. 9. 1907
Zum Parteitag in Nürnberg 1908, in: *Fränkische Tagespost*, 12. 9. 1908
Antrag an den Parteitag in Nürnberg 1908 und Begründung, in: *Protokoll über die Verhandlungen der Sozialdemokratischen Partei Deutschlands in Nürnberg 1908*, S. 186, 456f.
Auf einer Mitgliederversammlung nach dem Nürnberger Parteitag, in: *Fränkische Tagespost*, 8. 10. 1908
Zum Parteitag in Leipzig 1909, in: *Fränkische Tagespost*, 11. 9. 1909
Antrag an den Parteitag in Leipzig 1909 und *Begründung*, in: *Protokoll über die Verhandlungen der Sozialdemokratischen Partei Deutschlands in Leipzig 1909*, S. 221, 322ff.
Die Mobilmachung als Kriegsursache, in: *Unterdrücktes aus dem Weltkriege*, München 1919, S. 51f.
Auf der gemeinsamen Konferenz der »Arbeitsgemeinschaft und der Gruppe Internationale« am 7. Januar 1917, in: *Protokoll über die Verhandlungen des Gründungs-Parteitages der U.S.P.D. vom 6. bis 8. 4. 1917 in Gotha.* Mit einem Anhang: *Bericht über die gemeinsame Konferenz der Arbeitsgemeinschaft und der Spartakusgruppe vom 7. 1. 1917 in Berlin*, Berlin 1921, S. 100f.
Aufruf zum Streik, Flugblatt zum Munitionsarbeiterstreik vom 31. Januar

1918, Stiftung Archiv der Parteien und Massenorganisationen der DDR im Bundesarchiv, Berlin, NL 60/5
Kundgebung, in: *Sozialismus als Aktion. Ausgewählte Aufsätze und Reden.* Hg. von Freya Eisner, Frankfurt/M. 1975, S. 64f.
Aufruf »An die Bevölkerung Münchens!«, in: *Münchener Neueste Nachrichten*, 8. 11. 1918
Handschriftlicher Entwurf Kurt Eisners des Aufrufs »An die Bevölkerung Münchens!«, Bayerisches Hauptstaatsarchiv, MA 1027
Eröffnungsrede in der ersten öffentlichen Sitzung des provisorischen Nationalrates des Volksstaates Bayern am 8. November 1918, in: *Die Neue Zeit*, Erste Folge, München 1919, S. 8-16
Das Regierungsprogramm, ebenda, S. 20-29
Ansprache anläßlich der Revolutionsfeier im Nationaltheater am 17. November 1918, ebenda, S. 33f.
Rede in der 4. Sitzung des provisorischen Nationalrates am 17. Dezember 1918, in: *Stenographische Berichte über die Verhandlungen des provisorischen Nationalrates des Volksstaates Bayern*, S. 62-70
Die Aufgabe des Bayerischen Sozialisierungs-Ausschusses, in: *Sozialismus als Aktion*, a.a.O., S. 124-132
Das Staatsgrundgesetz, Bayerisches Hauptstaatsarchiv MA I 988
Die Stellung der Arbeiter-, Soldaten- und Bauernräte, zusammengestellt aus verschiedenen Reden Kurt Eisners vor den Räten und im provisorischen Nationalrat sowie aus Dokumenten im Bayerischen Hauptstaatsarchiv (MA I 1013, MA 102 378)
Richtlinien für die künftige sozialistische Politik, in: *Neue Zeitung*, 15. 1. 1919

Literaturverzeichnis

Adler, Victor, *Briefwechsel mit August Bebel und Karl Kautsky*, gesammelt und erläutert von Friedrich Adler, Wien 1954
Amery, Carl/Ay, Karl-Ludwig, *Appelle einer Revolution. Dokumente aus Bayern zum Jahr 1918/1919*, München 1968
Anweiler, Oskar, *Die Rätebewegung in Rußland 1905-1921*, Leiden 1958
Aretin, Erwein Freiherr von, *Der Monarchist und der Sozialist in der Zelle 39*, in: *Münchner Merkur*, 7./8. 3. 1953
Aretin, Karl Otmar Freiherr von, *Vortrag zum 70. Jahrestag der Ermordung Kurt Eisners am 21. Februar 1989 in München*, Manuskript
Arnold, Volker, *Rätebewegung und Rätetheorien in der Novemberrevolution. Räte als Organisationsformen des Kampfes und der Selbstbestimmung*, Hamburg ²1985
Axelrod, Paul, *Die russische Revolution und die sozialistische Internationale. Aus dem literarischen Nachlaß von Paul Axelrod*, Jena 1932
Badewitz, Hans, *Das staatsrechtliche Spannungsfeld in Bayern 1918/1919*,

in: *75 Jahre Bayerisches Staatsministerium für Ernährung, Landwirtschaft und Forsten*, München 1994, S. 31-42
Bauer, Franz (Bearbeiter), *Die Regierung Eisner 1918/19. Ministerratsprotokolle und Dokumente*, Düsseldorf 1987
Bauer, Markus, *Passage Marburg. Ausschnitte aus 24 Lebenswegen*, Marburg 1994
Bebel, August, *Die Frau und der Sozialismus*, Stuttgart 1894
Beißwanger, Konrad (Hg.), *Stimmen der Freiheit. Blütenlese der besten Schöpfungen unserer Arbeiter- und Volksdichter*, Nürnberg [4]1914, S. 187-194
Berle, Waltraud, *Heinrich Mann und die Weimarer Republik. Zur Entwicklung eines politischen Schriftstellers in Deutschland*, Bonn 1983
Bernstein, Eduard, *Idealismus, Kampftheorie und Wissenschaft*, in: *Sozialistische Monatshefte* 1901, 2. Bd., S. 597-608
–, *Der Revisionismus in der Sozialdemokratie*, in: *Handbuch der Politik*, 2. Bd.: *Aufgaben der Politik*, Berlin und Leipzig 1912/13
–, *Die deutsche Revolution, Geschichte der Entstehung und ersten Amtsperiode der deutschen Republik*, Berlin 1921
–, *Die Voraussetzungen des Sozialismus und die Aufgaben der Sozialdemokratie*, hg. von Günther Hillmann, Hamburg 1969
Beyer, Hans, *Die Revolution in Bayern 1918/1919*, Berlin 1982
Boelcke, Willi A. (Hg.), *Krupp und die Hohenzollern in Dokumenten*, Frankfurt/M. 1970
Braun, Lily, *Memoiren einer Sozialistin. Kampfjahre*, München 1911
Braunthal, Julius, *Geschichte der Internationale*, 3 Bde., Hannover 1977
Brinker-Gabler, Gisela (Hg.), *Deutsche Dichterinnen vom 16. Jahrhundert bis zur Gegenwart. Gedichte und Lebensläufe*, Frankfurt/M. 1978, S. 271 f.
Channon, Henry, *Die Ludwige von Bayern*, München 1933
Cohen, Hermann, *Kants Begründung der Ästhetik*, Berlin 1889
–, *Ethik des reinen Willens*, Berlin 1904
–, *Das Verhältnis der Ethik zu Religion und Politik*, in: *Neukantianismus. Texte der Marburger und der Südwestdeutschen Schule, ihrer Vorläufer und Kritiker*. Mit einer Einleitung hg. von Hans-Ludwig Ollig, Stuttgart 1982, S. 73-96
Dähn, Horst, *Rätedemokratische Modelle. Studien zur Rätediskussion in Deutschland 1918-1919*, Meisenheim 1975
Deutsches Biographisches Jahrbuch, Berlin und Leipzig 1928
Dirr, Pius, *Bayerische Dokumente zum Kriegsausbruch und zum Versailler Schuldspruch*. Hg. im Auftrag des Bayerischen Landtages, München und Berlin [3]1925
Dittmann, Wilhelm, *Die Unabhängige Sozialdemokratische Partei Deutschlands*, in: *Handbuch der Politik*, 3. Bd.: *Die politische Erneuerung*, Berlin und Leipzig 1921

–, *Erinnerungen*, bearbeitet und eingeleitet von Jürgen Rojahn, Frankfurt/M./New York 1995
Dorst, Tankred (Hg.), *Die Münchener Räterepublik. Zeugnisse.* Mit einem Kommentar versehen von Helmut Neubauer, Frankfurt/M. 1966
Eisner, Freya, *Politik ist Erziehung*, in: *Emuna* 2 (1969), S. 98-102
–, *Sozialismus als Aktion. Ausgewählte Aufsätze und Reden.* Hg. von Freya Eisner, Frankfurt/M. 1975 (= edition suhrkamp 773)
–, *Diktatorischer oder demokratischer Sozialismus?* in: *Die Neue Gesellschaft* 10 (1976), S. 840-844
–, *Das Verhältnis der KPD zu den Gewerkschaften in der Weimarer Republik*, Köln/Frankfurt/M. 1977
–, *Kurt Eisners Konzeption des demokratischen Sozialismus*, in: *L'76* 11 (1979), S. 161-170
–, *Kurt Eisner: Die Politik des libertären Sozialismus*, Frankfurt/M. 1979 (= edition suhrkamp 422)
–, *Kurt Eisner. Der Publizist und Politiker. Seine Einschätzung durch Zeitgenossen und in jüngerer Literatur*, Diss. Bremen 1991
–, *Zwischen Kapitalismus und Kommunismus*, in: Friedrich Weckerlein (Hg.) *Freistaat: Die Anfänge des demokratischen Bayern 1918/19*, München/Zürich 1994, S. 99-108
–, *Kurt Eisners Ort in der sozialistischen Bewegung*, in: *Vierteljahreshefte für Zeitgeschichte* 3 (1995), S. 407-435
Eisner, Kurt, *Psychopathia spiritualis. Friedrich Nietzsche und die Apostel der Zukunft*, Leipzig 1892
–, *Eine Junkerrevolte. Drei Wochen preußischer Politik*, Berlin 1899
–, *Wilhelm Liebknecht. Sein Leben und Wirken*, Berlin 1900, ²1906
–, *Taggeist. Culturglossen*, Berlin 1901
–, *Der Zukunftsstaat der Junker. Manteuffeleien gegen die Sozialdemokratie im preußischen Herrenhaus am 11. und 13. Mai 1904*, Berlin ³1904
–, *Der Geheimbund des Zaren. Der Königsberger Prozeß wegen Geheimbündelei, Hochverrat gegen Rußland und Zarenbeleidigung vom 12. bis 25. Juli 1904*, Berlin 1904
–, *Feste der Festlosen. Hausbuch weltlicher Predigtschwänke*, Dresden 1906
–, *Der Sultan des Weltkrieges. Ein marokkanisches Sittenbild deutscher Diplomaten-Politik*, Dresden 1906
–, *Der Vorwärts-Konflikt. Gesammelte Aktenstücke.* Hg. Büttner, Gradnauer, Eisner, Kaliski, Schröder, Wetzker, München 1906
–, *Das Ende des Reichs. Deutschland und Preußen im Zeitalter der großen Revolution*, Berlin 1907
–, *Gesammelte Schriften*, 2 Bde., Berlin 1919
–, *Unterdrücktes aus dem Weltkriege*, München-Wien-Zürich 1919
–, *Die neue Zeit*, 1. und 2. Folge, München 1919
–, *Der Sozialismus und die Jugend*, Basel 1919

–, *Schuld und Sühne*, Berlin 1919
–, *Die Götterprüfung*, Berlin 1920
–, *Wachsen und Werden, Aphorismen, Gedichte, Tagebuchblätter, Dramatische Bruchstücke, Prosa usw.*, Leipzig 1926
–, *Mein Gefängnistagebuch*, in: *Die Menschheit* Nr. 3-9 (1928)
–, *Welt werde froh.* Zum 10. Jahrestage der Ermordung Kurt Eisners, herausgegeben von der Büchergilde Gutenberg, Berlin. Aus dem Nachlaß Kurt Eisners zusammengestellt von Erich Knauf. Nachwort von Heinrich Knauf, Berlin 1929
Ekehart, *Kurt Eisner*, in: *Der Volksstaat. Eine Wochenschrift*, Nürnberg 1. 3. 1919
Fechenbach, Felix, *Der Revolutionär Kurt Eisner*, Berlin 1929
Fischer, Fritz, *Griff nach der Weltmacht. Die Kriegszielpolitik des kaiserlichen Deutschland 1914-1918*, Düsseldorf ^{3}1964
Friedemann, Peter (Hg.), *Materialien zum politischen Richtungsstreit in der deutschen Sozialdemokratie 1830-1917. Mit einer Einleitung von Hans Mommsen*, 2 Bde., Frankfurt/Wien 1977
Frühwald, Wolfgang, *Sprache und Bekenntnis. Kunst als Tat und Leben. Über den Anteil deutscher Schriftsteller an der Revolution in München 1918/1919*. Sonderband des Literaturwissenschaftlichen Jahrbuchs, Berlin 1971
Gärtner, Georg, *Mit uns zieht die neue Zeit. Geschichte der Nürnberger Arbeiterbewegung bis 1928*, Nürnberg 1928
Geiss, Imanuel, *Der lange Weg in die Katastrophe. Die Vorgeschichte des Ersten Weltkriegs 1815-1914*, München 1990
Gilcher-Holtey, Ingrid, *Das Mandat des Intellektuellen. Karl Kautsky und die Sozialdemokratie*, Berlin 1986
Graf, Oskar Maria, *Wir sind Gefangene*, Berlin 1928
–, *Gelächter von außen*, München 1966
Grebing, Helga, *Geschichte der deutschen Arbeiterbewegung*, München ^{11}1981
Groh, Dieter/Brandt, Peter, *Vaterlandslose Gesellen. Sozialdemokratie und Nation 1860-1990*, München 1992
Gurganus, Albert E., *The Art of Revolution: Kurt Eisner's Agitprop*. Studies in German Literature, Linguistics, and Culture, Camden House, Columbia, SC. 1986
Haase, Ernst, *Hugo Haase. Sein Leben und Wirken*, Berlin-Frohnau 1929
Hausenstein, Wilhelm, *Erinnerung an Eisner*, in: *Der Neue Merkur*, April 1919, S. 56-68
Hennig, Diethard, *Johannes Hoffmann. Sozialdemokrat und Bayerischer Ministerpräsident*, München 1990
Herz, Rudolf/Halfbrodt, Dirk, *Revolution und Fotografie München 1918/19*, Berlin 1988
Herzog, Wilhelm, *Menschen, denen ich begegnete*, Bern/München 1959

Hobbes, Thomas, *Leviathan oder Stoff, Form und Gewalt eines kirchlichen und bürgerlichen Staates.* Hg. und eingeleitet von Iring Fetscher, Frankfurt/M. 1984

Hoser, Paul, *Die politischen, wirtschaftlichen und sozialen Hintergründe der Münchner Tagespresse zwischen 1914 und 1918. Methoden der Beeinflussung.* Teil 1 und 2. Europäische Hochschulschriften, Frankfurt/M. 1990

Hume, David, *Eine Untersuchung über die Prinzipien der Moral*, Stuttgart 1984

Jegelka, Norbert, *Paul Natorp. Philosophie. Pädagogik. Politik*, Würzburg 1992

Kampffmeyer, Paul, *Der Ethiker und Politiker Kurt Eisner*, in: *Sozialistische Monatshefte* 1929, 1. Bd., S. 119-126

Kant, Immanuel, *Kritik der praktischen Vernunft. Grundlegung zur Metaphysik der Sitten*, Frankfurt/M. 1974

Kautsky, Karl, *Unsere taktischen Differenzen*, in: *Vorwärts*, 13. 9. 1903

–, *Der mögliche Abschluß einer unmöglichen Diskussion*, in: *Die Neue Zeit*, Jg. 23, Bd. 2 (1904/05), S. 795-804

–, *Ethik und materialistische Geschichtsauffassung*, Stuttgart 1910

–, *Die Diktatur des Proletariats*, Wien 1918

–, *Gegen die Diktatur*, Berlin 1919

–, *Die Sozialisierung der Landwirtschaft*, Berlin 1919

–, *Was ist Sozialisierung?* Referat, gehalten auf dem 2. Reichskongreß der A.-S. und B.-Räte am 14. 4. 1919, Berlin 1919

Kautsky jr., Karl (Hg.), *August Bebels Briefwechsel mit Karl Kautsky*, Assen 1971

Kluge, Ulrich, *Die deutsche Revolution 1918/1919*, Frankfurt/M. 1985

Kolb, Eberhard, *Die Arbeiterräte in der deutschen Innenpolitik 1918/1919*, Düsseldorf 1962

–, *Der Zentralrat der Deutschen Sozialistischen Republik 19. 12. 1918-8. 4. 1919. Vom ersten zum zweiten Rätekongreß.* Bearbeitet von Eberhard Kolb unter Mitwirkung von Reinhard Rürup, Leiden 1968

Kolb, Wilhelm, *Die Sozialdemokratie am Scheidewege*, Karlsruhe 1915

Kopp, Günter, *Emanzipation durch Räte? Die Lehre von München 1918/19. Eine gesellschaftsgeschichtliche Deutung*, München 1973

Kraus, Andreas, *Geschichte Bayerns. Von den Anfängen bis zur Gegenwart*, München ²1988

Lange, Friedrich Albert, *Der Standpunkt des Ideals*, in: *Neukantianismus. Texte der Marburger und der Südwestdeutschen Schule, ihrer Vorläufer und Kritiker.* Mit einer Einleitung hg. von Hans-Ludwig Ollig, Stuttgart 1982

Lehnert, Detlef, *Sozialdemokratie zwischen Protestbewegung und Regierungspartei 1848-1983*, Frankfurt/M. 1983

Lenin, Wladimir Iljitsch, *Der Zusammenbruch der II. Internationale*, Berlin 1951

–, *Über Deutschland und die deutsche Arbeiterbewegung*, Berlin 1960
–, *Die proletarische Revolution und der Renegat Kautsky*, Berlin 1970
–, *Der Imperialismus und die Spaltung des Sozialismus*, Berlin 1971
–, *Lexikon des Sozialismus*. Hg. von Thomas Meyer, Karl-Heinz Klär, Susanne Miller, Klaus Novy, Heinz Timmermann, Köln 1986
Lösche, Peter, *Der Bolschewismus im Urteil der deutschen Sozialdemokratie*, Berlin 1967
Lorenz, Richard (Hg.), *Die russische Revolution 1917*, München 1981
Lübbe, Hermann, *Politische Philosophie in Deutschland. Studien zu ihrer Geschichte*, Basel/Stuttgart 1963
Luxemburg, Rosa, *Sozialreform oder Revolution*, in: dies., *Schriften zur Theorie der Spontaneität*. Hg. von Susanne Hillmann, Hamburg 1970
–, *Gesammelte Briefe*, Bd. 2, Berlin (Ost) 1982
–, *Gesammelte Werke*, Bd. 4: *August 1914 bis Januar 1919*, Berlin (Ost) [5]1990
Mann, Heinrich, *Essays*, 2. Bd., Berlin (Ost) 1956
Martow, Julius, *Geschichte der russischen Sozialdemokratie*. Mit einem Nachtrag von Th. Dan: *Die Sozialdemokratie Rußlands nach dem Jahre 1908*, Berlin 1926
Marx-Engels Werke, Berlin (Ost) 1973
Mehring, Franz, *Gesammelte Schriften*, Berlin 1977
–, *Geschichte der deutschen Sozialdemokratie*, 4 Bde. Stuttgart [3]1906
Mehringer, Hartmut (Hg.), *Von der Klassenbewegung zur Volkspartei. Wegmarken der bayerischen Sozialdemokratie 1892-1992*, München u. a. 1992
Michels, Robert, *Kurt Eisner*, in: *Archiv für Geschichte des Sozialismus und der Arbeiterbewegung*, hg. von Carl Grünberg, 1929, S. 364-391
Miller, Susanne, *Burgfrieden und Klassenkampf. Die deutsche Sozialdemokratie im Ersten Weltkrieg*, Düsseldorf 1974
–, *Die Bürde der Macht. Die deutsche Sozialdemokratie 1918-1920*, Düsseldorf 1978
Miller, Susanne/Potthoff, Heinrich, *Kleine Geschichte der SPD*, Bonn [4]1981
Mitchell, Allan, *Revolution in Bayern 1918/1919. Die Eisner-Regierung und die Räterepublik*, München 1967
Mommsen, Hans, *Die verspielte Freiheit. Der Weg der Republik von Weimar in den Untergang 1918 bis 1933*, Berlin 1989
Müller, Richard, *Die Novemberrevolution*, Berlin [2]1973
–, *Der Bürgerkrieg in Deutschland*, Berlin o. J., Reprint 1925
Müller-Aenis, Martin, *Sozialdemokratie und Rätebewegung in der Provinz Schwaben und Mittelfranken in der bayerischen Revolution 1918-1919*, München 1986
Müller-Franken, Hermann, *Die Novemberrevolution. Erinnerungen*, Berlin 1928

Natorp, Paul, *Sozialpädagogik. Theorie der Willenserziehung auf der Grundlage der Gemeinschaft*, Stuttgart 1899

–, *Kant und die Marburger Schule. Kant-Studien*, in: *Philosophische Zeitschrift*. Hg. von Hans Vaihinger und Bruno Bauch, Berlin 1912, S. 193-221.

–, *Hermann Cohen als Mensch, Lehrer und Forscher*, Marburg 1918

Nipperdey, Thomas, *Deutsche Geschichte 1866-1918*. Erster Band: *Arbeitswelt und Bürgergeist*, München 1990

Pannekoek, Anton, *Die taktischen Differenzen in der Arbeiterbewegung*, Hamburg 1909

Pohl, Karl Heinrich, *Kurt Eisner und die Räterepublik in München*, in: *Was ist Gesellschaftsgeschichte? Positionen, Themen, Analysen. Hans-Ulrich Wehler zum 60. Geburtstag*. Hg. von Manfred Hettling u. a., München 1991, S. 225-236.

Possony, Stefan T., *Lenin. Eine Biographie*, Köln 1965

Prager, Eugen, *Geschichte der U.S.P.D.*, Berlin 1921

Qiang, Shen, *Die neukantianische Bewegung im Sozialismus. Eine Studie zu neukantianischen Quellen des Demokratischen Sozialismus*, Diss. Bremen 1992

Quidde, Ludwig, *Monarchie, Republik, Revolution, Demokratie*, München 1918

Reinig, Richard, *Zur Kritik des Sowjetismus am Kritizismus Kants. Versuch eines philosophisch-pädagogischen Vergleichs*, Ratingen bei Düsseldorf 1964

Ritter, Gerhard A. (Hg.), *Die II. Internationale 1918/1919*, Bd. I und II, Berlin-Bonn 1980

–, *Die Sozialdemokratie im Deutschen Kaiserreich in sozialgeschichtlicher Perspektive*, München 1989

Ritter, Gerhard A./Miller, Susanne (Hg.), *Die deutsche Revolution 1918/1919, Dokumente*, Frankfurt/M. 1983

Ritter, Gerhard A./Kocka, Jürgen (Hg.), *Deutsche Sozialgeschichte. Dokumente und Skizzen*. Band II: *1870-1914*, München [2]1977

Rosenberg, Arthur, *Entstehung der Weimarer Republik*. Hg. von Kurt Kesten, Frankfurt/M. 1961

–, *Geschichte der Weimarer Republik*. Hg. von Kurt Kesten, Frankfurt/M. 1961

Rovan, Joseph, Geschichte der deutschen Sozialdemokratie, Frankfurt/M. 1918

Sandkühler, Hans Jörg, *Kant, neukantianischer Sozialismus, Revisionismus. Zur Entstehung der Ideologie des Demokratischen Sozialismus*, in: *Marxismus und Ethik. Texte zum neukantianischen Sozialismus*. Hg. von Rafael de la Vega und Hans Jörg Sandkühler, Frankfurt/M. 1970, S. 7-43

Schade, Franz, *Kurt Eisner und die bayerische Sozialdemokratie*, Hannover 1961

Schönau, Birgit, *Des sanften Literaten Traum von der »produktiven Demokratie«*, in: *Frankfurter Rundschau*, 21. 2. 1989
Schueler, Hermann, *Auf der Flucht erschossen. Felix Fechenbach 1894-1933*, Köln 1981
Schulze, Hagen, *Weimar. Deutschland 1917-1933*, Berlin 1982
Sebottendorf, Rudolf von, *Bevor Hitler kam*, München 1933
Seitz, Norbert, *Bürger-Sozialist und Künstler-Anarchist. Vor siebzig Jahren wurde Kurt Eisner ermordet*, in: *Die Neue Gesellschaft/Frankfurter Hefte* 2, Februar 1989, S. 100-103
Smith, Adam, *Theorie der ethischen Gefühle*, Leipzig 1926
–, *Der Wohlstand der Nationen*, München [3]1983
Sombart, Werner, *Sozialismus und soziale Bewegung im 19. Jahrhundert. Nebst Anhang: Chronik der sozialen Bewegung von 1750-1896*, Jena 1896
–, *Dennoch. Aus Theorie und Geschichte der gewerkschaftlichen Arbeiterbewegung*, Jena 1900
Spartakusbriefe, hg. vom Institut für Marxismus-Leninismus beim ZK der SED, Berlin 1958
Speckner, Herbert, *Die Ordnungszelle Bayern. Studien zur Politik des bayerischen Bürgertums, insbesondere der Bayerischen Volkspartei von der Revolution bis zum Ende des Kabinetts von Dr. Kahr*. Diss. Erlangen 1955
Spindler, Max (Hg.), *Bayerische Geschichte im 19. und 20. Jahrhundert. 1800 bis 1970*. Erster Teilband: *Staat und Politik. Die Novemberrevolution in Bayern und die Regierung Eisner* von Albert Schwarz, München 1978
Stampfer, Friedrich, *Die 14 Jahre der ersten Deutschen Republik*, Offenbach 1947
–, *Erfahrungen und Erkenntnisse*, Köln 1957
Staudinger, Franz, *Ethik und Politik*, Berlin 1899
–, *Sozialismus und Kultur. Profitwirtschaft oder Versorgungswirtschaft*, Berlin 1919
–, *Die Konsumgenossenschaft*, Berlin [2]1919
Steinberg, Hans-Josef, *Sozialismus und deutsche Sozialdemokratie*, Hannover 1979
Stoecker, Walter, *Unser Ziel*, in: *Kommunistische Rundschau* 1 (1920)
–, *Die Kommunisten und wir*, in: *Kommunistische Rundschau* 3 (1920)
Stökl, Günther, *Russische Geschichte von den Anfängen bis zur Gegenwart*, 2. erweiterte Auflage Stuttgart 1965
Ströbel, Heinrich, *Die deutsche Revolution. Ihr Unglück und ihre Rettung*, Berlin 1920
–, *Kurt Eisner*, in: *Der Sozialist* (1919), S. 129-133
–, *Einleitung zu Kurt Eisner: Schuld und Sühne*, Berlin 1919
Verhandlungen der Eisenacher Versammlung zur Besprechung der socialen Frage am 6. und 7. October 1872, Leipzig 1873

Verhandlungen des 23. Evangelisch-sozialen Kongresses 1912, Göttingen 1912
Vorländer, Karl, *Kant und der Sozialismus, unter besonderer Berücksichtigung der neuesten theoretischen Bewegung innerhalb des Marxismus*, Berlin 1900
–, *Die Stellung des modernen Sozialismus zur philosophischen Ethik*, in: *Archiv für Sozialwissenschaft und Sozialpolitik* 1906, Bd. 22, S. 727-764
–, *Marx und Kant. Ein Beitrag zur Philosophie des Sozialismus*, Tübingen 1911
–, *Von Machiavelli bis Lenin. Neuzeitliche Staats- und Gesellschaftstheorien*, Leipzig 1926
Der ›Vorwärts‹-Konflikt. Gesammelte Aktenstücke. Hg. von Büttner, Gradnauer, Eisner, Kaliski, Schröder, Wetzker, München 1906
Wachenheim, Hedwig, *Die deutsche Arbeiterbewegung 1844 bis 1914*, Opladen 1967
Wagner, Adolph, *Rede über die sociale Frage*, Berlin 1872
Weber, Max, *Politik als Beruf*, München und Leipzig ^{2}1926
–, *Zum Thema »Kriegsschuld«*, in: *Frankfurter Zeitung*, 17. 1. 1919
Weckerlein, Friedrich (Hg.), *Freistaat! Die Anfänge des demokratischen Bayern 1918/19*, München 1994
Wheeler, Robert, F., *USPD und Internationale. Sozialistischer Internationalismus in der Zeit der Revolution*, Frankfurt/Berlin/Wien 1975
Wiesemann, Falk, *Kurt Eisner. Studie zu einer politischen Biographie*, in: *Bayern im Umbruch. Die Revolution von 1918, ihre Voraussetzungen, ihr Verlauf und ihre Folgen*. Hg. von Karl Bosl, München 1969
Winkler, Heinrich August, *Von der Revolution zur Stabilisierung. Arbeiter und Arbeiterbewegung in der Weimarer Republik 1918 bis 1924*, Berlin/Bonn 1984
–, *Die Sozialdemokratie und die Revolution 1918/19*, Berlin/Bonn 1979
Winter, Albert (= Sommer, Albert), *Eisners Politik in Bayern*, in: *Jungsozialistische Blätter* 3 (1928), S. 92
–, *Die Novemberrevolution in Bayern – Kurt Eisners Revolutionspolitik*, in: *Jungsozialistische Blätter* 11 (1928), S. 325-331
–, *Kurt Eisner zu seinem zehnten Todestag*, in: *Jungsozialistische Blätter* 2 (1929), S. 46-52
Zorn, Wolfgang, *Bayerns Geschichte im 20. Jahrhundert. Von der Monarchie zum Bundesland*, München 1986

Quellenverzeichnis

Protokolle der Internationalen Sozialisten-Kongresse:
Paris 1900
Amsterdam 1904
Stuttgart 1907
Kopenhagen 1910
Basel 1912

Protokolle über die Verhandlungen der Parteitage der Sozialdemokratischen Partei Deutschlands:
Breslau 1895
Hamburg 1897
Stuttgart 1898
Hannover 1899
Mainz 1900
Lübeck 1901
München 1902
Dresden 1903
Bremen 1904
Jena 1905
Mannheim 1906
Essen 1907
Nürnberg 1908
Leipzig 1909
Magdeburg 1910
Jena 1911
Chemnitz 1912
Jena 1913
Würzburg 1917
Protokoll über die Verhandlungen des Parteitages der SPD Preußens, Berlin 1913
Protokoll über die Verhandlungen des 9. Parteitages der Bayerischen Sozialdemokratie in München 1908
Protokoll über die Verhandlungen des 10. Parteitages der Bayerischen Sozialdemokratie in Erlangen 1910
Protokoll über die Verhandlungen des Gründungs-Parteitages der U.S.P.D. vom 6. bis 8. April 1917 in Gotha. Mit Angang: Bericht über die Gemeinsame Konferenz der Arbeitsgemeinschaft und der Spartakusgruppe vom 7. Januar 1917 in Berlin, hg. von Emil Eichhorn, Berlin 1921
Protokoll über die Verhandlungen des außerordentlichen Parteitages der U.S.P.D. vom 2. bis 6. März 1919 in Berlin
Verhandlungen des provisorischen Nationalrates des Volksstaates Bayern im Jahre 1918/1919, Stenographische Berichte 1 bis 10, Beilagenband.

Bericht über den Gründungsparteitag der Kommunistischen Partei Deutschlands (Spartakusbund) vom 30. 1. 1918 bis 1. 1. 1919 (Nachdruck Gießen 1970)

Tageszeitungen
Arbeiter-Zeitung, Wien 1919
Berliner Tageblatt, 1918/19
Frankfurter Zeitung, 1918/19
Fränkische Tagespost, 1907-1910, 1918/19
Die Freiheit, 1918/19
Münchener Neueste Nachrichten, 1918/19, einzelne Monate aus 1903-1917, 1925
Münchener Post, 1907-1919, 1921, 1925
Die Republik, 1918/19
Rote Fahne, Berlin 1918/19
Münchner Rote Fahne, 1919
Der Sozialdemokrat, Nürnberg 1918/19
Volkswille, Augsburg 1920
Vorwärts, 1896-1919
Vorwärts-Unterhaltungsblatt, 1900-1905
Unterhaltungsblatt des Vorwärts, 1909-1914

Wochen- und Monatsschriften
Kain, Zeitschrift für Menschlichkeit, 1918/19
Die Kritik, Wochenschau des öffentlichen Lebens, 1896-1897
März. Eine Wochenschrift, München 1913
Die Menschheit, 1928-1929
Die Neue Gesellschaft, 1905-1907
Die Neue Zeit, 1891-1906, 1912, 1914-1916
Der Sozialist, 1919
Sozialistische Monatshefte, 1901-1919

Archivalien
Akten des Bayerischen Hauptstaatsarchivs München
Akten des Staatsarchivs München
Bundesarchiv Koblenz
Bundesarchiv, Abteilung Potsdam
Archiv der Parteien und Massenorganisationen der DDR im Bundesarchiv, Berlin
Internationales Institut für Sozialgeschichte, Amsterdam

Editorische Notiz: Wir danken dem Staatsarchiv München für die Erlaubnis, das Bild 1 (Nr. 1685) reproduzieren zu dürfen. Die Bilder 2, 3, 4, 5 und 6 stammen aus dem Privatarchiv von Freya Eisner.

316/1/6.93

edition suhrkamp
Eine Auswahl

Braun: Böhmen am Meer. es 1784
– Verheerende Folgen mangelnden Anscheins innerbetrieblicher Demokratie. es 1473
Brecht: Der aufhaltsame Aufstieg des Arturo Ui. es 144
– Aufstieg und Fall der Stadt Mahagonny. es 21
– Ausgewählte Gedichte. es 86
– Baal. es 170
– Buckower Elegien. es 1397
– Die Dreigroschenoper. es 229
– Furcht und Elend des Dritten Reiches. es 392
– Die Geschäfte des Herrn Julius Caesar. es 332
– Die Gesichte der Simone Machard. es 369
– Die Gewehre der Frau Carrar. es 219
– Der gute Mensch von Sezuan. es 73
– Die heilige Johanna der Schlachthöfe. es 113
– Herr Puntila und sein Knecht Matti. es 105
– Der kaukasische Kreidekreis. es 31
– Leben des Galilei. es 1
– Leben Eduards des Zweiten von England. es 245
– Mann ist Mann. es 259
– Die Mutter. es 200
– Mutter Courage und ihre Kinder. es 49
– Der Ozeanflug. Die Horatier und die Kuratier. Die Maßnahme. es 222
– Schweyk im zweiten Weltkrieg. es 132
– Die Tage der Commune. es 169
– Trommeln in der Nacht. es 490
– Über Politik auf dem Theater. es 465
– Das Verhör des Lukullus. es 740
Brecht für Leser der neunziger Jahre. Hg. von S. Unseld. es 1826
Brunkhorst: Der Intellektuelle im Land der Mandarine. es 1403
Bubner: Ästhetische Erfahrung. es 1564
– Zwischenrufe. Aus den bewegten Jahren. es 1814
Buch: Der Herbst des großen Kommunikators. es 1344
– Die Nähe und die Ferne. es 1663
– Waldspaziergang. es 1412
Bürger: Theorie der Avantgarde. es 727
Burkhardt: Der Dreißigjährige Krieg 1618-1648. NHB. es 1542
Butler: Das Unbehagen der Geschlechter. es 1722
Celan: Ausgewählte Gedichte. Zwei Reden. es 262
Cortázar: Letzte Runde. es 1140
– Das Observatorium. es 1527
– Reise um den Tag in 80 Welten. es 1045
Dedecius: Poetik der Polen. es 1690
Dekonstruktiver Feminismus. Hg. von B. Vinken. es 1678
Deleuze: Logik des Sinns. es 1707
– Verhandlungen. es 1778

316/2/6.93

316/3/6.93

316/4/6.93

edition suhrkamp
Eine Auswahl

Hodjak: Franz, Geschichtensammler. es 1698
– Siebenbürgische Sprechübung. es 1622
Holbein: Der belauschte Lärm. es 1643
– Ozeanische Sekunde. es 1771
– Samthase und Odradek. es 1575
Huchel: Gedichte. es 1828
Irigaray: Speculum. es 946
Jahoda / Lazarsfeld / Zeisel: Die Arbeitslosen von Marienthal. es 769
Jansen: Reisswolf. es 1693
Jasper: Die gescheiterte Zähmung. NHB. es 1270
Jauß: Literaturgeschichte als Provokation. es 418
Johnson: Begleitumstände. es 1820
– Das dritte Buch über Achim. es 1819
– Der 5. Kanal. es 1336
– Ingrid Babendererde. es 1817
– Jahrestage 1. es 1822
– Jahrestage 2. es 1823
– Jahrestage 3. es 1824
– Jahrestage 4. es 1825
– Mutmassungen über Jakob. es 1818
– Porträts und Erinnerungen. es 1499
– Versuch, einen Vater zu finden. Marthas Ferien. es 1416
Über Uwe Johnson. es 1821
Jones: Frauen, die töten. es 1350
Joyce: Finnegans Wake. es 1524
– Penelope. es 1106
Judentum im deutschen Sprachraum. Hg. von K. E. Grözinger. es 1613
Junior: Jorge, der Brasilianer. es 1571
Kenner: Ulysses. es 1104
Kiesewetter: Industrielle Revolution in Deutschland 1815-1914. NHB. es 1539
Kipphardt: In der Sache J. Robert Oppenheimer. es 64
Kirchhoff: Body-Building. es 1005
Kluge, A.: Gelegenheitsarbeit einer Sklavin. es 733
– Lernprozesse mit tödlichem Ausgang. es 665
– Schlachtbeschreibung. es 1193
Kluge, U.: Die deutsche Revolution 1918/1919. NHB. es 1262
Köhler: Deutsches Roulette. es 1642
Koeppen: Morgenrot. es 1454
Kolbe: Bornholm II. es 1402
– Hineingeboren. es 1110
Konrád: Antipolitik. es 1293
– Die Melancholie der Wiedergeburt. es 1720
– Stimmungsbericht. es 1394
Krechel: Mit dem Körper des Vaters spielen. es 1716
Krippendorff: Politische Interpretationen. es 1576
– Staat und Krieg. es 1305
– »Wie die Großen mit den Menschen spielen.« es 1486
Kristeva: Fremde sind wir uns selbst. es 1604

316/5/6.93

edition suhrkamp
Eine Auswahl

Kristeva: Geschichten von der Liebe. es 1482
– Die Revolution der poetischen Sprache. es 949
Kritische Theorie und Studentenbewegung. es 1517
Kroetz: Bauern sterben. es 1388
– Bauerntheater. es 1659
– Furcht und Hoffnung der BRD. es 1291
– Mensch Meier. Der stramme Max. Wer durchs Laub geht ... es 753
– Nicht Fisch nicht Fleisch. Verfassungsfeinde. Jumbo-Track. es 1094
– Oberösterreich. Dolomitenstadt Lienz. Maria Magdalena. Münchner Kindl. es 707
– Stallerhof. Geisterbahn. Lieber Fritz. Wunschkonzert. es 586
Krynicki: Wunde der Wahrheit. es 1664
Laederach: Fahles Ende kleiner Begierden. es 1075
– Der zweite Sinn. es 1455
Lang / McDannell: Der Himmel. es 1586
Lehnert: Sozialdemokratie zwischen Protestbewegung und Regierungspartei 1848-1983. NHB. es 1248
Lem: Dialoge. es 1013
Lenz, H.: Leben und Schreiben. es 1425
Leroi-Gourhan: Die Religionen der Vorgeschichte. es 1073
Leutenegger: Lebewohl, Gute Reise. es 1001
– Das verlorene Monument. es 1315
Lévi-Strauss: Das Ende des Totemismus. es 128
– Mythos und Bedeutung. es 1027
Die Listen der Mode. Hg. von S. Bovenschen. es 1338
»Literaturentwicklungsprozesse«. Die Zensur der Literatur in der DDR.
Hg. von E. Wichner und H. Wiesner. es 1782
Llamazares: Der gelbe Regen. es 1660
Löwenthal: Mitmachen wollte ich nie. es 1014
Lüderssen: Der Staat geht unter – das Unrecht bleibt? es 1810
Lukács: Gelebtes Denken. es 1088
Maeffert: Bruchstellen. es 1387
de Man: Die Ideologie des Ästhetischen. es 1682
Marcus: Umkehrung der Moral. es 903
Marcuse: Ideen zu einer kritischen Theorie der Gesellschaft. es 300
Maruyama: Denken in Japan. es 1398
Mattenklott: Blindgänger. es 1343
Mayer: Gelebte Literatur. es 1427
– Versuche über die Oper. es 1050
Mayröcker: Magische Blätter. es 1202
– Magische Blätter II. es 1421
– Magische Blätter III. es 1646
Meckel: Von den Luftgeschäften der Poesie. es 1578

316/6/6.93

316/7/6.93

316/8/6.93

edition suhrkamp
Eine Auswahl

Streeruwitz: New York. New York. Elysian Park. es 1800
– Waikiki-Beach. Sloane Square. es 1786
Struck: Kindheits Ende. es 1123
– Klassenliebe. es 629
Szondi: Theorie des modernen Dramas. es 27
Techel: Es kündigt sich an. es 1370
Thiemann: Schulszenen. es 1331
Thompson: Die Entstehung der englischen Arbeiterklasse. es 1170
Thränhardt: Geschichte der Bundesrepublik Deutschland. NHB. es 1267
Todorov: Die Eroberung Amerikas. es 1213
Treichel: Liebe Not. es 1373
Tugendhat: Ethik und Politik. es 1714
Vargas Llosa: Gegen Wind und Wetter. es 1513
– La Chunga. es 1555
Vernant: Die Entstehung des griechischen Denkens. es 1150
Veyne: Foucault: Die Revolutionierung der Geschichte. es 1702
Vor der Jahrtausendwende: Berichte zur Lage der Zukunft. Hg. von P. Sloterdijk. es 1550
Walser: Ein fliehendes Pferd. es 1383
– Geständnis auf Raten. es 1374
– Selbstbewußtsein und Ironie. es 1090
– Über Deutschland reden. es 1553
– Wie und wovon handelt Literatur. es 642
Weiss: Abschied von den Eltern. es 85
– Die Ästhetik des Widerstands. es 1501
– Fluchtpunkt. es 125
– Das Gespräch der drei Gehenden. es 7
– Notizbücher 1960-1971. es 1135
– Notizbücher 1971-1980. es 1067
– Rapporte. es 276
– Rapporte 2. es 444
– Rekonvaleszenz. es 1710
– Der Schatten des Körpers des Kutschers. es 53
– Stücke I. es 833
– Stücke II. 2 Bde. es 910
– Verfolgung ... Marat/Sade. es 68
Sinclair (P. Weiss): Der Fremde. es 1007
Die Wiederkehr des Körpers. Hg. von D. Kamper und Ch. Wulf. es 1132
Wippermann: Europäischer Faschismus im Vergleich 1922-1982. NHB. es 1245
Wirz: Sklaverei und kapitalistisches Weltsystem. NHB. es 1256
Wittgenstein: Tractatus logico-philosophicus. es 12
Zoll: Alltagssolidarität und Individualismus. es 1776
Der Zusammenbruch der DDR. Hg. von H. Joas und M. Kohli. es 1777

316/9/6.93